中央民族大学国家“十一五”“211 工程”建设项目

民族史研究

第 11 辑（总第 12 辑）

奇文瑛/主编

中央民族大学出版社

图书在版编目（CIP）数据

民族史研究·第十一辑/奇文瑛主编. —北京：中央民族大学出版社，2014.2
ISBN 978-7-5660-0649-3

Ⅰ.①民… Ⅱ.①奇… Ⅲ.①中华民族—民族历史—文集 Ⅳ.①K28-53

中国版本图书馆 CIP 数据核字（2014）第 003790 号

民族史研究·第十一辑

主　　编	奇文瑛
责任编辑	黄修义
封面设计	布拉格
出 版 者	中央民族大学出版社 北京市海淀区中关村南大街27号　邮编：100081 电话：68472815（发行部）传真：68932751（发行部） 68932218（总编室）　68932447（办公室）
发 行 者	全国各地新华书店
印 刷 厂	北京宏伟双华印刷有限公司
开　　本	880×1230（毫米）　1/32　印张：14.5
字　　数	378 千字
版　　次	2014 年 4 月第 1 版　2014 年 4 月第 1 次印刷
书　　号	ISBN 978-7-5660-0649-3
定　　价	46.00 元

目　录

历史与考证

考古与调查

翻译与书评

古史新证与宋襄公泓之战[①]

中央民族大学历史文化学院　李慧强

《左传·僖二十二年》“大司马固谏”杜预注“大司马固，庄公之孙公孙固也”[②]，前人对此一直存在较大争议，问题虽小，但从清代至近代以来学术界都较为关注，虽有学者做过相关论述，但未详述理由，[③] 因此至今仍未有定论。对这一问题进行梳理，不仅能为学术上久悬未置的争议提供新的论证，对认识宋襄公泓之战的相关史实也有帮助。本文不揣浅陋，谨以马王堆汉墓出土的《春秋事语》等材料做一简析，以求教于方家。

---

① 本文为教育部“博士生学术新人奖”支持项目（教育部、国务院学位委员会文件，教研函［2011］5。

② 李学勤主编：《十三经注疏·春秋左传正义·杜预注》，北京大学出版社，1999年，第403页。

③ 刘家和：《史学、经学与思想：在世界史背景下对于中国古代历史文化的思考》，北京师范大学出版社，2005年，第277—278页；仇振中：《谈〈子鱼论战〉中的“大司马固谏”》，《山东师范大学学报》1978年第6期，第52、第66页；阎丰古、刘学敏：《也谈〈子鱼论战〉中的“大司马固谏”——同仇振中同志商榷》，《山东师范大学学报》1979年第1期，第46、第78—79页；周维纲：《〈左传〉“大司马固谏”杜注质疑》，《社会科学战线》1995年第4期，第36页。

一、《左传》、《史记》的记载及前人研究

据《左传·僖二十二年》载：

楚人伐宋以救郑。宋公将战，大司马固谏曰："天之弃商久矣，君将兴之，弗可赦也已。"弗听。冬，十一月，己巳，朔，宋公及楚人战于泓。宋人既成列，楚人未既济。司马曰："彼众我寡，及其未既济也，请击之。"公曰："不可。"既济而未成列，又以告……国人皆咎公。公曰："君子不重伤，不禽二毛。古之为军也，不以阻隘也。寡人虽亡国之馀，不鼓不成列。"子鱼曰："君未知战，勍敌之人隘而不列，天赞我也。阻而鼓之，不亦可乎？犹有惧焉。且今之勍者，皆吾敌也，虽及胡耇，获则取之，何有于二毛？明耻教战，求杀敌也。伤未及死，如何勿重？若爱重伤，则如勿伤；爱其二毛，则如服焉。三军以利用也，金鼓以声气也。利而用之，阻隘可也，声盛致志，鼓儳可也。"①

上述共出现"大司马"、"司马"、"子鱼"三个称谓。从《史记·宋微子世家》来看，则全为子鱼，即公子目夷一人：

十二年春，宋襄公为鹿上之盟，以求诸侯于楚，楚人许之。公子目夷谏曰："小国争盟，祸也。"不听。秋，诸侯会宋公盟于盂。目夷曰："祸其在此乎？君欲已甚，何以堪之！"于是楚执宋襄公以伐宋。冬，会于亳，以释宋公。子鱼曰："祸犹未也。"十三年夏，宋伐郑。子鱼曰："祸在此矣。"秋，楚伐宋以

① 李学勤主编：《十三经注疏·春秋左传正义》，第403—405页。

救郑。襄公将战，子鱼谏曰："天之弃商久矣，不可。"冬，十一月，襄公与楚成王战于泓。楚人未济，目夷曰："彼众我寡，及其未济击之。"公不听。已济未陈，又曰："可击。"公曰："待其已陈。"陈成，宋人击之。宋师大败，襄公伤股。国人皆怨公。公曰："君子不困人于厄，不鼓不成列。"子鱼曰："兵以胜为功，何常言与！必如公言，即奴事之耳，又何战为？"①

显然，司马迁认为"大司马"、"司马"皆为"子鱼"一人，其后司马迁也记载了公孙固的相关事迹，"十七年，成公卒。成公弟御杀太子及大司马公孙固而自立为君。宋人共杀君御而立成公少子杵臼，是为昭公"②。这说明司马迁在撰写《史记》时，知道大司马公孙固的存在，并且在宋国政治格局中居于重要地位。

前人对此的研究，自清儒以来就有争议，其观点大致可分为"杜注非说"和"杜注正说"两种，代表人物分别是顾炎武和惠栋。顾炎武是经学大师，他以《左传》行文司马与大司马区分不严及《史记》所言为据否定杜注：

大司马即司马子鱼也。固谏，坚辞以谏也。隐三年言召大司马孔父而属殇公焉，桓二年言孔父嘉为司马，知大司马即司马也……定十年公若藐固谏，知固谏之为坚辞以谏也。杜以固为名，谓庄公之孙公孙固者，非。朱鹤龄曰：按《史记·宋世家》则前后俱子鱼之言。③

---

① 《史记》卷38《宋微子世家》，北京：中华书局，1982年，第1326页。

② 《史记·宋微子世家》，第1327—1328页。

③ ［清］顾炎武：《左传杜解补正》，台北：台湾商务印书馆股份有限公司，2008年，第一七四册经部一六八，纪昀、永瑢等：《景印文渊阁四库全书》第174册，第6—9页。

惠栋自其曾祖父起已四世研究《左传》，无疑也是大师，但却力主杜注为正：

《晋语》云“公子过宋与司马公孙固相善”，韦昭曰：“固，宋庄公之孙，大司马固也。”公子过宋适当襄公之时，韦、杜皆据《世本》而言，称大司马，所以别下司马也。顾氏不见《世本》而曲为之说，失之。《史记》疏略，不足取证。①

惠栋引《晋语四》与《世本》文，确证顾氏之非。沈钦韩亦有与惠氏相同之说。②

关于上述争论，杨伯峻先生曾有过相关总结：

《宋世家正义》引《世本》曰：“宋庄公孙名固，为大司马。”又据《晋语四》，公孙固之为大司马，正在此时，详二十三年《传注》，则此大司马必公孙固也。僖十九年传有“司马子鱼”，司马即大司马，详后《注》。是则此时子鱼已不为司马矣。《宋世家》以此为子鱼之言，顾炎武《补正》力主之，恐未确，说参惠栋及沈钦韩《补注》。《韩非子·外储说左上》作“右司马购强”，“购强”即“固”之缓读。固为鱼部字，强为阳部字，古音可通。卢文弨以购强为固之字，可商。参卢文弨《钟山札记》及梁玉绳《史记志疑》。③

---

① ［清］惠栋：《春秋左传补注》，纪昀、永瑢等：《景印文渊阁四库全书》第18册，第6—9页。

② ［清］沈钦韩：《春秋左氏传地名补注》，上海：上海古籍出版社，2002年，顾廷龙：《续修四库全书·一二五·经部·春秋类》，第32页。

③ 杨伯峻：《春秋左传注》，北京：中华书局，2009年，第396页。

20 世纪 70 年代以来，仇振中等学者先后对杜预注进行商榷式探讨，实际因循清儒的研究线路，从材料到观点并无过多突破，基本可纳入上述两种观点之列。①

总之，《左传》认为“大司马固”或“司马”和“子鱼”为多人，司马迁则认为“大司马”、“司马”皆为“子鱼”一人。而前人的研究可总结为对“大司马固谏”杜预注一直存在较大争议，其焦点在“固”当作人名还是副词解释，以及“司马”和“大司马”是否同一职官，“司马”所指为谁等。

二、从《春秋事语》等再看《左传》“大司马固谏”杜注

若根据前人研究，“司马”为“大司马”略写，两者实为一，则又陷入循环论证，本文也失去再探讨的意义。暂时抛开这个问题，另辟蹊径，譬如结合相关材料及研究成果，从“司马”入手反推“大司马”，若“司马”确定，则“司马”是“公孙固”还是“子鱼”等问题亦可迎刃而解。首先，我们假定“司马”和“大司马”非同一职官。的确有学者认为春秋时宋国重要官职一般皆设复职，即宋国区分大司马及司马；② 其次再判断两“司马”是否同指一人；然后再推定两“司马”所指为谁；

① 仇振中：《谈〈子鱼论战〉中的“大司马固谏”》，《山东师范大学学报》1978 年第 6 期，第 66、第 52 页；阎丰古、刘学敏：《也谈〈子鱼论战〉中的“大司马固谏”——同仇振中同志商榷》，《山东师范大学学报》1979 年第 1 期，第 78—79、第 46 页；周维纲：《〈左传〉“大司马固谏”杜注质疑》，《社会科学战线》1995 年第 4 期，第 36 页。

② 郝铁川、赵长征：《春秋宋国官制初探》，《商丘师专学报》（社会科学版）1985 年第 2 期；另见赵晓斌：《春秋官制研究——以宗法礼治社会为背景》，博士学位论文，浙江大学人文学院，2009 年，第 335—338 页。

最后推定“大司马”的问题。

据《春秋事语》一三《宋荆战泓水之上章》载：

宋荆战弘（泓）水之上，宋人□□陈（阵）矣，荆人未济。宋司马请曰：“宋人寡而荆人众，及未济，击之，可破也。”宋君曰：“吾闻［之］，君子不击不成之列，不童（重）伤，不禽（擒）二毛。”士匽为鲁君稾（犒）师，曰：“宋必败。吾败之，兵□三用，不当名则不克。邦治适（敌）乱，兵之所（迹）也。小邦□大邦，邪以务（攘）之，兵之所□也。诸侯失礼，天子诛之，兵□□□也。故□□□□□□□□□于百姓，上下无却然后可以济。伐，深入多杀者为上，所以除害也。今宋用兵而不□，见间而弗从，非德伐回，陈（阵）何为。且宋君不亻耳（耻）不全宋人之腹豇（颈），而亻耳（耻）不全荆陈（阵）之义，逆矣。以逆使民，其何以济之。”战而宋人果大败。①

综观全章，除“宋司马”外，并无“司马”或“子鱼”、“公子目夷”之类的称谓，这和前述《左传》、《史记》不同，尤其“士匽为鲁君稾（犒）师”以下内容，不见于以往文献。这说明《春秋事语》此章的材料来源和《左传》、《史记》等传世文献均不相同。

那么，通过上述能否说明前人对“公孙固”中“固”字用法的激烈争论，实际在《春秋事语》记载者那里并不存在呢？显然不能。其一《左传》中的“大司马”在《春秋事语》中没有相应的对应；其二《春秋事语》中的“宋司马”则基本可对应《左传》中的“司马”。

① 马王堆汉墓帛书整理小组：《马王堆汉墓帛书》（三），《春秋事语》13《宋荆战泓水之上章》，北京：文物出版社，1983年，第17页。

从《春秋事语》“宋司马”的谏词“宋人寡而荆人众，及未济，击之，可破也”来看，基本符合前述《左传 · 僖二十二年》司马之言：“彼众我寡，及其未既济也，请击之。”只是前者宋襄公的回答是“吾闻［之］，君子不击不成之列，不童（重）伤，不禽（擒）二毛。”后者则是“不可”，而宋襄公此句，实则对应泓之战后的回答：“君子不重伤，不禽二毛。古之为军也，不以阻隘也。寡人虽亡国之余，不鼓不成列”，换言之，尽管宋襄公的话在《左传》中前后颠倒，但“司马”之言却在两种文献中基本相符，由此大致可认定两“司马”同指一人。

那么，两“司马”所指为谁？据《尹文子 · 大道上》载：

宋公以楚人战于泓，公子目夷曰：“楚众我寡，请其未悉济而击之。”宋公曰：“不可，吾闻不鼓不成列。寡人虽亡国之余，不敢行也。”战败，楚人执宋公。齐人弑襄公立公孙无知。①

《尹文子》被学术界认定为先秦古籍，并非伪书，只是或多或少存在后人补入的成分。② 从此处看，“战败，楚人执宋公”，这和《左传》的记载不同，楚人执宋公当在泓之战前，纵观《尹文子》全篇，语录与故事混杂，各段自成起讫，是其基本特点之一。这些姑且不论，从“公子目夷”之言来看，《左传》和《史记》中的两“司马”所言内容则基本相同，换言之，根据《尹文子 · 大道上》等记载，可推定“司马”指“公子目夷”，即子鱼。

---

① 《尹文子 · 大道上》第八五〇册子部一五六，纪昀、永瑢等：《景印文渊阁四库全书》第 850 册，第 188 页。

② 蔡先金、王玉泉：《〈尹文子〉文本之解读》，《山东社会科学》2007 年第 12 期，第 100—104 页。

如此，若认定两“司马”同指一人，且为“公子目夷”的话，再看“大司马固”杜注的问题，基本就和杨伯峻等前贤的研究对应成功，即通过上述梳理与分析之后，我们将“司马”和“大司马”区分为两人，前者对应“公子目夷”，后者则为“公孙固”。

反之，若据马王堆汉墓帛书整理小组和杨伯峻先生等的意见，“大司马为公孙固”，“司马”非子鱼，则又是另一番境况。

据《春秋事语》一三《宋荆战泓水之上章》整理者对“宋司马”的解释：

> 《左传》作“大司马固”。按《国语·晋语四》：“公子（重耳）过宋，与司马公孙固相善。韦昭注：“固，宋庄公之孙大司马固也。”后来宋成公时，公孙固是宋国执政。《穀梁传》作“司马子反”，当有误字。《韩非子·外储说左上》作“右司马购”，固购音近。《史记·宋世家》误作目夷。①

此处和杨伯峻先生等前述分析略同，均认为据《晋语四》载公孙固正在此时为大司马，因此，是司马迁将“公孙固”误作“目夷”，此说为确。再补充一点，司马迁对此时公孙固为大司马实也表示赞同，“是年，晋公子重耳过宋，襄公以伤于楚，欲得晋援，厚礼重耳以马二十乘”②。

可是《春秋事语》整理者认为此时“公子目夷时官左师，不官司马”③。杨先生等人也认为“司马即大司马”，理由在“是

① 《春秋事语》13《宋荆战泓水之上章》，北京：文物出版社，1983年，第17页。

② 《史记》卷38《宋微子世家》，第1627页。

③ 《春秋事语》13《宋荆战泓水之上章》，第17页。

则此时子鱼已不为司马矣”，此说尤其值得商榷。关于子鱼为“左师”的记载，见于《左传·僖九年》：“宋襄公即位，以公子目夷为仁，使为左师以听政，于是宋治。故鱼氏世为左师。”[①]此“鱼氏世为左师”非实指，而见于传者，除目夷外，仅公孙友（目夷子）和鱼石两人，且多在春秋前中期。春秋后期，向氏、仲氏亦曾为左师，[②] 因此此言不完全准确。事实上《左传·僖十九年》即有“司马子鱼”[③] 的记载，亦恰好说明子鱼时为“司马”，从僖公十九年（公元前641年）到僖公二十二年（公元前638年），仅三年，“泓之战迫在眉睫，宋襄公焉能轻易免去子鱼司马之职？”[④]

如前，关于这一点杨伯峻先生实际也已经注意到，但不知何故却轻易忽略了。实际并无材料证明杨先生关于子鱼此时“不为司马”的判断，即或宋襄公临时替换司马，于一般情理亦不通。《春秋事语》整理者认为子鱼此时“不官司马”的理由亦然。据前述分析来看，“大司马”和“司马”实为两人。杨先生等认为“大司马”即“司马”，看似问题不大，实则把子鱼又重新归为“大司马”公孙固，可谓差之毫厘，谬之远矣。

综上，就目前所见材料而言，“大司马固谏”中的“固”即大司马公孙固，“司马”则为子鱼，即公子目夷，杜注是正确的。[⑤]“大司马”非“司马”，两者不是同一职官。顾炎武等人错误否定了杜注，惠栋等人力主杜注为正，驳顾氏之说为确。马王堆汉墓帛书整理小组和杨伯峻等虽对此进行正确区分，却轻易推

---

① 李学勤主编：《十三经注疏·春秋左传正义》，第361页。

② 赵晓斌：《春秋官制研究——以宗法礼治社会为背景》，第335页。

③ 李学勤主编：《十三经注疏·春秋左传正义》，第394页。

④ 周维纲：《〈左传〉“大司马固谏”杜注质疑》，《社会科学战线》1995年第4期，第36页。

⑤ 李学勤主编：《十三经注疏·春秋左传正义》，第403页。

测子鱼不任司马，实际又混淆了“大司马”和“司马”之别。而《史记》认为“大司马”、“司马”皆视为子鱼一人显然是错误的，《左传》的记载则相对真实可信。

三、从大司马即公孙固的考证看宋襄公泓之战

在基本梳理清楚“大司马”即公孙固，“司马”为子鱼后，由此再去理解泓之战及宋襄公的心理，将会有新的启示。宋襄公在历史上是一位复杂的人物，前人对此的研究较为丰富且深入，概括起来，共有贬之、褒之，贬褒皆有之三种情况。

贬者自战国即有，至汉代始盛。据《淮南子·氾论训》载：“古之伐国，不杀黄口，不获二毛，于古为义，于今为笑。”① 传统上认为宋襄公墨守成规，身死人手为天下笑。这种观点目前仍占据当代学术及大众思维的主流，“宋襄公对敌人讲仁义道德，一再贻误战机，结果让敌人掌握了战争主动权，打败了自己的军队，连他的性命也断送了。真是蠢猪式的仁义道德！”② 近世疑古大将童书业先生实际也参与了对宋襄公的讥讽。③

而褒者自司马迁始：“襄公既败于泓，而君子或以为多，伤中国阙礼义，褒之也，宋襄之有礼让也”，④ 但这里太史公似乎更多是基于自身的不幸，而天然产生对失败者的怜悯之情，虽褒其“有礼”，并未说到宋襄公优势的深处，《公羊传》、《吴越春

① 陈广忠译注：《淮南子》，北京：中华书局，2012 年，第 729 页。

② 何清谷：《毛主席著作中的成语历史故事》，《陕西师范大学学报》1979 年第 1 期，第 90 页；杨钊：《宋襄公述评》，《史学月刊》1990 年第 6 期，第 21—22，第 70 页。

③ 童书业：《春秋史》，北京：商务印书馆，2010 年，第 172—178 页。

④ 《史记》卷 38《宋微子世家》，第 1633 页。

秋》甚至《白虎通》推崇宋襄公为春秋五霸之一，[①] 这些对赞美同样并不出司马迁之佐。实际“从汉代经学到清代经学，对宋襄公的评价表面上看变化很大，从赞其有德转变为斥其伪善，但是有一点没有改变，就是注重道义轻视谋略”[②]。

近代以来对宋襄公的研究也在转向，不再是原来简单的二元分类法，而是看到宋襄公悲剧收场的另一面，[③] 有学者从春秋时期战争观念作战方式等角度考察宋襄公泓之战，[④] 亦有学者透过泓之战的背景看出春秋初年复杂的历史变局，诸如齐桓公以后霸政兴起，华夷对峙的局面以及殷人的复兴运动等。[⑤] 这些重客观因素的研究，和以往仅关注宋襄公个人品行的探讨有很大不同。

不过前人似乎一直有意忽视或弱化了一点，即“宋襄公的霸业以及《左传·僖二十四年》中‘宋，先代之后也，于周为客，天子有事膰焉，有丧拜焉，丰厚可也’和《左传·昭二十五年》中‘我不输粟，我于周为客’等多处强硬外交语言，无不彰显着宋一直未放弃与周王室分庭抗礼的态度”[⑥]。其实宋襄公这份

---

① 《白虎通义·号篇》第八四八册子部一五四，纪昀、永瑢等：《景印文渊阁四库全书》第848册，第6—9页。

② 颜世安：《华夷之夷与春秋泓之战》，《南京工业大学学报》2004年第3期，第83页。

③ 黄朴民：《宋襄公与孙武子》，《光明日报》，2002年1月15日第3版；周兴：《重评宋襄公》，《辽宁师范大学学报》1992年第4期，第67—72页。

④ 王长民：《从宋襄公泓之战看春秋时期战争方式的转变》，《枣庄师范专科学校学报》2004年第6期，第43—45页；黄朴民：《从“以礼为固”到“兵以诈立”——对春秋时期战争观念与作战方式的考察》，《学术月刊》2003年第12期，第82—90页。

⑤ 颜世安：《华夷之夷与春秋泓之战》，《南京工业大学学报》2004年第3期，第68—73，第83页。

⑥ 子居：《先秦文献分期分域研究之一虚词篇》，《学灯》第17期，山东大学文史哲研究院简帛研究网站，http：//www.jianbo.org/admin3/2011/xuedeng017/ziju.htm，2011年1月1日。

心思，连外人鲁臧文仲也看得清楚，据《左传·僖二十年》载：“宋襄公欲合诸侯，臧文仲闻之，曰：‘以欲从人则可；以人从欲鲜济。’”①

通过上述对大的历史背景回顾，尤其是泓之战中“大司马”公孙固和“司马”子鱼的言行，对宋襄公当时处境及其心理会有不同的理解与体会。假若进谏“天之弃商久矣，君将兴之，弗可赦也已”等言之人，如《史记·宋微子世家》所言皆为子鱼，那宋襄公在听子鱼谏和公孙固的反应与感受将会有所不同。

公孙固和子鱼虽同为宋国宗室及重臣，但子鱼向来频频进谏，宋襄公或许闻之多矣，即使在泓之战前，子鱼再谏亦无非再多听一次，但“天之弃商久矣，君将兴之，弗可赦也已”，突然出自此前寡言的公孙固之口，且第一句即直指宋襄公的心结“天之弃商久矣”，是“天”之弃“商”（注意：是“商”，不是“宋”），而不是我们力量不够，那就再无他法。

或许当时公孙固诸多言行并未记录下来，但由此或可想见当时宋襄公处境之艰难，既众叛亲离，无一人支持，连“天”也要弃之。公孙固此言一出如雷轰顶，对宋襄公心理的冲击势必较大。然其仍坚持一战，并在泓之战中试图以“礼”号召中原诸国，共同面对强楚，行复商之大业，亦可谓知其不可为而为之！从这里看同为殷商后人的孔子，其为理想献身的精神似与宋襄公如出一辙。而如果完全依《史记·宋微子世家》所言谏者皆为子鱼的话，那么，泓之战前后宋襄公的处境及心态，在后人看来将会黯然失色不少。

总之，考证谏者为公孙固和子鱼者，可能既与史实不符，读来境界亦完全不同。尽管关于此时宋襄公的心理状态，各类史书

① 李学勤主编：《十三经注疏·春秋左传正义》，第 397 页。

皆语焉不详，但通过前述我们对“大司马”和“司马”的区分，再细细体会，大致可窥其英雄末路而不改其志之心态。由此再回看前述关于“大司马固”的讨论，或许也会倾向于“大司马”当为公孙固的推断。

“和亲”辨义

——对“和亲”即政治联姻传统观念的质疑

陕西师范大学历史文化学院　刘兴成

关于“和亲”研究，自王桐龄《汉唐之和亲政策》[①] 发表以来，至今相关论文已不下数百篇，而且还陆续出版了《汉唐和亲研究》[②]、《汉唐和亲史稿》[③]、《中国古代和亲史》[④]、《中国古代和亲通史》[⑤] 等专著。在这些论著中，“和亲”一词几乎无一例外均被解释为“政治联姻”。其实，在我国古代虽有个别“和亲”事件包含有婚姻内容，具有政治联姻的性质，但大部分都没有，皆与政治联姻无关，如宋辽澶渊之盟即被司马光等时人及后世学者反复名为“和亲”。[⑥] 研究者仅凭一些个别现象便断定

---

① 王桐龄：《汉唐之和亲政策》，《史学年报》，1929 年第 1 期。

② 崔明德：《汉唐和亲研究》，青岛：青岛海洋大学出版社，1990 年。

③ 崔明德：《汉唐和亲史稿》，青岛：青岛海洋大学出版社，1992 年。

④ 阎明恕：《中国古代和亲史》，贵阳：贵州民族出版社 2003 年；同名专著还有 2005 年人民出版社出版崔明德一种。

⑤ 崔明德：《中国古代和亲通史》，北京：人民出版社，2007 年。

⑥ 司马光在《涑水记闻》卷 6 先后有“朝廷与契丹和亲”、“虏兵既退，来求和亲”等语。另，在《续资治通鉴长编》卷 195、198 分别记载有司马光“切以景德以前，契丹未和亲之时”、“国家自与契丹和亲以来五十六年”等语，而从这些记载的前后语境推断，司马光这些和亲均指澶渊之盟而言，显然，在司马光观念中“澶渊之盟”即为和亲。此外，还有李沆、王旦、许翰、陈亮等人也都将“澶渊之盟”称为和亲。

"和亲"即政治联姻，并以此来审视整个历史时期的"和亲"，将凡有婚姻痕迹的外交事件，不管它是否被名为"和亲"，皆纳入其研究范围；相反，对于有些事件，若始终无法找出其与婚姻有关的任何蛛丝马迹，则要么直接将其排除在研究范围之外，即便被名为"和亲"，亦置之不理，如王桐龄在《汉唐之和亲政策》一文中，置大量历史事实于不顾，断言东汉与宋明三代无和亲；要么演义般地为其杜撰婚姻内容，如崔明德在其《中国古代和亲通史》中，不仅将记载东汉和亲的"请和亲"、"和亲使"等语直接翻译"请婚"、"请婚使"、"请婚使团"，而且还在"历代和亲统计表"中为东汉"和亲"加入"宗室女"的内容。我们以为，这违反了历史研究的"论从史出"基本原则。在本文中，笔者将从"和亲"一词基本含义着手，对古代"和亲"政策的真实内涵作一深入探讨。

一、"和亲"本意

目前，学界认为"和亲"政策始于汉初。但"和亲"一词却并非汉高祖或刘敬所创，它至少在春秋战国时期即已产生，而且被广泛运用于包含民族与国家关系在内的几近所有社会关系之中。从所指对象看，其含义大概有以下几个层次：

（一）用于父子兄弟等有血缘关系的亲人之间

《礼记》云："夫乐者，乐也。人情之所不能免也……是故乐在宗庙之中，君臣上下同听之则莫不和敬；在族长乡里之中，长幼同听之则莫不和顺；在闺门之内，父子兄弟同听之则莫不和亲。"[①] 从语法来看，"和敬"、"和顺"、"和亲"结构一致，

① 郑玄注：《礼记》卷11，四部备要本，第140页。

"敬"、"顺"、"亲"均对"和"起补充与限定作用，分别与"和"构成补充式合成词；从内容来看，君臣有别，长幼有序，父子兄弟有情，"敬"与"顺"分别是君臣尊卑、长幼秩序之体现，而"亲"则是父子兄弟亲情之流露。显然，"和敬"、"和顺"、"和亲"，本质虽皆为和，但因对象不同，"和"的方式或内容亦有不同，君臣之"和"需"敬"，长幼之"和"需"顺"，而父子兄弟之"和"则需"亲"。故"和亲"具有以亲属伦常关系为基础的亲情底色，特指父子兄弟等有血缘关系的亲人之间和睦相处。

（二）用于邻里之间

《周礼》云："比长，各掌其比之治。五家相受相和亲，有罪奇邪，则相及。"[①]"比"是基层组织单位，五家为"比"，官长称"比长"。这段话阐明了"比长"的职责，使"五家相受相和亲"乃是比长职责之所在。邻里之间，若无较近血缘关系，通婚亦无不可，但此处之"和亲"显然与通婚无关。若将"和亲"释为通婚，那么比长的职责就是促使邻里之间相互通婚，显然不妥。《周礼注疏》注释："云'相和亲'者，案《尚书》云：'尔室不睦，尔唯和哉。'五家之内有不和亲，则使之自相和亲。"[②]可见，此"和亲"乃"睦"、"和"之意，邻里"和亲"指邻里之间和睦相处。

（三）用于泛指的"民"之间

《周礼注疏》云："及其万民之利害为一书，其礼俗、政事、教治、刑禁之逆顺为一书，其悖逆、暴乱、作慝、犹犯令者为一书，其札丧、凶荒、厄贫为一书，其康乐、和亲、安平为一书。

① 郑玄注、贾公彦疏：《周礼注疏》卷12，京都大学人文科学研究所藏本，第20页。

② 《周礼注疏》卷12，第20页。

凡此五物者，每国辨异之，以反命于王，以周知天下之故。”[①]又《大戴礼记·礼察》[②]云：“以礼义治之者积礼义，以刑罚治之者积刑罚；刑罚积而民怨倍，礼义积而民和亲。”[③]“万民”与“民”皆为泛指。在前一材料中“和亲”与“康乐”、“安平”并列，意义虽不同，但性质相近，皆指“万民”生活美满一面。“康乐”即幸福快乐，“安平”即平安，而“和亲”当即和睦亲近。在后一材料中“和亲”与“怨”相对，意义自然与和睦亲近有关。可见，“和亲”在此指人们和睦亲近而无怨恨。

（四）用于君臣之间

《礼记·燕义》云：“礼无不答，言上之不虚取于下也。上必明正道以道民，民道之而有功，然后取其什一，故上用足而下不匮也，是以上下和亲而不相怨也。”[④]“上”和“下”分别指君王和大臣，“上下和亲”，指君臣和亲。在我国古代君臣政治联姻本为寻常之事，但君臣和亲是政治联姻吗？从文意看，显然不是，因为“上下和亲”与“不相怨”行文表明“和亲”与“怨”意义相反。《礼记正义》云：‘上下和亲’，是和也。[⑤]因此，“和亲”在此指君臣之间和睦相处而无怨恨。

（五）用于家族或宗族之间

《左传》云：“四月，栾盈帅曲沃之甲，因魏献子，以昼入

---

① 《周礼注疏》卷37，第39页。

② 《大戴礼记》最后成书虽非在先秦，但其内容当有所本。汉初贾谊也有“以礼义治之者，积礼义；以刑罚治之者，积刑罚。刑罚积而民怨背，礼义积而民和亲”等语，这里还要考察《大戴礼记》的成书时间以及贾谊说此话的背景。

③ 戴德撰，卢辩注：《大戴礼记》卷2，台北故宫博物院藏《四库全书》本，第128册，第410页。

④ 《礼记》卷20，第233页。

⑤ 郑玄注，孔颖达疏：《礼记正义》卷62，北京：北京大学出版社，2000年，第1936页。

绛。初，栾盈佐魏庄子于下军，献子私焉，故因之。赵氏以原、屏之难怨栾氏，韩、赵方睦。中行氏以伐秦之役怨栾氏，而固与范氏和亲。”① 中行氏与范氏是春秋时晋国两大家族或宗族，他们和亲具体内容，因年代久远及文献缺失，已不得而知。从行文看，和亲与“私”、“睦”对应，意义当相近，据杜预注释，“私”为“私相亲爱”，“睦”为“和睦”。② 可见此“和亲”与政治联姻无关，指中行氏与范氏和好结盟。

（六）用于诸侯国之间

《子夏易传》云：“故先王建万国和亲诸侯，然后天下安也。”③ “和亲诸侯”，可有两种解释，即先王和诸侯和亲及先王使诸侯相互和亲，但无论哪种解释，“和亲”都只应释为和睦、和好，否则于情于理皆有不妥，岂有只要先王与诸侯政治联姻或诸侯之间政治联姻，就天下太平之理？又《越绝书》云：“当时无天子，强者为右，使句践无权，灭邦久矣。子胥信而得众道，范蠡善伪以胜。当明王天下太平，诸侯和亲，四夷乐德，款塞贡珍，屈膝请臣，子胥何由乃困于楚？”④《越绝书》成书时间，目前学界倾向于认为最早在战国后期，汉代以后有所附益。我们以为此说甚当。如此，则书中春秋战国部分当成书于战国时期，故“诸侯和亲”一语当出于战国及其以前。“诸侯和亲”与“和亲诸侯”意义大体相同。可见，“和亲”一词在春秋战国时亦可表示诸侯国之间相互和睦、和好之意。

---

① 左丘明撰、杜预注、孔颖达疏：《春秋左传注疏》卷35，台北故宫博物院藏《四库全书》本，第144册，第131页。

② 《春秋左传注疏》卷35，第131页。

③ 卜子夏：《子夏易传》卷1，台北故宫博物院藏《四库全书》本，第007册，第17页。

④ 袁康：《越绝书》卷15，台北故宫博物院藏《四库全书》本，第463册，第128页。

（七）用于不同民族或国家之间

《周礼注疏·秋官司寇》云："象胥掌蛮、夷、闽、貉、戎、狄之国使，掌传王之言而谕说焉，以和亲之。"[①]《周礼注疏》对此段话解释："象胥掌蛮、夷、闽、貉、戎、狄之国使，掌传王之言而谕说焉，以和亲之。谓蕃国之臣来覜聘者。［疏］注'谓蕃'至'聘者'。释曰：蕃国之君世一见，其臣得有覜聘者，彼虽无聘使法，有国事来，小行人受其币，听其辞，以中国覜聘况之耳，其实无覜聘也。"[②]《周礼·秋官司寇》所记周代和亲蛮夷，指接待周边民族或国家使臣，并将周王意旨传达到这些民族或国家，以加强相互关系。这与中原诸侯国之间的"覜聘"类似。可见，"和亲"虽涉及中原王朝与周边民族或国家的关系，但与政治联姻无关。

以上即先秦时期"和亲"一词的使用情况及意义。考虑到我国古代社会宗法化的特点，不难判断，上述七层意义中，第一层当为"和亲"一词的初始含义，其余各层皆由其引申、扩展而来。我国古代社会家国一体，国家与社会被看成是家庭或家族的延伸与扩展；而反过来，家庭或家族以外的一切其他社会关系皆可还原或简约为家庭或家族内部关系。实现这一还原或简化的途径就是亲属化，如本无血缘亲属关系的人通过一定的仪式，确定父子、兄弟等关系；又如不同民族或国家及其他政治实体之间，通过双方领导集团核心成员自身或其家庭成员的婚姻关系而形成姻亲关系，等等。因此，在我国古代，不管是没有亲属关系的单个的人与人之间，还是国家与国家、民族与民族之间，在一定条件下，都可通过某种途径实现亲属化。上述"和亲"一词的第一层含义，从该词所在语境及其所指对象推断，当特指父子

① 《周礼注疏》卷38，第20页。
② 《周礼注疏》卷38，第20页。

兄弟等具有血缘关系的亲人之间和睦相处。这应当是“和亲”一词的初始含义。既然如此，而没有血缘亲属关系的个人或群体又都能通过一定的途径亲属化，因此，只要他们的关系亲密到一定程度，皆可称为“和亲”，表示“像父子兄弟等具有血缘关系的亲人一样和睦相处”之意。第二层的邻里和亲、第三层的万民和亲、第四层的君臣和亲、第五层的家族或宗族和亲、第六层的诸侯和亲、第七层的民族或国家和亲，均可作这样的解释，而且也只能做这样的解释。较初始含义而言，“和亲”的其他各层含义确实有所引申与扩展，但这种引申与扩展极为自然，完全符合语言文字发展的基本规律。所以，早在先秦时期“和亲”一词即已产生，而且被广泛运用于包含民族与国家关系在内的几近所有社会关系之中，意为父子兄弟等具有血缘关系的亲人或像父子兄弟等具有血缘关系的亲人之间一样和睦相处，与政治联姻无关。

“和亲”一词在先秦时期的这一含义，在秦汉至清末民国两千多年中，一直沿用不息。如苏东坡说：“今欲教民和亲，则其道必始于宗族。臣欲复古之小宗，以收天下不相亲属之心。”① 又如梁启超也说：“今我国所号称识时俊杰，莫不艳羡乎彼诸国者。其群治之光华美满也如彼，其人民之和亲、康乐也如彼，其政府之安富尊荣也如彼。”② 此类材料不胜枚举，限于篇幅，不便遍举。

---

① 苏轼：《苏东坡全集》卷下，《应诏集》卷3，《策别十七首》，中国书店，1986年，第743页。

② 梁启超：《新民说》第11节《论进步》，沈阳：辽宁人民出版社，1994年，第84页。

二、和亲政策与政治联姻的关系

因汉唐等历史时期个别典型和亲事件含有或伴随有婚姻内涵，具有政治联姻的性质，于是，研究者便根据这些个别事件断言和亲即政治联姻；但从我国古代和亲总体情况来看，其实大部分和亲事件皆无婚姻内容，与政治联姻无关，如东汉与宋、明三代和亲即属此类。关于东汉与宋、明三代和亲的具体情况，笔者已撰专文《对东汉与宋明三代无和亲说质疑》（《陕西师范大学学报》待刊。以下简称《质疑》），故不予赘述。显然，和亲即政治联姻的论断并不能成立，它涵盖不了我国古代历史上所有和亲事件。下面，我们从两个方面来探讨和亲与政治联姻的关系。

（一）和亲政策与政治联姻的区别——和亲政策与政治联姻并无必然内在联系

1. 从语言学角度来看，和亲与政治联姻不应存在必然内在联系。

首先，从词源学方面来看，和亲政策的“和亲”应是先秦时期“和亲”一词的继承和沿用。汉初，汉高祖迫于形势，与匈奴和亲。诚如上文所论，早在先秦时期“和亲”一词即已产生，而且被广泛运用于包括民族或国家关系在内的几近所有社会关系之中。显然，“和亲”不是汉高祖或刘敬的发明，而是先秦时期“和亲”一词的继承与沿用。这是由语言文字的继承性所决定的。

其次，从语言发展角度来看，和亲政策也不应具有政治联姻的性质。语言文字除有继承性外，还有发展性，但发展不能无缘无故，要遵循一定规律，一个词不可能突然衍生出与初始含义毫无关联的新词义来。在先秦时期“和亲”一词意为父子兄弟等具有血缘关系的亲人或像父子兄弟等具有血缘关系的亲人之间一样和睦相处，而与政治联姻无关。况且，先秦时期“和亲”一词已被运用于民族或国家关系之中，比较而言，汉代及其以后历代和亲政策，无论是背景还是目的，甚至手段，均无实质性变化，未突破先秦“和亲”一词使用范围。因此，“和亲”一词衍生“政治联姻”的新义，是比较困难的，而且也是没有必要的。显然，和亲政策在词义上应与先秦时期“和亲”一词一脉相承，而与政治联姻无关。

可见，从语言学理论来看，和亲政策是先秦时期“和亲”一词的继承与沿用，其含义亦当与之一致，指亲人或像亲人一样和睦相处，而与政治联姻无关。

2. 从历史事实来看，并非所有和亲事件都有婚姻内容。

从逻辑上讲，如果“和亲”即政治联姻是真命题，则“和亲”是政治联姻充分条件，即要求每次“和亲”都要包含婚姻内容，亦即“和亲”与“婚姻”一一对应，否则命题不成立。笔者在《质疑》中已阐明，东汉与宋、明三代虽从未与周边民族或国家政治联姻，却不乏和亲，如澶渊之盟即被时人及后世学者名为“和亲”。其实，不仅东汉与宋、明三代和亲与政治联姻没有必然内在联系，而且即使汉唐等历史时期亦如此。据葛亮统计西汉共和亲 16 次，其中即有 5 次与婚姻无关。[①] 又如唐代，虽然当时确实有个别和亲事件包含婚姻内容，具有政治联姻的性质，但仍有许多和亲事件与政治联姻无关，如唐与突厥和亲。

据《旧唐书·襄武王琛传》记载：“（武德元年九月）（高祖

① 见葛亮《论汉代的民族“和亲”并非民族间的政治联姻—释两汉时期民族“和亲”之含义》（《河北学刊》2003 年第 6 期）。其实，葛亮这一统计还有待商榷。因为，西汉虽有“遣翁主如故”之说，但文献中明确记载的“遣翁主”却只有五次，是不是每次和亲都要“遣翁主”，这是很难说的。如日人泷川资言《史记会注考证》中就说：“中井积德曰：‘此称和亲者，非更遣女结亲也，唯修前时姻亲之礼耳。’后多仿此。”

派）襄武王琛与郑元璹等赍女妓往突厥和亲。”① 此次“和亲”，虽有“女妓”参与，却并非政治联姻。政治联姻必有婚姻，但并非凡有女性参与的外交事件皆为政治联姻。所谓政治联姻，不仅要有女性参与，而且还要确立以婚姻为基础的姻亲关系。在古代男权社会中，女人是男人的财产或附属物，男人可将女人，尤其是年轻貌美的女人作为礼品赠与他人，如越王勾践送西施给吴王夫差。这只是美人计或性贿赂，而与政治联姻无关。同样，唐高祖送“女妓”于突厥亦属此。又《资治通鉴》：“（武德七年八月）是时，颉利、突利二可汗举国入侵，连营南上，秦王世民引兵拒之……世民乃帅骑驰诣虏阵，告之曰：国家与可汗和亲，何为负约，深入我地！……（颉利）遣突利与其夹毕特勒阿史那思摩来见世民，请和亲，世民许之。”② 从“国家与可汗和亲，何为负约”一语可推知，此前唐与突厥是和亲的。战后颉利可汗又遣使“请和亲”，李世民“许之”，再次和亲。又《旧唐书·李靖传》：“（武德）九年，突厥莫贺咄寇边，征靖为灵州道行军总管。颉利可汗入泾阳，靖率兵倍道趋豳州，邀贼归路，既而与虏和亲而罢。”③ “颉利可汗入泾阳”即武德九年八月陈兵渭北一事，而“既而与虏和亲”则显然指渭桥结盟。可见，武德九年唐太宗与颉利可汗渭桥结盟的实质也是和亲。

在唐朝建立至太宗灭突厥这段时间里，唐与突厥曾多次“和亲”，其中有迹可寻的即有五六次之多。然而，这些“和亲”事件，除第一次有“女妓”参与外，其他各次均无“婚姻”痕迹，正因此，这些“和亲”一直都被研究者排除在研究范围之外。可见，唐代“和亲”与政治联姻并无必然联系。

---

① 《旧唐书》卷60《襄武王琛传》，北京：中华书局，1975年，第2347页。

② 《资治通鉴》卷191，北京：中华书局，1956年，第5992—5993页。

③ 《旧唐书》卷67《李靖传》，第2478页。

从上面分析可知，婚姻不是和亲必备因素，并非所有和亲都有婚姻内容，有无婚姻内容不是判断和亲的标准。

3. 史家在行文中将“和亲”与“结婚”并列，说明和亲与政治联姻内涵不同。

据《晋书·姚兴载记》记载：“时魏遣使聘于兴，且请婚。会平阳太守姚成都来朝，兴谓之曰：‘卿久处东藩，与魏邻接，应悉彼事形。今来求婚，吾已许之，终能分灾共患，远相接援以不?’成都曰：‘魏自柴壁克捷已来，戎甲未曾损失，士马桓桓，师旅充盛。今修和亲，兼婚姻之好，岂但分灾共患而已，实亦永安之福也。’兴大悦，遣其吏部郎严康报聘，并致方物。”[①] 作为连词，“兼”表示同时具有或涉及几种事务或几个方面。用于“和亲”与“婚姻”之间，显然二者两件内涵不同。刘戈老师与郭平梁先生将其解释为“在和亲中突出婚姻的意义”，[②]显然不妥。一方面，“兼”字无此语法功能；另一方面，这也不符合我国古代文人行文简洁的要求，如和亲即婚姻，则既已言和亲，又何需再言婚姻? 又《资治通鉴》记载：“（贞元三年）回纥合骨咄禄可汗屡求和亲，且请婚。”[③] 与“兼”一样，“且”字也表示并列关系，司马光将其用于“求和亲”与“请婚”之间，说明二者应该具有各自不同的内容。此类行文，在史籍中虽不多见，但是足以证明和亲与政治联姻具有各自不同的内涵，而并非研究者所谓的和亲即政治联姻的同一关系。

4. 同姓和亲说明和亲与政治联姻内涵不同。

据《资治通鉴》记载：“及刘乔败，（司马）颙惧，欲罢兵，

---

① 《晋书》卷118《姚兴载记下》，北京：中华书局，1974年，第2999页。

② 刘戈、郭平梁：《汉匈“和亲”的本来面目是什么?》，《河北学刊》，2005年9月。

③ 《资治通鉴》卷233，第7501页。

与山东和解。恐张方不从，犹豫未决……（杀张方）送方头于司空越以请和；越不许……成都王颖西奔长安，至华阴，闻颙已与山东和亲，留不敢进。”① “山东”指东海王司马越。司马越与司马颙是同姓宗王，他们和亲显然不可能是政治联姻，否则，岂不是乱伦？由文意推断，“和亲”即“和解”之意。

5. 日本对“和亲”一词的运用也证明我国古代和亲与婚姻无必然联系。

众所周知，近代以前，日本深受中华文化影响，其政治、经济、文化等制度，大都借鉴与模仿我国唐朝，而且还曾使用过汉字。因此，日本对“和亲”一词的认识与运用，对我们把握古代和亲政策实质具有一定借鉴作用。《清史稿》：“（同治）九年，日本遣外务权大臣柳原前光赍外务卿书致总理各国事务署，略曰：‘方今文化大开，交际日盛。我近与泰西十四国订盟。邻如贵国，宜先通情好、结和亲；而内国多故，迁延至今，信谊未修，深以为憾。兹令前光等诣台下，豫商通信，以为他日遣使修约之地，幸取裁焉’……（李）鸿章复为请于朝，下廷议。两江总督曾国藩等疏言曰：‘日本两百年来，与我无嫌。今援西国之例，诣阙陈词，其理甚顺。自宜一视同仁，请与明定规约，分条详列，不载比照泰西总例一语，致起利益均沾之心。’上韪其议，允前光请，命总署答书。诏鸿章预筹通商事。”② 此“和亲”当指两国签订友好条约，而绝非政治联姻。因为，柳原前光此次来华目的即与清政府商讨通商事宜，且在清末中日交往中从未见有通婚或议婚之事。

① 《资治通鉴》卷86，第2717—2718页。

② 《清史稿》卷158《邦交六·日本》，北京：中华书局，1977年，第4618—4619页。

又日本曾与美国曾签订《日米和亲条约》[1]（国内译为《日美亲善条约》）。此条约不仅名称直接用“和亲”，且条约第一条就明确约定日美两国和亲：“日本と合众国とは其人民永世不朽の和亲を取结ひ场所人柄の差别无之事。”其英文对译为：“There shall be a perfect, permanent, and universal peace, and a sincere and cordial amity, between the United States of America on the one part, and the empire of Japan on the other part, and between their people respectively, Without exception of persons or places.”从英文对译看，“和亲”即“ peace and amity”，显然并无政治联姻之意，同样，在近代日美关系中也未见有议婚政治联姻之事。

显然，在日人观念中，“和亲”并无政治联姻之意，与我国古代和亲政策一致。

可见，和亲政策与政治联姻之间并无必然内在联系，而研究者所尊信的和亲即政治联姻的论断并不能涵盖历史上所有和亲。

（二）和亲与政治联姻的联系——政治联姻是实现和亲的有效途径

如上所论，“和亲”一词早在先秦即已产生，且用于包含民族或国家关系在内的几近所有社会关系中，意为父子兄弟等具有血缘关系的亲人或像父子兄弟等具有血缘关系的亲人之间一样和睦相处。不管单个人与人之间，还是国家与国家、民族与民族之间，只要关系亲密到一定程度皆可称为“和亲”。使不同社会成员或团体关系亲密的途径有很多，而政治联姻即其中一种。所谓政治联姻，指不同政治实体通过个别成员（一般是核心领导者或其家庭成员）的婚姻而结成的以姻亲关系（翁婿或甥舅等）为基础的联盟，这完全符合先秦“和亲”的本意，因为，政治联

① 资料来源于日米交流150周年纪念事业网站，网址：http://www.ajstokyo.org/150/jouyaku.htm；http://www.ajstokyo.org/150/first/index.htm#5.

姻之后双方即为名副其实的“亲人”，双方关系自然是“和亲”。因此，政治联姻是实现和亲的有效途径，也是和亲的典型类型。

西汉初年，刘敬吸取第一次和亲[①]失败教训，向汉高祖提出政治联姻和亲的建议：敬曰：“陛下诚能以適长公主妻单于，厚奉遗之，彼知汉女送厚，蛮夷必慕，以为阏氏，生子必为太子，代单于。何者？贪汉重币。陛下以岁时汉所余彼所鲜数问遗，使辩士风喻以礼节。冒顿在，固为子婿；死，外孙为单于。岂曾闻孙敢与大父亢礼哉？可毋战以渐臣也。若陛下不能遣长公主，而令宗室及后宫诈称公主，彼亦知，不肯贵近，无益也。”[②] 按照刘敬的设想，如果政治联姻成功，则汉匈将世代和亲，甚至达到“毋战以渐臣”的目的。但因吕后反对，汉匈政治联姻和亲未能实现，最后只能“奉宗室女翁主为单于阏氏，岁奉匈奴絮缯酒食各有数，约为兄弟以和亲。”[③] 第一次和亲失败后，刘敬献策政治联姻和亲，说明政治联姻和亲模式要比第一次和亲模式更加有效。政治联姻和亲的外交政策并非刘敬所创，其实早在先秦即已存在，不过那时政治联姻和亲主要在中原诸侯国之间进行。受夷夏观念影响，中原王朝及诸侯国往往以与周边民族或国家政治联姻为耻。为了缓解紧张的汉匈关系，刘敬提出与匈奴政治联姻和亲，确属创见。

需说明的是，研究者认为汉遣翁主和亲是典型的政治联姻，我们认为此说不妥。首先，汉遣翁主和亲不符合政治联姻的基本条件，也未达到政治联姻的目的。政治联姻不仅要有婚姻事实，

---

① 汉匈第一次和亲时间是在白登之围解后不久，《史记·匈奴传》等文献对此皆有明确记载，由于这次和亲没有婚姻内涵，研究者囿于和亲即政治联姻关联错误关联，否认它的存在，这是值得商榷的。

② 《汉书》卷43《刘敬传》，北京：中华书局，1962年，第2122页。

③ 《汉书》卷94上《匈奴传上》，第3754页。

而且还需确立某种事实上或名义上的姻亲关系，并确立相应的义务与责任，即政治联姻的效果，亦即刘敬所说："生子必为太子，代单于"，"冒顿在，固为子婿；死，外孙为单于"。[①] 汉朝虽"数遣翁主如故"[②]，但始终未收到任何积极的后续效果。其次，史籍已明确记载"乃使刘敬奉宗室女翁主为单于阏氏，岁奉匈奴絮缯酒食物各有数，约为兄弟以和亲"。[③] 按照刘敬的设想，如果汉匈政治联姻成功，则汉匈当为翁婿或甥舅关系，但汉匈却始终以兄弟相称。可见，汉匈和亲虽有翁主参与，却并非政治联姻。

政治联姻和亲模式，虽未能在西汉付诸实践，但却在后代得到应用，尤其在南北朝至隋唐时期。据《册府元龟》记载："及魏道武帝读汉史至欲以鲁元妻匈奴，为之掩卷太息。于是以诸女皆釐降于宾附之国。此乃深识从权济时之略焉。"[④] 拓跋焘受刘敬政治联姻和亲建议的启发和鼓舞，将政治联姻对象范围与规模扩大，降诸女于宾附之国，开真公主外嫁之先例。从此，政治联姻和亲成为中原王朝与周边民族或国家和亲的主要方式或途径，仅有唐一代即与吐谷浑、吐蕃、契丹、回鹘等民族或国家政治联姻数十次之多。关于我国古代政治联姻和亲基本情况，学界已作极为详尽的研究，无需赘述。

政治联姻和民间结婚有着大体相同的礼仪程序，一般都要经过请婚、纳聘、迎亲等过程。因此，政治联姻一般首先由一方"请婚"，另一方"许婚"。在文献中我国古代大部分政治联姻都

---

① 《汉书》卷43《娄敬传》，第2122页。

② 《汉书》卷94上《匈奴传上》，第3764—3765页。

③ 《汉书》卷94上《匈奴传上》，第3754页。

④ 王钦若、杨亿等奉敕撰：《册府元龟》卷978《和亲一》，四库全书，台北故宫博物院藏本，第919册，第369页。

保留有"请婚"、"许婚"等信息，如《汉书》记载："竟宁元年，单于复入朝，礼赐如初，加衣服锦帛絮，皆倍于黄龙时。单于自言愿壻汉氏以自亲，元帝以后宫良家子王牆字昭君赐单于。"① 呼韩邪单于"愿婿汉氏以自亲"，即是"请婚"。又《旧唐书》记载："贞观八年，其赞普弃宗弄赞始遣使朝贡……闻突厥及吐谷浑皆尚公主，乃遣使随德遐入朝，多赍金宝，奉表求婚，太宗未之许……弄赞大惧，引兵而退，遣使谢罪。因复请婚，太宗许之。"② 不仅如此，而且政治联姻在文献中往往被直接称为"结婚"，如《汉书》记载："先是乌孙昆弥翁归靡因长罗侯常惠上书，愿以汉外孙元贵靡为嗣，得复尚少主，结婚内附，畔去匈奴。诏下公卿议，望之以为：乌孙绝域，信其美言，万里结婚，非长策也。天子不听……后乌孙虽分国两立，以元贵靡为大昆弥，汉遂不复与结婚。"③又如唐宁国公主拒绝为回纥可汗殉葬时说："我中国法，婿死，即持丧，朝夕哭临，三年行服。今回纥娶妇，须慕中国礼。若今依本国法，何须万里结婚。"④

由于政治联姻是实现和亲的有效途径，是和亲的典型类型，故在史家观念中，"请婚"即是"请和亲"，"结婚"即是"和亲"。因此，史家记载个别请婚、结婚等事件时，也往往用"请和亲"、"和亲"等词语。如《北史》："大象元年，他钵复请和亲，帝策赵王招女千金公主以嫁之。"⑤ 又《隋书·柳謇之传》记载："俄而突厥启民可汗求结和亲，复令謇之送义成公主于突厥。"⑥ 又《旧唐书》记载突厥可汗质问唐朝使者说："吐蕃狗

① 《汉书》卷94下《匈奴传下》，第3803页。
② 《旧唐书》卷196上《吐蕃传上》，第5221页。
③ 《汉书》卷78《萧望之传》，第3279页。
④ 《旧唐书》卷195《回纥传》，第5202页。
⑤ 《北史》卷99《突厥传》，北京：中华书局，1974年，第3290页。
⑥ 《隋书》卷47《柳謇之传》，北京：中华书局，1973年，第1275页。

种，唐国与之为婚；奚及契丹，旧是突厥之奴，亦尚唐家公主；突厥前后请结和亲，独不蒙许，何也?”① 如《旧唐书·突厥传》：“颉利可汗不悦中国与之和亲，数遣兵入寇，又遣人谓统叶护曰：‘汝若迎唐家公主，要须经我国中而过。’统叶护患之，未克婚。”② 从内容来推断，上引材料中的“请和亲”、“求结和亲”、“请结和亲”等词无疑都是请婚的意思，而“和亲”则是政治联姻、结婚之意。

此类记载在措辞方面的共同特点即是将请婚、结婚等事件直接记为“请和亲”、“和亲”等。史家如此措辞无可厚非，毕竟政治联姻是实现和亲的有效途径，是和亲的典型类型。但这极易给人以错觉，尤其是对那些对和亲内涵不甚了解的人，更是如此，以为凡“请和亲”，必许嫁公主，即认为“请和亲”即“请婚”。显然，这种理解是错误的。因为，毕竟政治联姻只是实现和亲的一种途径，并非所有“和亲”都是“结婚”。“和亲”类型很多，除了政治联姻和亲（包括翁婿和亲、甥舅和亲等）之外，还有父子和亲、叔侄和亲、兄弟和亲、君臣和亲等。关于和亲分类问题，笔者已有专文《我国古代和亲类型研究》（未刊），在此，不再赘述。因此，尽管史家可将“请婚”、“结婚”等记载为“请和亲”、“和亲”等，但我们却不能机械地反向推论，得出“请和亲”即“请婚”、和亲即政治联姻的简单结论。

综上所述，和亲与政治联姻之间并无必然内在联系，政治联姻是实现和亲的有效途径，是和亲的典型类型，仅此而已。

---

① 《旧唐书》卷194上《突厥传上》，第5175页。

② 《旧唐书》卷194下《突厥传下》，第5182页。

三、"和亲"与"和"的关系

2003年天津师范大学葛亮在《论汉代的民族"和亲"并非民族间的政治联姻—释两汉时期民族"和亲"之含义》中认为：汉代所谓民族"和亲"指民族和平，"和亲"与"和"是同义替代关系。[①] 此说虽已比较接近事实，却未能完全把握和亲真正内涵；同时，作者还推断"和亲"词义在北朝隋唐时期发生变化，逐渐与"政治联姻"叠为一体。[②] 此论亦值得商榷。

（一）和亲与和的联系——和亲的实质始终是和

在上文中，我们已阐明"和亲"一词先秦时即为和睦相处之意，且该词义一直沿用到清末民国而未变，而自汉代以来的民族和亲也始终未能突破先秦"和亲"一词的适用范围与内涵，故北朝隋唐以来的民族和亲，其实质亦当不至发生变化，与"政治联姻"叠为一体。

在唐代，"和亲"的实质仍然是"和"。《旧唐书·封伦传》："会突厥寇太原，复遣使来请和亲，高祖问群臣：'战之与和，策将安出？'多言战则怨深，不如先和，伦曰：'突厥冯凌，有轻中国之意，必谓兵弱不能战，如臣计者，莫若悉众以击之，其势必捷，胜而后和，恩威兼著……'高祖从之。"[③]《新唐书·封伦传》中，也是先用"和亲"，然后用"和"；而在《资治通鉴》中却只连用五个"和"而没有"和亲"。可见，"和亲"与

① 葛亮：《论汉代的民族"和亲"并非民族间的政治联姻—释两汉时期民族"和亲"之含义》。

② 葛亮：《谁说王昭君嫁匈奴单于是"和亲"?》，《河北学刊》，2004年第5期。

③ 《旧唐书》卷63《封伦传》，第2397页。

“和”所指相同。

此类材料甚多，《资治通鉴》中德宗和李泌讨论与回纥和亲一段较为典型：“回纥合骨咄禄可汗屡求和亲，且请婚。上未之许……（李泌）对曰：‘臣愿陛下北和回纥……’上曰：‘朕于卿言皆听之矣，至于和回纥，宜待子孙……’泌曰：‘岂非以陕州之耻邪！’上曰：‘然……属国家多难，未暇报之，和则决不可。卿勿更言！’……上曰：‘卿以和回纥为是，则朕固非邪?’……自是泌凡十五余对，未尝不论回纥事，上终不许。泌曰：‘陛下既不许回纥和亲，愿赐臣骸骨。’……上曰：‘朕不惜屈己与之和，但不能负少华辈。’……上曰：‘朕与之为怨已久，又闻吐蕃劫盟，今往与之和，得无复拒我，为夷狄之笑乎?’对曰：‘不然……故闻臣为相求和，安有复相拒乎！臣今请以书与之约：称臣，为陛下子，每使来不过二百人，印马不过千匹，无得携中国人及商胡出塞。五者皆能如约，则主上必许和亲。如此，威加北荒，旁詟吐蕃，足以快陛下平昔之心矣’。上曰：‘自至德以来，与为兄弟之国，今一旦欲臣之，彼安肯和乎?’对曰：‘彼思与中国和亲久矣……’上从之。”① “求和亲”与“请婚”并列，说明二者内涵不同，而文中反复出现的“和”字不可能是针对“请婚”而言的，且李泌“和亲”五个条件中亦未见有婚姻内容。显然，“和亲”与“和”同义。

关于宋代和亲与和的关系，笔者在《质疑》中已经阐明，司马光等时人及后世学者将澶渊之盟、宋夏庆历议和等事件称为“和亲”，显然，在司马光等人观念中，澶渊之盟、庆历议和等事件与汉唐和亲无异。

明代和汉唐一样，也与周边民族或国家“和亲”，只是明朝

---

① 《资治通鉴》卷 233，第 7501—7505 页。

君臣羞言"和亲"，以为"和亲辱国"，甚至还有人将"不和亲"视为美政。[①] 当然，这只是明人妄自尊大、自欺欺人的文字游戏而已。于慎行《谷山笔尘》："此等小夷，鞭笞可使，如许其纳款，请无曰"和"，以"抚"字代之，如许用兵追讨，请无用战，以剿字代之。王者之师，有征无战，"战"字且不可轻下，况招纳犬羊就我豢哺，安得以"和"字为言?"[②] 其实，明人不言和亲，却曰互市，曰贡。杨继盛云："互市者，和亲别名也。"[③] 又方逢时："臣又闻之，御戎无上策。征战祸也，和亲辱也，赂遗耻心。今曰贡，则非和亲矣。"[④] 可见，明代羞言"和亲"，则已"和亲"；羞言"赂遗"，则已"赂遗"矣。

明人之所以将"和亲"称为"互市"、"贡"，主要因为在我国古代"互市"或"贡"，不仅是边境贸易或朝贡，而且还是议和、讲和的象征。杨继盛说："俺答躏京师，咸宁侯仇鸾以勤王故有宠。帝命鸾为大将军，倚以办寇。鸾中情怯，畏寇甚。方请开互市市马，冀与俺答媾，幸无战斗，固恩宠。继盛以为雠耻未雪，遽议和示弱，大辱国，乃奏言十不可、五谬。大略谓：互市者，和亲别名也。俺答蹂躏我陵寝，虔刘我赤子。天下大雠也，而先之和。不可一。往下诏北伐，天下晓然知圣意，日夜征缮助兵食。忽更之曰和，失信于天下。不可二。以堂堂中国，与之互市，冠履倒置。不可三。海内豪杰争磨砺待试，一旦委置无用。异时欲号召，谁复兴起？不可四。使边镇将帅以和议故，美衣媮食，驰懈兵事。不可五。"[⑤] 杨继盛认为与蒙古互市，即是议和。

① 王廷相：《请辩冯恩罪状疏》，陈子龙编：《明经世文编》卷148，中华书局，1962年，第1473页。

② 于慎行：《谷山笔尘》卷11，北京：中华书局，1984年，第122页。

③ 《明史》卷209《杨继盛传》，北京：中华书局，1974年，第5536页。

④ 《明史》卷222《方逢时传》，第5847页。

⑤ 《明史》卷209《杨继盛传》，第5536页。

原因很简单，在我国古代北方游牧经济区与中原农耕经济区之间存在不对等的依存关系。中原农耕经济区，因发达与成熟的自给自足小农经济，北方畜牧产品对它而言，可有可无；而北方游牧经济区则不同，由于经济模式单一，不仅产品单一，而且抵御风险能力也较差，故其对中原农耕经济区的依赖性也较强。在此不对等的依存关系中，互市即成了中原政权制约游牧民族的手段，当双方关系紧张时，中原政权往往停止互市，以示惩戒；而双方议和，互市即为主要议题，互市的正常进行成为和好的象征与标志。

与互市一样，朝贡也是中原王朝与周边民族或国家议和的象征。如明朝与日本在朝鲜议和即以封贡为名。详情请参阅拙文《质疑》。

明人认为“互市者，和亲别名也”、“今曰贡，则非和亲”，而互市与贡又是议和、讲和的象征与标志，显然，在明人观念中“和亲”的实质仍然是“和”。

在清代，“和亲”的实质依然是“和”，这可从日本外务卿致总理各国事务署外交文书内容可知：“我近与泰西十四国订盟。邻如贵国，宜先通情好、结和亲；而内国多故，迁延至今，信谊未修，深以为憾。兹令前光等诣台下，豫商通信，以为他日遣使修约之地，幸取裁焉。”此“结和亲”与汉匈、唐蕃等结和亲何其相似。众所周知，清朝从未与日本结婚或议婚。故此“和亲”断无婚姻内涵，其意当为“和好”。

由此可见，我国古代和亲政策的实质始终是“和”，且一直沿用到清末民国。

（二）“和亲”与“和”的区别——和亲的亲情底色

虽然和亲的实质始终是“和”，但是否凡议和、讲和等外交事件都可称为“和亲”呢？按理，这是不可以的，至少是不严谨、不准确的。因为从语法结构看，“和亲”与“和”还是有一定区别，"和亲"不仅有"和"，还有"亲"。对此"亲"字，葛亮释为"亲近、亲附、亲善"，[①] 按此思路，"和亲"当为和好、亲近之意，"和"与"亲"为并列关系。我们以为，此说虽较传统的和亲即政治联姻说更接近事实，但仍未能完全把握"和亲"的真实内涵。

在第一部分已说过，"和亲"一词的初始含义为父子兄弟等具有血缘关系的亲人之间和睦相处，经过引申、扩展，广泛用于包含民族或国家关系在内的几近所有社会关系中，表示"父子兄弟等具有血缘关系的亲人或像父子兄弟等具有血缘关系的亲人之间一样和睦相处，而与政治联姻无关"之意。显然，"和亲"一词具有以亲属伦常关系为基础的亲情底色。而这一亲情底色，在和亲政策中则主要体现为和亲双方一般要结成某种恰当的或虚或实的亲属伦常关系，并确立相应的伦常名分，如西汉与匈奴是兄弟和亲。据《汉书·匈奴传》："是时，匈奴以汉将数率众往降，故冒顿常往来侵盗代地。于是高祖患之，乃使刘敬奉宗室女翁主为单于阏氏，岁奉匈奴絮缯酒食各有数，约为兄弟以和亲。"[②] 汉与匈奴和亲，虽"奉宗室女翁主为单于阏氏"，但双方却"约为兄弟以和亲"。说明汉方初衷乃是希望与匈奴政治联姻，从而收到"冒顿在，固为子婿；死，外孙为单于"的政治联姻效果。但汉方的如意算盘终究未能如愿，双方约为兄弟。对于匈奴而言，兄弟关系无疑要比翁婿或甥舅关系有利得多。在汉匈和亲中，究竟谁兄谁弟，限于史料，今人已无法确知，但从和亲之初汉匈实力对比关系推测，匈奴为兄，汉为弟的可能性要大一些。

---

① 葛亮：《论汉代的民族"和亲"并非民族间的政治联姻—释两汉时期民族"和亲"之含义》。

② 《汉书》卷94上《匈奴传上》，第3754页。

汉匈兄弟关系在双方的书信中亦有体现，如匈奴单于在给汉文帝的信中说："汉边吏侵侮右贤王，右贤王不请，听后义卢侯难支等计，与汉吏相恨，绝二主之约，离昆弟之亲。"① 又汉文帝在给匈奴单于书信中也说："汉与匈奴约为兄弟，所以遗单于甚厚。背约离兄弟之亲者，常在匈奴。"② 汉匈兄弟和亲模式，为历代沿用。如唐与突厥、回纥，宋与辽、金等都曾兄弟和亲。兄弟和亲也是我国古代和亲的典型类型，这主要因为各种亲属伦常关系中，兄弟关系最为平等，故往往成为不同民族或国家和亲首选。

我国古代宗法礼仪文明高度发达，亲属伦常关系划分十分详细，且原本并无亲属关系的其他社会关系也能还原或简约为某种亲属伦常关系，如君臣、官民、师生等常被比拟为父子。这为和亲类型的多样性提供社会资源与理论依据。在我国古代和亲史上，和亲类型除了政治联姻和亲、兄弟和亲之外，还有父子和亲、叔侄和亲、君臣和亲等。因篇幅限制，相关内容，笔者已另撰专文，故在此不宜赘述。

关于这一问题有几点要交代：（1）和亲类型划分并不绝对，有些时候多种和亲类型混合运用，如回纥对唐称臣称儿且政治联姻，③ 并且和亲类型随着双方实力对比关系的变化而变化，如西汉初期汉匈之间兄弟和亲，而随着局势变化，西汉便要求匈奴纳质称臣和亲；又如宋与金之间先由兄弟，再变为君臣，最后变为叔侄。（2）确立和亲双方亲属伦常关系的依据乃是双方实力对比关系。兄弟关系表示双方实力相当，地位平等，当然，"兄"的地位与实力较"弟"略高、略强，而父子或君臣关系，则是

① 《汉书》卷94上《匈奴传上》，第3754页。

② 《汉书》卷94上《匈奴传上》，第3758页。

③ 《资治通鉴》卷233，第7501—7505页。

一种从属关系。由于我国古代亲属关系划分比较细，故和亲双方往往根据他们的实力对比关系，结成一定恰当的或虚或实的亲属关系。（3）在史料记载中，并非所有和亲都可寻出某种亲属伦常关系。因为：第一，因文献记载或保存的关系，原本确实存在的亲属关系，或因未被记载，或虽有记载却因文献失传而不再为人所知。第二，有些历史事件，实未结成亲属关系，仅一般的“和”，当时人或后世学者出于礼仪等原因，将其称为“和亲”。这是“和亲”一词的广义用法，如“万民和亲”。文章第三部分所举日本在给清朝的外交文书中要求和亲，及日本与美国签订《日米和亲条约》即属此。

综上所述，和亲实质虽是和，却又非一般的“和”，它要求当事双方结成某种或虚或实的亲属伦常关系，确立相应的伦常名分及以此为基础的责任与义务，从而表示双方亲为一家或亲如一家。

结 语

综上所述，“和亲”一词早在先秦即已产生，且用于包含民族或国家关系在内的几近所有社会关系中，意为父子兄弟等具有血缘关系的亲人或像父子兄弟等具有血缘关系的亲人之间一样和睦相处，而与政治联姻无关。“和亲”的先秦时期的这一含义与用法一直沿用到清末民国时期。自汉以来的和亲政策并未突破该词的先秦本意及适用范围，与政治联姻并无必然内在联系。所谓和亲政策指不同政治实体在冲突或有此潜在可能的背景下，通过订立以某种或虚或实亲属伦常关系为基础的，旨在促使彼此化敌为友、增进感情的协议或盟誓。政治联姻是实现和亲的有效途径，但并非所有和亲都是政治联姻。和亲的实质是和，却又不仅是和，在一般情况下，和亲具有亲情色彩，即根据双方实力对比关系，结成某种恰当的或虚或实的亲属伦常关系，并确立相应名分及以此为基础的责任与义务。因此，目前学界和亲即政治联姻的传统观念是值得商榷的。

十六国北朝政权的骑兵建设与运用

清华大学历史系　李硕
中央民族大学历史文化学院　蒋爱花

自4世纪初，匈奴、羯胡、氐、羌、鲜卑等北方少数民族掀起了第一波入主中原的浪潮，相继建立了十六国、北朝诸政权。造成这一历史变局的根源，除了中原王朝自身政治的动荡、社会的凋敝，还有军事方面的原因，即北方游牧族的骑兵优势。但北方民族在中原建立政权之后，统治重心从边疆转移到中原农业区，其生活方式、军事动员方式、兵种来源也都和塞外草原时期有了很大区别。另外，北方少数民族政权还面临着与其他北方政权的战争，以及对东晋、南朝政权的战争。不同的对手和战场环境，也使得骑兵战术更加多样化。

本文将重点分析十六国、北朝诸北方政权骑兵的组建方式、作战特征，以及伴随着北方政权对中原统治的加深，其骑兵建设方式与战略、战术的变化，由此探讨民族、兵种、社会诸因素的互动关系。

一、北方政权初期的骑兵战术

3至4世纪（即从三国到西晋时期），中原骑兵战术发生了革命性转型：从先秦以来主要依靠弓箭远距离作战（“骑射”），转变为用矛、槊直接冲击敌。① 这一时期马镫的发明也为骑兵冲击战术提供了重要保障,② 使骑兵获得了对步兵的战术优势。到西晋后期，鲜卑、乌桓及内迁的匈奴等民族骑士也开始采用冲击战术。北方民族由此取得了以步兵为基础的中原军队的优势。十六国、北朝诸北方民族都崛起于塞外草原或农耕—草原过渡地带，习惯马背上的生活，保留着较多的游牧族生活形态、部落组织，军队主力以骑兵为主。当他们对中原的汉人或其他少数民族政权展开进攻时，都要倚重骑兵和冲击战术击败中原步兵主力。

在北方民族入主中原的战争中，最大的困难在于攻城。因为骑兵只适合野战、运动战，难以胜任城池攻坚。如 520 年北魏将领长孙稚讨伐关西叛军，“所领悉是骑士，习于野战，未可攻城”，虽是北魏后期事例，但骑兵的运用原则是相同的。③ 攻城战要完成大量土木工程，需要组织起大量的民夫，并建立稳定而强大的后勤保障体系。只有对农业地区富有统治经验的政权，才能进行这种复杂的社会动员工程。比如曹魏末年司马昭围攻诸葛诞固守的寿春城；东晋末刘裕围攻南燕广固城；以及东魏政权围

---

① 参见杨泓：《骑兵和甲骑具装》，《文物》1977 年第 10 期。美国学者 Goodrich 结合甘肃武威雷台出土的东汉末铜骑马俑，也讨论了骑兵从骑射到冲击的战术转型问题，见 Chauncey S. Goodrich, “The Saddles of the Bronze Horses of Lei – t´ai,” *Journal of the American Oriental Society*, Vol. 106, No. 1, Sinological Studies Dedicated to Edward H. Schafer (Jan. – Mar., 1986).

② 关于马镫对于骑兵冲击战术转型的作用，参见 Lynn White, *Medieval Technology and Social Change*, Oxford University Press, 1962, pp. 10—38. 部分中文译文见顾准：《〈马镫和封建主义——技术造就历史吗?〉译文及评注》,《顾准文集》，贵阳：贵州人民出版社，1994 年，第 297 页。目前考古发现最早的单马镫陶俑为西晋末，最早的双马镫实物为十六国北燕时。见高至喜：《长沙两晋南朝隋墓发掘报告》,《考古学报》，1959 年第 3 期。黎瑶渤：《辽宁北票县西官营子北燕冯素弗墓》,《文物》1976 年第 11 期。

③ 《魏书》卷 58《杨侃传》，北京：中华书局，1974 年，第 1282 页。

攻西魏的玉璧城、颍川城等。刚刚崛起的北方少数族普遍缺乏这种能力。所以他们更习惯集中骑兵，在野战中歼灭敌军主力。当敌军固守城池时，北方民族骑兵会破坏城郊的乡村，断绝城市的粮食供应，待守军出城寻食时将其歼灭，进而顺利占领城市。但这种战术形式会对中原农业地区造成极为惨重的破坏，农田抛荒，人民流离，政权解体，社会经济往往在战后多年都难以恢复。从西晋末到北朝，中国北方数次陷入大规模战乱与萧条，其根源都在于新崛起的北方民族骑兵这种袭掠战手段。在 4 世纪初匈奴刘氏、羯胡石氏攻灭西晋的战争，以及 4 世纪末拓跋北魏驱逐慕容氏后燕占领中原的战争中，这种战争手段都有非常典型的应用。下面就依次进行讨论。

少数民族骑兵首次大规模驰骋中原发生在西晋末，主要是匈奴刘汉政权和羯胡石勒的骑兵。建立刘汉的匈奴刘渊家族汉化程度比较深，[①] 所以首先曾尝试中原式的强行攻城战术，但遭到失败，方又改回游牧族习惯的袭掠作战。309 年（永嘉三年）年底，刘聪率汉军“精骑五万”试图强攻洛阳，并有步兵进行补给运输，由于步兵溃败，刘聪只得撤军。次年，汉军刘粲四万兵力再度侵入河南，但不再强攻洛阳，而是“长驱入洛川，遂出轘辕，周旋梁、陈、汝、颍之间，陷垒壁百余”，[②] 用快速袭掠的战术扫荡河南郡县，从其运动速度看，显然是纯粹的骑兵部队。另外，活跃在河北的石勒也接到了协同刘聪作战的命令，率二万骑兵与刘粲会师、击败晋军主力，然后分头袭掠河南诸郡县。经过刘汉和石勒骑兵的大规模洗劫，河南地区破坏严重，粮食耗尽。晋军主力四万人在东海王司马越带领下离开洛阳，辗转觅

① 参见陈寅恪著，万绳楠整理：《陈寅恪魏晋南北朝史讲演录》，“胡族的汉化及胡汉分治”，合肥：黄山书社，1987 年，第 100—107 页。

② 《晋书》卷 102《刘聪载记》，北京：中华书局，1974 年，第 2658 页。

食。石勒率轻骑将这支晋军包围全歼于途中。京师洛阳兵、粮俱尽、城防瓦解，被刘、石武装轻易攻破，晋朝对中原的统治宣告结束。

刘、石骑兵武装流动作战的方式，在《晋书·石勒载记》中可以窥见一二：石勒往往靠步兵护卫辎重和老幼家眷，而以二到三万骑兵作为主力部队，进行大范围的穿插作战与抢掠。如310年他将辎重家口留在河北，率骑兵二万到河南协同刘粲发起攻势。此后，石勒军又携带辎重向西南转战。当到达襄阳时，也将辎重家口暂时留在驻地，而以三万骑兵突袭当地的流民武装。① 一名叫邓攸的西晋官员曾举家被石勒俘获，并随之辗转各地，从他的本传中可以看到石勒军队流寇式迁徙的细节特征："勒召至幕下，与语，悦之，以为参军，给车马。勒每东西，置攸车营中。勒夜禁火，犯之者死。攸与胡邻毂，胡夜失火烧车……"② 可见石勒武装主要靠牛马拖曳的大车组成"车营"进行机动，胡汉家庭都有自己的车辆和牛马，车队在夜晚宿营时有严格的纪律。夜间禁火的命令是为了防止暴露宿营地，也可能和胡人的拜火教信仰有关。③

当石勒在河北建立后赵政权之后，受北方民族传统和流动作战经验的影响，还保持着一支数万人的骑兵机动武装，并由少量步兵负担守护辎重等辅助性任务。但后赵这支主力骑兵已经比较正规，补给多由国家财政提供，也不需携带家眷老幼，具有更强的机动性和持久作战能力。在后赵与周边政权的战争中，这支主力骑兵极为活跃，且其统帅多是石虎。虽然不知道这支部队是否

① 《晋书》卷104《石勒载记上》，第2712页。

② 《晋书》卷90《良吏传·邓攸》，第2239页。

③ 参见岑仲勉：《揭出中华民族与突厥族之密切关系》，《东方杂志》第41卷第3号，1945年2月。

采取轮流服役的形式，但其规模一直很稳定。根据《晋书》和《资治通鉴》，可将其运用情况整理为下表：①

时间	战事及兵力	文献出处
319 年	后赵王勒遣中山公虎帅步骑四万击徐龛	《资治通鉴》卷 91
320 年	祖逖攻陈川于蓬关，石勒遣石虎将兵五万救之	《资治通鉴》卷 91
321 年	石季龙为车骑将军，率骑三万讨鲜卑郁粥于离石	《晋书·石勒载记上》。《资治通鉴》未载，以前后事件推断，当在此年
322 年	遣中山公虎将精卒四万击徐龛	《资治通鉴》卷 92
323 年	后赵中山公虎帅步骑四万击安东将军曹嶷	《资治通鉴》卷 92
325 年	后赵中山公虎帅步骑四万，入自成皋关，与岳战于洛西……曜自将兵救岳，虎帅骑三万逆战……	《资治通鉴》卷 92

这些记载多笼统云“兵”或“步骑”，但从 321 年、325 年的记载可见，其核心是 3 万名骑兵。321 年之战只有 3 万骑兵而无步兵，因为作战对象是游牧鲜卑人，必须以纯骑兵奔袭才能获得战机。325 年与前赵作战时，石虎军步骑共 4 万，骑兵有 3 万，其余 1 万人应是步兵。如此可以推测，其余四次的 4 万—5 万兵力，应是 3 万骑兵及 1 万—2 万名步兵，步兵主要是负责辎重运输等勤务工作。古代史书中关于战斗与后勤人员的比例记载较少，但据《大唐卫公李靖兵法》，一支标准的 2 万人部队之中，守辎重需 6000 人，可见后勤任务需占用近 1/3 的比例。石虎这

① 《资治通鉴》的记载多取自《晋书》，但因为其进行了系年，所以引文优先采用。

支部队的步兵勤务人员比例显然符合。① 不过，这时的石赵政权正处在向中原化转型时期，当进行大规模战事时会进行广泛动员，步兵比例会超过骑兵，详见下节。

4 世纪初胡骑征服中原的战争，到 4 世纪末再次上演，战争双方则换成了中原化程度相差很大的慕容与拓跋鲜卑。当时慕容后燕占据中原，拓跋鲜卑则刚刚崛起于代北草原，尚保留着草原游牧时期的特点，战术也是以骑兵为主的野战模式。拓跋珪伐燕之前 20 年，拓跋使者燕凤曾向苻坚谈及拓跋人的战术特点："军无辎重樵爨之苦，轻行速捷，因敌取资"，即草原骑兵没有专门的后勤补给体系，全靠抢掠获得军需。拓跋珪复国时的情况应与此区别不大。② 参与伐燕战事的拓跋兵力达 40 余万，主力都是骑兵。③ 拓跋人长期生活在塞外，对内地的城防体系比较陌生，缺乏持久阵地战的经验。这和当年匈奴刘汉、羯胡石勒反晋时的情况非常相似。慕容鲜卑中原化程度较深，骑兵数量远不及拓跋魏军，主要采取依托城池固守的战术。所以北魏攻后燕之战，特别是河北阶段的战事呈现为旷日持久的、惨烈的消耗战，时间长达

---

① 《通典》卷 148《兵志一》引《大唐卫公李靖兵法》，北京：中华书局，1988 年，第 3792 页。

② 《魏书》卷 24《燕凤传》，第 609 页。

③ 据《魏书》卷 2《太祖纪》，"大举讨慕容宝，帝亲勒六军四十余万"，第 27 页。而《魏书》卷 33《张济传》云魏军动用"三十余万"，是指河北阶段战事，而非总兵力，第 787 页。《魏书》未明言伐燕的兵种构成，但战事记载只涉及骑兵，从未提及有步兵。以进攻河北阶段的兵力看，兵种可知的部队有两支，一支是卫王拓跋仪所辖的"五万骑"，负责进攻邺城（《魏书》卷 2《太祖纪》，第 28 页）。另一支是王建、李栗所辖的"五万骑"，负责充前锋和攻信都（《魏书》卷 2《太祖纪》，卷 28《李栗传》，卷 30《王建传》。分别见第 28 页、第 686 页、第 710 页）。此外二十余万应是拓跋珪直辖的兵力。两支偏师尚全是骑兵，拓跋珪亲率的也应都是骑兵。《魏书》记载之所以不区分步骑兵，盖因为当时拓跋军队皆是骑兵之故。《资治通鉴》卷 109："魏王珪大举伐燕，步骑四十余万"，擅自增加了步兵，依据的是中原习惯，并无史实依据（北京：中华书局，1956 年，第 3430 页）。

一年多。魏军攻击燕军主要城市所用的兵力和耗费的时间见下表：①

城市	魏军投入兵力	战事持续时间	占领方式
晋阳	伐燕前锋军，数量不详	396年九月，一战而克	守军出城交战，兵败弃城
信都	王建、李栗部五万骑，及前来增援的拓跋珪主力二十余万骑	396年十一月至397年正月	守军获悉魏主力前来，遂主动弃城
中山	拓跋珪主力二十余万骑，及克信都之后增加的王建、李栗部五万骑	396年十一月至397年十月	守军出城觅食，被魏军歼灭，城中遂投降
邺城	卫王拓跋仪部五万骑	396年十一月至398年正月	守军获悉中山陷落，遂主动弃城

细寻后燕四座重要城市晋阳、信都、中山、邺城的陷落，都不是因为魏军的强攻，而是燕军统帅丧失战斗意志弃城，或者城中粮储耗尽、不战自溃。如晋阳、信都二城，都是在魏军骑兵主力赶到城下时，守将弃城逃亡。②

中山和邺城的易主，则经历了长时间（一年左右）的消耗战。魏军骑兵从未能对二城展开围城强攻，只能用扫荡河北平原的方法断绝二城的补给。397年初，慕容宝曾集结近16万兵力出城攻击魏军，但野战正是魏军骑兵所长，燕军被歼灭10余万，复退保中山。③ 到397年十月，中山的3万多燕军绝粮出城觅食，被赶来的魏军歼灭，魏军进而顺利占领中山，战事前后历时11个月。邺城守将慕容德获悉中山陷落，于398年正月放弃邺城、

① 取材自《魏书》卷2《太祖纪》，卷26《长孙肥传》，卷28《李栗传》，卷30《王建传》，《晋书》卷124《慕容宝载记》。

② 《资治通鉴》卷108，第3429—3431页。《魏书》卷2《太祖纪》，第28页。

③ 《晋书》卷124《慕容宝载记》，第3094页。

撤往河南。魏军对邺城的攻势共历时 13 个月。

围绕中山、邺城相持的一年间，燕魏两军都饱受缺粮之苦。特别是 397 年春夏之交、青黄不接的季节，魏军在河北平原上四处抢掠，甚至要百姓缴纳桑葚充军粮。《魏书》和《资治通鉴》都未将此事系以日期，但河北地区桑葚的成熟在旧历五月间，正是魏军第二次放弃中山围城、流动抢粮期间之事。[①] 原负责攻击邺城的拓跋仪所部也转而为拓跋珪主力搜罗粮食。[②] 在城中粮尽的情况下，中山的后燕朝廷也经历了数度变故，燕帝慕容宝弃城逃回辽东，慕容详、慕容麟先后据城称帝，亦可见战争过程之漫长。

通过魏军进占四城的过程可见，这时的魏军骑兵虽有绝对的数量、质量优势，但无法进行持久的围城攻坚战，只能在野战中歼灭燕军主力。对于坚守中的城池，魏军则洗劫郊野、切断粮源，迫使城中守军出城寻食，从而择机歼灭之。这种战术给河北平原的民生造成了重大破坏，加之北魏政权初期统治方式较原始，河北地区经济、社会的完全恢复，要等到八十余年后的冯太后、孝文帝改革时期。当然，伴随着北魏政权的中原化，其步骑兵比例、骑兵战术也在发生变化。这和十六国诸政权的政治发展模式基本相似。下面就对北方政权中原化进程中的骑兵建设与运用进行探讨。

---

① 《魏书》卷 32《崔逞传》，第 758 页。另第 29 页，《魏书》卷 26《长孙肥传》："时以士马少粮，遂罢中山之围，就谷河间。"《资治通鉴》卷 109 将此事系于 397 年五月，很正确。

② 《魏书》卷 2《太祖纪》，皇兴二年（397）"夏四月，帝以军粮未继，乃诏征东大将军东平公元仪罢邺围，徙屯钜鹿，积租杨城"。第 29 页。

二、中原化阶段的骑兵建设

北方少数民族政权在适应对汉地的统治之后，兵种构成会发生变化，步兵比例上升，骑兵的比例和数量都明显下降。为了维持骑兵军队的规模和战斗力，十六国和北朝的北方政权都会加强“正规化”的骑兵建设，以国家财政供养正规骑兵，同时靠兴建国营马场、从北方草原输入战马等方式保障骑兵的规模。

首先来看北方政权建立后骑兵数量下降问题。从史书记载可见，在少数民族政权建立起对中原的稳定统治之后，步兵和骑兵的比例会维持在2:1到3:1之间。如前述石勒后赵政权最主要的常备机动部队有三万名骑兵、以一两万步兵为辅助，似乎骑兵比例较高。但到328年，前、后赵在洛阳发生大会战，石勒调集境内几乎全部堪用的部队参战，共有“步卒六万，骑二万七千”,[①] 步、骑兵比例接近2:1。383年，前秦苻坚倾国进攻东晋，共有“戎卒六十余万，骑二十七万”出征，其步骑比例亦与石赵基本相同。此处的戎卒专指步兵，因为苻坚说过，全国总动员的兵力是“九十七万”，恰是步骑兵数量之和。[②] 北魏进攻后燕时，慕容宝集结起“步卒十二万，骑三万七千”迎战，步、骑比例约3:1。[③] 北魏孝文帝初，大臣高闾曾建议组建一支防范柔然人入侵的部队，他提出其各兵种数量是：“二万人专习弓射，二万人专习戈盾，二万人专习骑槊”,[④] 这里用骑槊的是骑兵，弓射和戈盾的是步兵，步骑比例仍是2:1。这个步骑比例到唐朝初年仍基

---

① 《晋书》卷105《石勒载记下》，第2745页。
② 《晋书》卷114《苻坚载记下》，第2917页。
③ 《晋书》卷124《慕容宝载记》，第3094页。
④ 《魏书》卷54《高闾传》，第1201页。

本稳定。如在《大唐卫公李靖兵法》中，一支标准的二万人部队，分为守辎重六千人，马军四千人，以及作战步兵一万人，步骑兵比例为5:2。如将守辎重人员计入，则为4:1。[①] 当然，如果少数民族政权与北方草原的交通被完全隔断，骑兵的比例会更低。如割据青齐的慕容德后燕政权大规模征兵讲武，共有“步兵三十七万，车一万七千乘，铁骑五万三千”，[②] 步骑比例约为7:1。这时慕容德的辖区仅是山东半岛一带，和北方马匹产地的陆路交通被北魏隔绝，导致骑兵占比较低。这是北方政权里比较特殊的情况。

北方政权建立后骑兵比例降低有多方面原因。首先是农业地区能提供大量步兵，步兵的单兵战斗力虽然不如骑兵，但装备、供养成本极低，“性价比”高得多；第二，当北方政权对南方的东晋南朝政权作战时，战场环境多是江淮流域的丛林、水乡，不便于骑兵大集群驰骋作战，只能以步兵为主力、依托城垒进行持久战；第三，少数族在入主中原之后，往往都会放松对北方草原的控制（新的游牧族也多在这一时期崛起于塞外），战马的来源减少。这些因素都导致北方政权在立足中原之后，骑兵数量、比例都会明显下降。

为了保障战马来源，北方政权往往会重拾中原汉魏王朝的政策，在民间征发马匹和兴建国营军马场。前赵刘曜曾下令无官职者不得乘马，[③] 后赵石虎为了征集战马，强行没收一切民间马匹，数量达四万匹。数年后，为了维持对东晋的战争，石虎又征调州郡官吏的马一万四千余匹补充军队。[④] 苻坚准备倾国攻灭东

---

① 《通典》卷148《兵志一》引《大唐卫公李靖兵法》，第3792页。

② 《晋书》卷127《慕容德载记》，第3170—3172页。

③ 《晋书》卷103《刘曜载记》，第2692页。

④ 《晋书》卷106《石季龙载记上》，第2772、第2774页。

晋，也将其境内所有公、私马匹全部征用。[①] 关于北方政权的官营畜牧业，史书文献中材料较少，只能通过个别史料进行窥测。比如苻坚前秦统一北方后，在其建都的关中附近建设了规模巨大的马牧场，由被征服的羌人、慕容鲜卑充当牧奴。当苻坚在淝水之战惨败后，这些人揭竿而起反抗前秦，牧场恰好为他们提供了充足的战马。这也成为前秦瓦解的重要原因。[②] 再如北魏政权，在魏孝文帝迁都洛阳后，与南齐政权频年战争，需要大量补充战马，而代北草原的马场过于遥远，孝文帝便下令在洛阳以北黄河两岸规划出千里之地为马场，将代北马匹牲畜迁移其中。[③] 北齐河清三年（564 年），突厥内侵，齐“代、忻二牧”的数万匹马都转移到五台山中躲避，可见北齐的马牧场主要在晋北的代县、忻州附近。[④] 除了在官牧场繁衍马匹，北方政权还通过战争掠夺、互市交易等手段，从边疆的畜牧地区获得战马，见诸《晋书》诸载记及《魏书》本纪，兹不赘论。[⑤]

为了维持骑兵部队的战斗力，十六国和北朝政权经常对骑兵进行演练。比如石虎在都城邺城外建阅马台，每月朔、晦登临台上，亲自指挥骑兵训练。[⑥] 晦朔分别是每个月的最后一天和第一天，可以看做每月训练一次，每次二天。北齐原本规定用围猎方式训练军队，“月别三围”，主管骑兵省的唐邕认为过于频繁劳

① 《晋书》卷 114《苻坚载记下》，第 2917 页。

② 《晋书》卷 114《苻坚载记下》，第 2919 页；卷 116《姚苌载记》，第 2965 页。

③ 《魏书》卷 44《宇文福传》，第 1000 页。

④ 《北史》卷 55《白建传》，北京：中华书局，1974 年，第 2004 页。

⑤ 参见付小英：《魏晋十六国北朝幽州战马来源初探》，《首都师范大学学报》（社会科学版），2010 年增刊。

⑥ 《太平御览》卷 300 引《邺城故事》，北京：中华书局，1960 年影印本，第 1383 页。

累，请示减少为每月两围。[1] 在北朝后期，骑兵兵种的垂直管理也更强化。在东魏朝，高欢丞相府中设骑兵曹和骑兵参军，管理东魏的全部军马饲养、调配事务。在高洋建北齐后，原来丞相府骑兵曹并未像其他曹一样划归尚书省管辖，而是成为和尚书省并列的骑兵省，单独设置省主，并且由皇帝亲信的秘书人员（中书舍人或黄门侍郎）具体分管，可见其地位之重。[2]

三、中原化阶段的骑兵战术

1. 骑兵在北方战场的运用

十六国、北朝政权在中原建立起稳定政权之后，最为倚重的兵种仍是骑兵。北方政权在中原化过程中步兵比例迅速提高，导致骑兵的作战方式发生转变：不再是初入中原时纯粹的骑兵部队，而是注重步、骑兵种的协同。在大会战中，多以骑兵首先冲击敌主力军阵（往往也是以步兵为主体），给敌军阵造成混乱，然后步兵、骑兵同时发起总攻，将敌彻底击溃。值得注意的是，先期投入进攻的骑兵数量往往都不太大，常是数百人甚至数十人规模。如前秦进攻前燕，两军决战于漳河谷地，秦军步骑兵共六万，燕军兵力多达三四十万，秦将邓羌只带少数将士“跨马运矛，驰入（慕容）评军，出入数四，旁若无人，搴旗斩将，杀伤甚众”，秦军乘机全面进攻，燕军大败并迅速亡国。[3] 东西魏沙苑之战，西魏将领李弼率六十名骑兵冲击高欢的中军队列，将其冲断为两截，造成东魏军阵混乱，在西魏军全线攻击下大败，

① 《北齐书》卷 40《唐邕传》，北京：中华书局，1972 年，第 531 页。
② 《北史》卷 55《唐邕传》，第 2003 页。
③ 《晋书》卷 113《苻坚载记上》，第 2893 页。

几乎全军覆没。[①] 骑兵对敌主力发动首轮突击时，如能斩、俘敌主帅，就会使战局发生戏剧性变化。如 543 年，东、西魏会战于洛阳，东魏将领彭乐统领右翼骑兵，直接冲入西魏军左翼，而西魏指挥中心正设在左翼，五名西魏宗室及督将僚佐四十八人都被俘获。东魏乘机追杀，斩首三万多人。[②] 次日双方整军再战，西魏“募敢勇三千人”，直冲高欢统帅部，引起东魏军全线溃败，高欢本人也险些丧命贺拔胜的槊下。[③]

十六国北朝时，南方政权也经常进行北伐。但南方步兵行进到华北平原之后，就暴露在北方骑兵的威胁之下，给北方骑兵提供了发挥战斗力的好机会。如东晋桓温伐前秦时，秦将苻生只带少数骑兵冲入桓温的步兵军阵中，给晋军造成大量杀伤。[④] 这次战斗虽然没有彻底击败晋军，但给桓温和晋军上下造成了很大压力，致使其再不敢与秦军决战，直到粮食耗尽被迫撤退。之后桓温北伐前燕，也是遭到了慕容垂、慕容德率领主力骑兵的打击而惨败。再如东晋末刘裕占领关中、南朝梁军陈庆之部占领洛阳，都因遭到赫连勃勃和北魏骑兵攻击而惨败。在面临南方军队的攻势时，北方政权的骑兵武装发挥了最关键的作用，使得南军始终难以稳定占领中原、统一北方。

---

① 《周书》卷 15《李弼传》“弼呼其麾下六十骑，身先士卒，横截之，贼遂为三，因大破”。此“三”为“二”之误抄，见中华书局校勘记。北京：中华书局，1971 年，第 240 页。

② 《北史》卷 53《彭乐传》，第 1923 页。《北史》卷 6《齐本纪上》则载东魏战绩为俘获西魏督将以下四百余人，斩俘六万。

③ 《周书》卷 14《贺拔胜传》，第 219 页。

④ 《晋书》卷 112《苻生载记》：“桓温之来伐也，生单马入阵，搴旗斩将者前后十数。”第 2873 页。《晋书》卷 98《桓温传》：“生亲自陷阵，杀温将应庭、刘泓，死伤千数。温军力战，生众乃散。”第 2571 页。

2. 骑兵在南线战场的运用

当北方军队对南方发动进攻时，骑兵又面临着新的课题。因为骑兵集群冲击需要开阔、平坦的地形，而南线战场多河流、山林，北方骑兵统帅需注意避开这些不利于骑兵的地形，给骑兵创造作战机会。

在枯水季节或者水势不太深急之处，骑兵可以涉水过河。且马匹会游泳，可以游过不太湍急的河流。北方骑兵将领往往借此渡河，对南军发动奇袭。在前秦对东晋的攻势中，晋军依托汉江固守襄阳，秦军将领石越带领骑兵“游马以渡”，在南岸建立渡河据点，为秦军攻克襄阳创造了条件。① 在北魏与南齐的战争中，魏将韦珍受命带一支具装骑兵渡过淮河，到大别山区接应亲魏的地方武装。当时齐军固守淮河渡口，韦珍带步兵佯攻渡口，而命令骑兵从上游水浅处涉渡。双方步兵激战于渡口附近时，北魏骑兵迂回至齐军后方，前后夹击取得胜利。②

在对南方作战中，北方骑兵还有一项重要职能，就是利用其机动性优势，乘敌不备突入敌纵深进行袭掠、破坏。这本是游牧族的传统作战方式，主要是为了抢夺战利品。当他们在中原建立政权后，则是将骑兵袭掠作为破坏南军边防的手段。因为南方政权的边防主要靠修筑城垒。北方军队强行攻城代价很大，所以常派骑兵迂回到敌后，践踏庄稼、抢劫粮食甚至掠夺人口。这使得南方城池的粮食供应减少，戍兵的补给难以维持，从而影响其战斗力。

石赵时期，东晋豫州刺史祖逖占据河南平原，依托谯、梁等地的城垒与石勒政权对抗。石勒军队在争夺城市失败后，转而采取骑兵袭掠破坏，特别是在秋收季节抢掠乡间。祖逖部众往往要

---

① 《晋书》卷 113《苻坚载记上》，第 2899 页。

② 《魏书》卷 45《韦阆传附韦珍》，第 1013 页。

烧毁粮食以免落到敌手。这种破袭与反破袭的拉锯战持续了多年，使得祖逖军队始终难以发展壮大。① 东晋末，晋军在淮南的芍陂聚众屯田、积蓄军粮，试图收复河南。后秦姚兴君臣讨论的对策是：

(姚兴) 召其尚书杨佛嵩谓之曰："吴儿不自知，乃有非分之意。待至孟冬，当遣卿率精骑三万焚其积聚。"嵩曰："陛下若任臣以此役者，当从肥口济淮，直趣寿春，举大众以屯城，纵轻骑以掠野，使淮南萧条，兵粟俱了，足令吴儿俯仰回惶，神爽飞越。"兴大悦。②

姚兴特意提出发动攻势的季节在"孟冬"即旧历十月。这是北方民族举兵惯例：除了这个季节战马最为肥壮，南方的粮食刚刚收获，还因为北方民族不适应南方的湿热气候，夏季江河涨水、植被茂盛，也不便骑兵展开，而秋季则是骑兵驰骋的好时机。在北魏与南朝的战争中，仍经常运用这种骑兵袭扰战术，使得南朝政权疲于应付。宋文帝刘义隆、孝武帝刘骏都曾向群臣征询对策，③ 刘骏坦率地承认对魏军骑兵侵袭的忧虑：

胡骑倏忽，抄暴无渐，出耕见虏，野粒资寇，比及少年，军实无拟，江东根本，不可俱竭，宜立何方，可以相赡……贼之所向，本无前谋，兵之所进，亦无定所。比岁戎戌，仓库多虚，先事聚众，则消费粮粟，敌至仓卒，又无以相应。④

---

① 《晋书》卷77《蔡谟传》，第2037页
② 《晋书》卷118《姚兴载记下》，第2996页。
③ 刘义隆时期的讨论见《宋书》卷64《何承天传》，第1707—1708页。
④ 《宋书》卷94《恩幸传·徐爰》，第2307页。

可见北魏的骑兵袭掠严重破坏了宋军的军粮征收和供应体系。而宋军缺少骑兵，难以及时作出反应，边境屯驻步兵不仅难以防范北魏骑兵，还要吃掉大量粮食，更堕入恶性循环的怪圈。对于刘义隆、刘骏提出的这个问题，刘宋文武臣僚都找不出合适的对策。直到梁朝末年，南北边境推移到长江一线，南方才免除了这种困扰，但这已经距离北军的渡江统一战争不远了。再对比三国时期，南北对峙局面和十六国北朝基本相同，但曹魏、西晋的骑兵都没有这种主动性，极少对东吴的江北地区进行纵深袭掠。如魏晋军队在234年和278年曾对东吴江北驻军的屯田发动过袭击，234年是“三军循江东下，摧破诸屯，焚烧谷物而还”,[①] 并非单纯的骑兵，甚至还可能有水兵参加，278年之战则是以步兵强攻皖城，所以这两次都不是骑兵奇袭。[②] 可见北方民族运用骑兵有长期的经验积累，更富有主动性。

四、小结

十六国、北朝政权大都伴随着北方少数民族入主中原的进程而建立，他们运用骑兵的方式也体现出游牧族与中原的过渡、复合特征。诸少数族崛起之初，大都以纯粹的骑兵武装作为进攻手段。但在其中原化之后和向南方推进过程中，则更重视骑兵与步兵的协同作战，步兵的重要性相对上升。这说明政权统治区的社会经济条件是其军队及战术形式的决定因素。

十六国北朝政权在进入中原之后，都不同程度地放松了对北方草原的控制，使草原地区轮流易主于鲜卑、柔然和突厥等民

① 《三国志》卷26《魏书·满宠传》，第725页。

② 《晋书》卷3《武帝纪》，第69页；卷42《王浑传》，第1202页。

族。这也说明一个政权难以同时维持对农业和草原地区的统治,[①] 十六国北朝诸政权普遍选择了前者。到后来的蒙元和清代，统治者试图以“双轨制”保持对草原和农业地区的同步统治，军事结构也有较强的二元色彩，即来自草原的骑兵和汉地的步兵并存。但元的军事中心更倾向草原，在丧失中原之后全身而退；清代统治者则遇到了近代海通和工业革命的挑战，洋务运动使冷兵器的步、骑兵军事模式全面终结。这也再次印证了社会经济基础对军事的决定作用。

① 拉铁摩尔也认为中国传统政权难以同时维系对农业区和草原区的统治，见拉铁摩尔:《中国的亚洲内陆边疆》，唐晓峰译，南京：江苏人民出版社，2010 年，第 47—50 页。

唐与吐蕃松州之战始末

中央民族大学历史文化学院　杨思奇

唐太宗贞观十二年（638），青藏高原的吐蕃政权以向中原唐王朝请婚遭拒为理由，入侵时属唐剑南道的松州（今四川松潘），唐军亦给予有力反击，是为唐与吐蕃军事上的第一次交锋。该战以唐军胜利、吐蕃撤兵、两国修好收尾，开启了唐蕃之间二十余年的和平局面（贞观十二年至唐高宗显庆年间（656—660））。

对于唐蕃关系的研究，学界已有丰硕的成果；然松州之战因其耗时既短、交战规模又小，很少成为学者们的重点关注对象；多数作品仅将其作为唐蕃首次和亲的序曲一笔带过。[①] 本文认为，松州之战并非无足轻重，而是唐蕃早期交往活动中相当重要的一环，对其后的唐蕃关系也具有一定的影响。为此，笔者拟根

---

① 唐蕃关系的相关研究著作有苏晋仁、萧炼子：《〈册府元龟〉吐蕃史料校正》，四川民族出版社，1982 年；（法）麦克唐纳（A. Macdonald）著，耿升译：《敦煌吐蕃历史文书考释》，青海人民出版社，1991 年；王尧、陈践译注：《敦煌本吐蕃历史文书（增订本）》，民族出版社，1992 年；安应民：《吐蕃史》，宁夏人民出版社，1989 年；薛宗正：《吐蕃王国的兴衰》，北京：民族出版社，1997 年；才让：《吐蕃史稿》，甘肃人民出版社，2007 年等；具体研究松州一战的文章仅见王学军：《松州之战与贞观年间唐蕃关系变迁》，《史学月刊》，2009 年第 9 期，然王氏文与本文在有些观点上并不一致，且论述重点也不尽相同。

据相关史料和前人研究成果，并将其与当时的唐蕃交往背景相联系，对其起因、过程和结果做一具体描摹。

一、交战背景

在唐与吐蕃爆发直接军事冲突之前，双方已经有过数次的使节往来；但在和平往来的同时，唐、蕃也在为各自的利益和战略积极进行对外扩张。贞观十二年之前，吐蕃的扩土目标已经深入位于其东的西羌诸部，甚至指向更东的党项和吐谷浑地区；而新兴的唐朝也在中原统一、北疆安定的前提下向西进军，与唐朝交恶的吐谷浑则首当其冲。[①]

（一）战前双方基本情况——吐蕃东扩、唐朝西进

唐太宗贞观年间，崛起于青藏高原的吐蕃王朝在其首领松赞干布（汉文史籍作弃宗弄赞）统治之下，不断进行着兼土并国的战争，先后征服苏毗、羊同（象雄）、党项诸羌等势力，所谓“近世浸强，蚕食他国，土宇广大，胜兵数十万”[②]，以故“其邻国羊同及诸羌并宾伏之”[③]。尤其羊同“位于中部吐蕃的北—东北方向，沿着由《唐书》所描述的那条交通要道延伸，而这条大道自古以来就把拉萨同西宁联系在一起”，这就为吐蕃继续向东、向北方向发展，特别是降伏吐谷浑提供了“绝对必要的先决

① 具体内容可参见安应民：《吐蕃史》，第三章“松赞干布时期的吐蕃与唐蕃甥舅关系的建立”；薛宗正：《吐蕃王国的兴衰》，第一章“吐蕃的崛起及其统一高原诸羌”；才让：《吐蕃史稿》，第五章“松赞干布统一高原诸部”。

② 《资治通鉴》卷194唐太宗贞观八年十一月甲申，北京：中华书局，1975年，第6107页。

③ 《旧唐书》卷196上《吐蕃传》，北京：中华书局，1975年，第5221页。

条件”。[①]

与此同时，中原唐王朝也开始着手经营西域。贞观四年（630）唐军击破东突厥，俘颉利可汗，盛极一时的东突厥汗国就此崩溃，北疆暂平。同年“伊吾城之长……举七城以献，因其地为西伊州（今新疆哈密）”[②]，伊吾城遂成为唐朝经营西域的基地之一。

唐高祖武德二年（619）唐灭西凉李轨之后，唐之西境即与吐谷浑接壤。在唐朝从河西进军西域的过程中，正处于中原通往西域要道之上却又屡屡入寇唐地的吐谷浑便成为唐朝首要打击的对象。鉴于吐谷浑连年入侵，又扣押唐使者不还[③]，唐朝进军吐谷浑已是势在必行。贞观八年（634）太宗下诏大举进攻吐谷浑[④]；九年，唐军大败吐谷浑，国主慕容伏允兵败自杀，随后继位的慕容顺旋为国人所杀，继立的慕容诺曷钵“年幼，大臣争权，国中大乱”[⑤]，此后吐谷浑国势日衰已是不可挽回的事实。

（二）战前的唐蕃关系

吐蕃“历周及隋，犹隔诸羌，未尝通中国”，直到“贞观八

---

① 薄戴克:《敦煌纪年注释》，转引自（法）麦克唐纳（Macdonald，A）著，耿升译:《敦煌吐蕃历史文书考释》，第84—85页。

② 《新唐书》卷215上《突厥传》，北京：中华书局，1975年，第6032页。

③ 吐谷浑扣押唐使者之事，《旧唐书·太宗纪》（第44页）和《吐谷浑传》（第5298页）载于吐谷浑贞观八年十一月寇凉州之后；《资治通鉴》则载于贞观八年六月段志玄击破吐谷浑之前。若按《旧唐书》所言，吐谷浑十一月寇凉州，随后扣押唐使者，太宗又“频遣宣谕，使者十余返”，而吐谷浑“终无悛心”（《旧唐书》卷198《吐谷浑传》），太宗随即下诏讨吐谷浑，其时间约在贞观八年十一月或九年初（见注释8）。如此短的时间之内使者在唐、吐之间往来十余次似乎不太可能，《资治通鉴》所载似较为合理。《通鉴考异》亦言及此事。

④ 两《唐书》载太宗下诏在贞观九年（《旧唐书》卷198《吐谷浑传》，第5298页，《新唐书》卷221上《吐谷浑传》，第6225页），《资治通鉴》载在贞观八年十一月（第6108页）。

⑤ 《旧唐书》卷198《吐谷浑传》，第5300页。

年，其赞普弃宗弄赞始遣使朝贡”① 于唐。此后直至贞观十二年，吐蕃使者入唐三次，唐朝亦有回访，唐、蕃关系也因为这三次使者往来由和平交往逐渐走向激烈冲突。以下即对这三次唐蕃交往加以论述。

1. 贞观八年“十一月……甲申，吐蕃赞普弃宗弄赞遣使入贡”②，这是唐、蕃双方见于汉文正式记载的第一次直接交往。对于吐蕃的入朝，唐王朝亦给予积极回应：“遣行人冯德遐往慰抚之”，而吐蕃的反应则是“见德遐，大悦”。③

冯德遐入蕃具体时间史料未载，或认为是贞观九年上半年④，或认为是贞观十年上半年⑤。前一说以《册府元龟》卷970《外臣部·朝贡三》所载“九年……十二月，吐蕃……遣使来朝，贡方物”为据，认为其与《旧唐书·吐蕃传》所载的“（吐蕃）闻突厥、吐谷浑皆尚公主，乃遣使随（冯）德遐入朝，多赍金宝，奉表求婚”同为一事。⑥ 冯德遐只有入蕃后，才能与吐蕃使者一同返回，故冯入蕃时间只能为贞观九年十二月之前。后一说则根据“突厥及吐谷浑皆尚公主”的说法，联系到突厥

① 见《旧唐书》卷196上《吐蕃传》，第5221页。《新唐书》卷216上《吐蕃传》（第6073页）记载与之略同，唯独《资治通鉴》于“赞普弃宗弄赞遣使入贡”之后，多出“仍请婚”三字。只有第一次请婚不成，方有再次的“仍请婚”，按吐蕃贞观八年才第一次遣使朝贡，如何能够“仍请婚”？疑《资治通鉴》此处有误。

② 《资治通鉴》卷194唐太宗贞观八年，第6107页。吐蕃首次入朝时间，《册府元龟》亦记为十一月（苏晋仁、萧炼子：《〈册府元龟〉吐蕃史料校正》，第21页），《唐会要》则记为九月（卷97《吐蕃》，北京：中华书局，1955年，第1730页）。

③ 《旧唐书》卷196上《吐蕃传》，第5221页。

④ 薛宗正：《吐蕃王国的兴衰》，第16—18页；王学军：《松州之战与贞观年间唐蕃关系变迁》。

⑤ 苏晋仁、萧炼子：《〈册府元龟〉吐蕃史料校正》，第22页。

⑥ 《资治通鉴》卷195唐太宗贞观十二年八月所载内容与《旧唐书》略同，但二者均未言及吐蕃使者随冯德遐入唐请婚的具体时间。

阿史那社尔尚衡阳长公主与吐谷浑入朝请婚的时间，将冯入蕃系于贞观十年（636）的上半年。本文采后一种说法，但认为《册府元龟》所载贞观九年吐蕃第二次入唐事件也可略作考量。或者正是因为此次入唐，唐朝才派遣了冯德遐入蕃“慰抚”。①

关于吐蕃第一次遣使来唐的目的，有学者认为是因为吐蕃东进的过程中与吐谷浑产生冲突，遂欲与唐联盟；以图共谋吐谷浑；而唐朝也恰于此时与吐谷浑全面开战，是以积极遣使回访，与吐蕃确立盟约。②

从吐蕃方面来说，吐蕃正处于扩张阶段，与吐谷浑或者早有军事冲突；但吐蕃初次遣使入唐，即便带有结盟意愿，在双方了解甚少的情况下，结盟也似乎难以达成。从唐朝方面来说，唐军早在吐蕃遣使前就已展开对吐谷浑的军事进攻，且以唐朝当时的实力，无需与吐蕃结盟亦能击破吐谷浑。再者若按第二种说法，

① 笔者赞同冯德遐贞观十年入蕃这一看法，然理由并不同于上，略述如下：其一，吐蕃与唐首次通使，双方互相之间了解很少，当时与唐并不接壤的吐蕃在众多朝唐国家中并无非常特别之处，唐对吐蕃的认识仅止于“化外之邦”程度的可能性较大，因为对方一次朝贡就立即回访，对于唐朝而言似乎无此必要。其二，若冯德遐贞观九年上半年入蕃，下半年与吐蕃求婚使回唐，吐蕃求婚遭拒绝，则其使者返蕃应约在贞观十年上半年；松赞干布因此发兵击吐谷浑、党项和白兰诸羌，贞观十二年七月，进逼唐松州。则松赞干布因唐拒婚起兵到攻至唐境，其间耗时两年，似乎有些过长了。其三，吐蕃婚使回告松赞干布话中提到“吐谷浑王入朝”离间，《旧唐书·太宗纪》载“贞观十年……十二月壬申，吐谷浑河源郡王慕容诺曷钵来朝”，则吐蕃婚使与冯德遐入唐时间应亦在此时，则前推冯德遐访吐蕃时间在十年上半年也较为合理。据上，可将唐、蕃第一次使者往来梳理如下：贞观八年十一月吐蕃第一次遣使朝贡，此时唐朝对吐蕃并无太多重视，只当作一般边国；即使意欲遣使前往，也可能因为接下来一年对吐谷浑的政治军事行动而耽搁。贞观九年十二月吐蕃再次遣使入唐，表示了对唐朝击破吐谷浑的顾虑，唐朝也意识到问题的重要性，随即派冯德遐入蕃抚慰，时间应在贞观十年上半年。依次后推，吐蕃求婚使十年末入唐，十一年上半年归告松赞干布求婚未果，松赞干布随即发兵攻打吐谷浑、党项、白兰诸羌，十二年七月兵临松州，耗时一年左右。如此似更加合理。

② 薛宗正：《吐蕃王国的兴衰》，第16页。

则冯德遐入蕃时间已经晚至贞观十年上半年，此时唐与吐谷浑之战早已结束，唐在吐谷浑国内扶持了亲唐政权；在这种吐谷浑"内附"的情况下，唐朝实无必要再与吐蕃联盟对付吐谷浑。

根据麦克唐纳《敦煌吐蕃历史文书考释》的分析，贞观八年时松赞干布已经征服苏毗及羊同①，东南的多康地区也早为吐蕃占领②，吐蕃与中原内地的联系当得到进一步加强；再加上气候、地理、文化诸种因素导致的吐蕃东扩之必然性③，以及唐朝此前大败东突厥所带来的"国际声望"，无论吐蕃当时是否有结盟唐朝共击吐谷浑的目的，此次遣使入唐对吐蕃而言都在情理之中。

若说吐蕃第一次遣使入唐基于"慕中原大国之名"而来的因素更大，那么贞观九年吐蕃第二次来唐，其目的可能更加明晰。彼时唐朝大败吐谷浑，此事对于青藏高原上诸部族应当震慑不小，吐蕃此时遣使，更可能是想要探明唐朝的下一步意图。

而唐朝应当也是意识到这一问题，随即遣使回访，其目的亦即史料所言"慰抚"。吐谷浑是西北大国，为唐所败进而归属，周边诸众难免人心浮动。对唐而言，这种状况小则导致众国离叛，大则可能边疆不稳，进而影响唐朝的西进策略。因此唐朝此次遣使回访吐蕃，以中原大国的形象"宣慰安抚"吐谷浑周边势力的可能性较大，既打消它们对唐朝用兵的顾虑防止人心离散，或者也有宣扬国威、警戒诸夷的意味。

---

① （法）麦克唐纳（A. Macdonald）著，耿升译：《敦煌吐蕃历史文书考释》，第85页。

② 才让：《吐蕃史稿》，甘肃人民出版社，2007年，第55页。

③ 具体可参看林冠群：《唐代吐蕃史论集》"论唐代吐蕃之对外扩张"篇，中国藏学出版社，2006年，第220—264页；石硕：《西藏文明东向发展史》，第三章"13世纪以前吐蕃的扩张与西藏文明东向发展趋势的形成"、第四章"吐蕃时期促成西藏文明东向发展的三大因素"，四川人民出版社，1994年。

2. 冯德遐入蕃宣慰安抚后，唐、蕃双方的了解更进一步。松赞干布“闻突厥及吐谷浑皆尚公主”，于是在贞观十年末也“遣使随德遐入朝，多赍金宝，奉表求婚”，然“太宗未之许”。[①]此为唐、蕃之间第二次使者往来。

松赞干布向唐朝请婚的原因，汉文史书所载可视为其外部环境影响：“闻突厥及吐谷浑皆尚公主”，然而更多的是吐蕃内在发展需要使然，简而言之有四点：（1）为吐蕃政权的稳定和发展创造一个良好的外部环境；（2）吸收外族先进的物质和精神文化成果；（3）为弘扬佛法创造条件；（4）扩张吐蕃势力，提高自身政治地位。[②] 且松赞干布欲所联姻的对象，并非仅一唐朝，就结果来看，其五位妃子中他邦公主史有可考者就有四位：泥婆罗赤尊公主，象雄李特曼公主，党项甲莫尊公主及唐文成公主。[③] 这无疑体现了吐蕃求婚行为的外交特质和政治意图，也说明当时吐蕃向唐请婚之举，当是其政治策略中比较重要的一环，有着必欲达之的目的性。

若说吐蕃求婚是基于内在发展的需要，那么唐朝拒婚也同样是为自身而计的战略决策。和亲是太宗应对边疆诸国的一种政治手段，其目的或为分化削弱（对薛延陀），或为拉拢安抚（对突厥、吐谷浑）。当时的吐蕃在客观上并未构成对唐朝的威胁，而唐朝主观上也不可能预测到还在兴起阶段的吐蕃将成为未来的巨大边患。另外，在双方仅有两次通使的前提下，唐朝亦无法完全了解吐蕃的实力和政治欲望。因此，唐朝对此时的吐蕃，既无分化削弱的意图，也无拉拢安抚的需要，太宗的拒婚，在当时情况下也是合情合理。

---

① 《旧唐书》卷196上《吐蕃传》，第5221页。

② 安应民：《吐蕃史》，第107页。

③ 才让：《吐蕃史稿》，第58页。

然而唐朝的拒婚，却直接导致了唐、蕃关系从和平来往到兵戎相见的转折。史载使者求婚被拒，归告松赞干布："初至大国，待我甚厚，许嫁公主。会吐谷浑王入朝，有相离间，由是礼薄，遂不许嫁。"① 不论这是实情或是如《新唐书》所谓"妄语"② 挑拨，都可从中得见吐蕃与吐谷浑之矛盾。此后松赞干布联合羊同，兵锋所指，首先即是吐谷浑③，也由此拉开了唐、蕃之战的序幕。

3. 吐蕃在击破吐谷浑、党项、白兰诸羌后，带兵驻扎在唐松州西境，又"遣使贡金帛，云来迎公主"④。这是吐蕃第三次遣使唐朝，态度极为强硬，如松赞干布所说："若大国不嫁公主与我，即当入寇"⑤，这可看作吐蕃对唐朝拒婚行为的"最后通牒"。

（三）吐蕃出兵原因

吐蕃出兵横扫青藏高原，又进逼唐朝，其直接原因如上文所言，是唐朝拒婚和使者归罪吐谷浑的结果。综合吐蕃当时的状况及采取的具体军事行动来看，吐蕃出兵至少有3个目的：（1）以武力为后盾继续求婚，达成其既定政治目标；（2）借机攻掠吐谷浑及诸羌部族，扩大势力范围，增强自身力量；（3）试探唐朝的态度和实力。

目的（1）体现在松赞干布的话中：《旧唐书·吐蕃上》载

---

① 《旧唐书》卷196上《吐蕃传》，第5221页。

② 《新唐书》卷216上《吐蕃传》，第6073页；有关此事真伪，历来存在争议，或认为"吐蕃使臣未能完成使命，回国后便编造谎言"（杨希义、于汝波：《唐代军事史》，北京：军事科学出版社，1998年，第227页），或认为"吐蕃使臣的话是可信的"（阎明恕：《中国古代和亲史》，贵阳：贵州民族出版社，2003年，第247页）。

③ 《旧唐书》卷196上《吐蕃传》："弄赞遂与羊同连，发兵以击吐谷浑"，第5221页。

④ 《旧唐书》卷196上《吐蕃传》，第5221页。

⑤ 《旧唐书》卷196上《吐蕃传》，第5221页。

松赞干布在第三次遣使唐朝后，“谓其属曰：‘若大国不嫁公主与我，即当入寇’”；《新唐书·吐蕃上》则曰：“公主不至，我且深入”，意思相同。

目的（2）从吐蕃的行军路线可以看出：吐蕃在请婚遭拒后，兵锋所指，首先就是吐谷浑：“弄赞遂与羊同连，发兵以击吐谷浑。吐谷浑不能支，遁于青海之上，以避其锋”，于是“其国人畜并为吐蕃所掠”①。吐谷浑处在唐、蕃之间，又或与吐蕃早有矛盾，且刚被唐朝大军击破，国力虚弱；吐蕃此时进一步打击吐谷浑并进而侵占其土地人口，不是迁怒吐谷浑的冲动行为，而是吐蕃扩张过程中的必然之举。当然，若吐蕃出兵仅为劫掠侵占吐谷浑及报复唐朝，那么在完成对吐谷浑的军事进攻后，吐蕃下一步自当下青藏高原直逼唐朝，然而吐蕃却又转向青藏高原东南，“进兵攻破党项及白兰诸羌，率其众二十余万，顿于松州西境”。此后才“进攻松州……”② 吐蕃此次的军事行动，基本将青藏高原东部扫荡一遍，这既证实了吐蕃强大的军事实力，又彰显了吐蕃的扩张野心。

在基本完成对青藏高原尤其是东部部族的征伐之后，吐蕃终于将进军目标指向唐朝，亦即目的（3）。

总之，此次吐蕃出兵，当是其对外扩张行动的既定部分，唐朝拒婚和吐谷浑离间，不过是借口和导火索。

二、交战过程

（一）吐蕃击破吐谷浑、党项、白兰羌等

这是吐蕃进军的第一阶段，与唐军并未发生直接接触。

---

① 《旧唐书》卷196上《吐蕃传》，第5221页。

② 《旧唐书》卷196上《吐蕃传》，第5221页。

这一阶段吐蕃的进军相当顺利，“率羊同共击吐谷浑，吐谷浑不能亢，走青海之阴，尽取其资畜。又攻党项、白兰羌，破之”。①

（二）唐、蕃初战，唐军受挫

吐蕃打败吐谷浑、白兰、党项诸羌后，“率其众二十余万，顿于松州西境”②。

根据严耕望先生《唐代交通图考》考证，松州西北约三百里有甘松岭，唐前期曾在此设置通轨县，通轨乃西通轨州之意，而轨州又是贞观三年党项内附时所设羁縻州所在。吐蕃军击败党项后，即沿此道向东南，下甘松岭至松州。③

松州，唐属剑南道，贞观二年（628）唐朝于此设下都督府，主要负责管理党项及其他内附诸羌的羁縻州。吐蕃进攻松州之时，松州都督名韩威。《资治通鉴》载“贞观十二年……七月……乙亥，吐蕃寇弘州（松州）……败都督韩威”④，《册府元龟》载“八月，吐蕃寇松州，都督韩威战败”⑤。而战败的原因，两《唐书》皆记为“轻骑（出）觇贼，反为所败”⑥。此即为

① 《新唐书》卷216上《吐蕃传》，第6073页。有学者认为吐蕃在击破吐谷浑之前就应当征服了党项和白兰，其理由是白兰、党项皆在吐谷浑之南，吐蕃无法越过二者直接进攻吐谷浑，所以史书记载有误（具体可见安应民：《吐蕃史》，第69页；薛宗正：《吐蕃王国的兴衰》，第18页）。但根据两《唐书》等记载，党项各部不相统一又占地广大，白兰与党项相类，吐蕃即使之前已经展开对党项、白兰的兼并战争，也未必能将其全部纳入治下。且当时党项颇有内附唐朝者，松州都督府即下治党项诸羁縻州，吐蕃能驻军在松州西，必然要经过党项诸羌。

② 《旧唐书》卷196上《吐蕃传》，第5221页。

③ 严耕望：《唐代交通图考第4卷：山剑滇黔区》，台北：中央研究院历史语言研究所，中华民国五十七年一月（1968），第972页。

④ 《资治通鉴》卷195唐太宗贞观十二年七月，第6138、第6139页。

⑤ 苏晋仁、萧炼子：《〈册府元龟〉吐蕃史料校正》，第21、第23页。

⑥ 《旧唐书》卷196上《吐蕃传》，第5221页；《新唐书》卷216上《吐蕃传》，第6073页。

唐、蕃第一次军事交锋。那么，首先引起战争的是哪一方呢？

若按《旧唐书》、《册府元龟》和《通鉴》所载，首先进攻者为吐蕃。然三书同样记载松赞干布在驻军松州西境之后并未急于进攻，而是第三次派出求婚使者，似乎仍然期待和平解决问题。吐蕃之所以进军，最大的原因是唐朝仍然态度消极，然而史料中又无唐朝对此次吐蕃使者的应对状况；按三书所言，吐蕃先遣使，随即进攻松州，似有自相矛盾之嫌。反是《新唐书》所载："弄赞……勒兵二十万入寇松州，命使者贡金甲，且言迎公主，谓左右曰：'公主不至，我且深入。'都督韩威轻出觇贼，反为所败"，更合逻辑。即吐蕃兵临松州耀武扬威，都督韩威带着少量兵马出城侦察敌情，不慎败于吐蕃。唐、蕃双方的首次交锋，很可能是一场双方都没有预料到的遭遇战。

此次唐军虽然败于吐蕃，但损失未必很大。原因有二：其一，松州作为一个下都督府，其守军数量并不多。陈子昂在《上蜀川军事状》中说："臣在蜀时，见相传云，闻松、潘等州屯军数不逾万"①，此状上于武则天时，彼时吐蕃对唐朝威胁日大，驻军仍不满万人，以此推断，太宗时驻军只会更少。其二，韩威意在观察敌军而非全力迎战，所带军士更加有限，即使败于吐蕃，伤亡也不会很严重。

然而，唐军此一小败却对唐边境造成了相当大的影响，松州都督府治下的党项诸羁縻州纷纷发生叛乱，投向吐蕃，"阔州刺史别丛卧施、诺州刺史把利步利，皆羌首也，并以州叛，附于吐蕃"②，唐西部边境为之震动，一时"边人大扰"③，唐朝也因此陷入被动和不利境地。

---

① 陈子昂著，徐鹏校点：《陈子昂集》，北京：中华书局，第176页。

② 《资治通鉴》卷195唐太宗贞观十二年八月，第6139页。

③ 《旧唐书》卷196上《吐蕃传》，第5221页。

（三）唐、蕃再战，吐蕃退兵

吐蕃在松州的进军和边境纷乱引起了唐朝的关注，于是唐廷在“八月……壬寅，以吏部尚书侯君集为当弥道行军大总管，甲辰，以右领军大将军执失思力为白兰道、左武卫将军牛进达为阔水道、左领军将军刘兰为洮河道行军总管，督步骑五万击之”①。

1. 双方兵力对比

唐军将领四人，侯君集、刘兰《两唐书》皆有传、执失思力《新唐书》有传，都是能征善战之将；牛进达史书无传，但《两唐书》和《资治通鉴》中有他击破嘉、陵州獠以及参与征讨高昌、高句丽的记载，也多有战功，可见是一员骁将。而军队，史书也明确记载为“步骑五万”。唐朝此次的调兵遣将相当严整，可见唐朝此时对吐蕃的重视程度有所提高。

吐蕃军当由“性骁武，多英略”的松赞干布亲自率领，其兵力两《唐书》和《资治通鉴》均载有20万。吐蕃当时将本土划分为五如六十一桂东岱②，桂东岱即“军事千户”之意③，每户出一兵，则每个千户约有兵一千余人，则吐蕃军士总量少则六七万人，多可至十万余；然而一则吐蕃政权初建，每个军事千户人数不会太多；二则吐蕃也不会将所有军队都带来攻打松州。《西藏王统记》载松赞干布求娶唐公主致书唐天子：“……不许公主，我即遣化身军旅五万，杀汝，掳公主，劫掠一切城市而后已。”④ 可见吐蕃派出五万以上，十万以下军队的可能性较大。又有《资治通鉴》载“吐蕃每发兵，其富室多以奴从，往往一

① 《资治通鉴》卷195唐太宗贞观十二年八月，第6135页。

② 巴卧·祖拉陈哇著，黄颢译：《贤者喜宴》，北京：中国社会科学院民族研究所，1989年，第30页。

③ 巴卧·祖拉陈哇著，黄颢译：《贤者喜宴》，第46页。

④ 索南坚赞著，刘千立译注：《西藏王统记》，北京：民族出版社，2000年，第62页。

家至十数人，由是吐蕃之众多”①。若再加上这些随军人员，以及吐蕃联合的羊同、裹挟而来的吐谷浑、党项、白兰诸羌，人数达到 20 万也不足为奇。然吐蕃能投入作战的军队最多不会超过十万人，应是五六万人较为合理，与唐朝的“步骑五万”相差不多。且吐蕃随军有大量非军事人员和新附诸羌，又是远道而来外线作战，其在后勤和管理方面的负担都比唐朝重许多，因此，吐蕃此次进军虽然声势浩大，却也并不占有明显优势。

2. 交战过程

唐、蕃此次交战过程《资治通鉴》记载较为详细：“吐蕃攻城十余日，进达为先锋，九月，辛亥，掩其不备，败吐蕃于松州城下，斩首千余级。弄赞大惧，引兵而退。”②

韩威败于吐蕃之后，应是退守松州城，因此才有吐蕃十余日的攻城战，由此也可见前次战败对唐军影响并不大，唐军仍有足够的力量守备城池；且前文已言松州城守军不足万人，能抵御吐蕃数万大军的进攻，唐军战斗力之强，亦可见一斑。

吐蕃攻城不下之时，牛进达作为唐军先锋来到松州，趁吐蕃不备，“夜袭其营”③，击杀吐蕃千余人，吐蕃就此退兵，松州之战随之结束。

3. 吐蕃撤兵原因

唐、蕃松州之战，唐军主力并未与吐蕃交战，只是四路军队其中一路夜袭敌营，斩杀不过千余人，所获战果实在不算丰厚。对吐蕃而言损失不大；对唐军而言也不过小胜而已。就实际情况而言，最终胜负尚且未知；然而吐蕃却就此撤兵，此后更“遣使

① 《资治通鉴》卷 250 唐懿宗咸通三年，第 8101 页。

② 《资治通鉴》卷 195 唐太宗贞观十二年九月，第 6139 页。

③ 《旧唐书》卷 196 上《吐蕃传》，第 5221 页。

谢罪”①，其原因或有三点：

其一，唐军在此战中展示了强大的战斗力，打击了吐蕃的士气，让吐蕃认识到唐朝并非易与之辈，扭转了吐蕃进军以来唐朝的被动危机局面。

其二，松赞干布意在与唐朝通婚，进攻唐朝也有以武逼婚之目的，然而唐朝以实力让吐蕃的“逼婚”威胁变得毫无意义；如果唐、蕃继续交战，双方关系愈加恶化，通婚的可能性只会更小，松赞干布发动此战争也会得不偿失。

其三，吐蕃内部存在着分歧和不稳定。远路奔袭和连年作战必然让吐蕃消耗极大，新征服的各势力与吐蕃的融合尚需时间，唐朝大军的到来和旗开得胜也让松州之战陷入胶着状态。局势开始不利于吐蕃，也因此在吐蕃统治层激起了动荡：“初东寇也，连岁不解，其大臣请返国，不听，自杀者八人。至是弄赞始惧，引而去。”②

正是在唐、蕃战局扭转和吐蕃内部不安的情况下，松州之战以吐蕃主动退兵作结；然而唐朝大军既发，却并未乘胜追击进一步打击吐蕃，这可从吐蕃和唐两方面分析：一是吐蕃迅速退兵并积极遣使谢罪，且吐蕃军队主力并未受损失，尚有可战资本，唐军既无借口又无必要继续与吐蕃作战；二是唐朝当时的战略重点在西域，对于并未直接威胁唐朝的吐蕃，只要其表示顺服，唐朝并不愿消耗更多的兵力和资源去赶尽杀绝。

三、战后影响

松州之战虽然时间极短，战争规模也很小，却是唐、蕃关系

① 《旧唐书》卷196上《吐蕃传》，第5221页。

② 《旧唐书》卷196上《吐蕃传》，第5221页。

由战入和的转折点，唐、蕃双方均有所获，二者关系也进入一个平稳发展时期。

（一）吐蕃

松州之战后，吐蕃主动退兵，并第四次遣使唐朝，谢罪求婚，太宗终于应允，文成公主由是入藏：“遣使谢罪。因复请婚，太宗许之。弄赞乃遣其相禄东赞致礼……贞观十五年，太宗以文成公主妻之……”①

松州之战吐蕃虽然败而撤兵，但前文所述吐蕃此番出兵三目的俱已达到：（1）与唐通婚，受益匪浅：文成公主入藏，不仅将先进的中原文化带入吐蕃，促进了吐蕃社会的进步；而且直接提高了吐蕃在周边势力中的威望和地位，为吐蕃进一步的兼并扩张提供了条件；（2）对青藏高原上东部诸势力进行了一次廓清和整合，将吐谷浑、白兰和党项诸羌的部分势力纳为己有，扩大了疆域，增强了自身实力，为之后称雄西北打下了基础；（3）加强了与周边尤其是唐朝的交流往来，疆域的扩大和地位的提高使得吐蕃的对外交流渠道更加开阔，与当时东亚大国唐的和平友好关系也有助于吐蕃社会的开放性发展。

（二）唐朝

松州之战对唐的直接后果是吐蕃撤兵，唐朝边疆危机得以解决，然而唐朝所得远不止于此，至少在两个方面，唐朝也所得匪浅：其一是恢复了对吐谷浑、白兰、党项诸羌的控制，其二是西疆得以安稳，免除了唐朝开拓西域的后顾之忧。

1. 恢复对诸羌的控制

松州战后，吐蕃不仅主动从松州城下撤兵，而且放弃了一部分之前占领的吐谷浑、白兰、党项诸羌土地，唐朝恢复了对诸羌

---

① 《旧唐书》卷196上《吐蕃传》，第5221页。

的控制。

（1）吐谷浑

吐谷浑于贞观九年为唐朝所败后，由唐扶植起亲唐政权；太宗去世后，吐谷浑虽频遭吐蕃攻击①，仍一直延续至高宗龙朔三年（663），因大臣叛变才遭吐蕃攻破②。而吐谷浑的领土范围，在松州战前，吐谷浑已经“走青海之阴”，但在高宗显庆四年，吐蕃又与唐军在乌海交战③，而乌海在青海之西④，可见松州战后吐蕃放弃了部分吐谷浑的领土，吐谷浑得以休养生息。且从显庆四年（659）开始，吐蕃大论禄东赞连续多年身在吐谷浑⑤，应是亲自指挥与吐谷浑的战争；而直到龙朔三年吐蕃才完全吞并吐谷浑，可见吐谷浑当时仍有一定实力与吐蕃抗衡，且与唐朝一直保持着密切关系。

（2）党项

《旧唐书·党项羌传》载：“贞观三年……其酋长细封步赖举部内附……列其地为轨州……其后诸姓酋长相次率部落皆来内属。请同编户，太宗厚加抚慰，列其地为崌、奉、岩、远四

---

① 如《资治通鉴》卷200唐高宗显庆五年：“八月，吐蕃禄东赞遣其子起政将兵击吐谷浑，以吐谷浑内附故也”，第6321页；卷201唐高宗龙朔三年：“吐蕃与吐谷浑互相攻，各遣使上表论曲直，更来求援；上皆不许吐谷浑之臣素和贵有罪，逃奔吐蕃，具言吐谷浑虚实，吐蕃发兵击吐谷浑，大破之，吐谷浑可汗曷钵与弘化公主帅数千帐弃国走依凉州，请徙居内地”，第6336页。

② 《新唐书》卷221《吐谷浑传》：“吐谷浑大臣素和贵奔吐蕃，言其情，吐蕃出兵捣虚，破其众黄河上。诺曷钵不支，与公主引数千帐走凉州。帝遣左武卫大将军苏定方为安集大使，平两国怨。吐蕃遂有其地……吐谷浑自晋永嘉时有国，至龙朔三年吐蕃取其地，凡三百五十年……”第6227—6228页

③ 王尧、陈践译注：《敦煌本吐蕃历史文书（增订本）》，第146页。

④ 《资治通鉴》卷194唐太宗贞观九年：“考异曰：……按十道图：大非川在青海南，乌海、星宿海、柏海并在其西”，第6113页。

⑤ 王尧、陈践译注：《敦煌本吐蕃历史文书》，第146页。

州。”[①]《旧唐书·地理志》则载“贞观二年，置（松州）都督府。督崌、懿、嵯、阔、麟、雅、丛、可、远、奉、严、诺、蛾、彭、轨、盖、直、肆、位、玉、璋、祐、台、桥、序二十五羁縻等州。永徽之后，生羌相继忽叛，屡有废置”[②]。《新唐书·地理志》又载“党项州五十一，府十五：贞观三年，酋长细封步赖内附，其后诸姓酋长相率亦内附，皆列其地置州县，隶松州都督府。五年又开其地置州十六，县四十七；又以拓拔赤词部置州三十二。乾封二年以吐蕃入寇，废都、流、厥、调、凑、般、匐、器、迩、锽、率、差等十二州，咸亨二年又废蚕、黎二州。禄山之乱，河、陇陷吐蕃，乃徙党项州所存者于灵、庆、银、夏之境”[③]。可见党项诸羁縻州的设置在太宗时期未有大的变动，这说明松州战后，吐蕃也从占领过的党项诸羌土地上撤离。

（3）白兰

《旧唐书·西域传》载“……白兰等诸羌，自龙朔已后，并为吐蕃所破而臣属焉”[④]。

《唐会要》卷98载：“显庆中，白兰为吐蕃所并，收其兵以为军锋。”[⑤]

《册府元龟》载“显庆元年……十二月吐蕃大将禄东赞率兵一十二万击白兰氏，苦战三日，吐蕃初败後胜，杀白兰千余人，屯军境上以侵掠之”[⑥]。

白兰也是高宗时期为吐蕃所并，可见松州战后，吐蕃同样从白兰境内撤兵。

---

① 《旧唐书》卷198《党项羌传》，第5291页。

② 《旧唐书》卷41《地理志·剑南道》，第1699页。

③ 《新唐书》卷43《地理志·羁縻州》，第1122—1123页。

④ 《旧唐书》卷198《党项羌传》，第5292页。

⑤ 《唐会要》卷98《白狗羌》，第1753页。

⑥ 《册府元龟》卷995《外臣部·交侵》，第11521页。

2. 稳定西疆

松州战后，唐、蕃修好，双方联系比战前更加密切，贞观十五年（641）文成公主入藏后，吐蕃每年必遣使来朝①，还在唐朝进军西域和遣使天竺的过程中予以助力②。唐、蕃双方的和平共处使得唐朝得以集中精力用兵西域和北疆，先后击败薛延陀和西突厥，打通了丝绸之路。

四、总结

唐、蕃松州之战，是7世纪东亚地区两个新兴政权各自崛起过程中的第一次军事交锋，青藏高原上的吐蕃积极向东扩张，中原唐王朝则致力于向西进军，两个政权无可避免要发生碰撞。此前唐、蕃双方也曾互通使节，但双方均因对对方了解不够，从和平往来转而走向激烈冲突。松州之战即是此一背景下的必然产物。在此战过程中，吐蕃昭示了其军事实力和扩张野心，然唐朝亦报以有力回击。面对强大的对手和长期作战的困境，吐蕃最终撤兵，唐、蕃讲和，这是双方权衡利弊、根据自身实际情况互相妥协的结果。对唐朝来说，当时北方的薛延陀和西域的西突厥是比吐蕃更直接、更严重的边患，因此唐朝不愿也不能对吐蕃有过多的关注；对吐蕃而言，整顿和安稳国内局势、进一步统合青藏高原乃是当务之急，且当时吐蕃亦不具有对抗唐朝的军事和经济实力。因此和平共处、互通往来就成为唐与吐蕃的共同愿望，这

---

① 苏晋仁、萧炼子：《〈册府元龟〈吐蕃史料校正》，第25—31页。

② 助唐攻灭龟兹见《册府元龟》卷985《外臣部·征讨四》“二十一年十二月……又遣吐蕃君长，逾玄菟而北临，步摇酋渠，绝昌海而西骛，齐飞白羽，周设天罗”，第11405页；助唐破天竺见《册府元龟》卷973《外臣部·助国讨伐》“二十二年五月……吐蕃发精锐一千二百人、泥婆罗国发七千余骑，与（王）玄策击阿那顺，大破之。吐蕃寻遣使来献捷”，第11264页。

一愿望通过文成公主入藏最终达成，唐、蕃双方相安无事二十余年。

通过松州之战，唐、蕃均有所获，吐蕃经过进一步整合青藏高原诸势力和与唐通婚，扩张了自己的实力；而唐朝则集中全力用兵西北，开疆拓土，威加四夷。然而，对于唐、蕃双方来说，松州之战后的修好不过是暂时的和平，战争的风险仍然存在。随着唐朝在西域的开拓和吐蕃的逐渐强大，吐谷浑和安西四镇的归属先后成为唐、蕃之间新的矛盾焦点。当然，彼时的战争规模和影响已经不是松州之战所能相比的了。

后蜀孟氏婚姻研究

——兼论家族史视野下的民族融合

复旦大学历史系　胡耀飞

藩镇时代的武将家族之兴起，除了武功之外，也如魏晋南北朝以来的世族一样，重视婚姻关系的经营。[①] 本文试图以活跃于晚唐五代宋初的邢州孟氏家族为例，通过对其婚姻关系和婚姻对象家族的考察，来看联姻对孟氏家族的兴起所起到的作用，兼及这种联姻对沙陀人“汉化”的影响。关于孟氏婚姻，成都市文物管理处公布了发掘于1971年的孟知祥之妻的墓志铭[②]，袁曙光通过这一墓志略述了孟、李两家联姻的情况[③]；江甸潮等人调查了出现在四川的疑似孟昶暨花蕊夫人之墓[④]；浦江清（1904—1957）、王文才（1922—2008）、王瑛等人也曾考辨花蕊夫人的

---

① 关于藩镇时代武将家族的婚姻，最重要的论著是潘正松《五代至宋初外戚与军事关系研究》，香港大学硕士论文，1997年。该文虽为硕士论文，但洋洋洒洒500多页，对五代宋初的外戚兴起及其与军政的关系进行了详细的论述，堪称典范。但该文着重点在与皇室联姻的外戚，未能下及普通武将家族之间的联姻，且更偏重宋初与赵氏联姻的外戚家族，故而并未具体涉及到孟氏家族。

② 成都市文物管理处：《后蜀孟知祥墓与福庆长公主墓志铭》，《文物》1982年第3期，第15—20页。

③ 袁曙光：《略论〈大唐福庆长公主墓志〉的几个问题》，《前后蜀的历史与文化》，第115—119页，成都：巴蜀书社，1994年。

④ 江甸潮、徐式文、敖天照：《后蜀孟昶暨花蕊夫人墓的调查》，《四川文物》1988年第4期，第61—63页。

氏籍[①]；曾枣庄、刘琳主编《全宋文》收录了柳开所撰孟昶长子孟玄喆的墓志铭[②]。但他们并未进一步考察整个孟氏家族的婚姻。笔者在《论唐宋之际邢州孟氏家族的地域迁徙与门风转型》一文中，考证孟氏世系的同时也对孟氏婚姻情况做过简单的考证，并对孟氏家族在宋初的婚姻情况进行了初步论述[③]，但尚未对整个孟氏家族的婚姻及其具体影响进行探讨。本文即欲在以上诸文的基础上全面研究孟氏家族的婚姻，并对其中涉及的唐末五代民族融合问题做一考辨。

一、孟氏各代婚姻关系考

笔者在《论唐宋之际邢州孟氏家族的地域迁徙与门风转型》中，曾通过传世文献和孟知祥妻、孟昶长子孟玄喆等人的墓志铭，对晚唐五代宋初邢州孟氏家族七代族人进行了逐人考证，并初步提示了他们的婚否状况。现先就有婚姻记载的孟氏族人逐一列出，并作统计如下：

第三代：

孟知祥正妻李氏（873—932）。此李氏为李克用弟李克让之女，据墓志云，“福庆长公主李氏，即后唐太祖武皇帝（李克

---

① 浦江清：《花蕊夫人宫词考》，氏著《浦江清文录》，第47—101页，北京：人民文学出版社，1958年；王文才：《花蕊夫人氏籍辨》，《成都大学学报》（社科版）1991年第2期，第61—64页；又收入《前后蜀的历史与文化》，第235—238页；王瑛：《花蕊夫人事迹辨述》，《四川文物》2000年第3期，第35—42页。关于花蕊夫人及其宫词的研究甚多，这里仅列举有关花蕊夫人本人生平的考辨文章。

② 柳开：《宋故开府仪同三司检校太师赠侍中孟公墓志铭》，曾枣庄、刘琳主编《全宋文》卷129，第六册，第418—419页，上海：上海辞书出版社，2006年。

③ 胡耀飞：《论唐宋之际邢州孟氏家族的地域迁徙与门风转型》，待刊于武汉大学历史学院编《珞珈史苑》第二辑，武汉：武汉大学出版社，2012年。

用）之长女，光圣神闵孝皇帝庙号庄宗（李存勖）之长姊，母曰贞简皇后”[①]，王文才、王炎二先生已论证，此处写法说明李氏养于李克用家，李克用和贞简皇后视李氏为亲女，李存勖视李氏为亲姊，并不能证明李氏实非李克让之女。[②] 据推测，李氏在乾宁二年（895）左右许婚给孟知祥。[③] 同光三年（925）十一月封琼华长公主，天成二年（927）携子入蜀[④]，天成三年十月进封福庆长公主。长兴三年（932）正月去世，享年六十。十一月下葬。[⑤] 其生年，以墓志倒推之，则为咸通十四年，而非《蜀梼杌校笺》所谓十三年。[⑥] 去世之后，于长兴四年被册为晋国雍顺长公主。[⑦] 有亲子四人：贻范、贻邕、贻矩、贻邺。

福庆长公主李氏之外，又有孟昶生母李氏（？—965）。据《蜀梼杌》："昶字保元，知祥第三子。母李氏，雍顺公主之媵，生昶于太原……（明德）二年（935）二月，（孟昶）尊母李氏为皇太后。李氏，长公主之媵，尝梦大星自天坠落其怀，以告公主。公主曰：此婢有福相，当生贵子。乃令知祥幸之，遂生昶。"[⑧] 不过，据《旧五代史》："昶，知祥之第三子也。母李氏，本庄宗之嫔御，以赐知祥。唐天祐十六年（919），岁在己卯，十一月十四日，生昶于太原。"[⑨] 后唐庄宗李存勖于天祐五年

① 崔善：《大唐福庆长公主墓志》，周阿根编《五代墓志汇考》八七，第227页，合肥：黄山书社，2012年。

② 《蜀梼杌校笺》卷3《后蜀先主》，第254—255页，成都：巴蜀书社，1999年。

③ 《蜀梼杌校笺》卷3《后蜀先主》，第299页。

④ 《蜀梼杌校笺》卷3《后蜀先主》，第276—277页。

⑤ 崔善：《福庆长公主墓志铭》，第228—229页。

⑥ 《蜀梼杌校笺》卷3《后蜀先主》，第299页。

⑦ 《旧五代史》卷44《明宗纪十》，第601页，北京：中华书局，1976年。

⑧ 《蜀梼杌校笺》卷4《后蜀后主》，第333页。

⑨ 《旧五代史》卷136《孟昶传》，第1823页。

(908) 嗣位，若李氏于此年之后才被庄宗赐给孟知祥，则不当作为长公主之媵入孟家。当俟详考。蜀亡，李氏随孟昶入宋，并在孟昶卒后数日，亦卒。[①] 李氏有子五人：孟昶、孟仁毅、孟仁贽、孟仁裕、孟仁操。

孟氏。孟道女，孟知祥妹，嫁李克用季弟李克宁为妻。据《新五代史》，“先是，克宁妻孟氏，知祥妹也，庄宗已杀克宁，孟氏归于知祥，其子瓌留事唐为供奉官。”[②] 李克宁被杀于天祐五年（908），则此后孟氏回到娘家生活，或于天成二年随琼华长公主入蜀，故有长兴三年其子李瓌以探母为名替后唐明宗出使西川之事。又据《资治通鉴》，“孟知祥闻甥侄在朝廷者皆无恙”[③]，此处“甥”即指李瓌而言，“侄”不知何指，或许孟知祥有兄弟，故而有侄子亦未可知。

第四代：

孟知祥二女孟久柱、孟延意。据福庆长公主墓志铭：“小娘子二人：长曰久柱，次曰延意。”[④] 王文才、王炎校笺曰：“二女则一适伊延瓌，生审征，一适东川董氏。下葬之时，知祥已并东川。”[⑤] 适伊延瓌之女，据《宋史》本传，“伊审征（914—988)，字申图，并州人。父延瓌，随知祥入蜀。知祥僭位，以女妻延瓌，僭封崇华公主……雍熙五年，卒，年七十五。”[⑥] 从伊审征年龄来看，至晚在天祐十一年（914）此女即嫁伊延瓌，而非僭位之后。适东川董氏者，据《新五代史》，“天成四年

---

① 《宋史》卷479《西蜀孟氏世家》，第13879页，北京：中华书局，1985年。

② 《新五代史》卷64《后蜀世家》，第802页，北京：中华书局，1974年。

③ 《资治通鉴》卷277后唐明宗长兴二年十一月条，第9062页，北京：中华书局，1956年。

④ 崔善：《福庆长公主墓志铭》，第229页。

⑤ 《蜀梼杌校笺》卷3《后蜀先主》，第299页。

⑥ 《宋史》卷479《伊审征传》，第13884页。

(929)……(董)璋因为其子娶知祥女以相结”[①]。由此可知，当是孟久柱嫁伊家，孟延意嫁董家。另外，董璋至少有二子，其在洛阳者为董光业，长兴元年(930)十月被族诛[②]；留在董璋身边者为董光嗣，长兴三年(932)五月董璋兵败时自杀[③]。则孟延意所嫁或为董光嗣，又从十月福庆长公主下葬而依然书之，则可能已经回到娘家，不知有无子嗣。此外，据《益州名画录》，阮知诲曾于“孟氏明德年，写先主真于三学院真堂内，写福庆公主真、玉清公主真于内庭。知诲两朝多写皇姑帝戚”。[④]此处所谓皇姑，即孟知祥之妹。而玉清公主，当是孟知祥之女，或即孟延意。

孟昶之母太后李氏或许还有两位女儿，即孟昶时期的长公主：

金仙长公主、兰英长公主。前者据《张虔钊墓志铭》，张虔钊“有子二人，长曰匡弼，守卫尉少卿、驸马都尉，尚金仙长公主”。[⑤]后者据《孙汉韶墓志铭》，孙汉韶“有子五人，长曰晏琮，怀忠秉义功臣、银青光禄大夫、检校司空、守右威卫大将军、守眉州刺史兼御史大夫、驸马都尉，尚兰英长公主”。[⑥]不过，关于这两位长公主的具体情况并不清楚。另外，也能说明所谓“长公主”之“长”，并非表示排行，而仅仅是一种惯用

---

① 《新五代史》卷51《董璋传》，第575页。

② 《资治通鉴》卷277后唐明宗长兴元年十月条，第9048页。

③ 《资治通鉴》卷277后唐明宗长兴三年五月条，第9071页。

④ 黄休复：《益州名画录》卷中《阮知诲传》，《五代史书汇编》第十册，第6141页，杭州：杭州出版社，2004年。

⑤ 王文祐：《大蜀故赠太子太师赐谥温穆清河郡张公墓志铭》，《五代墓志汇考》一六二，第446页。

⑥ 王乂：《大蜀故守太傅乐安郡王赠太尉梁州牧赐谥忠简孙公内志》，《五代墓志汇考》二一二，第579页。

尊称。

孟昶后宫。据《蜀梼杌》，“（广政）六年（943）春，大选良家子，以备后宫，限年十五岁以上，二十以下，州县骚然。新津县令陈及之疏谏，昶嘉其言，赐白金百两，然采择不止。于是后宫位号，有十四品”① 云云。这些人多不可考，能够举出姓氏者有以下数人：

赵氏。据柳开《孟玄喆墓志铭》：“母赵妃，早殒蜀。（在蜀追册为名。）主之内有楚、齐、越三国夫人。（在蜀皆为妃号。）幸洛时，公朝。丁越国忧，以诸母居丧。太祖曰：‘非嫡母也。’召入加特，归贝州……淳化二年，楚国夫人卒。起复，公如旧。”② 其中“主”即蜀主孟昶，“公”即孟玄喆，“太祖”为宋太祖。可知，孟玄喆生母为赵氏，据孟玄喆生年可知，赵氏当在广政元年（938）前为孟昶所幸，并为孟昶生了长子。③ 此外，孟昶有楚、齐、越三国夫人，其中越国夫人在入宋后去世，楚国夫人在淳化二年（991）去世，只是不知三人姓氏。

徐氏。即后世所传花蕊夫人慧妃徐氏，相关研究众说纷纭，皆见本文前言之脚注中所列，笔者意见，详见下文。

李艳娘。《蜀梼杌》曰：“（广政）三年（940）正月上元，（孟昶）观灯露台，舞娼李艳娘有姿色，召入宫，赐其家钱十

① 《蜀梼杌校笺》卷4《后蜀后主》，第348页。

② 柳开：《宋故开府仪同三司检校太师赠侍中孟公墓志铭》，第418—419页。

③ 据《资治通鉴》，广政十三年（950）八月“己酉，立子玄喆为秦王，玄珏为褒王”，又据《宋史》，孟玄喆“年十四，僭封秦王、检校太尉、同平章事、判六军诸卫事”，则孟玄喆当生于明德四年（937）。入宋后，“淳化初，病，求换濒淮一小郡养疾。移知滁州，卒，年五十五。赠侍中。”据生年推断，其卒年当在淳化二年（991）。然而，据《孟玄喆墓志铭》，其卒年为淳化三年九月，又曰：“乾德乙丑岁（965），兵降蜀，公为主太子二年，年二十八。”则当生于广政元年（938）。综上，《宋史》所书“年五十五”正确，而“年十四”封秦王则当为年十三之误。

万。”[①] 李艳娘并非广政六年入宫，但也可以列入。

袁氏。《宋朝名画评》曰：“洎孟知祥立，赐（黄）筌三品服。子昶承袭，迁待诏、检校少府监，写伪后袁氏真像，张于别殿。”[②] 此处袁氏当为孟昶诸后之一。

此外，《十国春秋》有张氏名太华者，王文才、王炎考证认为，原本出于明人小说家言，其人其事为子虚乌有，故存之于末，以俟详考。[③]

第五代：

孟昶至少有六女。一女适并州伊审征之子伊崇度，时间当在广政十四年（951）以后[④]；一女适潞州韩保正之子韩崇遂，时间亦在广政十四年以后[⑤]；一女适并州赵崇韬之子赵文亮，时间当在广政二十一年（958）左右后周伐蜀时[⑥]；一女封凤仪公主，入宋前适关中李昊之子李孝连[⑦]；一女封銮国公主，入宋前适河中毋守素次子毋克恭[⑧]；一女适赵普之子赵承煦，时间当在入宋之后，可能不久去世，故冠以仙源郡夫人。[⑨]

第六代：

孟玄喆有妻清河郡夫人张氏，有子十五人。其中孟隆谂有妻宋氏，据王禹偁（954—1001）所撰《宋偓神道碑》：“次适孟隆

① 《蜀梼杌校笺》卷4《后蜀后主》，第342页。

② 刘道醇：《宋朝名画评》卷1“黄筌”条，叶九，《影印文渊阁四库全书》第812册，第453页，台北：台湾商务印书馆，1983年。

③ 《蜀梼杌校笺》卷4《后蜀后主》，第340—341页。

④ 《宋史》卷479《伊审征传》，第13884页。

⑤ 《宋史》卷479《韩保正传》，第13885页。

⑥ 《宋史》卷479《赵崇韬传》，第13887页。

⑦ 《宋史》卷479《李昊传》，第13892页。

⑧ 《宋史》卷479《毋守素传》，第13894页。

⑨ 李焘：《建炎以来朝野杂记》乙集卷12“赵韩王六世小谱”条，第686页，北京：中华书局，2000年。

谂，即右龙武卫统军玄喆之子也”，此宋氏在宋偓（926—989）诸女中排行第七。①

孟玄喆又有六女。据《孟玄喆墓志铭》之铭：“公无后忧多令子，六女五殡侯王嗣。”② 其中“殡”字或为“嫔”之误，则六位女儿中，有五人嫁给诸侯诸王之嗣子。而其中一女，正是在嫁给赵承煦的孟昶之女去世后，成为赵承煦的续弦，生子赵从约，后被封为延康郡夫人。③

二、孟氏婚姻类型分期研究

上文的论证，详细地保存了孟氏婚姻有关的史料，但并不直观。下文，笔者试图根据孟氏家族史分期④，对孟氏婚姻进行列表观察：

表 1 孟氏家族联姻情况分期表

分期	时间	联姻
第三期（890—925）	乾宁二年（895）左右	孟知祥 = 福庆长公主李氏
	乾宁二年至天祐十六年（919）之间	孟知祥 = 李氏
	天祐五年（908）之前	知祥妹孟氏 = 李克宁
	天祐十一年（914）之前不久	知祥女久柱 = 伊延瓌
第四期（926—934）	天成四年（929）	知祥女延意 = 董光嗣

① 王禹偁：《右卫上将军赠侍中宋公神道碑奉敕撰并序》，《全宋文》卷 160，第八册，第 146 页。

② 柳开：《宋故开府仪同三司检校太师赠侍中孟公墓志铭》，第 419 页。

③ 《建炎以来朝野杂记》乙集卷 12，第 686 页。

④ 笔者曾对孟氏家族的发展，根据活动地域和社会地位，划分了七个时期，各个分期的发展情况参见拙文《论唐宋之际邢州孟氏家族的地域迁徙与门风转型》。

续表

分期	时间	联姻
第五期（934—965）	不详	知祥女金仙长公主 = 张匡弼
	不详	知祥女兰英长公主 = 孙晏琮
	广政元年（938）之前不久	孟昶 = 赵氏
	广政初①	孟昶 = 徐氏
	广政三年（940）	孟昶 = 李艳娘
	不详	孟昶 = 袁氏
	不详	孟昶 = 楚、齐、越等国夫人
	广政十四年（951）以后	昶女孟氏 = 伊崇度
	广政十四年以后	昶女孟氏 = 韩崇遂
	广政二十一年（958）左右	昶女孟氏 = 赵文亮
	广政二十八年（965）之前	昶女凤仪公主 = 李孝连
	广政二十八年之前	昶女銮国公主 = 毋克恭
	广政二十八年之前	孟玄喆 = 清河张氏
第六期（965—992）	不详	昶女仙源郡夫人 = 赵承煦
	不详	孟隆谂 = 宋偓女宋氏
	不详	玄喆女延康郡夫人 = 赵承煦

通过上表，我们可以详细地分析孟氏家族四个时期内的婚姻情况：

第三期。经过第一期（约850—881）作为邢州地方下层武将家族，第二期（881—890）作为统治邢洺磁三州的藩帅家族，孟氏家族在第三期，进入到以河东为主要活动范围的代北集团，成为该集团中的上层武将家族。因此，孟氏家族的社交范围也从

① 王瑛推断花蕊夫人在广政初年入宫，见王瑛：《花蕊夫人事迹辨述》。

邢洺磁地区扩展到整个河东代北集团，并及时地反映在婚姻关系方面。当然，我们不知道孟氏家族第一期、第二期的婚姻状况，无法与第三期进行对比。不过孟知祥的伯父孟方立、叔父孟迁都没有子嗣记载，估计也不一定有婚姻，或者即使有，也并无子嗣。

只有到了第三期，孟氏家族才真正奠定其社会地位，首先是孟迁主政泽潞（899—901），然后是孟知祥留守太原（923—925）。特别是孟知祥在乾宁二年（895）左右迎娶李克用的侄女，以及孟知祥的妹妹嫁于李克用的弟弟李克宁，使得孟氏家族成为代北集团统治者家族的姻亲。在此基础上，孟氏家族得以进入代北集团的上层武将家族之列，并在后唐建立之后凭借孟知祥的太原留守身份成为代北集团大后方首屈一指的势力。黄淑雯对李克用河东集团的人物分析，重在代北军职将领和义儿[①]，并不专门关注孟氏。樊文礼关于李克用时期代北集团人员构成的研究中，把李克用的牙军大体分为代北人、河东人和其他外来人员共三大类[②]，但其中并未涉及到孟氏家族，只有孟迁出现于对州县官吏的整理之中[③]。在张国清关于李克用所建河东幕府的研究中，把幕府成员分为同姓宗室、义儿和包括代州、蔚州、代北等地人士在内的北边劲兵这三大类[④]，但也没有提及孟氏家族的存

---

① 黄淑雯：《李克用河东集团人物分析》，《淡江史学》第 9 期，1998 年 9 月，第 19—58 页。

② 樊文礼：《试论唐末五代代北集团的形成》，《民族研究》2002 年第 2 期，第 54—62 页；樊文礼：《唐末五代代北集团的形成和沙陀王朝的建立》，张国刚主编《中国中古史论集》，第 474—503 页，天津：天津古籍出版社，2003 年。

③ 樊文礼：《李克用评传》，第 93 页，济南：山东大学出版社，2005 年。

④ 张国清：《后唐幕府研究》，安徽大学硕士论文，2011 年，第 6—13 页；张国清、许文娟：《试论李克用河东幕府的建立及其人员构成》，《新余学院学报》2011 年第 3 期，第 72—75 页。

在。然而，他们都没注意到，孟知祥迎娶李克用的侄女早在孟迁主政泽潞前四年，且孟知祥在留守太原之时所背负的重任，足以使他拥有南下夺取中央政权的机遇①。也就是说，如果不是被调到蜀地，孟氏家族在代北集团的发展，恐怕与后世的石敬瑭、刘知远等人相去不远。

除了与李氏联姻之外，此期中，孟氏家族还与同为代北集团成员的伊延瓌家族联姻。关于伊氏，伊延瓌之子伊审征在《宋史》的本传中，并未提供多少关于伊氏家族的情况，只知道他们是并州人，应该属于当地的汉人。前文已经考得，伊延瓌至晚在天祐十一年（914）与孟氏结婚，孟知祥本人此年当在中门使任上，居官于太原②。两家结亲除了同在太原，应当可以猜测伊延瓌是河东集团内的一名年轻将领，因为得到了孟知祥的青睐，才得以娶回孟知祥之女。也就是说，孟知祥本人除了维持与李氏的双重姻亲关系之外，还在培养与集团内部后起之秀之间的姻亲关系。

第四期。在这一期，孟氏家族发展的重要特色在于政治立场的极大转变，即孟知祥从对中央基本顺从的藩帅，变成了割据自立的藩帅。不过，由于后唐政权初定蜀地，孟知祥入蜀的主要任务是稳定局势，尚难积极谋求扩展家族自身的势力。因此，即便是孟知祥本人的妻小，也是在他入蜀后两年才入蜀的。而且，出于稳定蜀中局势的需要，孟氏的联姻对象也变成了与孟知祥共分蜀地的东川节度使董璋家族。董氏是后梁降将，在后唐庄宗入洛灭梁之后归朝，受到权臣郭崇韬的厚待，随之伐蜀，并得参与军

---

① 孟知祥以外戚的身份出掌后唐王朝建立后的第一任河东节度使，可见其受信任程度之高，参见陈玟旭：《五代北宋时期河东地区研究——以军政为考察中心》，台湾师范大学硕士论文，2005 年，第 41 页。

② 《蜀梼杌校笺》卷 3《后蜀先主》，第 255 页。

事决议，从而在平定蜀地后出掌东川。[①] 孟氏联姻董氏的本因，主要出于董氏欲结援于孟氏，作为反叛的后援力量。[②] 不过孟氏对此并不积极，只不过在谋臣赵季良的劝说之下，才勉强答应，甚至我们不知道孟氏女是否真的嫁入了董家。加上不久之后，董氏叛乱，孟氏趁机兼并东川，可知这次联姻对董氏来说是一次失败的政治联姻。董氏一家被诛之后，孟氏女据前文考证，可能一直在娘家，未见再醮。

第五期。在本期，孟氏家族终于成为区域性政权的皇族，联姻对象也随之扩大范围。当然，这种婚姻关系的扩展，主要是出于政权稳固的目的。关于这一期的联姻情况，下面分别从孟氏娶妇和孟氏女嫁夫两方面来讨论：

孟氏娶妇方面，主要是孟昶本人及其子孟玄喆娶妇。孟玄喆所娶清河郡张氏，并无家族情况的记载，但根据成婚于蜀亡之前来看，应该是某位蜀国大臣的女儿。至于孟昶本人，他的后宫颇多，有赵氏、徐氏、李艳娘、袁氏，以及楚、越、齐等国夫人，后三者也可能就是前面几人的封号。从家族史角度来看，李艳娘为舞娼，地位低下，仅因姿色入宫，子嗣不详，可置而不论；赵氏、袁氏出身不详，但从赵氏所生之子玄喆被立为太子来看，可能出自后蜀大臣之家。

需要讨论的是徐氏，亦即后世影响很大的花蕊夫人。关于花蕊夫人的记载，不外两种：陈师道（1053—1102）所撰《后山诗话》认为花蕊夫人是青城人费氏，以才色入宫；南宋初吴曾所撰《能改斋漫录》认为花蕊夫人是徐匡璋之女[③]。其中陈师道的《后山诗话》中的亡国诗已经被证明是五代文人王仁裕（880—

① 《旧五代史》卷62《董璋传》，第831—832页。

② 《蜀梼杌校笺》卷3《后蜀先主》，第280—284页。

③ 吴曾：《能改斋漫录》，第478页，上海：上海古籍出版社，1979年。

956）所撰，且此书被四库馆臣认为是宋室南渡后好事者拼凑成书，非陈师道本人所撰[①]，则两种记载多属于南宋时期的记载。对这两种观点，浦氏不置可否，盖并无坚实材料。浦氏的贡献在于对宫词的作者问题提出了新见，认为是前蜀的花蕊夫人所撰，而非后蜀的花蕊夫人所撰。[②] 王文才则从徐氏说，并认为后蜀徐氏为前蜀徐氏的后人，其观点虽似显牵强，但得到了王瑛的赞同。[③] 笔者暂时赞同花蕊夫人为徐氏说，但对后蜀徐氏为前蜀徐氏之后人，尚且存疑。不过，无论是徐氏还是费氏，都是蜀地之人，即便孟昶出于花蕊夫人的美色才娶了她，但据《能改斋漫录》记载，是徐匡璋本人纳女入宫，则可以视为蜀地士人主动与后蜀皇室联姻以确保政治地位的表现。

在孟氏女嫁夫方面，包括孟昶的两个姐妹分别嫁给张匡弼、孙晏琮，孟昶同父异母诸兄宋王之女嫁给张匡尧，孟昶的五位女儿分别嫁给伊崇度、韩崇遂、赵文亮、李孝连、毋克恭。这里孟氏诸女所嫁，分别属于七个家族，而且都是后蜀大臣之子。其中又可分为两类：

第一类，孟昶的两位姐妹所嫁，张匡弼之父辽州人张虔钊（883—948），孙晏琮之父太原人孙汉韶（884—955），都是从北方投降后蜀的后唐将领。应顺元年（934）三月，后唐潞王从珂起兵于凤翔，最终夺得皇位，张、孙二人分别以山南西道、武定

---

① 陈师道：《后山诗话》，文渊阁四库全书全文检索版。馆臣观点见提要。王仁裕所撰诗见何光远撰，邓星亮、邬宗玲、杨梅校注：《鉴诫录校注》，第113—114页，成都：巴蜀书社，2011年。

② 浦江清：《花蕊夫人宫词考》。

③ 王文才：《花蕊夫人氏籍辨》；王瑛：《花蕊夫人事迹辨述》。其中，王瑛的论述基本抄袭了王文才的行文，虽然王瑛在其文开头明言引用王文才之文，但这种明显的语句抄袭还是让人遗憾。

军两个藩镇附蜀，两个原本属于代北集团的家族也举族入成都。[①] 应该是出于曾为同僚，且欲笼络人心的缘故，孟知祥把自己两位女儿分别嫁于两人的儿子们，当然，很可能是在孟昶时期成婚的。不过，因为孟知祥早逝，孟昶即位之后，另有自己信任的大臣[②]，张虔钊、孙汉韶二人的政治地位不再重要，两位公子日后的事迹也不再见于记载。

值得一提的是，张虔钊、孙汉韶二家，除了得以与皇室联姻之外，还与后蜀其他武将联姻。据《张虔钊墓志铭》，张虔钊次子张匡尧娶"今太傅令公宋王之女"[③]，此处宋王当即后蜀政权中唯一的异姓王赵廷隐[④]；张虔钊长女嫁"东头供奉官安匡裔，乃今山南元戎太保之子"[⑤]，此处太保当即后蜀政权中的粟特系沙陀将领安思谦[⑥]；据《孙汉韶墓志铭》，孙汉韶独女嫁"武定军节度使吕公之第二男"[⑦]，此处吕公当即广政二年（939）左右

① 《蜀梼杌校笺》卷3《后蜀先主》，第318—321页。关于二人事迹，除了墓志铭本身外，亦可参考翁善良：《后蜀张虔钊、孙汉韶墓棺床石刻内容初探》，《前后蜀的历史与文化》，第120—125页。

② 关于孟昶即位后的后蜀权力结构之变动，可参考纪宇谦：《前后蜀创业集团暨中央权力结构之研究》，中兴大学硕士论文，2007年，第117—165页；田玉英：《孟知祥之顾命大臣的政治命运及后主前期的政争》，《湖南工业大学学报》（社会科学版）2012年第4期，第106—111页。

③ 王文祐：《大蜀故赠太子太师赐谥温穆清河郡张公墓志铭》，《五代墓志汇考》一六二，第446页。

④ 2011年5月，赵廷隐墓志铭出土于成都，根据媒体报导，赵廷隐有三子七女，张匡尧所娶当即七女之一。见：http：//www. wccdaily. com. cn/epaper/hxdsb/html/2011 -04/30/content_ 322312. htm。

⑤ 王文祐：《大蜀故赠太子太师赐谥温穆清河郡张公墓志铭》，《五代墓志汇考》一六二，第446页。

⑥ 关于前后蜀政权中的粟特系沙陀人将领，参见拙文《五代蜀地粟特系沙陀人考》，北京大学历史系第八届史学论坛，2012年3月。

⑦ 王乂：《大蜀故守太傅乐安郡王赠太尉梁州牧赐谥忠简孙公内志》，《五代墓志汇考》二一二，第579页。

为武定军节度使的吕彦珂[①]。从张氏、孙氏二家族的联姻可知，在后蜀政权内部，不仅君臣之间联姻普遍，武臣之间的联姻也很平常。

第二类，孟昶的五位女儿所嫁，伊崇度之父并州人伊审征，韩崇遂之父潞州人韩保正，赵文亮之父并州人赵崇韬，李孝连之父关中人李昊，毋克恭之父河中人毋守素。其中，伊审征为伊延瓌之子，属于孟知祥旧臣之子，后蜀末年层为孟昶献降表[②]；李昊是前蜀旧臣，曾为前蜀后主王衍起草降表，后蜀时留用，又为孟昶起草降表[③]；毋守素及其父毋昭裔两代人在孟昶时期掌控盐铁[④]；另外，后蜀时期，孟昶“立其子玄喆为太子，用王昭远、伊审征、韩保正、赵崇韬等分掌机要，总内外兵柄”。[⑤] 孟昶之母劝其重用先王故人高彦俦等人，但不见采纳。可见，在孟昶时期，他把自己的女儿嫁给自己所亲信之人的儿子们，以结成一个庞大的婚姻网络。可谓深谋远虑，却又不堪一击，在强大的宋军压境之时，短暂的婚姻关系只不过是政治装饰罢了。

第六期。在这一期，孟氏家族失去了皇族的身份，重新回归为臣子。关于这一期的婚姻，主要还是政治婚姻，而且似乎并未吸取前一期的教训，导致这一期的婚姻对孟氏家族的重兴几无作用。这一期的联姻有三例，据前文考证可知，孟昶和孟玄喆各有一女儿先后嫁给了宋太祖最信任的宰相赵普的儿子赵承煦[⑥]，孟

---

① 朱玉龙：《五代十国方镇年表》“洋州”，第609—610页，北京：中华书局，1997年。

② 《宋史》卷479《伊审征传》，第13884页。

③ 《宋史》卷479《李昊传》，第13890—13893页。

④ 《宋史》卷479《毋守素传》，第13893页。

⑤ 《宋史》卷479《西蜀孟氏》，第13874页。

⑥ 关于赵普家族的婚姻，参见张其凡：《赵普的家世》，《华南师院学报》（社会科学版）1982年第2期，第111—112、第86页。

玄喆之子孟隆谂娶了宋朝开国功臣宋偓之女。可见，文臣和武将，皆成为孟氏家族的联姻对象，特别是与赵家的联姻，是孟氏家族欲寻求地位稳固的重要手段之一。在一定程度上，可能确实收到了效果，但在君臣之间联姻风气严重的北宋初年①，仅有这几例联姻的孟氏家族还是没能再次振兴。并且，婚姻只能是维持家门的一个方面，最重要的应该还是家族成员本身的为将、从政能力是否有所提高②，特别是在科举时代，更需要看文化水平，而不是盛行于乱世的政治婚姻③。相比于两浙第一世家吴越国王钱氏入宋后冠冕不绝的情况，后蜀孟氏家族在宋代的境遇确实更为逊色。④

总之，关于晚唐五代宋初孟氏家族的婚姻，可以说大部分被史书记载下来的都是政治婚姻。而且，这种政治婚姻的对象，在第三期针对的是代北集团内部人士，到第四期、第五期针对的是文臣武将和蜀地当地士人，进入第六期便谋求与北宋大臣的联姻。但是，除了孟氏家族与沙陀李氏家族的联姻，其他政治婚姻基本都没有起到预期的效果，甚至遭到失败。加上孟氏家族本身作为一个武将家族，又身为降国王族，如果不在崇文抑武的科举时代提高文化水平通过科举晋升，不然完全凭借武功和婚姻，必然会遭遇没落。

---

① 潘正松：《五代至宋初外戚与军事关系研究》。

② 北宋时期，武将来源主要有：将门、外戚、潜邸，而孟氏虽为将门，但已经因为后蜀时期的皇族身份而少了战场的磨练，一下子恢复武将身份后又遇到外戚、潜邸占据重要武职，故而前途黯淡。关于北宋武将群体，参见何冠环：《北宋武将研究》，香港：香港中华书局，2003 年；陈峰：《北宋武将群体与相关问题研究》，北京：中华书局，2004 年。

③ 关于藩镇时代的政治婚姻，参见贾艳红：《略论唐代的政治婚姻及其作用》，《齐鲁学刊》2003 年第 4 期，第 46—50 页。

④ 关于孟氏家族在宋初的每况愈下，参见拙文：《论唐宋之际邢州孟氏家族的地域迁徙与门风转型》。

三、孟、李联姻及其反映的民族融合问题

纵观后蜀孟氏家族的婚姻史，还有一个重要的关联问题需要讨论，即汉人与沙陀人联姻所引发的沙陀人汉化，以及更进一步的唐末五代北方地区民族融合问题。关于沙陀人汉化问题，众多学者都有论述，在此不一一征引，仅就其中涉及婚姻的论述做一综述。

傅乐成、李玉林论及李克用取代北人刘氏和太原人曹氏两位汉家女子，是为具有汉化之倾向，不过曹氏也可能是汉化了的粟特人。李鸿宾也认为，婚媾的相互杂合，是沙陀贵族倾慕大唐的又一表现。从文献上看，沙陀皇室多娶汉女为妻妾。但所论“李克用及庄、明二宗之女亦多婚嫁于当朝得势之辈如孟知祥、张延钊、赵延寿、宋廷浩等人”则不确，因为孟知祥与李克用之侄女结婚时，仅仅是降臣之侄儿，两者的结合更多是一种政治拉拢。王义康、曾成皆从沙陀人在五代时期保持着游牧民族的风俗入手，认为沙陀人汉化并不完全，其中提及存在收继婚的例子，以后晋出帝石重贵纳叔母冯氏为例。不过这仅仅是特例，石重贵对冯氏看重的是美色，而不是出于责任和义务，恐怕不能据此认为存在收继婚遗存。樊文礼、刘惠琴、陈海涛、任崇岳、曾成等都论集沙陀上层都与汉人联姻，是为汉化的重要标志。曾成甚至制作了“沙陀人娶汉妇表”和“沙陀女嫁汉人表”，前者辑得 17 例，后者辑得 8 例，虽然尚有缺漏，但也能说明沙陀人与汉人通

婚的普遍现象。①

以上都以沙陀人与汉人的通婚为例，来论证沙陀人的汉化。但也有学者并不同意“汉化”这一说法本身。如任崇岳称为“民族融合”，邓小南称为胡、汉语境的消解。② 对于概念的使用，笔者并不介意“汉化”一词，但“语境的消解”又似过于夸大胡、汉之区别，所以本文以“民族融合”来代指唐宋之际以沙陀人为主的非汉人与汉人之间的融合，以及非汉人各族群之间的融合。并且，这种“融合”是双向的，不是汉人汉化了非汉人，而是汉人和非汉人互相影响、互相渗透。

正如题目所示，本文欲在家族史的视野下，以婚姻关系为例，重新看待五代时期所谓“民族融合”现象。

根据上文的考察，我们可以发现，作为代北集团内部重要武将家族的孟氏家族，在其四个时期四代人的婚姻中，仅有两例胡汉联姻，即孟知祥和李克用侄女福庆长公主李氏，孟知祥妹孟氏和李克用弟李克宁。而且，孟知祥和福庆长公主的婚姻，在孟氏

---

① 傅乐成：《沙陀之汉化》，《华冈学报》第2期，1965年12月，第137—154页，收入氏著《汉唐史论集》，第319—338页，台北：联经出版公司，1977年；李鸿宾：《沙陀贵族汉化问题》，《理论学刊》1991年第3期，第83—89页；王义康：《沙陀汉化问题再评价》，《陕西师范大学学报》（哲学社会科学版）1995年第4期，第132—137页；李锋敏：《唐五代时期的沙陀汉化》，《甘肃社会科学》1999年第3期，第49—52页；樊文礼：《唐末五代的代北集团》，第212页，北京：中国文联出版社，2000年；刘惠琴、陈海涛：《唐末五代沙陀集团中的粟特人及其汉化》，《烟台师范学院学报》（哲学社会科学版）2001年第2期，第58—64、92页；任崇岳：《试论五代十国时期中原地区的民族融合及其措施》，《郑州大学学报》（哲学社会科学版）2006年第1期，第133—137页；李玉林：《一代豪酋李克用的汉化》，《忻州师范学院学报》2008年第1期，第73—76页；曾成：《论五代沙陀汉化问题》，武汉大学历史学院学年论文，2008年。让人遗憾的是，李锋敏的论文完全抄袭了傅乐成先生的大作，故本文不予讨论。

② 邓小南：《论五代宋初“胡/汉”语境的消解》，《文史哲》2005年第5期，第57—64页。

家族从邢洺磁进入代北后不久，当时作为降将家族的孟氏如果不是得到李克用的恩赐，是不可能与代北集团的统治家族联姻的，何况所娶只是李克用已经去世的弟弟李克让（？—882）的女儿，并非亲生，以至于直到孟知祥确定入蜀之后，李氏才被封为长公主。另外一例，孟知祥的妹妹孟氏嫁给李克用之弟李克宁（？—908），更应是孟氏家族出于政治目的而做出的结果，只是因为李克宁为李克用之弟弟。当李克用去世之后，孟氏甚至逼迫谋求嗣位，最终导致丧身。[①] 幸运的是，此事并未牵连孟氏及李克宁之子李瓌，孟知祥日后依旧谋得了李存勖的信任。

可见，在权力纷争的年代，这两次政治婚姻，既不是出于民族融合的目的，更充满了种种不稳定因素。在孟知祥留守太原之前，整个孟氏家族在代北集团内部地位不是很高，没有其他沙陀高级将领与孟氏联姻，也能反映这一情况。因此，在孟氏家族第三期的另一次联姻中，孟知祥把女儿嫁给伊延瓌，应该是出于家族利益而拉拢太原地区年轻将领，以期稳固孟氏家族在当地的根基。

为了更直观地了解沙陀三王朝的上层婚姻状况，笔者在曾成“沙陀人娶汉妇表”和“沙陀女嫁汉人表”两表的基础上，重新搜集史料，制作成“沙陀三王朝统治者婚娶表”和“沙陀三王朝统治者千金婚嫁表”两表，不分沙陀人和汉人，全面揭示高层沙陀贵族的娶、嫁情况如下：

---

① 《旧五代史》卷50《李克宁传》，第685—687页。关于五代身为藩妇的女性之权力欲望，参见赵雨乐：《从藩妇到后妃：唐宋变革期宫廷权力的考察》，《中国中古史研究》第2期，2003年4月；收入氏著《从宫廷到战场：中国中古与近世诸考察》，第231—264页，香港：香港中华书局，2007年；又题《五代的后妃与政治——唐宋变革期宫廷权力的考察》，刊卢向前主编《唐宋变革论》，第325—352页，合肥：黄山书社，2006年。又参曾国富、邓上清：《五代后妃与政治》，《兰州学刊》2008年第7期，第134—136页。

表 2 沙陀三王朝统治者婚娶表

统治者	妻妾	出身（婚姻方式）	出处
李克用	太妃刘氏	不详	《旧五代史》卷 49
	贞简皇后曹氏	太原人，以良家子嫔于武皇	同上
	张氏	乾宁初，平燕蓟，得李匡俦妻张氏	同上
	魏国夫人陈氏	襄州人，本昭宗之宫嫔也	同上
李存勖	神闵敬皇后刘氏	魏州成安人，家世寒微。太祖攻魏州，取成安，得后，时年五六岁。	同上
	淑妃韩氏	不详	同上
	德妃伊氏	不详	同上
	夏氏	不详	同上
	昭仪侯氏等 11 位庄宗内职	皆不详	《五代会要》卷 1
李嗣源	昭懿皇后夏氏	不详	《旧五代史》卷 49
	和武显皇后曹氏	不详	同上
	宣宪皇后魏氏	镇州平山人。中和末，明宗徇地山东，留戍平山，得魏后	同上
	德妃王氏等 28 位明宗内职	皆不详	《五代会要》卷 1
李从厚	哀皇后孔氏	孔循，不知其家世何人也……循阴使人白明宗，求女妻皇子，明宗即以宋王从厚娶循女	《新五代史》卷 43
李从珂	刘皇后	废帝皇后刘氏，父茂威，应州浑元人也	《新五代史》卷 16
石敬瑭	皇后李氏	唐明宗皇帝女也	《新五代史》卷 17
	太妃安氏	代北人，不知其世家	《旧五代史》卷 86
	颍川郡夫人蔡氏	不详	《五代会要》卷 1

续表

统治者	妻妾	出身（婚姻方式）	出处
石重贵	皇后张氏	张从训，字德恭。本姑臧人，其先回鹘别派……高祖之镇太原也，为少帝娶从训长女为妃	《旧五代史》卷91
	皇后冯氏	定州人也。父蒙，为州进奏吏，居京师，以巧佞为安重诲所喜，以为邺都副留守。高祖留守邺都，得蒙驩甚，乃为重胤娶蒙女……重胤早卒，后寡居，有色，出帝悦之……纳之以为后	《新五代史》卷17
	宝省李氏等27位出帝内职	皆不详	《五代会要》卷1
刘知远	皇后李氏	晋阳人也。高祖微时，尝牧马于晋阳别墅，因夜入其家，劫而取之	《旧五代史》卷104
刘承祐	张氏	张彦成，潞州潞城人也……汉祖镇北门，表为行军司马，以隐帝娶其女，特见亲爱	《旧五代史》卷123
	耿夫人	隐帝所爱耿夫人，欲立为后，（杨）邠亦以为太速。夫人卒，隐帝欲以后礼葬，邠又止之，隐帝意不悦	《旧五代史》卷107

表3　沙陀三王朝统治者千金婚嫁表

千金	丈夫	夫家出身（婚嫁方式）	出处
李克用侄女琼华长公主	孟知祥	邢州降将孟迁之侄	参见本文前半部分考证
李克用女瑶英长公主	张延钊	不详	《五代会要》卷2
李克用女	王珂	及克用驻军于渭北，昭宗以珂为河中节度使，正授旄钺，克用因以女妻珂。珂至太原谢婚成礼，克用令李嗣昭将兵助珂，攻珙于陕焉	《旧五代史》卷14

续表

千金	丈夫	夫家出身（婚嫁方式）	出处
李克用宗女	任团	京兆三原人。祖清，成都少尹。父茂弘，避地太原。奏授西河令，有子五人，曰图、回、圜、团、囧，风彩俱异，武皇爱之，以宗女妻团，历代、宪二郡刺史	《旧五代史》卷67
李存勖女义宁公主	宋廷浩	宋偓，河南洛阳人……父廷浩，尚后唐庄宗女义宁公主，生偓	《宋史》卷255①
李嗣源长女永宁公主	石敬瑭	及长，性沉澹，寡言笑，读兵法，重李牧、周亚夫行事。唐明宗为代州刺史，每深心器之，因妻以爱女	《旧五代史》卷75
李嗣源十三女兴平公主	赵延寿	延寿，本姓刘氏。父曰邧，常山人也……（赵德钧）遂养之为子。延寿姿貌妍柔，稍涉书史，尤好宾客，亦能为诗。及长，尚明宗女兴平公主	《旧五代史》卷98
李嗣源女永安公主	赵延寿	契丹犯京师，赵延寿所尚明宗公主已死，耶律德光乃为延寿娶从益妹，是为永安公主	《新五代史》卷15
石敬瑭长女长安公主	杨承祚	出身不详。天福八年为单州刺史，转登州刺史	参见《旧五代史》卷29
刘知远长女永宁公主	宋偓	河南洛阳人。父廷浩，尚后唐庄宗女义宁公主，生偓……汉祖在晋阳，遣其子承训至洛，奉书偓母，与偓结昏，即永宁公主也	《宋史》卷255

我们可以发现，在“沙陀三王朝统治者婚娶表”中，沙陀统治者所娶大多出身低下，甚至是在战争中掠夺而得的民女，出

① 2001年秋，宋廷浩墓志铭出土于洛阳市伊川县城关镇张沟村一带，相关研究得以进一步深入，参见赵振华：《五代宋廷浩墓志考》，《华夏考古》2003年第4期；赵振华：《五代宋廷浩墓志与张从宾叛晋》，《中国古都研究》第十九辑，成都：四川大学出版社，2004年；刘思怡：《五代宋廷浩其人其事——读〈宋廷浩墓志〉》，《新西部》（理论版）2007年第18期，第253—254页。

身不详的也不在少数。亦即，如李克用、李嗣源、刘知远等以武功起家的沙陀统治者，他们在微时，凭借自身武力，并不在乎所娶妇人是否高门。而到了李克用之子李存勖、李嗣源之子李从厚、石敬瑭之子石重贵、刘知远之子刘承祐时，他们的父辈出于政治结盟的需要，或物色同胞的女儿，或接受欲攀附者的女儿，为自己的儿子娶妇。在这两种方式中，皆未特别突出夫妻双方的胡汉之分。

又可以发现，在“沙陀三王朝统治者千金婚嫁表”中，出身统治者家族的沙陀公主们，如李克用、李存勖、李嗣源、石敬瑭、刘知远之女，所嫁夫家都是代北集团或者其他政治势力中的年轻将领或文职人员，如张延钊、孟知祥、王珂、任圜、赵延寿、杜重威等，以此来结得更紧密的政治同盟。相比于上表中，沙陀统治者主要以强迫女方的方式形成婚姻，在沙陀女婚嫁方面，更多的是沙陀统治者把自己的女儿强嫁给年轻有为之人，也没有突出是否一定非我族类。

以上两表，都是沙陀统治者政治优越性的体现，若要以此作为民族融合的体现，恐怕并不合适。亦即，我们可能过分看重表面现象所给人的感受，觉得沙陀人与汉人的婚姻联合能够反映民族之间的亲密无间；甚至，我们还过于站在汉人的立场上，认为凡是历史上的少数民族与汉人的婚姻结合，都是少数民族汉化的体现。但这些婚姻在当时人看来，是否就是所谓的汉化呢？甚至在当事人看来，这些婚姻是否真的稳固呢？根据上面的分析，我们只能说，这些婚姻的主观意图是政治性的，只是在客观结果上，促进了民族之间的融合。

结 语

本文通过对后蜀孟氏家族四代人四个时间段内的分期研究，

揭示了孟氏家族婚姻的整体情况。通过论述，我们可以发现，孟氏家族的婚姻，从第三期到第六期，一直是以政治婚姻的面目出现的，即便是孟昶对花蕊夫人的兴趣，其背后也有联络蜀地士人的意图。由此，本文也反思了历来对所谓古代少数民族汉化问题的研究中，所存在的以通婚来证明汉化程度的一些简单的论证。首先，从孟氏家族的例子中，无论是孟知祥与福庆长公主李氏的结合，还是孟知祥妹妹和李克用之弟李克宁的结合，都是出于政治结盟的目的，而不能作为一些学者所借以论证的沙陀人汉化例子。其次，通过对沙陀三王朝统治者婚娶情况，和沙陀三王朝统治者之女婚嫁情况的统计，我们更能进一步看出，沙陀高层的婚姻是建立在政治目的基础上的政治婚姻，且其所体现的是沙陀贵族的社会阶层优越感。这不是为了所谓“汉化”的目的，而只是在客观上促进了民族融合而已。当然，沙陀贵族如此，若是下层沙陀民众，恐怕并非全部出于政治目的，但限于篇幅，只能留待日后的研究。

附表："邢州孟氏世系表"（其中无箭头表示血亲，有箭头表示婚姻）

第一部分：

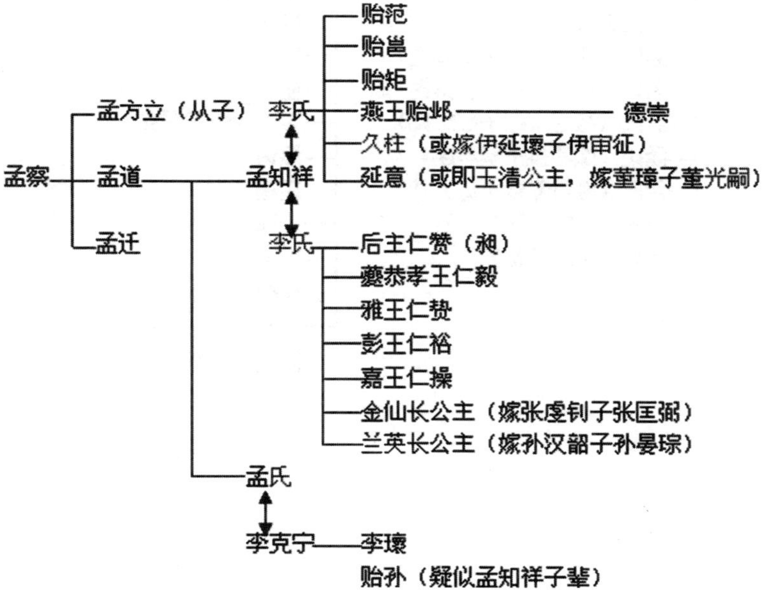

第二部分：

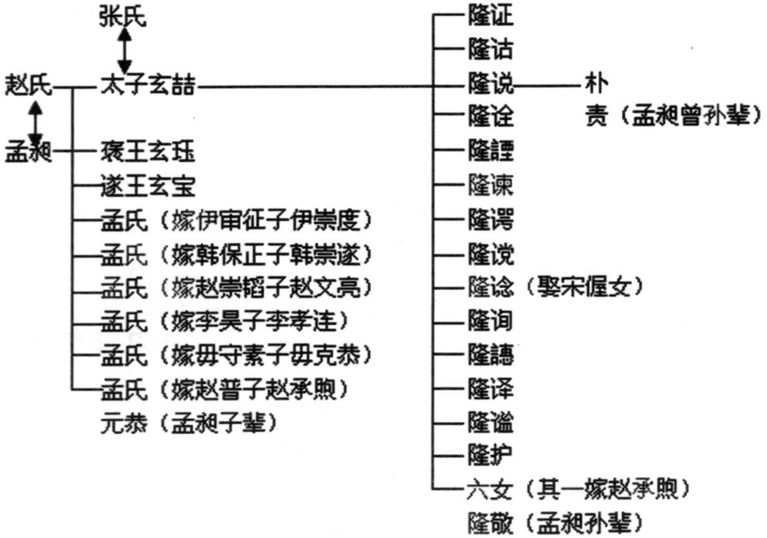
张氏
赵氏
太子玄喆
孟昶
褒王玄珏
遂王玄宝
孟氏（嫁伊审征子伊崇度）
孟氏（嫁韩保正子韩崇遂）
孟氏（嫁赵崇韬子赵文亮）
孟氏（嫁李昊子李孝连）
孟氏（嫁毋守素子毋克恭）
孟氏（嫁赵普子赵承煦）
元恭（孟昶子辈）
隆证
隆诂
隆说
朴
隆诠
责（孟昶曾孙辈）
隆譚
隆谏
隆谔
隆谠
隆谂（娶宋偓女）
隆询
隆譓
隆译
隆谧
隆护
六女（其一嫁赵承煦）
隆敬（孟昶孙辈）

元代蒙古、色目人荫叙三题

中央民族大学历史文化学院　于　洁

荫叙，又名荫补、门荫、任子、世赏、致仕泽、致仕恩，“古代高、中级官僚的子弟可以凭借父亲的地位，得到一定的官职，称为荫叙”[①]。荫叙制源远流长，贯穿整个古代社会。至于荫叙制度的研究一直都是官制、政治史研究的重要分支。

有元一代，“荫叙有循常之格”[②]，作为职官体系的补充，元代荫叙制随着职官体系和迁转制度的确立而形成[③]，拥有和宋辽金代不尽相同的发展面貌[④]。

荫叙制在元代的情况，最早被人们所注意的，显然是它的民族性——蒙古、色目人在荫叙中的特权，这一点早年已有较多史

---

① 白钢主编，陈高华、史卫民著：《中国政治制度通史》（第八卷），人民出版社，1997 年，第 364 页。

② 《元史》卷 81《选举一》，中华书局，1976 年，第 2016 页。

③ 以《元史·选举志》、《元史·百官志》涉及荫叙制的基本规定，参照《大元圣政国朝典章》卷八“至元四年品官荫叙体例”、“大德四年更定荫叙格”，“延祐二年职官子孙荫子例”、“新集至治条例”等关于承荫之条目，可看出荫叙制从粗就至完善的过程。

④ 关于和宋、辽、金荫叙（荫补），可参考此三种论著：陶晋生《女真史论》（台北食货出版社，1981 年，第 53—54、58 页）、游彪《宋代荫叙制度研究》（中国社会科学出版社，2001 年）、蒋金玲《辽代荫补制度考》（《史学集刊》，2010 年 3 月第 2 期）。

学家关注:

日本学者箭内亘在《元代蒙汉色目待遇考》一书(1917)首持此种观点[①]:“元典章(卷八)承荫条,有至元四年十月中书省发布至品官荫叙体例……此文对于蒙古色目汉人之阶级上,尚无何等差别之规定。及至成宗之世,尚有差别之制。”周谷城《中国通史》(1957)提出:“元代荫叙的制度,对蒙古人及色目人显然较对汉人为优异”[②],并列举了元史中“大德四年(1300)省议”等资料佐证。冯今源《伊斯兰教在中国各地的普遍传播》(2002)一文再次注意到元代回回人在科举、仕宦、荫叙、刑罚、私蓄兵马等方面都能得到较优越的待遇。

陈高华、史卫民的《中国政治制度通史·元代卷》(1997),明确指出元代荫叙“民族歧视也是很明显的”[③];李坚、王本浩编著的《中国行政管理史》也注意到了元代荫叙的民族性:“在各级管理机构中,长官和掌实权的人都是蒙古人和色目人”,荫叙是这种特权的进一步表现。

以上最早注意到元代荫叙制民族性的学者们,其所依据材料除《元史》中“大德四年(1300)省议”外未有突破。

许佳君在《元代蒙古族儒士大夫的宦途》(2001)中将元代蒙古儒士的荫叙情况进行了统计发现,元代蒙古族儒士大夫“有39%的人由荫叙入仕”,且这些人的“升迁轨迹基本上符合大德四年所规定的承荫制度和至元元年十月所规定的迁转官员法”[④]。

---

① 箭内亘著,陈捷、陈清泉译:《元代蒙汉色目待遇考》,台湾商务印书馆,1963年,第80页。

② 周谷城:《中国通史》,上海人民出版社,1957年,第512页。

③ 白钢主编,陈高华、史卫民著:《中国政治制度通史》(第八卷),第365页。

④ 许佳君:《元代蒙古族儒士大夫的宦途》,河海大学学报(哲学社会科学版),2001年第1期。

因为认为蒙古族儒士在“荫叙、入值宿卫及升迁方面占有明显优势”。

郭培贵《明代文官荫叙制度考论》(2005)谈及明初统治者迟迟不愿实行“荫叙”之制，“尽管元朝的‘辄以蒙古、色目人为之长’使其文官荫叙制度具有民族统治的特色，但其与传统的文官荫叙在‘以禄私亲、以官私爱’上还是完全一致的”。[①] 认同荫叙制经过元代，明显经过了某些重大的更改和变革，而民族性就是其中较突出之部分；孙俊《宋代荫补官员与地方政治》(2006)中，提到元代荫补虽然“基本上是以唐宋为蓝本，而有所损益”，因“是蒙古贵族的统治”，所以“多少带有些民族色彩”，从元后期规定“蒙古、色目承荫者不须加试经史”[②] 一条便可看出。

综合众多论著、论文论及荫叙制在元代施行情况，只关注到民族性的表征，作笼统概括，而无更多细致统计与案例的分析，其关注范围也有限，阐发角度也多是以宋代、明代等时期的荫叙为基点，都未能继续深入探讨元代蒙古色目人之荫叙。

在元代——这个科举不张、仕进多途的特殊时代，荫叙作为一个中原王朝的传统继承制度，面对元代汇入职官体系的蒙古、色目官僚群体，是如何进行调整的，类型有无扩充，反映了何种差别；蒙古、色目官僚家庭的荫叙资格是怎样继承的，是机械性地执行了元代制度规定，还是在传统习惯和律例之间有人为的调节？在入职、迁转中，蒙古、色目荫官比汉人荫官群体享有哪些有形、无形地优待？带着这些疑问，笔者利用元人文集中所见家传、碑铭，以荫叙制在蒙古色目群体中的施行为线索，略作梳理、思考。

---

① 郭培贵：《明代文官荫叙制度考论》，《历史研究》，2005 年第 2 期。

② 孙俊：《宋代荫补官员与地方政治》，东北师范大学硕士论文，2006 年。

一、蒙古色目人的荫叙类型

（一）职业类型中的差别

按照职官的不同类型，可将元代官员分为民官、匠官、医官、阴阳官等。荫叙制中，民官类下包含更细的荫叙名目，因此较其他几类荫叙政策复杂，后期也多有调整①，其他类型官员荫叙条例则变化既少，名目也无扩充；延祐年间逐步将匠官、医官、阴阳官荫叙取消，进一步将荫叙权向文官群体和江南地区扩大。

民官中有一类，对其荫叙有专门的规定，即各级的达鲁花赤。这其中又有“蒙古、回回、畏兀儿、乃蛮、唐兀”与“契丹、女真、汉儿达鲁花赤”之分：前者荫子，凡路总管府达鲁花赤（正、从三品）‘应合承袭之人子下州达鲁花赤（从五品）内叙用’，‘散府、治州达鲁花赤（正从四、五品）应介承袭之人于县达鲁花赤（从六至从七）内叙用”，后者则“同管民官体例承荫叙用”。②

很明显，随着至元年间元代职官迁转体系的建立与规范化，达鲁花赤从军官中分离出来，随民官一体迁转，但由于元政府的有意调控，达鲁花赤荫叙，特别是蒙古、色目达鲁花赤子孙的荫叙，还是带有一些“承袭”的意味：他们的子孙可以继续留任达鲁花赤这一官位，官品也比普通民官荫子要高出两个级别（品

① 见本人硕士论文《元代荫叙研究三题》（中央民族大学，2011 年）第二节“荫叙制度的确立与完善”第二小节“荫叙制的变迁”。

② “达鲁花赤弟男承荫”条：“契丹、女真、汉儿达鲁花赤应继之人拟同管官体例承荫、叙用，咨请照验，遍行所属。”（《大元圣政国朝典章 · 吏部卷之二 · 典章八 · 官制二》，中国广播电视出版社，1998 年，第 255 页。）

官正从一品方能荫子五品)，更像是一种降等承袭[①]。

而从所见荫官家庭材料来考察，会进一步发现：蒙古、色目官僚家庭有时并不受某些荫叙原则的限制——色目人的家庭中赘婿之子可成为荫叙资格的继承人；兄可荫及弟；侄子也可以凭伯父官品荫补做官。

西域人阿散，世代通显，因无子而招麦砧哈檐为赘婿，麦砧哈檐后与阿散之女生二子：暗都剌、凯霖；凯霖长大后出任“宝庆路邵阳县达鲁花赤，进义副尉”，又任“彰德路临漳路达鲁花赤、保义校尉”；兄长暗都剌卒后，他辞职归养，并以自己的官职荫弟弟担古伯。而这个弟弟担古伯，是麦砧哈檐继室张氏所生，与家主阿散已无任何血缘关系，对凯霖而言也是同父异母。担古伯既为赘婿之子且为庶出，更是施荫者凯霖之弟，却能顺利地进入了荫官系统，“荫内黄税使”[②]。与同为达鲁花赤之家的汉人相比，色目家庭在荫叙方面所受优容与宽暇，可见一斑。

如果说上述色目家庭的事例，也掺杂元初荫叙制松散而不完备的因素的话，那么元末色目荫官依然享有着某种自由。明初色目遗民丁鹤年，出生在元末一个典型的色目官僚家庭，从其祖父开始便世代任达鲁花赤，父亲职马禄丁在世时，“以鹤年倜傥类

---

① 至元七年六月，尚书省准，中书省咨该先为系达鲁花赤中山府故慱儿男喊赤等告乞承袭，送礼部讲究去后，回呈该所故达鲁花赤弟男，难依管民官品级取荫，权拟总管府达鲁花赤应合承袭之人内叙用；散府诸州达鲁花赤应继之人，于县达鲁花赤内叙用，外司县达鲁花赤应继之人难议定夺，若奉……今后如遇府州诸县司故蒙古、回回、畏吾儿、乃蛮、唐兀等达鲁花赤应继之人告叙用者，抄连伊父元受……除七品以上人员别行铨。(《大元圣政国朝典章·吏部卷之二·典章八·官制二》，中国广播电视出版社，1998 年，第 255 页。)

② 许有壬：《西域使者哈只哈心碑》，《至正集》卷 53，《元人文集珍本丛刊(七)》，台北新文丰出版公司，1985 年，第 251 页。

已，甚钟爱，畀荫从父桓州职”，丁鹤年以志于“以文学知名于世”[①] 推辞。这种直接承荫于从父的现象在汉人家庭几乎不见[②]。蒙古显贵之家的荫叙特权，就更不必言，本文第三部分“荫官的升迁”已经清晰地展现了蒙古“根脚”子弟们升迁上所占据的绝对优势。

职官体系中的大部分荫官特别是汉人、南人荫官是较严格按照元代荫叙制来荫补的。这些零散的案例置于元代众多的荫叙案例中来看，也仅占很小的比重，且皆为达鲁花赤。这更像是元政府在职官体系中，利用荫叙制为专任达鲁花赤之色目人所开辟的一个便捷通道，仅为达鲁花赤世家们所享。

（二）品级优待

那么是否除了达鲁花赤，其他蒙古色目荫官也享有此种优待?

《中国通史》（第八卷）较早地注意到元代荫叙制纲领性文件——“至元四年的承荫体例”并非适用所有人等，提出“其适用对象主要是汉人之官。大德八年（1304），元政府又明文宣布，‘有根脚的蒙古人每，子孙承荫父职、兄职呵，皇帝识也者’；除此以外，此前所立承荫体例也适用于色目人，惟‘色目比汉儿人高一等定夺’。”[③]

此即是说，除去达鲁花赤等特殊官职，一般品官荫叙，蒙古

---

① 戴良：《高士传》，《九灵山房集》卷19，《四部丛刊初编·集部》第1488册》，上海商务印书馆，1929年。

② 汉人、男人官僚家庭为子孙荫叙苦心安排，为避免成为“傍（旁）荫”从而降等，隔代隔房荫叙一般会采取过继等手段，见《元代荫叙研究三题》（于洁，中央民族大学，2011年）第二章中“隔代荫叙与过继：均沾之法”一小节，赵晟过继给伯父荫补其官的例子。

③ “职官荫子例”，《大元圣政国朝典章·吏部卷之二·典章八·官制二》，中国广播电视出版社，1998年，第256页。

人也较色目人、汉人更有机会享受到恩遇、超擢。

不过《元典章》“职官荫子例”对蒙古人有个限定性词语“有根脚的”，应是特指蒙古人中的高级官员。而中下层官吏入仕也并未得到多少照顾，只照大德四年荫叙制“蒙古、色目人特优一级”①。笔者认为中下层蒙古荫官在荫叙体制中能直接得到的优待是极少的，基本与汉人、南人荫官无异，中下层色目荫官更是如此，这一点将在后面章节具体论及。

二、荫叙资格的继承

元代荫叙制规定，一次合法的荫叙中，一官（施荫者）只能荫一人（承荫者），并以嫡长子为先。② 这是元代荫叙制最基本的原则，也是除民族性以外，与宋、金荫叙制最明显的区别。③ 现有材料显示出来的元代荫袭事例，却与这种原则稍有出入：在一个两代、三代中都不断有人出仕为官的家庭之内，子孙众多，有子弟不愿由荫入仕偏偏身具荫叙资格，有人并非嫡长，却对荫叙资格有需求。如此之下，荫叙的资格便要受人的意愿影

① 《元史》卷20《成宗纪三》：“四年……八月癸卯，更定荫叙格……蒙古、色目人特优一级。”（中华书局，1976 年，第 432 页。）

② 《元史》卷83《选举三·铨法中》：“至元四年，诏：诸官品正从分等，职官用荫，各止一名。诸荫官不以居官、去任、致仕、身故，其承荫之人，年及二十五以上者听。”（中华书局，1976 年，第 2059 页。）

③ 关于宋、金两代荫叙制对人数、亲疏的限制，可参看游彪《宋代荫叙制度研究》（中国社会科学出版社，2001 年版）；关于金代“门荫”的研究同元代一样，都无更专门的著作。《金史》卷 52《选举志二》：“凡门荫之制，天眷中一品至八品皆不限所荫之人；贞元二年，定荫叙法，一品至七品皆限以数，而削八品用荫之制；世宗大定四年五月，诏皇家袒免以上亲就荫者，依格引试，中选者勿令当傔使；五年十月，制亡宋官当荫子孙者并同亡辽官用荫；又曰教坊出身人，若任流内职者，与文武同用荫。”（中华书局，1976 年，第 1159 页。）

响，在家庭成员之内流动。这种家庭内部对荫叙的处理，非汉人、南人家庭所独有，也大量出现在元代蒙古、色目人的荫叙案例中。

（一）让荫

荫叙制度的特点，决定了一个荫官的个人经历和形象必然有更多的家族、家庭属性。蒙古、色目荫官，作为元代荫叙制中的群体，当然也经历着所有荫官都要面对的家庭关系——作为一种依赖亲缘的仕进，他们进入仕途前，首要面对的是国家有关荫叙资格的继承法和复杂的家庭、家族关系。而让荫就是荫叙制度与家庭关系的发生碰撞，催生而出之典型行为。

金代在大定十四年（1147）对荫子制度曾有调整，间提及“时又以旧格虽有己子，许荫兄弟侄，盖所以崇孝悌也，而新格禁之，遂听让荫”①。这是所谓的“让荫”，即承荫者自己选择放弃荫叙，以便这种资格能转给自己的其他兄弟子侄。称之为“让”。从大量碑传资料来看，这或出于家庭意愿推动，也许是家长的授意安排，总之这和家内子孙自然生老病死所造成的资格递推不同，一般是承荫者自己主动的决定。

从金代政府“听让”的态度来看：在法律层面上，政府对这种行为不予鼓励②，也并不禁止，采取一种默许的态度。“让荫”现象后来在元代大量出现，其主要原因还是金末至元代旁荫（傍荫）兄弟、子侄在制度上被彻底的取消，而家庭之内，对转

① 《金史》卷52《选举志二·文武选》，中华书局，1976年，第1160页。

② 显然这种态度扩大了荫叙制的施行范围，更多的官员子弟能够享受荫叙制而不必受限制，金后期政府为限制荫叙制带来的冗官就此力求改革。金泰和元年（1201年）太府监孙复上言：“方今在仕者三万七千余员，而门荫补叙居三分之二，诸司待阙，动至累年。盖以补荫猥多，流品混淆，本末相舛，至于进纳之人，既无劳绩，又非科第，而亦荫及子孙，无所分别。欲流之清，必澄其源……更定荫叙法而颁行之。”（《金史》卷11《章宗纪三》，中华书局，1976年，第255页。）

移荫叙资格却又需求，因而可以用“让荫”的方式来调节和平衡子孙们的出仕机会。这同金代“听让”的态度和出发点是一致的。

在民间特别是士大夫、儒者阶层，让荫则大受褒扬和赞颂，被时人评为“孝友”、“礼让”、“笃义”，与儒家所提倡的家庭理念是相合的，因而受到士子们的拥趸。但这不并代表让荫只会发生在汉人家庭中，材料显示：在色目与蒙古之家，让荫之事也屡有发生：

蒙古人宣徽使答失蛮，其三子皆佩金紫，早年时，长子买奴“性孝友，定国（答失蛮）之世赏及田庐资蓄，皆以让其弟，至奉襄大事，又独任其役费”①；

更有色目人一家三兄弟推来让去，最后由幼子做官的②；也有畏兀人秋秋，为侍奉亲人不愿出仕，则“以祖父荫让叔父昆弟”③。

其具体情况可见附表1。

有让必有争。在荫叙资格归属不明的情况下，一家兄弟、子侄间围绕此产生的争执事件，称“争荫”。世家子董守恕曾三次推让荫袭资格给自己的兄弟与侄子，誉为“三让”。他在劝其父施荫于弟弟时，曾发表了一段对比家境与世情的话，他说：“朝廷之法，不可违也。长子长孙不可让也，而子孙之志如是。他人以争，吾家以让，后之人，其庶几乎?”④

照此来看，在民间，官宦子弟们争荫之事当是不少见，且在

---

① 黄溍：《宣徽使太保定国忠亮公神道第二碑》，《金华黄先生文集》卷24，《四部丛刊初编·集部》第1464册，上海商务印书馆，1929年。

② 《元史》卷197《孝友传一》，中华书局，1976年，第4459页。

③ 《元史》卷197《孝友传一》，中华书局，1976年，第4459页。

④ 虞集：《江西省参政董公神道碑铭》，《道园类稿》卷43，《元人文集珍本丛刊（六）》，台北新文丰出版公司，1985年，第288页。

社会道德风化方面与让荫发挥着相反的作用。此类事件夹杂元代众多荫叙案例中，有“嫡庶争荫”、“诬告嫡子非嫡争荫”、“养子与嫡孙争荫”等类型，其中也有少量蒙古、色目案例①。因作为一种反面案例，有碍教化，多不为世家碑传所载，但也从侧面反映出：蒙古、色目家庭因争夺荫叙资格而对簿公堂，也应有一定数量存在。

不过更多的蒙古、色目家庭似乎和汉人家庭一样，并没有让荫叙影响家庭成员的和睦。元人刘詵歌颂一位色目贵族之家中发生的让荫举动：“身当世赏让其季，直以此意为母娱。……自言孝友有至乐，金章紫绶非所须。”② 这些蒙古、色目荫官们或主观上为了尽孝于长辈、维持家庭气氛的和美，抑或是受汉人家庭伦理的影响，更有人找到了更合适的出仕途径，因而将荫叙资格做出了转让。

---

① 至顺初，当时有位姓程的通判（“别驾”）故去，“养子脱因冒世赏再受命”，可能是害怕被揭发，待嫡孙安童成年以后，就诬陷安童以罪，大名路治中安伯宁查清后释放了嫡孙，“且归其荫”（许有壬《安伯宁知府墓志铭》，《至正集》卷60，《元人文集珍本丛刊》（七），台北新文丰出版公司，1985年，第277页）。从后代姓名来看，这可能是一个与色目或蒙古联姻的汉族家庭，有明显的蒙古、色目化。

② 此诗收录与刘诜的《桂隐诗集》卷3，名为《送忻都总管第五子归扬州》（《桂隐先生集》，《元人文集珍本丛刊（五）》，台湾新文丰出版公司，1985年，第121页）。首句“沙公昔乘太守车，金带十围长髯须”；《金华黄先生文集》卷24《宣徽使太保定国忠亮公神道第二碑》：“故上都留守忻都，资善公定国第二子也，由宝儿赤为典膳署令，累迁司农少卿、章佩监、同知通政院事，由佥宣徽院事为其副使。天历间拜云南行中书省左丞……上嘉其功，赏赉甚厚，即除上都留守兼本路都总管府达鲁花赤……子男一人，哈八失，□□大夫、同知河东都转运盐使司事。”此位“忻都总管”、“沙公”疑即为出身于元代哈剌鲁人显贵家族的答失蛮第二子忻都，杨志玖明确提及此人之名“忻都是伊斯兰教徒名字，哈剌鲁是信伊斯兰教的部族”（杨志玖：《元代的几个答失蛮》，《元史三论》，人民出版社，1985年，第222页）。哈八失应为诗题所称忻都之“第五子”。

（二）荫叙前的经历

因有“让荫”一举，意味着承荫之前，荫叙资格很可能在家庭内被人为地分配过了：一些已经做官的兄长会将荫叙让给无官可做的幼弟、幼侄——这保证了大部分承荫者入荫之前为白身。也有一些荫官，在承荫之前便拥有了某些从政资格或经历（也未让出荫叙资格），如入宿卫（怯薛①）、入国子学、先用特恩补官等，尤其是前两项，在元代都是入仕之捷径，也非一般子弟能够享受——由荫入官看起来更像是他们仕宦生涯中的第二次选择。

1. 先入宿卫后荫叙

一般发生在世代显宦之家：诸子皆入宿卫，而朝廷会再给予其中一子以承荫机会，让他们可以有选择地由宿卫一途谋求官职②。虽然元荫叙制中已有对曾任“秃鲁花”等人员的优待政策③，但他们的仕途仍是普通荫官难以望其项背的，这里列举一汉人荫官与两位色目荫官先入宿卫之经历，可为参照：

荫官董士良，其父“赵国正献公”董文忠故去后，身为次子的他蒙诏“偕弟故陕西行台御史中丞士恭”入见世祖，于是兄弟两人“俱列宿卫”，然不久后便“以母疾谢归，久之，遂承

① “怯薛，蒙古语 Keshik 之对音，有恩惠、宠幸、幸福等意，转而为‘蒙天子恩宠’者之意，于是用为天子禁军之名，而《元史》中用此者甚希，普通皆用古来成语‘宿卫’二字。”（箭内亘著，陈捷、陈清泉译：《元代蒙汉色目待遇考》，台湾商务印书馆，1963 年，第 80 页、第 66 页。）

② “（至元）十六年，部拟：……凡儤直，曾当怯薛身役，已经历仕及止有一子，五十以上者，并免。”（《元史》卷 38，《选举三 · 铨法中》，中华书局，1976 年，第 2060 页。）从曾入宿卫的荫官免除儤直（实习）的规定来看，从这一途进入荫官系统的人当不在少数。

③ “（至元）五年，诏……诸廕叙人员，除蒙古及已当秃鲁花人数别行定夺外，三品以下、七品以上、年二十五之上者，当儤使一年，并不支俸。”（《元史》卷 38，《选举三 · 铨法中》，中华书局，1976 年，第 2060 页。）

世泽”。他的墓志中并未讲明何时由荫入何官，只说“大德初，公起家承直郎（正六品）、保定路曲阳县尹”，从时间上来看，这可能是他荫补所得第一个官职。他于泰定四年（1327）去世，“入官三十余年，仅历五考，积阶至正四品”[①]，与很多官至五品后，便很难再有突破的荫官相比而言[②]，他仅有的三十年内能迁转至四品，实在难得。这与他强大的、其他汉人无法比拟的“根脚”关系紧密。

荫官怯来，“故宣徽使、太保、定国忠亮公”答失蛮的第三子，世祖时期同另外两个哥哥入宫为宝儿赤，成为皇帝身边“大根脚”的怯薛歹。后长兄买奴将家内的承荫资格让给诸弟，他便“用伯兄所让之定国（答失蛮）荫授器备库提点”，“外除同知建德路总管事”，此后便一直任朝官，至正年间“迁同知宣徽院事”，回到了父亲起家之地。其官阶“自武德将军（正五品），再转改中宪大夫（正四品），又四转至资善大夫（正二品）”[③]，可谓是一路平步青云，为他人所望尘莫及；元荫制有明文规定：荫官迁转止于正三品，“二品以上选自特旨”[④]，体现在史料中，便是传记碑铭中所见三品以上的荫官极少，可见这项规定是被严格执行了下来。答失蛮一家从太宗时便任宝儿赤，累朝得势，兄弟常有官至一品二品者，由此可知，怯来虽由荫叙入仕，显然是后来蒙被特旨，才能官至资善大夫。

同样，廉阿年八哈，出身元代色目菁英之家——廉家，从祖

---

① 苏天爵：《元故朝列大夫刑州尹董公神道碑并序》，《滋溪文稿》卷 12，中华书局，1997 年，第 189—192 页。

② 见《元代荫叙研究三题》（于洁，中央民族大学，2011 年）第二章“荫叙官的仕途及其家庭关系”“迁转经历”一小节。

③ 黄溍：《宣徽使太保定国忠亮公神道第二碑》，《金华黄先生文集》卷 24，《四部丛刊初编·集部第一四六四册》，上海商务印书馆，1929 年。

④ 《元史》卷 83《选举三·铨法中》，中华书局，1976 年，第 2050—2060 页。

为世祖时代的勋臣廉希宪。如果说董士良和怯来还以自己父亲之官资荫叙，而这位阿年八哈其父“忍都巴哈度卿，世以清白相传”，说明他的父亲很可能并未进入仕途。[①] 但他却“年二十余即入宿卫禁中，旋以世赏授官，来为浦江县达鲁花赤”[②]。虽无更多关于他自浦江卸任后之去向，但其先入值宿卫，后出为民官的仕途，同董士良一样，是一种典型的勋臣世家之子的为官道路，后浦江地方官在去任后为之作《廉侯遗爱传》，传中总结其政绩后感慨“非其家世之懿材，识之周决不能致”，也是对其“根脚”强大的婉转之暗示。

2. 先中科举后荫叙

延祐开科后，元荫叙制针对这一变化宣布：“流官子孙荫叙，并依旧制，愿试中选者，优升一等。在官未入流品，愿试者听。若中选之人，已有九品以上资级，比附一高，加一等注授；若无品级，止依试例从优铨注。”[③] 这是举子荫补制度上的保障，而实际上也确有不少官家士子中举后又以荫补官的例子。元代科举“蒙古、色目人作一榜，汉人、南人作一榜”，两傍录取人数相同，这使人口比例小的蒙古、色目人占有了很大优势。加之考试内容蒙古色目榜明显要比汉人、南人榜宽易[④]，这促使元代后期一些饱读诗书、文化程度较高的蒙古、色目官僚子弟积极把握机

---

① 阿年八哈可能是以祖父辈之政治资历而承荫。王梅堂《廉阿年八哈考述》（《西域研究》，2003 年 第 4 期）一文有关于廉阿年八哈的家世考述，认为之所以阿年八哈之父常被错误的附会，原因在于忍都八哈并未出仕，由于无政绩而被人遗忘，多为史料所不载。

② 胡助：《廉侯遗爱传》，《纯白斋类稿》卷 18，《金华丛书 · 集部》，民国十四年浙江公立图书馆刊。

③ 《元史》卷 81《选举一 · 科目》，中华书局，1976 年，第 2019 页。

④ 见箭内亘著，陈捷、陈清泉译：《元代蒙汉色目待遇考》，台湾商务印书馆，1963 年，第 72 页。里面详细将首次开科两榜考试内容、要求、放榜人数及最后录取人的成绩、待遇等列表，清晰可览。

会，选择先中举再荫官。

荫官久住，祖父昔里哈剌系“高昌之名族”，延祐年间官至“湖广等处行中书平章”，而他“以长孙性资敏，为公（昔里哈剌）所爱，教育不离江右……遂登天历二年（1329）进士第”，后“用公荫，授武德将军（武阶，正五品）”①，后历“临江、赣州两路治中”②。

而除却“不以清门自高”，荫官特别是蒙古、色目荫官，深知单纯科举出仕与恩荫加身再出仕的区别。这里便有一个色目家庭内部的例子：

荫官孛兰溪为“池州、台州两路总管府达鲁花赤兼管内劝农事”别的因第四孙，祖父辞官未久即卒，他便“荫为宁国路宣城县达鲁花赤”③，而他的两位从兄弟则分别从科举入官：别的因第五孙守恭，“天历三年进士，今曹州判官”，第六孙守礼，“泰定四年（1327）进士，今武州达鲁花赤”。

明显，守恭、守礼两人单纯通过科举入仕，几经升迁后，才和孛兰溪入荫得官不相上下。这也是中举的官员子弟，为何选择再由荫入官的一个注脚。

3. 先用特恩再荫补

元代有一种类似于荫补的特恩：遇功勋、老臣致仕时，朝廷会专门赐其一子于家乡任官，以便赡养。这种特恩类似于荫补，但只出于特旨，针对个别大臣；它与荫叙并不等同，一家之内给与一子特恩，其他诸子也有享受正常荫补的机会，如吴澄第三子

---

① 虞集：《昔里哈剌襄靖公神道碑铭》，《道园类稿》卷 42，《元人文集珍本丛刊》（六），台北新文丰出版公司，1985 年，第 276 页。

② 《元史氏族表》卷 2，《嘉定钱大昕全集》五，江苏古籍出版社，1997 年，第 164 页。

③ 黄溍：《答禄乃蛮氏先茔碑》，《金华黄先生文集》卷 28，《四部丛刊初编 · 集部》第 1465 册，上海商务印书馆，1929 年。

吴京，“以便养特授抚州路儒学教授”，长子吴文也“以泽授奉议大夫，同知柳州路总管府事”[①]。可见特恩官子与荫叙并不冲突，是一种变相的荫补，只能由朝廷为嘉奖、抚恤老臣而“特授”。

此种官子特恩与荫补，不但在一家子弟之内并不冲突，有时在一人身上也可并施——捏古思便是身被特恩与荫补双重恩典的一个例子：

忽都达而，出自蒙古捏古得氏，自幼“游学湖湘间，从名师受经史”，延祐四年（1317）“为湖广乡试第；五年，会试京师，及上亲策，遂为廷试第一，被旨赐进士及第，授承务郎、秘书监著作郎”，是蒙古儒士中的代表性人物。他对独子捏古思“教之甚笃，每抚之而诲之曰：‘吾以伦魁致位三品，蒙国恩厚矣。尔能不坠吾家声，吾死之日，瞑目何憾乎？’”捏古思也“佩服训言，而刻意于学”，决意不坠家声，走科举道路，于“至正七年（1347），中山东乡试第二名”，当时朝廷以他为优秀而好学的蒙古官员子弟，特恩以其“补清州儒学正”。其父至正九年（1349）卒后，他又“用公荫为忠显校尉（从六品）、平江路同知吴江州事”，从教育系统转做了民官[②]，这正是元人诗中“世赏官仍及，朝参宠复加”[③] 的真实写照。

三、迁转经历

（一）升迁

元代文集碑传中所见荫官事迹虽多，多是附在父祖辈的履历

① 揭傒斯：《吴澄神道碑》，《揭傒斯全集》，上海古籍出版社，1985年，第454—458页。

② 黄溍：《嘉议大夫婺州路总管兼管内劝农事捏古得公神道碑》，《金华黄先生文集》卷27，《四部丛刊初编·集部》第1465册，上海商务印书馆，1929年。

③ 杨载：《赠魏虚舟少府》，《翰林杨仲弘诗集》卷4，《四部丛刊初编·集部》第1447册，上海商务印书馆，1929年。

之后的简介。经常知其为荫官，却不知从何品职开始叙官；或是知道由荫入仕官职，却不清楚这位荫官最后做到何品级。很多材料时间上缺乏连贯性。有少量荫官为传主的墓志铭，可作为研究一个荫官一生履历的材料。

下面依据墓志、碑传材料，对荫叙官经历较完整的十九人的入荫情况、终仕情况作一概述。又因传记及资料完整者，多是名门之后或自身位至高显的荫叙官，他们的经历不能代表所有层次的荫官，可作为一种参考，以其与一般荫叙官员情况进行比照。（见附表 2）

表中 19 位荫官，且不论族属、出仕品级及任官年限，能升迁至三品及三品以上者有 4 位；四品者 3 位；五品者 5 位；六品者 6 位。

这里反映了荫官系统“塔尖”的情况：五品是一个门槛，即使能升至五品以上，三品到四品之间也是大部分荫官难以进入的：张光祖先后在“两浙都运盐使司清泉场”担任监运，后“调京畿庆丰仓使”，两任之间他的官阶从从七品升至从六品，不可谓不快，后又“佩金符为松江嘉定等处海运千户”、“杭州路海宁州知州兼劝农事、知渠堰事”，官阶也以正五品升至从四品，这或许与他从事转运、河漕等职务有关；赵晟也是因中途转入宪司，而一度升至正三品，退出仕途前方才降下品级（从三品），履历的特殊性决定了他们的升迁要比普通文官要快；当然这也与元代荫官流转“止于三品”的政策有关。

而二品以上对怯来这类色目“根脚人士”来说，则显得绰绰有余；两位蒙古荫官：普颜和燕帖木儿，因“根脚”不足，入官品级较低，荫叙制对其家庭的“荫庇”作用也有限——荫叙制的民族差别，在此处并没有发挥什么作用。萧启庆直接指出：对于“出身小‘根脚’的蒙古人——尤其是文官子弟及人数众多的军户子弟”而言，“荫袭制度全然不可凭借”[1]。但下面燕帖木儿之例却能反映出：蒙古荫官进入仕途后，也常有自己的优势与机遇。这种机遇与色目荫官们也有微妙之不同：

蒙古人阔阔出一家，两代承荫，皆为通事：阔阔出（也作阔阔术）出身通事[2]，后“召拜太中大夫（从三品）、中书礼部尚书”致仕，嫡长子燕帖木儿也是用荫入官，“除承务郎（从六品）、典瑞院都事”，很快因为其父当年进献传国玉玺[3]的缘故，升官道路一马平川，“寻拜江南诸道行御史台监察御史”，“除承直郎、天临路总管府判官”，卒前官“奉议大夫（正五品）、同知南宁路总管府事”；燕帖木儿的嫡长子观音奴，“复以嫡长为宪府通事”。

通事为流外吏员，事务繁重，不过出职品级也相对其他吏员较高。阔阔出并非贵胄，且为由吏入官；而燕帖木儿父子两人皆为蒙古荫官，其由荫入官的品级皆与大德四年荫叙体例相合，并无超授。但燕帖木儿的迁官经历却能看到这个蒙古家庭，充分利用了“国族”优势，供职于中央政府机要部门，并能借献宝于宫中博取晋升机会，当然非汉人、南人所能比及。

（二）评价与形象

荫官身上寄托了儒士们对“继志承训”、“忠孝之道”的情怀和理想，一个优秀、为人称道的荫官是这些儒家理念的完满诠释。这与中国古代封建王朝通过构建、施行荫叙制度的理念和诉

---

① 萧启庆：《元代蒙古人的汉学》，《内北国而外中国——蒙元史研究》，中华书局，2007 年，第 589 页。

② 关于“通事”这一吏职具体情况，参见许凡《元代吏治研究》，劳动人事出版社，1987 年，第 11—12 页。

③ 阔阔出献传国玺事见《蒙古拓拔公先茔碑》（《道园类稿》卷 45，元人文集珍本丛刊（六）》，台北新文丰出版公司，1985 年，第 332 页）及《南村辍耕录》卷 26“传国玺”（中华书局，1959 年，第 317 页）。

求，无疑是相吻合的。而蒙古色目荫官群里也不乏代言者。

出宿卫为荫官的廉阿年八哈，在任颇有政声，去任后当地父老请人撰写《廉侯遗爱传》，其中载其事迹一条，可见这位世家子的政治手腕：当时淮浙正当多事之秋，“江东有警，邻县恶少年欲乘势剽掠，人皆震恐”，以致有人携家带口出逃，一时人心不稳。阿年八哈当即宣布治内进入紧急状态，并“为保甲之法，使得互相拯援，复揭高竿于四门，设有乱者暴其尸以狥”；并亲自带兵，“持弓巡行乡落，遍告以用法之意”，秩序得以恢复，“民皆帖帖”①，此为当时令浦江人印象极为深刻的一件事，足见当时情况之险，阿年八哈当机立断之功；其处理紧急事务的能力当来自于宫中任宿卫的经历，这使他具有较好的反应能力和异于一般循吏的魄力。

相比能力，德行对民官的重要性也不言而喻。《达鲁花赤亦璘真儒林公去思碑铭》便表达了对一个色目荫官的“仁政”的赞赏。这位义乌达鲁花赤“敏而练明而察，劳而无倦，仁恕而有容，故见于为政，务在抑豪纵、恤穷下，使贫富大小各得其职”，而他为政六年“以恩惠及人为本”，最关心的是“风化所关”② ——具有极强的道德责任感。

至元末兵乱和元明易代之际，也有相当一部分蒙古、色目荫官选择为元朝尽忠或守节不仕，部分事迹参见附表3。其中四位荫官，除孛术鲁远为女真人外，其余三位皆为色目荫官，其事迹萧启庆的《元明之际的蒙古色目遗民》一文也曾引而述之。这些遗民中的色目荫官，同另外一些选择用激烈方式为国尽忠、尽

① 胡助：《廉侯遗爱传》，《纯白斋类稿》卷18，《金华丛书·集部》，民国十四年浙江公立图书馆刊。

② 胡助：《达鲁花赤亦璘真儒林公去思碑铭》，《纯白斋类稿》卷19，《金华丛书·集部》，民国十四年浙江公立图书馆刊。

死节之荫官一样，“元亡前，皆属仕宦科第阶层”——他们曾世代食禄于国，“受到宋代以来盛行的绝对忠君观之影响”[1]，在无力回天之时选择归隐或是杀身成仁、“死职义”，赢得后人称赞[2]。这批荫官也成为元代荫叙制终结之时，留下的最后背影。

四、结　语

荫叙，古谓之“世赏”、“任子”也，“始于汉而其法尤备于唐汉”[3]，从“世禄世卿”制度一路发展而来，贯穿每个朝代，在古代中国漫长历史中具有持久生命力，“可以说是中国历史上延续时间最长的选官形式”[4]。元代荫叙制，又因这个朝代的特性而杂糅了民族性，成为维持民族特权的重要手段。

“元代政府与社会既是中国过去的延续，又使中国过去中断。元朝的政治制度与统治方式建立在蒙古、内亚和中国的先例上，要将各种因素区别开来常常很难做到”，元代荫叙制究竟是其民族性为主要成分，还是继续传递着它悠久的延续性，维持着中原王朝制度的内核。费正清认为“荫”是元代制度“传统为体，民族性为务”的一个体现：“蒙古人常常利用汉人的方式达到蒙

---

① 萧启庆：《内北国而外中国——蒙元史研究》，中华书局，2007 年，第 184 页。

② 陈垣在元末遁世之西域人中，特提及表中之色目人剌马当之入全真道，“似在元亡前后。寄迹黄冠，亦胜国遗臣之恒事，特出于西域人，则安世通不得专门于前矣”。（陈垣，《元西域人华化考》，上海古籍出版社，2008 年，第 44 页。）

③ 马端临：《文献通考》卷 34《选举七 · 任子》，中华书局，1986 年，第 324 页。

④ 中华文化通志编委会编；宁欣著，《选举志》，上海人民出版社，1998 年，第 133 页。

古人自己的目的（例如，利用汉族人的“荫”袭来维持民族特权）”①；更有人提出在“科举制不发达的”元代，荫叙“世袭色彩较为浓厚”，“这与统治集团的民族属性、社会发展阶段，以及官吏的构成原则密切相关”②。

附 表 1

施荫者及品级	让荫者及其出仕情况	出处
卜里也秃思 “从文皇帝潜邸，官至靖江路总管”	笃列图【长子】 “年甫冠及第……授集贤修撰……累迁南台御史，按治湖广江浙……北上拜内御史，以疽卒，寿三十七”	《故内御史捏古氏笃公挽词有序》，《梧溪集》卷3，《北京图书馆古籍珍本丛刊95》，书目文献出版社，1991年，第463页
宣慰公 （高昌人）	丑闾御史	《梦观闾元宾有序》，《梧溪集》卷5，同上，第526页
答失蛮 “故宣徽使、太保、定国忠亮公”	买奴【长子】 “年十二，入见世祖皇帝，命平章政事剌真教以蒙古、卫兀儿文字。越二年，乃命从宣徽使速浑察儿治御膳，为宝儿赤”	《宣徽使太保定国忠亮公神道第二碑》，《金华黄先生文集》卷24，《四部丛刊初编·集部第一四六四册》，上海商务印书馆，1929年
帖住 官平章政事……元统间殁	长寿【次子】、福寿【第三子】 “长寿哀毁尽礼。服阕，当荫叙，与弟罗拜母前曰：‘吾父廉贫，诸弟未有所立，愿以职让永寿。’永寿让福寿，福寿曰：‘二兄能让，福寿独不能耶！’以让忙古海牙，母从之”	《元史》卷197《孝友一》，中华书局，1976年，第4459页
祖父某	畏吾氏秋秋 “及濠州高中、嘉定武进，皆以侍亲不愿仕，以祖父荫让叔父昆弟云”	同上

① 费正清、崔瑞德主编：《剑桥中国辽西夏金元史》，社会科学出版社，第701页。

② 中华文化通志编委会编；宁欣著，《选举志》，上海人民出版社，1998年，第133页。

续表

施荫者及品级	让荫者及其出仕情况	出处
忻都总管沙公“太守”	第五子 “身当世赏让其季，直以此意为母娱。江南鱼笋江北酥，斑衣捧觞绣绕舆。自言孝友有至乐，金章紫绶非所须。为兄雪冤北燕阙，为兄收骨南海隅。急难怀死志铁石，塞风瘴雨埃满肤。”	《送忻都总管第五子归扬州》，《桂隐先生集》，《元人文集珍本丛刊（五）》，台湾新文丰出版公司，1985 年，第 121 页

附　表　2

承荫者	入荫官职及简历	终官	去任方式	材料出处
怯来【第三子】	武德将军（正五）、器备库提点→外除同知建德路总管事→入为支度少监→迁利用少监，遂为其太卿→除大都留守	资善大夫（正二品）、同知宣徽院事	卒官	《宣徽使太保定国忠亮公神道第二碑》，《金华黄先生文集》卷 24，《四部丛刊初编·集部第一四六四册》，上海商务印书馆，1929 年
畅笃【长子】	淮安路判官→将佐院经历→西台御史→南台御史→南台都事→江浙省员外郎→山东道廉访司事→监察御史、大中大夫	江东廉访使（正三品）	不明	《大元故翰林学士资善大夫知制诰同修国史赠推忠守正亮节功臣资政大夫河南江北等处行中书省左丞上护军追封魏郡公谥文肃畅公神道碑铭》，《至正集》卷 49，《元人文集珍本丛刊（七）》，台北新文丰出版公司，1985 年，第 237 页

续表

承荫者	入荫官职及简历	终官	去任方式	材料出处
张光祖	将仕郎（正八品）、提领建德在城税务→迁登仕郎（正八品），主绍兴之上虞县簿→除两浙都运盐使司清泉场监运→循资转从仕郎（从七品），调京畿庆丰仓使，用例阶承直郎（正六品）→佩金符为松江嘉定等处海运千户，陟阶奉议大夫（正五品）→拜朝散大夫（从四品）、杭州路海宁州知州兼劝农事、知渠堰事	同知湖州路总管府事，进五官为亚中大夫（从三品）	卒官	《亚中大夫同知湖州路总管府事张公墓志铭》，《金华黄先生文集》卷35，《四部丛刊初编·集部第一四六七册》，上海商务印书馆，1929年
赵晟【次子】	河间之盐山、蔚州之灵仙、沧州之无棣三县主簿→迁忻州秀容县尹→转雄州新城→至治元年，尹中山安喜→由台臣荐，拜陕西行台监察御史，佥四川道廉访司事→天历元年，召拜监察御史→特除山东道廉访副使，改燕南道→迁同知储政院事，拜燕南廉访使→以年老乞致仕，不允	翰林直学士（从三品）	卒官	《皇元赠集贤直学士赵惠肃侯神道碑铭》，《滋溪文稿》卷11，中华书局，1997年，第176页
陈诚【三子】	以荫入官，四迁拜南台行台监察御史（正七品）→寻升朝列大夫、佥广西道肃政廉访司事	中议大夫（正四品）、中山府知府	致仕	《陈文肃公神道碑铭》，《道园类稿》卷41，《元人文集珍本丛刊（六）》，台北新文丰出版公司，1985年，第255页
揭汯【独子】	秘书郎、阶承务郎（从六）	秘书少监，阶中顺大夫（正四品）	王朝结束	《元故秘书少监揭君墓碑》，《宋学士全集》卷18，《丛书集成初编》，中华书局，1985年，第673页

续表

承荫者	入荫官职及简历	终官	去任方式	材料出处
许从宪【长孙】	以荫累迁湖广行省理问（从六品）	归德知府（正四品）	致仕	《元中书左丞集贤大学士国子祭酒赠正学垂宪佐理功臣太傅开府仪同三司上柱国追封魏国公谥文许先生神道碑》，《圭斋文集》卷9，《四部丛刊初编·集部第一四七一册》，上海商务印书馆，1929年
燕帖木儿【嫡长子】	承务郎（从六品）、典瑞院都事→寻拜江南诸道行御史台监察御史→除承直郎、天临路总管府判官	奉议大夫（正五品）、同知南宁路总管府事	卒官	《蒙古拓拔公先茔碑》，《道园类稿》卷45，《元人文集珍本丛刊（六）》，台北新文丰出版公司，1985年，第332页
崔显	判常熟州（中州判官，从七品）复判盐官州→……遂弃官而养焉→调平棘簿一迁邯郸令，丁母忧，不赴→制满，复除壶关令→调建平令→再调崇仁令，秩满	奉政大夫（正五品）、知常熟州	致仕	《蒙元真定崔氏碑传资料杂考》，《元史论丛》第十辑，中国广播电视出版社，2005年
吴文【长子】	奉议大夫（正五品），同知柳州路总管府事	同前	卒官	《吴澄神道碑》，《揭傒斯全集》，上海古籍出版社，1985年，第454—458页
宋谦【长子】	不明	奉训大夫（从五品），上都万亿库提举	卒官	《有元故中奉大夫陕西诸道行御史台侍御史宋公墓志铭》，《至正集》卷63，《北京图书馆古籍珍本丛刊95》，书目文献出版社，1991年，第321页

续表

承荫者	入荫官职及简历	终官	去任方式	材料出处
普颜【长子】	承务郎（从六品）、同知汾州事	承直郎（正六品）、诸路宝钞提举	卒官	《真定路总管府达鲁花赤致仕道家奴嘉议公墓志铭》，《金华黄先生文集》卷37，《四部丛刊初编·集部第一四六八册》，上海商务印书馆，1929年
陈遘	台州录事判官（下州判官，正八品）→秩满，迁将仕郎、常州路总管府知事→居二年，以母疾弃官归养→调集庆路江宁县主簿，不赴→改庆元路总管府知事→居四年，擢江浙等处儒学副提举，进阶文林郎→遂移疾请纳禄	承直郎（正六品）、江浙等处行中书省左右司员外郎	致仕	《江浙行中书省左右司员外郎致仕陈君墓志铭》，《金华黄先生文集》卷38，《四部丛刊初编·集部第一四六八册》，上海商务印书馆，1929年
焦德方	荫承直郎（正六品）、兴国路总管府判官	前官	卒官	《焦文靖公神道碑铭》，《道园类稿》卷41，《元人文集珍本丛刊（六）》，台北新文丰出版公司，1985年，第252页；《焦养直传》，《元史》卷164，中华书局，1976年，第3859页
砚续【长孙】	鼓城尉→平山尉→惠民场勾管→监永济仓、支纳汴梁→行用库使上都→宜兴县尹	宜兴州事、承务郎（从六品）	卒官	《元故国子司业砚公木制碑并序》，《滋溪文稿》卷7，中华书局，1997年，第106页
赵宽	饶阳尉→再尉真定→进主灵寿县簿→入朝为武备寺管勾→调扬州海门县尹，不赴	尹济宁之郓城（上县尹，从六品）	辞归	《元故承德郎真定路总管府判官赵公墓碑铭》，《滋溪文稿》卷18，中华书局，1997年，第300—301页

续表

承荫者	入荫官职及简历	终官	去任方式	材料出处
李希颜【独子】	南昌县主簿→辟行省掾，从捕赣贼→擢袁州路经历→迁铅山州判官，署兼捕盗→升建宁路推官→服除，除松江府判官→升奉训大夫（从五）、温台海运副千户	太常太乐署令（从六）	卒官	《元故中顺大夫同知吉州路总管府李公神道碑铭并序》，《至正集》卷61，《北京图书馆古籍珍本丛刊95》，书目文献出版社，1991年，第311页
虞安民【嫡长子】	荫奉训大夫（从五品）、广州路东莞县尹→转奉直大夫（从五品）、惠州路总管府判官→奉议大夫（正五品）、吉安路安福州知州	不明	不明	《元故奎章阁侍书学士翰林侍讲学士通奉大夫虞雍公神道碑》，《圭斋文集》卷9，《四部丛刊初编·集部第一四七一册》，上海商务印书馆，1929年；《虞集传》，《元史》卷181，中华书局，1976年，第4174页
罗吉【独子】	汶上尉→改淮东宣慰司照磨→历秋官，西台掾→除从仕郎（正八品）、武备寺提控安都兼照磨→擢中书掾，秩承事郎（正七品）	不明（至正八年，河南河北等处行中书省检校官）	不明	《故奉议大夫同知广平路总管府事致仕罗公墓碑》，《至正集》卷62，《北京图书馆古籍珍本丛刊95》，书目文献出版社，1991年，第316页

附 表 3

荫官姓名	承荫情况	守节、尽忠事迹	材料出处
伯颜不花的斤	字苍崖，畏吾儿氏；江浙行省丞相、封荆南王朵尔的斤之子；初用父荫，同知信州路事，又移建德路。	“会徽寇犯遂安，伯颜不花的斤将义兵平之，又擒淳安叛贼方清之，以功升本路总管。至正十六年，授衢州路达鲁花赤。明年……擢江东道廉访副使，阶中大夫。十八年二月，江西陈友谅党王奉国寇信州，伯颜领兵‘遂力守孤城而死’。朝廷赐谥曰桓敏。”	《忠义三·伯颜不花的斤》，《元史》卷195，中华书局，1976年，第4409页

续表

荫官姓名	承荫情况	守节、尽忠事迹	材料出处
孛术鲁远	字明道，以其父孛术鲁翀荫调秘书郎，转襄阳县尹	“须次居南阳，贼起，远以忠义自奋，倾财募丁壮，得千余人，与贼拒战，俄而贼大至，远被害死。远妻雷为贼所执，贼欲妻之，乃诋贼曰：我乃参政家妇，县令嫡妻，夫死不贰，肯从汝狗彘以生乎？贼丑其言，将辱之，雷号哭大骂不从，乃见杀，举家皆被害。”	《孛术鲁翀传》，《元史》卷183，中华书局，1976年，第4223页
元宾	乃丑间御史之母弟也。始御史直卫英皇时，以父宣慰公荫让，累官监至杭郡。	“三年报政而中外乱。虽累迁，仕意泊矣。至正丁未秋九月。吴藩为明兵所破，故官例征庸，元宾至，则叹曰：国危身虏，尚有戴南冠耶？遂经死。”	《梦观间元宾有序》，《梧溪集》卷5，《北京图书馆古籍珍本丛刊95》，书目文献出版社，1991年，第526页
剌马当	字文郁，西域人，由父荫累迁南台御史，	“……今寄迹全真教中。诗云：清修马道士，忆过小林丘，脱略青骢迹，追随白兔游。君亲心独耿，河海泪同流。好在医闾北，徘徊紫气浮。”	《俭德堂怀寄凡二十二首各有小序》，《梧溪集》卷5，《北京图书馆古籍珍本丛刊95》，书目文献出版社，1991年，第546页

从地域认同的角度看明代“辽东隶于山东”现象的演变

中国科学院自然科学史研究所　陈晓珊

明代的辽东是当时边疆重要地区，其政治、经济、文化、社会等诸多方面的变迁情况都与明王朝的兴衰密切相关。辽东与山东隔渤海海峡南北相望，而当时的辽东在行政区划和经济、监察制度上也部分属于山东管辖，这是中国历史上唯一一次“辽东隶于山东”的现象，由此产生的辽东、山东两地民众之间的地域认同心态，也是研究明代辽东历史的一个重要线索。

地域认同是文化地理中的一种重要现象，各地的自然环境、历史传统、社会文化和国家行为等因素都会对它产生影响，如周振鹤《中国历史上自然区域、行政区划与文化区域相互关系管窥》① 一文曾总结了中国各主要自然地理区域的特点，并从宏观上论述了地理环境对政区设置和文化区域形成的影响，而具体到明代的辽东，各种行政、经济、地理因素对当地地域文化和民众心态造成的影响，也在一定程度上影响了明后期的辽东边疆经略

① 周振鹤：《中国历史上自然区域、行政区划与文化区域相互关系管窥》，《历史地理》第19辑，第1—9页。

进程。本人《明代登辽海道的兴废与辽东边疆经略》[①] 一文曾对相关背景作了阐述，下文将以明代辽东的地域认同演变现象为线索，对相关问题进行深入研究。

一、官方促成的行政管辖

历史上的辽东和山东一直是两个互不统属的区域，它们以渤海海峡为界，历代分处于不同的政权或行政区管辖之下。然而在明朝初年，由于辽东对山东特殊的经济依赖关系，使得两地之间建立起了行政制度上的联系。其起因是洪武四年（1371 年），明军从山东北部的登州和莱州渡过渤海海峡，北上击败残存的元朝势力，占领辽东。在此后的一段时期中，从内地向辽东提供的粮食、棉衣等军需后勤物资都要通过渤海海峡从山东半岛转运，因此形成了辽东经济依赖山东的局面。因此在洪武二十九年（1396 年），辽东地方被编为山东按察司下属的辽海东宁道[②]，使辽东的司法监察事务隶属山东管辖，到正统年间，山东布政司下属设立辽海东宁分守道[③]，使辽东全境的民政事务也正式纳入山东管辖之下。这种政区设置现象被明朝人称为“辽东隶于山东”[④]，在此之前，它们之间从来没有过相互隶属的历史渊源，所能进行类

---

① 陈晓珊：《明代登辽海道的兴废与辽东边疆经略》，《文史》2010 年第 1 期，第 209—234 页。

② 《明太祖实录》卷 247，洪武二十九年十月甲寅，黄彰健等校勘，南港：中央研究院历史语言研究所，1962 年，第 3592—3593 页。

③ 《全辽志》卷 3《职官志 · 分守道》，辽海丛书本，沈阳：辽沈书社，1985 年，第 581 页下 a。

④ 《全辽志》卷 1《山川志 · 海道》，第 539 页上 b。[明] 顾祖禹：《读史方舆纪要》卷 36《山东七 · 登州府》，《中国古代地理总志丛刊》，北京：中华书局，2005 年，第 1681 页。

比的，只有郑玄和孔颖达注《尚书》时“舜以青州越海而分齐为营州”或“舜为十二州，分青州为营州，营州即辽东也”一类传说性质的阐述。

在中国历代政区沿革中，这是唯一一次以辽东隶属山东的区划设置，而在明代的辽东与山东之间，不仅有朝廷确立的行政制度上的联系，还有以移民为基础的民间社会融合。明初的辽东是一个重要的移民迁入地，来自全国不同地方的军士在这里屯田居住，进行最初的恢复与重建工作，其中就有大量来自山东的移民。虽然没有正式的统计数字表明移民的具体数量，但从现存的史料中可以看出，当时有大量山东移民以军籍迁入辽东，在实行卫所制的明代辽东，甚至有成建制的卫所由山东移民组成。当时辽东共有 25 个卫，每个卫定额人员为 5600 人，设在辽阳的定辽左卫 5600 人全部由青州土军组成，而定辽右卫的军士则是 5000 名莱州土军①。如果再计算上一部分军士从山东携来的家属，仅这两个卫的山东移民就应在 2 万人以上。而当时迁徙到辽东的山东移民还远不止这些，在山东通过海运方式向辽东提供战略物资时，就有许多山东籍军士家属随船过海②，在后来设立的沈阳中、左二卫的人员中，也包括许多山东校卒③。从现存的各种辽东地方志和墓志等文献中，也可看到当时的山东移民后裔广泛分布于辽东各地。

这样庞大的山东移民团体在辽东居住繁衍，对当地的社会构建和文化融合产生了相应的影响，明代辽东的东岳崇拜就反映了这种现象。东岳泰山神崇拜是一种传播较广的民间信仰，据周郢

① 《明太祖实录》卷 87，洪武七年正月甲戌条，第 1544—1545 页。
② 《明太祖实录》卷 134，洪武十三年十二月戊午条，第 2132 页。
③ 《明太祖实录》卷 179，洪武十九年八月辛丑条，第 2706 页。

《东岳庙在全国的传播与分布》[①] 一文研究，明代的东岳崇拜已经成为全国性信仰。而在辽东这样一个拥有大量山东移民后裔的地方，东岳庙除原有的宗教职能外，还会起到一种维系山东移民原乡情感的作用。从《辽东志》的记载中可知，在明代辽东最大的两座城市辽阳和广宁城中都有东岳庙，辽阳城中的东岳庙是由原有的垂兴寺改建而成[②]，而广宁城中的东岳神庙原本位于城外，后来在明成化年间被迁入城中。在另一座城市抚顺，原有的崇胜寺也被改建成东岳庙[③]。对山东籍移民及其后裔而言，这种来自原乡的宗教信仰会使他们在心理上产生认同感和共同意识，有助于促进新移民社会的整合与稳定，并使他们原籍的文化习惯在异乡得到延续。而官方的相关宣传也强调了辽东与山东之间的关系，例如弘治七年（1494 年）的《迁建广宁东岳庙记》就称：

泰岱在山东，受封东岳，其庙貌传之已久。虽遐方别郡人，尚皆知敬仰，况辽在山东域内，而祸福固神之攸司，崇礼尤人之当尽，于辽而建庙者，其行宫也。[④]

作于次年的《纪东岳神祠灵应文》中也再次强调："是岳本封于山东，辽居域内，亦为之建祠者，乃其行宫也。"[⑤]这两篇辽东官员的记文从行政区划角度出发，将辽东的东岳庙视为山东泰

---

① 周郢：《东岳庙在全国的传播与分布》，《泰山学院学报》，2008 年第 2 期，第 17—29 页。

② 《辽东志》卷 1《地理》，第 367 页上 a。

③ 《辽东志》卷 1《地理》，第 367 页下 b。

④ 王树楠等纂：《奉天通志》卷 256《金石四》，沈阳：文史丛书编辑委员会，1983 年，第 5604 页下 a。

⑤ 王树楠等纂：《奉天通志》卷 256《金石四》，沈阳：文史丛书编辑委员会，1983 年，第 5607 页上 a。

山神的“行宫”，显然是将辽东明确当作了山东的下属区域。

而在明代几部全国地理总志的编修体例中，也可以看出当时朝廷对两地关系的定位和思路变迁。辽东和山东之间正式建立起行政从属关系是在洪武二十九年（1396 年），这一年可以视为一个分界线，在此之前编修的地理总志中，成书于洪武十七年（1384 年）的《大明清类天文分野书》将山东部分列为第十卷“鲁分野”，而辽东指挥使司则被单列为第二十四卷①。与山东相邻的几卷中均记载内地行省，而与辽东都司相邻的则是云南、贵州等边疆地区。从两卷之间相隔 13 卷的距离来看，该书的编修者们尚无法预知日后的辽东都司将会被划归山东属下，当时的辽东和山东分别作为内地和边疆地区出现，在地位上还属于平等并列关系。与此相似的还有修成于洪武二十七年（1394 年）的《寰宇通衢》一书，该书不分卷，通篇记载从京师至全国各地的道路里程和驿站名称，其中的第七部分是“京城至山东布政司并时属各府”，而“京城至辽东都司”则被列为第十二部分，依然是分别作为内地和边疆地区出现，在体例上居于平等地位②。

但在洪武二十九年（1396 年），辽东和山东间的行政从属关系建立起来后，官修地理总志中的情形则发生了变化。从天顺年间编修的《大明一统志》目次中可以看出，官方在对辽东与山东的归属关系认定中，采取了一种更紧密的处理方式：辽东都司及属下的 25 个卫和 2 个州被置于山东布政司之后，与山东东部的登州、莱州处于同一卷次中③。这种编撰方式与此前景泰年间

① ［明］刘基等：《大明清类天文分野之书》，《四库全书存目丛书》本，济南：齐鲁书社，1995 年。

② ［明］《寰宇通衢》，杨正泰：《明代驿站考》增订本附录一，上海：上海古籍出版社，2006 年

③ ［明］李贤等：《明一统志》，文渊阁四库全书本，台北：商务印书馆，1986 年。

编修的《寰宇通志》相同，它直接影响了整个明代官方和民间对辽东归属的认定，直到明朝灭亡之后，顾炎武撰《肇域志》时，仍将辽东都司置于山东之后①，顾祖禹撰《读史方舆纪要》时，也将辽东都司置于《山东方舆纪要》一部中②，体例与《大明一统志》完全相同。

除官修地理志之外，从明代实行的官员籍贯回避制度中，也可以看出官方对两地密切关系的定位。按《明史·选举志》中记载，当时的官员不能在本省做官："南人官北，北人官南……自学官外，不得官本省。"③ 弘治十五年（1502 年），辽东巡抚张鼐经过调查后，认定在此之前，"山东人未有官于辽者"。④ 山东人不能在辽东做官，从另一个角度反映了朝廷将两地视作一省的认知心态。当时庞大的移民数量和紧密的经济依附关系奠定了明初"辽东隶于山东"的基础，也使朝廷将两地视作一个整体，并采取相应的官员籍贯回避政策。

二、两地间的地域认知差异

虽然同时具备官方的认可和民间的联系，但明代的辽东在行政制度上却并非完全隶属于山东。张士尊《明代辽东都司与山东

① 《肇域志》卷 14—20 为山东部分，卷 21 为辽东都司。顾炎武：《肇域志》，续修四库全书本，上海：上海古籍出版社，2002 年。

② ［明］顾祖禹：《读史方舆纪要》卷 37《山东八·辽东都指挥使司》，《中国古代地理总志丛刊》，北京：中华书局，2005 年。

③ ［清］张廷玉等：《明史》卷 71《选举三》，北京：中华书局，1974 年。

④ 韩明祥编著：《济南历代墓志铭》，《明故右都御史张鼐墓志铭》。黄河出版社，2002，第 117 页。其实正统年间曾经巡抚辽东的王翺就是山东人，但当时的巡抚还只是中央派出的巡查官员，并非明中期之后真正意义上的地方官员。所以并不与张鼐的论断冲突。

行省关系论析》[①] 一文对当时两地间的各种行政关系作了详细介绍。明初的辽东实行军管制，不设州县而设卫所，主管当地军籍事务的是辽东都司和下属的各级卫所军官，而这一套体系则完全独立于山东管辖之外。虽然民政和司法事务在名义上归于山东管辖，但先后作为辽东地方最高军政长官的辽东都司都指挥使、辽东总兵官和辽东巡抚从来都无需服从山东节制，而是直接听命于朝廷。这使得明代的辽东实际上拥有相当大的自主权，如果山东等内地各省算是“一级行政区”，那么当时的辽东也应算是个“准一级行政区”。

在两地各自编修的地方志体例中，也可以看出一种各自独立的心态。辽东官方编修的《辽东志》与《全辽志》着重记载本地的沿革、历史与地理、人文风气，除了在职官卷中记载辽海东宁分巡道和辽海东宁分守道等与山东有关的官员设置外，并没有叙述太多与山东的关系。而在嘉靖年间山东官方编修的《山东通志》中，也完全没有把辽东都司所属地区记述在内，而只是列入了济南、兖州、东昌、青州、登州、莱州本土六府，并在职官志中，简单提及有辽海东宁分守道、分巡道的官员编制。

为什么会有这种现象产生？从历史的角度可以看出，辽东和山东都是具有悠久历史和鲜明地域文化的行政区域，此前它们都曾各自作为一级行政区长期存在。即使是在明代，由于地理环境的相对独立性，这两地在制度上也没有被完全划归同一个行政区，而是采取一种带管的方式，使山东对辽东进行协助管辖。而在文化心理上，唐代的安东都护府、辽金东京和元代辽阳行省等，也都曾是重要的一级行政区划，并没有隶属于山东的历史。《辽东志 · 风俗》中说辽东“汉世以降，沦入东夷，历辽金胡

① 张士尊：《明代辽东都司与山东行省关系论析》，《东北师大学报》（哲学社会科学版），2008 年第 2 期，第 30—34 页。

元，寝成胡俗，”在经历了几代少数民族政权统治之后，辽东已经形成了独特的地域文化，并具有强大的同化力量，随着时间的推移，山东移民的后裔们逐渐完成了土著化过程，质朴尚武的民风加上明代辽东特殊的边疆军政管理体制，使他们逐渐认可并习惯了以卫所戍守为特征的辽东生活，并对新的居住地产生了地域认同感。

正统年间《辽东志》的主修者、时任辽东都司都指挥使的毕恭就是这样一个典型的例子。在正统八年（1443年）他为《辽东志》作的序中①，通篇记述辽东都司的建制沿革和开疆拓土的经过，却完全没有提及与山东的关系。他是山东济宁移民的后代②，在序文的结尾处，其署名落款就是“东鲁毕恭”。这样的落款表明了他的原籍身份特征，但作为辽东地方的军政长官，他撰写的序文中只能看到辽东的地方政府部门——辽东都司对本地区历史传承和现实地位的官方宣传与强调。或许在他们的角度看来，辽东都司与山东都司都隶属于左军都督府，两者是平级机构，辽东作为一个相对独立的边疆军管式政区，并不需要阐述与其他地域间的关系。这个事例也呈现出一种相对复杂的文化地理心态，可以看出，经过半个世纪的土著化历程后，具有国家军籍的移民后裔们已经逐渐实现了对以辽东都司为代表的新居住地历史、地理、文化与现状的认同，都司的历史就是移民们的历史，而都司的现实地位与意义也正是移民们戍守边疆的价值所在。

与山东移民的后裔们相比，来自其他地区的移民对山东的感情则更加淡薄。当辽东人建设东岳庙，并对其进行祭祀时，成化年间的辽东儒者贺钦却对泰山神崇拜发表了另一种观点。在他看

---

① ［明］毕恭等：《辽东志·辽东志书序》，辽海丛书本，沈阳：辽沈书社，1985年，第348页下。

② 《全辽志》卷4《宦业》，第617页上a。

来，辽东与山东距离甚远，泰山神是否能在二千里外的辽东依然保持神力，很值得怀疑：

> 如东岳泰山之神，但谓泰山之灵耳。初非人，鬼也。春秋祭祀……鲁地如斯，已为非礼，况如辽东相去（鲁地）二千余里，亦为庙貌祀之，名曰东岳行祠。夫山为至静之物，其神安有巡行之理？①

贺钦祖籍浙江定海，后因其父戍辽东而入籍至辽东义州卫。当时的辽东士子参加乡试时都要到山东赴考，虽然贺钦本人也曾在山东参加省试并中举，但他并未因此对山东产生更多归属感。在成为著名儒者后，贺钦曾经大力倡导为明代辽东都司的始建者马云、叶旺二人建立祠庙，认为他们“奉高皇帝之命，航海来辽，招抚夷夏，安辑兵民，开创卫所，建立学校，濯变腥羶，使左衽为衣冠礼义，报功报德，何可忘也”②，却对众人祭祀东岳泰山神不以为然。他的质疑固然是从维护公共秩序、防止淫祀泛滥的角度出发，但从他对马云、叶旺和东岳泰山神截然不同的态度中，也可看出不同移民群体中的文化认同差异：作为已然土著化的浙江移民后裔，贺钦对辽东都司的历史与先贤怀有崇敬之情，但对山东文化却没有更多认同感。

从以上的分析中可以看出，当时的山东和辽东具备形成地域认同意识的一定基础，在民间层面，大量山东移民及其文化习惯都使辽东人对山东存有认同感，在国家层面，各种全国地理总志

---

① ［明］贺钦：《医闾先生集》卷8《辞职陈言疏》，辽海丛书本，沈阳：辽沈书社，1985年，第1114页上a。

② ［明］贺钦：《医闾先生集》卷2，辽海丛书本，沈阳：辽沈书社，1985年，第1075页上a。

的修撰则在制度上将两地视为一体。但与此同时也应看到，两地依然各自具有鲜明的地域文化和历史传统，辽东的移民社会组成复杂，来自其他地区的移民后裔对山东文化缺乏认同感。制度上的相对独立，地方志编撰中强调与忽略的内容，都说明两地间的地域认同感并未真正形成。而在明代中后期的历史中，朝廷对两地关系的处理也出现了许多问题，更削弱了两地交流与相互认同的基础，使其关系更加淡薄甚至恶化，以致造成了严重的后果。

三、朝廷举措对两地关系的负面影响

如本文第一部分中所述，明朝初年之所以形成“辽东隶于山东”的设置，是由于辽东对山东海运来的粮食、布匹等后勤物资的全面依赖。但在此后的时间里，这种以经济支援为基础的关系逐渐改变，出现了各自独立的现象，而政府的一系列政策更是严重削弱了原有的联系①。首先是在战争状态结束后，辽东的军粮供应通过屯田和购买的方式实现了自给自足，无需再接收从山东转运来的粮食；而随着明代国家海洋事业的全面衰退，从山东向辽东海运布匹、棉花的制度也逐步废弛，到嘉靖年间，山东以防止海上倭患为由，停止向辽东供应布匹棉花，辽东方面认为是山东登州官方故意拖欠海运物资，辽东官员陈天资甚至直接责问“辽不自惧（倭患），而登（州）人反代辽忧，果何为也?”② 曾经因经济原因被联系在一起的两个地区，此时又因经济原因被推向了区域利益冲突的对立面。

嘉靖之后，辽东与山东之间的海运停止，由渤海海峡维系的

① 陈晓珊：《明代登辽海道的兴废与辽东边疆经略》，《文史》2010 年第 1 期，第 209—234 页。

② 《全辽志》卷 5《艺文志上 · 海道奏》，第 666 页上 b。

两地正常交往中断，连原本在山东参加乡试的生员也要改到顺天参加乡试，使两地民间联系受到进一步阻碍和打击。如明人所言：“山东与辽名为一省，如人一身……关隔于中，使两地秦越千里，若不相属。”① 明初建立的以交通道路和后勤补给为维系基础的行政隶属关系，其根基已经不复存在。在这一变化过程中，朝廷并没有采取措施维护或修复两地关系，反而在万历初年（1573 年）时，严令登辽之间实行海禁，劈毁海船，“寸板不许下海”②，使两地间事实上形成隔绝之势，一切交流全部停止，除了名义上的隶属关系和诸多戴山东衔的官员之外，两地作为同一行政区的实质已经消失。

事实上，在此前的弘治十五年（1502 年）时，朝廷对山东—辽东之间的关系定位就已经出现了变化。这一年，山东历城人张鼐出任辽东巡抚，在他为自己撰写的墓志铭中，有这样的记述：

> 未几，（张鼐）升都察院右佥都御史，巡抚辽东。先是山东人未有官于辽者，孝考特命自鼐始云。③

明孝宗对张鼐的任命，标志着辽东与山东间的官员任职不再实行严格的地域回避政策。这次事件可以看作一种转变的开端，从 1502—1510 的 8 年，共有三位山东籍官员出任辽东地区最高行政长官④，这说明在朝廷看来，两地之间的密切关系已经不复

---

① 《四镇三关志》卷 7《制疏 · 兵备佥事刘九容海运议》，四库禁毁书丛刊，史部第 10 册，第 420 页下 b。

② 《明神宗实录》卷 8，隆庆六年十二月辛未条，第 294 页。

③ 韩明祥编著：《济南历代墓志铭》，《明故右都御史张鼐墓志铭》。黄河出版社，2002，第 117 页。

④ 《辽东志》卷 5《官师志 · 使命》，第 412 页上 b。

存在，虽然地理位置接近，但已经无需将它们再作为同一行政区看待了①。

到明后期时，两地之间的关系更趋于松散，各自作为独立区域个体的特征也表现得越发明显，最后甚至爆发了地域冲突，造成了两地军民互相残杀的事件。其原因是万历末期时，明与后金的战争在辽东爆发，随着战场上的败退，辽东半岛上的军民们纷纷越海逃向山东登州、莱州一带，与当地土著居民共同生活，大量外来难民给当地带来了极大社会压力。对于当时的情形，崇祯时曾任山东监军道的王徵记述称：

辽人自（辽东）金、复、海、盖诸卫避难来登者，不下十数万，寄寓登莱地方，已十余年矣。登城之内，僦居者大半。辽人性桀傲，登人又以伧荒遇之，揹勒欺侮，相仇已久。②

崇祯四年底（1632 年），由于避难山东的辽人和辽军问题一直未得到妥善解决，又与山东土著居民间的地域矛盾激化，最终引发了吴桥兵变。当时驻守登州的辽东将领孔有德、耿仲明率辽军增援辽东大凌河战场，从登州出发后在山东境内一路西行，时逢寒冬，却一直未能获得当地的后勤补给，“钱粮缺之，兼沿途闭门罢市，日不得食，夜不得宿，忍气吞声，行至吴桥”。③ 辽军与沿途山东官民之间的对立排斥态度，显而易见。此后又逢天

① 《明武宗实录》卷 55，正德四年九月己巳，第 1234 页。

② ［明］王徵：《王徵监军辽海被陷登州前后情形揭帖》。李之勤辑：《王徵遗著》，西安：陕西人民出版社，1987 年，第 150 页。

③ （日）稻叶君山著：《清朝全史》上二，第十七章《汉人之来归》，上海社会科学院出版社，2006 年，第 51 页。

降大雪，兵士饥寒交迫[①]，遂取乡绅王家一鸡以食。而王家系山东望族，在其要求下，夺鸡士卒被严惩，却也因此激起辽兵的仇恨报复情绪，以致发生哗变，转而攻击山东各府县。两地军民交战仇杀，给当地造成严重损失，“所至屠戮，村落为墟，城市荡然，无复曩时之盛矣”。[②]

在这次事件的起因中，“辽人性桀傲，登人又以伧荒遇之”[③]是一种很值得注意的文化地理现象。“伧荒”一词出现于东晋南北朝时期，当时南方居民认为北地荒远粗陋，故以此词形容后渡而来的中原北人。以东晋南朝时的形势与明末的情形进行对比，可以看出，虽然只相隔一道渤海海峡，但当时的山东土著居民却拥有了文化习俗上的优越感。由于辽东地区此前在辽、金、元各代一直处于民族政权控制下，明代又实行卫所军管制，因此文教事业发展较内地相对缓慢。如贺钦曾记载发生在义州卫的事例：

> 景泰初，吾州以边卫奋武，绝少文学。卫庠虽设，而为生员者多官府拘执充之。故当时校各所出丁重役，则曰：“吾所有读官学者若干人矣。”是以读书为重役也。[④]

可见当时的辽东人视读书如苦役，官府甚至要通过类似抓壮丁的方式收录生员入学。此后辽东文教事业虽有大幅发展与进步，但嘉靖《全辽志》卷四《风俗志》中仍记载：

---

① ［光绪］《增修登州府志》卷13《兵事》，中国地方志集成本，凤凰出版社，2004年，第11页b。

② ［光绪］《增修登州府志》卷13《兵事》，第15页b。

③ ［明］王徵：《王徵监军辽海被陷登州前后情形揭帖》。李之勤辑：《王徵遗著》，西安：陕西人民出版社，1987年，第150页。

④ ［明］贺钦：《医闾先生集》卷一，辽海丛书本，沈阳：辽沈书社，1985年，第1068页下a。

人勇悍，敢于急人，愚质少虑，轻薄无威。四民之中，农居其三。识点画形声之文者堇堇可数，若究义理、晓法令，则若空谷之足音焉。[①]

可知淳朴尚武仍是明代辽东人典型的性格特征。事实上，辽东难民中的很多人就是山东人的后裔，在难民的主要来源地——辽东半岛金、复、海、盖四卫的居民中，"家世登州"[②] 者并不少见，就连吴桥兵变中的辽军将领孔有德、耿仲明也都是山东后裔。然而，明代的辽东和山东作为各自拥有独立历史传统和社会文化的地区，又因管理制度和现实生活环境的不同，居住在两地的土著居民和移民后裔各自按照自己生活环境的地理、历史和现实特点，分别向不同的方向发展，使得两地居民间的文化风俗差异也越发明显。这种现象在明后期体现得尤为明显。当辽东难民逃入内地尤其是山东后，他们就以"辽人"群体的面貌出现，不仅形成了一个行政和地理单位，也是一个文化单位。虽然许多辽人都是山东移民的后裔，但在长期的人为割裂和各自发展之后，他们已经呈现出了明显不同的地域心态和群体特征。再加上因海禁和经济政策冲突造成的交流隔膜，以及山东政府对辽东难民救济工作的不足，这些因素共同导致了地域冲突的产生。

但值得注意的是，即使是在明后期，两地之间的关系已经极度淡泊甚至恶化的时期，外人的心目中却依然存有辽东和山东关系密切的印象。嘉靖年间的庚戌之变发生后，各地勤王军队赶赴京师，由于军饷不足，仇鸾率领的山西大同军冒充辽东朵颜军队

① 《全辽志》卷4《风俗》，辽海丛书本，沈阳：辽沈书社，1985年，第632页上a。

② 《全辽志》卷1《山川志·海道》，第539页上b。

劫掠京郊村落。由于仇鸾深得明世宗信任，时任兵部尚书的丁汝口不敢对其加以制裁，但不明真相的民众却以为是山东籍的丁汝夔包庇辽东同乡，才对此事置之不理：

> 既而勤王师至，廪饷不能时，兵饥疲出怨语。而（仇鸾所部）大同军尤无律，往往椎发劫掠村落中。时被捕获，或自诡为辽阳军。辽阳军者，朵颜诸部也。先是有传虏中语辽阳军实导我来者，故京师讹言辽阳军叛，而鸾方被宠，虽获大同军行掠者，不敢置之理……而鸾殊不呵禁。汝口不得已，乃下令勿捕。大同军益无忌，民苦之甚于虏。而恒自诡为辽阳军，民间不知故，遂谓汝夔山东人，以乡曲故庇辽阳叛军。①

在京郊民众的集体怀疑与愤怒情绪中，山东与辽东之间既往的密切关系被过分放大，此时他们对辽东、山东两地作为同一地域的认定程度，甚至已经超过了辽东人和山东人自己的观感。他们并不了解此时两地间的地域关系已经日趋淡漠，也不去细究所谓的“辽阳军”是不是真正的辽东人，在他们看来，只要有“辽阳”这样一个地域名称存在，就可以与丁汝夔的籍贯山东产生联系。因为在国家划定的政区设置中，辽东与山东有着制度上的隶属关系，所以“辽阳军”与山东人是理所当然的“乡曲”，可以将他们划为同一群体。由此可见，朝廷以官修志书为基础的一系列宣传定位，已经影响了除辽东、山东之外的中国其他地域人群的地理认知。

① ［明］范守己：《皇明肃皇外史》卷30，四库全书存目丛书本，史部第52册，济南：齐鲁书社，1996年，第188页上a—下b。

总 结

从以上的各种事例中，可以得出这样的结论：首先，是辽东—山东两地间各具特点的地理环境和历史传统，决定了它们在明代行政管理体制和地域文化上的差异；但在两地关系中最终起到决定作用的，却是朝廷带有倾向性的政策，和因此导致的山东、辽东两地政府的举措。生活在嘉靖、万历年间的王樵对于明代辽东的行政归属问题，有着这样的看法：

中国疆界，固有非至海畔而止者。如珠崖在大海中，自为一隅，而属于岭南。然虽越海，而土俗相接，又他无可附。若辽东，则固中国之东壤耳，岂有不属接壤之冀，而遥属隔海之青乎？①

在王樵看来，按照中国传统的行政区划标准评判，辽东与土壤相连的华北平原关系更近，而不应隶属于隔着渤海海峡的山东半岛。从当时的历史背景来看，这种越海管辖的设置确实具有独特性，它在明初国家海洋事业发达的条件下产生，又随着明代中后期国家海洋事业的全面衰退而弱化。在中国自秦、汉以来的行政区划中，这是唯一一次以“辽东隶于山东”的设置，明初的举措为两地后来的发展打下了良好基础，无论是经济上的紧密联系、移民社会与文化的建立还是国家的定位与宣传，都使两地结合成了密切的整体，在互助互利中共同发展。但在后来的历史时期中，朝廷为了预防倭寇可能对京师造成的威胁，实行海禁政

---

① ［明］王樵：《尚书日记》卷5，文渊阁四库全书本，台湾商务印书馆，1983年。

策，限制了渤海海峡中的交流往来，使两地的关系逐渐趋于松弛，直至形成彻底隔绝的形势，甚至爆发地域冲突，完全背离了将两地划归同一行政区的初衷。

从这一事例中可以看出，建立起行政制度上的联系仅仅是实现地域认同的第一步，只有在此基础上进行更密切的经贸往来和文化互通，并促使当地政府与居民实现对新政区的认可，才有可能消除隔阂，走向真正的地域融合与认同。在历史发展过程中，每一种政策和具体处理方式的不同都可能导致事件结果的截然差异，例如明代灭亡后，顾祖禹就在《读史方舆纪要》[①] 一书中认为，如果明代中后期的施政措施得当，使辽东、山东两地之间能够继续开展适当的经济合作与交流，将会对明末的国防和辽东战局都产生正面影响，而不致出现明末两地关系日渐淡漠、隔阂日益加深的严重后果。

尽管历史不存在假设的可能，也无从确定当时的两地关系在不同的政策下，究竟会有何种走向的发展，但后来的研究者们却可以通过对此类事件的研究，积累各种成败得失的经验，以丰富人们对地域文化差异的认识，并尽量有效地预见此类事件中所能发生的各种可能性。总而言之，尊重各种地域文化和群体心理的差异，因时因地制宜解决各种实际问题，才是在这些历史经验教训中，所能得出的最终结论。

---

① ［明］顾祖禹：《读史方舆纪要》卷 36《山东七 · 登州府》、卷 37《山东八 · 金州卫》。

李春芳与“俺答封贡”

中央民族大学历史文化学院　马静茹

“俺答封贡”是明蒙关系中的重要事件，结束了明蒙之间二百多年的对抗状态，实现了双方的和平往来，从而迎来了明朝几十年边疆的稳定时期。关于俺答封贡实现的主导者，学界比较强调阁臣高拱、张居正在俺答封贡中所起的重要作用。[①] 但是，李春芳作为内阁首辅在俺答封贡实现的过程中，所起的重要作用也是功不可没的。本文拟据李春芳与边将王崇古等人的通信和有关文献，对此作一粗浅的探讨。

一

正统以后，明朝对蒙古奉行消极的民族政策，双方是时战时和，明朝制定的朝贡制度，要求限制朝贡规模，使其维持在明朝可以控制的范围之内；而蒙古随着力量的强大则希望突破限制，扩大贸易。双方在朝贡上的矛盾激化，结果导致土木之变的发

① 其其格：《张居正与“俺答封贡”》，《内蒙古师大学报》（哲学社会科学版），1996 年第 2 期；颜广文：《高拱与“俺答封贡”》，《广东教育学院学报》，2004 年第 1 期；岳天雷《高拱是“俺答封贡”的主持者》，《井冈山大学学报》（社会科学版），2011 年第 4 期等。

生。正统十四年（1449），瓦剌首领也先以明廷削减赏物和求娶明朝公主未许为借口，发动对明朝的战争，明英宗在土木堡被俘，明朝的军事力量损失惨重。

也先死后，蒙古部重新陷入分裂之中。达延汗统一蒙古部之后，弘治元年（1488）开始与明朝通贡。弘治十一年（1498）后达延汗停止了入贡。蒙古对明朝由亦战亦贡政策变为全面抢掠政策，双方之间的关系恶化。俺答汗崛起后，继续实行以往的掠夺政策，但也开始实行谋求与明朝建立通贡互市关系的政策。到嘉靖年间，俺答汗便主动不断向明朝遣使求贡。由于互市不成，蒙古部右翼各部继续不断侵犯明朝边境，抢掠人畜财物，以武力胁贡。

嘉靖二十年（1541），蒙古部右翼首领俺答汗派遣使者汉人石天爵和蒙古人肯切到大同请求通贡贸易。明朝扣留肯切并坚决拒绝其请求。嘉靖二十一年（1542）闰五月，俺答汗再派石天爵和肯切子满受秃、满客汗等到大同求贡，明朝大同巡抚龙大扣留石天爵，杀满受秃等，后“遂斫天爵及肯切于市，传首九边枭示”①。嘉靖二十五年（1546）五月，俺答汗再次遣使臣堡儿塞等三人至大同求贡并携“番文”，明朝不仅对其请求未加理会，反而杀害使者。七月，俺答汗又遣使递上“有印番文一纸”，继续求贡，并禁所部不得抢边，以示信于明朝，明朝再次拒绝。嘉靖二十六年（1547）二月，又遣李天爵赍“番文”求贡。嘉靖二十七年（1548）三月，俺答汗再遣使者求贡，翁万达婉言上闻，明世宗再次痛斥拒绝。嘉靖二十八年（1549），俺答汗因使臣屡被杀害，又派人至宣府边外射书求贡，明朝不予理睬。嘉靖二十九年（1550）八月，俺答汗为逼迫明朝答应互市要求，发

① 《明世宗实录》卷139，嘉靖二十一年闰五月戊辰条，台北中央研究院历史语言研究所影印本，1962年。

动了“庚戌之变”。明朝作为缓兵之计，被迫暂时答应了互市要求，但很快又关闭了互市。嘉靖三十一年（1552）二月，俺答汗再遣使者求市，明朝边将不敢上报。嘉靖三十三年（1553）俺答汗再派人至宣府射书求贡，但是明朝边将无人再敢奏言贡事。嘉靖三十七年（1557）明朝对“桃松寨事件”的处理失误，导致明蒙关系的进一步恶化。俺答汗屡次请求贡市遭到明朝的拒绝，与此同时作为报复对明朝北部边镇不断侵犯和掠夺财物，结果对双方都造成重大的损失。

嘉靖时期实行的盲目拒贡政策，导致俺答汗连年率众抢掠北部边镇，使明朝付出了沉重代价。“以致黠虏怨愤，自此拥众大举入犯，或在宣府，或在山西，或在蓟镇，或抵京畿。三十余年迄无宁日，遂使边境之民肝脑涂地，父子夫妻不能相保，膏腴之地弃而不耕，屯田荒芜，盐法阻坏，不仅边方之臣重苦莫支，而帑储竭于供亿，士马罢于调遣，中原亦且敝矣。”① 隆庆初年，明朝国库空虚，军费仍持续上升，面临统治危机。蒙古仍继续侵掠明朝北部边镇。隆庆元年（1567），俺答汗多次抢掠山西，秋天又大规模进犯，严重威胁到明朝的边防安全。“秋，复率众数万分三道入井坪、朔州、老营、偏头关诸处。边将不能御，遂长驱攻岢岚及汾州，破石州，杀知州王亮采，屠其民，复大掠孝义、介休、平遥、文水、交城、太谷、隰州间，男女死者数万。事闻，诸边臣罚治有差。而三卫勾土蛮同时入寇，蓟镇、昌黎、抚宁、乐亭、卢龙，皆被蹂躏。游骑至滦河，京师震动，三日乃引去。”② 总之，明朝与蒙古的紧张关系，双方冲突之症结关键在于通贡互市问题。

隆庆帝即位后，调整了明朝的对蒙政策。具体变化是，明廷

① 《明穆宗实录》卷59，隆庆五年七月戊寅条。

② 《明史》卷327，《鞑靼传》，中华书局，1974年，第8485页。

采取了一系列措施，加强对北部边境的积极防御，同时对蒙古提出的贡市要求积极回应。隆庆二年（1568），明朝整顿边防，调遣得力边将镇守边镇，使蒙古的抢掠次数大为减少。“时兵部侍郎王崇古镇西边，总兵李成梁守辽东，数以兵邀击于塞外。敌知有备，入寇稍稀。”① 如隆庆四年（1570）秋，黄台吉抢掠锦州。

此时的蒙古部在接连的自然灾害打击下，牲畜死亡，农业歉收，俺答汗等远走避灾，连板升地区投奔蒙古部的汉人首领赵全、李自馨等也于隆庆四年（1570）向大同巡抚方逢时秘密递送投降书。蒙古内部矛盾严重，俺答汗希望与明朝进行互市贸易，以缓和蒙古内部矛盾和满足蒙古的经济需要。恰在此时，隆庆四年（1570）九月，蒙古部右翼首领俺答汗的孙子把汉那吉因部族不和，率属下阿力哥等10余人归降明朝。大同巡抚方逢时敏锐地抓住这一时机，“告总督王崇古曰：‘机不可失也。’遣中军康纶率骑五百往受之。与崇古定计，挟把汉以索叛人赵全等。”② 明廷也敏锐地捕捉到这一时机，力排众难，支持并任命王崇古与俺答汗进行和谈，释放送归把汉那吉。这一事件的妥善解决，为下一步促成俺答封贡的实现创造了条件。

隆庆五年（1571）三月，达成了“隆庆和议”即俺答封贡。明朝册封蒙古部首领俺答汗等一批蒙古贵族为顺义王等世袭官衔，并与蒙古实行互市，并借机擒获了长期在边关制造事端的叛乱头子赵全等，基本消除了北边的不安定因素，实现了明蒙之间的和平往来。

关于俺答封贡实现的原因，是受多方面因素的影响，学界有较多的研究成果。如曹永年认为主要是俺答汗政策转变和板升内部矛盾发展的结果：“明朝政局的转机，高拱、张居正、王崇古、

① 《明史》卷327，《鞑靼传》，第8485页。

② 《明史》卷222，《方逢时传》，第5844页。

方逢时等一批有识见、有能力的人执政，处之有方，固然重要，但当时的主动权实在蒙古俺答汗方面。”① 达力扎布对此持有不同观点：“我认为蒙古内部矛盾不是实现‘隆庆和议’的主要原因。实际上能否实现明蒙之间的互市，主动权始终掌握在明廷手中，而不在俺答汗手里。对俺答汗来讲通贡互市是他采用了所能采取的一切手段而未能实现的目标，因此不存在俺答态度转变和矛盾促使的问题，这次实现通贡完全是明朝政策转变的结果。”② 二人各自强调了一个方面，后者的分析抓住了主要矛盾。而胡凡认为游牧经济和农业经济之间正常交流的要求，是俺答封贡得以实现的历史和经济条件，隆庆帝即位后明朝政治形势发生的重大变化则是俺答封贡得以实现的决定性条件，把汉那吉降明事件的处理得当，是俺答封贡得以实现的直接条件。③ 指出经济根源的同时，也强调了明朝的作用。这些原因中，都肯定了双方的经济处境，使明蒙双方在这一时期都有希望和解的强烈愿望。

关于俺答封贡实现的主导者，除了强调阁臣高拱、张居正在俺答封贡中所起的重要作用外，李春芳作为内阁首辅在俺答封贡实现的过程中，所起的重要作用也是应予重视的。

二

李春芳（1511—1585），字子实，号石麓，扬州兴化人。举嘉靖二十六年（1547）进士第一。历任嘉隆两朝翰林院修撰、

① 曹永年：《蒙古民族通史》第 3 卷，内蒙古大学出版社，2002 年，第 330 页。

② 达力扎布：《明代漠南蒙古历史研究》，内蒙古文化出版社，1997 年，第 225 页。

③ 胡凡：《论明穆宗时期实现“俺答封贡”的历史条件》，《中国边疆史地研究》2001 年第 1 期。

翰林学士、太常少卿、礼部右侍郎、吏部左侍郎、吏部尚书等职。嘉靖四十四年（1565）四月，以礼部尚书兼任武英殿大学士，开始参与内阁机务。隆庆二年（1568）正月，加建极殿大学士，继徐阶升任内阁首辅。隆庆五年（1571）五月，致仕。

李春芳的主要政绩是，组织起草并促成《宗藩条例》刊行，对嘉靖以后的经济社会发挥了重要作用。主张节缩度支、爱惜民力，屡次上疏阻止隆庆帝的奢侈举动，如“隆庆元年春，有诏修翔凤楼，春芳曰：‘上新即位，而遽兴土木，可乎？’事遂止。”①积极整顿边防，主张内外兼修，加强防御，防患未然，如上疏强调“安内攘外二者不可偏废也”、“嘉靖庚戌等年虏入近郊可为明鉴”、“各该抚按等官先事预防，修理城堡，操练民壮，整备器械，各保境内人民”。② 李春芳在俺答封贡中，积极与边将沟通信息，为其实现发挥了重要推动作用。

俺答封贡的实现实际上分为两个阶段，第一阶段是隆庆四年九月把汉那吉归降事件的妥善处理，第二阶段是隆庆五年三月俺答封贡的实现。而李春芳与王崇古等边将的大量书信往来的事实恰恰说明，阁臣李春芳在俺答封贡过程中也起了重要推动的作用。清人修《明史》记载：“俺答款塞求封，春芳偕拱、居正即帝前决之。”③ 也说明李春芳在俺答封贡的实现中起了重要作用。

隆庆四年（1570）九月，把汉那吉归降事件刚发生之后，李春芳就写信给边将王崇古，提出要吸取嘉靖时期处理“桃松寨故事”的错误教训，应妥善处理把汉那吉来降事件，同时提出战守并用的防御策略，要求诸将领加强合作。“孽孙来降，呼韩稽

---

① 《明史》卷193，《李春芳传》，第5119页。

② ［明］李春芳：《李文定公贻安堂集》卷1，《请修内备》，《四库全书存目丛书》集部113册，齐鲁书社，1997年，第30页。

③ 《明史》卷193，《李春芳传》，第5119页。

颡之渐也，真清朝盛事，旷古希觏，天心助顺，此可睹其概矣。既闻老酋谋犯，即无此事，彼岂一日忘寇攘之心哉？要在战守并用，制御有道耳。前后二疏，其所以处降人，御俺酋者，已得其要矣。唯诸公协力相机善为之，防不敢中制也。至于因其勒兵相要，而辄推以与之，如桃松寨故事，万万无是理也。唯诸公酌之。"①

此后，李春芳又在通信中，向王崇古通报及提出对这一事件的具体处理意见，即分两个阶段来处理，第一阶段先处理把汉那吉归降一事，第二阶段再处理俺答封贡问题；"顷得手翰兼阅大疏，处置周悉，具见壮猷。连日与部家商议，欲作两截处，先了那吉事，后及纳贡请封。一二日即具覆矣。夫封以王号之虚名，而得其输诚纳款之实益，真宗社之庆，生民之幸也。事在必行，幸公勿疑。姚道长在东，未得近事之详，故有此疏。朝廷自有主张，道傍筑舍，何怪呶呶。草此，布复不具"②。

李春芳在经筵时，上疏《请封顺义王》，向隆庆帝说明封爵俺答汗的利害，举例前朝封爵蒙古首领，并提出先遣还把汉那吉，再举行廷议封贡事宜的步骤等。"伏蒙发下兵部题覆宣大总督王某议处降夷一本内，开俺酋情愿执送叛逆赵全等乞还伊孙把汉那吉，仍乞照旧例进贡请封王爵，永不扰犯边疆，共享太平。王崇古等译审再三，代为陈乞，且度前虑后，颇为详密。臣等窃照俺答、黄台吉父子久为边患，兹者恭遇皇上留心边计，法纪修明，边备整饬，黠虏始知敛退，近乃骨肉参商亲孙仇怨率众来降，俺答遣使哀求，边臣因责以执还叛逆，然后请旨放还。盖连年侵扰边疆，皆叛逆赵全等唆使，今得取还正法，亦足以泄神人

① ［明］李春芳：《李文定公贻安堂集》卷10，《简蓟辽督抚》，第298页。

② ［明］李春芳：《李文定公贻安堂集》卷10，《答蓟辽督抚》，第299—300页。

之愤。把汉那吉少加恩赉遣还，将来彼为酋长，必知感皇上之恩而归心效顺也，且俺答遣使求贡请封，发誓永不犯边，共享太平之福，情愿恳切。臣考国初北虏封王者四，鞑鞑阿鲁台和宁王、瓦剌马哈木顺宁王、太平贤义王、把秃罗安乐王。后因也先犯顺，始绝其进贡，停其封爵，迄今侵扰边疆，未必不由于此。今边臣代为奏请，伏望皇上俯赐俞允，捐虏酋旧有之虚名，得边境息扰之实利，不唯边费可渐减省，而赤子亦得安全生命，诚制御外夷之妙略，奠安宗社之洪图也。但事体重大，必须详慎乃可善后。今且许以执送叛逆，遣还伊孙仍行。边臣再加计处停妥，待其陈乞番文至日，敕下廷臣会议，必众论佥同方可见之施行。臣谨拟旨上请伏乞圣明裁断施行。”①

李春芳还及时向边将王崇古通报有关纳降、封贡事情的进展情况，以安抚边将的报国之心。“纳降本国家盛事，而群议纷纭，人心靡定。赖圣明独断，悉从大疏，今且一一如公筹划，诚宗社之大庆也。逆犯必须致之阙下，正法显戮，彼时方可请旨，颁赏以结其心。至于纳贡请封，果出诚款，机不可失也。唯公留意焉。”②

李春芳反复强调积极的军事防御政策。“呼韩稽颡单于内附，自昔以为中国盛事。兹者不以兵革坐致纳贡称臣，考之前代所希有者，而士大夫皆有异议。彼之为疑，皆谓互市□以有终，然不知处置得宜久当妥贴，在当事者善调停耳。仆辈同心力主，而善终与否，与公辈均有责焉。外示羁縻，内修战守，去来任其自便，而在我常得制御之术，则国家可保善终，而人言亦不足畏矣。如苟安目前，遂弛戒备，是贻祸由谁，而建议主议误国之

① ［明］李春芳:《李文定公贻安堂集》卷1,《请封顺义王》，第25—26页。
② ［明］李春芳:《李文定公贻安堂集》卷10,《答王鉴川》，第300页。

罪，安所逃也。唯公加意焉。”①

此外，李春芳还写信给宣府孟中丞，要求加强协作防御。“秋既徂矣，上谷晏然以有颇牧在也。降夷款塞，清朝盛事，顾俺酋纠众要索，不可不一创之应援，协驱邻镇之义也，惟公念之。”②

虽然过去学界较多关注阁臣张居正、高拱在俺答封贡中所起的重要作用，但是，通过上述内阁首辅李春芳的边防主张及其在俺答封贡过程中的举动，李春芳在俺答封贡的实现中所发挥的重要作用，也应予积极重视。

① ［明］李春芳：《李文定公贻安堂集》卷 10，《答王鉴川》，第 300 页。
② ［明］李春芳：《李文定公贻安堂集》卷 10，《与宣府孟中丞》，第 298 页。

《明史纪事本末》勘误五则

内蒙古大学蒙古历史学系　韩慧玲

《明史纪事本末》是一部纪事本末体的明朝断代史，书成于顺治十五年（1658）末，清初学者谷应泰发挥了主编者、定稿人的作用，聘请了著名专家如张岱、陆圻、徐倬、张子坛等，借助集体的力量，全力投入，将各种史料，熔铸于一炉，保证了史书的严谨性与完整性，是一部全面翔实的著作。被学者称之为“在明代史研究上，是一部经常被当作原始资料运用之作”①，足见其影响之广。因此指正《明史纪事本末》之误，澄清事实原委，尤显必要。以下勘误五则均以1977年中华书局点校本《明史纪事本末》为参考底本。

1. 卷9《略定秦晋》篇洪武元年条载：

太祖洪武元年，元将李思齐、张良弼闻王师下河南，即驻兵潼关以拒。既而火焚良弼营，思齐仍移军退守葫芦滩，遣其部将张德钦、穆薛飞守关。五月，都督同知冯宗异抵潼关，思齐弃辎重走凤翔，良弼奔麟城。丙寅，宗异遂入潼关，引兵西至华州，元守将望风奔溃。先是，宗异下陕州，上遣使谕之曰：“若克潼

① 徐鸿：《〈明史纪事本末〉的史源、作者及其编纂水平》，《史学史研究》2004年第1期，第26页。

关，勿遽乘胜而西。今大将军方有事北方，宜选将守关，以遏其援兵，尔且率师回汴梁。”至是，五月庚午，徐达调佥事郭兴将庆阳卫指挥于光、威武卫指挥金兴旺守之。丙子，宗异回军至陕州，与徐达俱还河南。①

按：此段内容全部源自《明太祖实录》，但《本末》在编辑改动原文时出现了一处错误。首先看《本末》此段中“太祖洪武元年……元守将望风奔溃”。这一部分，是源引自《明太祖实录》洪武元年四月甲子条（24 日）后半部分的：“……都督同知冯宗异进兵攻潼关，李思齐、张思道弃开宵遁。初，思道闻王师取河南，即驻兵潼关以拒。既而火焚思道营，思齐仍移军退守葫芦滩，遣其部将张德钦、穆薛飞守关。及王师至，思齐弃辎重走凤翔，思道奔鄜城。”② 据《实录》此条记载，亦知“……初，思道闻王……思道奔鄜城”。以“初”表示其发生时间，可知是发生于四月甲子日（24 日）之前，而《本末》此句中出现“五月”是不正确的。因为《本末》此段中“丙寅条”是源自《明太祖实录》洪武元年四月丙寅条及洪武元年四月甲子条前半部分，如《明太祖实录》洪武元年四月丙寅条载（26 日）：“宗异遂入潼关，引兵西至华州，元守将望风奔溃”③；《明太祖实录》洪武元年四月甲子条（24 日）后前半部分载：“遣使谕都督同知冯宗异曰：‘若克潼关，勿遽乘胜而西。今大军方有事北方，宜选将留兵守关，以遏其援兵，尔且率师回汴梁’……”④因此，时间先后顺序上出现了讹误。五月庚午条、五月丙子条分别源自《明太祖实录》洪武元年五月庚午条、五月丙子条，如：《明太

① 谷应泰：《明史纪事本末》，北京：中华书局，1977 年，第 115 页。

② 《明太祖实录》卷 31，中央研究院校勘本，1962 年，第 557 页。

③ 《明太祖实录》卷 31，第 557 页。

④ 《明太祖实录》卷 33，第 556 页。

祖实录》洪武元年五月庚午朔记:“大将军徐达由河南进至陕州,都督同知冯宗异请益兵守潼关,达调都督佥事郭子兴将鹰(庆)阳卫指挥于光、威武卫指挥金兴旺守之。”①《明太祖实录》洪武元年五月丙子:“都督同知冯宗异还军至陕州,大将军徐达与之俱还河南。”② 内容完全相同。《本末》将四月、五月发生之事混记,是为误。

2. 卷8《北伐中原》篇至正二十六年秋九月条载:秋九月,上遣书送元宗室神保大王及黑汉等九人于元主。③

按:《明太祖实录》至正二十七年九月戌戊条载:“上遣使以书送元宗室神保大王及黑汉等九人于元主。曰…… ”④《国榷》至正二十七年九月戌戊条载:“送元宗室神保大王及黑汉等九人北归,致元主书”⑤,此段史源为以上二书,但日期有差异。《本末》记为至正二十六年九月。《皇明大政记》至正二十七年九月戌戊条记:“上遣书送元宗室神保大王及黑汉等九人于元主,破姑苏所获。”⑥ 可知神保大王等是破姑苏城时所获。《皇明大政记》至正二十七年九月辛巳条有载:“徐达克姑苏,执张士诚,熊天瑞伏诛。”⑦ 因此,确切攻克时间为九月。另有辅助证据有《皇明本纪》至正丙午(至正二十六年)午年十二月条载:“十

---

① 《明太祖实录》卷32,第559页。

② 《明太祖实录》卷32,第560页。

③ 谷应泰:《明史纪事本末》,第373页。

④ 《明太祖实录》卷25,第373页。

⑤ 谈迁:《国榷》,北京:中华书局,1958年,卷2,第341页。

⑥ 朱国桢辑:《皇明史概》,上海:上海古籍出版社,《续修四库全书》史部428册,卷1,第528页。

⑦ 朱国桢辑:《皇明史概》卷1,第528页。

二月，进抵姑苏，其属县相继来归，惟苏州孤立而已。”① 此时姑苏城还没有完全攻克，只苏州尚未归服。《皇明本纪》又有载：“至正丁未（至正二十七年），上命以是年为吴元年……秋，城破，士诚自经于家。兵入，尚未绝，解其缢，俘送京师，苏州平。”② 据此，克姑苏城是在平苏州之后。《本末》所记日期为误，应该是至正二十七年九月。

3. 卷32《土木之变》篇正统八年癸亥夏四月条载：

瓦剌太师顺宁王脱欢死，子也先嗣。自脱欢杀阿鲁台，并吞诸部，势浸强盛，至也先益横，屡犯塞北，边境自此多事。③

按：《宪章录》载：“正统八年四月，瓦剌太师顺宁王脱欢死，子也先嗣。自脱欢杀阿鲁台。并吞诸部。势浸强盛。至也先益横。屡犯塞北，边境自此多事。”④《明大政纂要》载：“正统八年四月，瓦剌太师顺宁王脱欢死，子也先嗣。自脱欢杀阿鲁台。并吞诸郡。势浸强盛。至也先益横。屡犯塞北，边境自此多事。”⑤ 此段应源自《宪章录》或《明大政纂要》。此外《殊域周咨录》、《皇明通纪》、王世贞《北虏始末志》均记脱欢死于正统八年或正统八年四月。如：《殊域周咨录》载“正统八年，瓦剌太师顺宁王脱欢死，子也先嗣。也先同普花可汗遣人贡马，自

① 邓士龙辑：《国朝典故》，许大岭、王天有主点校，北京：北京大学出版社，1997年，卷2，第35页。

② 邓士龙辑：《国朝典故》卷2，第35页。

③ 谷应泰：《明史纪事本末》，第471页。

④ 薛应旂：《宪章录》，上海：上海古籍出版社，《续修四库全书》史部352册，卷25，第247页。

⑤ 谭希思：《明大政纂要》，台北：文海出版社，1988年，第1515页。

脱欢杀阿鲁台。并吞诸部。势浸强盛。至也先益横。边境自此多事”。[①]《皇明通纪》载：“正统八年（四月）……瓦剌太师顺宁王脱欢死，子也先嗣。”[②]

有关脱欢之死日期明代汉籍史料还有另一种记载。《名山藏·王享记》载：“四年，脱欢死，子也先嗣，称太师淮王……”[③]《明史·瓦剌传》所记与此同。蒙古史料中没有相应的记述。那么两种说法到底哪一种更为确切呢?《明英宗实录》等为我们提供了一些间接线索，《明英宗实录》正统六年春正月甲子条记“瓦剌使臣卯失剌、郁鲁忽等陛辞。赐可汗五色彩段……赐也先蟒龙段一，麒麟等兽”[④]。同书正统七年十一月癸亥条载“迤北瓦剌脱脱不花王及也先太师使臣卯失剌等二千三百二人来朝贡马”[⑤]。《国榷》正统八年正月壬午条记有：“迤北使臣还，赐书可汗厚赉之。并敕谕太师淮王中书右丞相也先加赐。”[⑥]《明会典》记载：“正统初，可汗脱脱不花及脱欢遣人贡马。六年，脱脱不花及其太师也先贡马。也先者脱欢子也。”[⑦]据此正统四年二月以前，瓦剌入贡使用脱欢的名义，而五年十一月的入贡使臣则改称为也先的贡使了。可以断定的是正统五年十一月也先已死。对于脱欢去世日期和田清作过详细的考证，他在汉籍史料的两种说法的基础上，所依据的史料为《明英宗实录》正统四年

① 薄音湖、王雄：《明代蒙古汉籍史料汇编》（第一集），呼和浩特：内蒙古大学出版社，2006年，第383页。

② 陈建：《皇明通纪》，北京：北京出版社，《四库禁毁书丛刊》史部第12册卷16，第356页。

③ 薄音湖、王雄：《明代蒙古汉籍史料汇编》（第二集），呼和浩特：内蒙古大学出版社，2000年，第580页。

④ 《明英宗实录》卷75，第1472页。

⑤ 《明英宗实录》卷98，第1968页。

⑥ 谈迁：《国榷》卷2，第341页。

⑦ 薄音湖、王雄：《明代蒙古汉籍史料汇编》（第二集），第214页。

冬十一甲申条载："瓦剌脱欢人马猎于近塞沙净州。"正统四年十一月辛酉条载：有授给山西边臣的敕谕说："比又闻兀良哈、朵颜卫使臣言，瓦剌脱脱不花和脱欢人马屯聚哈剌莽来等处，既近边境，必怀祸心。"① 和田清分析在正统四年十月来朝的使臣，脱欢及也先的名字都没有，而在同年的十一月里却又述及脱欢在沙净州一带活动，出现了脱欢的名字。因此他推断脱欢必定是死在贡使从瓦剌出发的前一个月。但最终没有肯定自己的这种推论，而总结为"总之，正统四、五年间，顺宁王脱欢死了"②。有了前人考证的铺垫，再根据《朝鲜李朝世宗实录》二十四年（正统七年）八月己亥记事，言迤北达达名脱脱不花者，权臣脱欢立之为主。前岁脱欢已死，其子也先继领其众，云云。③ 那么《朝鲜李朝实录》中这段记载是朝鲜出使明廷的使臣回归之后报告给上级的奏文，可以证明脱欢是在正统七年之前已经死亡。《明史纪事本末》的内容与《宪章录》、《殊域周咨录》的记载几乎完全相同。三书同误列此事于正统八年，《本末》因袭史源之误。

4. 卷 57《大同叛卒》嘉靖三年八月条载：

八月，代王出居宣府。时廷议遣兵部侍郎李昆宣敕赦谕之。复命太监武忠镇守，都督桂勇为总兵官。擢按察使蔡天佑为巡抚。先是，抚臣既遇害，诸乱卒肆行劫掠。天佑至，乃会武忠、桂勇集乱卒宣谕朝廷恩威，反复开谕。诸乱卒稽首谢，暂解散，

① ［日］和田清：《明代蒙古史论集》（上册），北京：商务印书馆，1984 年，第 220—221 页。

② ［日］和田清：《明代蒙古史论集》（上册），第 221 页。

③ 吴晗：《朝鲜李朝实录中的中国史料》，北京：中华书局，1980 年，第 431 页。

然皆恐不安。又奸盗多乘隙诱乱卒劫掠居民，桂勇稍督兵捶杀五十余人，乃笞郭鉴、柳忠诸乱首，余释之。而人情汹汹，相传“必尽杀大同人”。无何，妄报“京营暨诸镇兵已驻近地，剿大同矣”。适户部遣进士李枝转饷至镇，诸乱卒谓“密旨也”。众夜集，击李枝门讯故。枝自门隙出公移示之，始信。然众已集，有谓知县王文昌会白巡抚，欲诛众卒者，遂往执文昌杀之。又纵火延烧居民百余家，乱复大作。明日，逼胁代府，谓其请兵也。且索府贿，代王曲应之，解去。王惧陷害，率子弟数人潜出居宣府。天祐委曲抚谕不定，以状闻。①

按：《本末》记为八月，此为误，应为十一月。证据如下：《明世宗实录》卷45嘉靖三年十一月丁丑（17日）条载：“时甘肃有事，命将出师。大同叛卒惊疑，复鼓操称乱，代王俊杖、都御史蔡天佑疏请再降明旨抚谕宽宥”②，十一月丁丑时代王还在大同。又《皇明大事记》载：“代王俊杖惧祸走宣府”③，系为知县王文昌被杀之后，而据《明世宗实录》嘉靖三年十二月乙未条载：“御史王官奏大同叛卒于十一月十一日聚众格杀知县王文昌”④，王文昌被杀于十一月十一日，因此代王走宣府亦在十一月十一日之后。再有第一手资料韩邦奇《大同纪事》中有载：“（十一月初十日）……路经代府，代王梯墙而语，至午不了。时五步之外兵戈林立。”⑤ 据此，时代王在大同，并不在宣府。以上资料均能证明《本末》所记八月为误。

---

① 谷应泰：《明史纪事本末》，第878页。

② 《明世宗实录》，卷45，第1164页。

③ 朱国桢辑：《皇明大事记》，上海：上海古籍出版社，《续修四库全书》史部28册，卷30，第539页。

④ 《明世宗实录》卷46，第1176页。

⑤ 薄音湖、王雄：《明代蒙古汉籍史料汇编》（第一集），第266页。

5. 卷40《兴复哈密》成化九年秋九月条载：

土鲁番速檀阿力王入哈密，掠王母并金印去。[1]

按：此事内容在《平番始末》、《兴复哈密国王记》、《皇明北虏考》、《续文献通考》、《殊域周咨录》均有记载。唯不同之处是以上史料都没有“秋九月”的记录，只记年。《国榷》成化九年四月丙寅（6日）条载：“土鲁番速檀阿力侵哈密卫，掳其城。王母署国有威严，能御众，阿力约其同掠赤斤蒙古，王母不从。遂执王母及金印以去。”[2] 系于四月初，《国榷》此段内容是引自《明宪宗实录》，但谈迁并没有完整理解《明宪宗实录》的内容。《明宪宗实录》成化九年四月丙寅条载：“土鲁番速檀阿力侵哈密卫，掳其城。初，速檀阿力累引兵劫掠哈密诸部地，已略尽。正月，围其城，破之，执其王母，夺朝廷所降金印，逐留居之。哈密回回马黑马者，窃贼马以逃赤斤蒙古卫，遣人送之。诉于甘肃守臣都督同知鲍政等以闻。”[3] 这段材料较为合理的解释是“土鲁番速檀阿力侵哈密卫，掳其城”。这条信息是朝廷通过鲍政上报得知，得知的时间是四月丙寅。而鲍政是甘肃守臣，是从此劫中逃出来的哈密回回马黑麻者诉报而获悉。当事人传达给鲍政的信息是：“初，速檀阿力累引兵劫掠哈密诸部地，已略尽。正月，围其城，破之，执其王母，夺朝廷所降金印，逐留居之。”被土鲁番劫掠是在正月，而马黑麻从哈密逃往赤斤，再传报于甘肃，四月丙寅再传至朝廷，区间应该经历了一段时间。而《明宪宗实录》成化九年二月壬午（21日）条有关于哈密忠顺王母弩温答失力遣使朝贡的内容。可见，此次使臣出使之前，哈密王母并没有被掠。但是，不能不考虑的是哈密使臣出发到京也要

---

① 谷应泰：《明史纪事本末》，第585页。

② 谈迁：《国榷》卷36，第2327页。

③ 《明宪宗实录》卷115，第2224页。

一个月左右。因此，笔者认为，《实录》中一月为正确。据《明实录》可知成化九年正月土鲁番速檀阿力王入哈密，掠走了王母及金印。《本末》记载为误。

《明史纪事本末》是充分利用前人史料的基础上编撰而成的。通过原文照录或化用原文，即用其意而变其词，剪裁融合等方法，广泛征引了从官方资料《明实录》到《宪章录》、《皇明通纪》等多种私修文献史料。史料的流传过程是一个不断被征引、转载的过程，因种种原因前人撰史，难免不会造成失误。因此，学者在征引之时，对史料真实度加以考证，以免以讹传讹。

明代西北土官非土司考释

——从“土司”一词的产生分析

中央民族大学历史文化学院　陈文俊

引　言

由于《明史·土司传》未列西北土司，学界对明代西北有无土司一直存在争议。基本意见有三：一是明代西北地区存在土司；① 二是明代西北地区没有土司；② 三是折衷之说，认为明代

① 龚荫：《中国土司制度》（昆明：云南民族出版社，1992 年，第 1283—1284 页）之“各省土司纂要”中列有甘肃、青海两省土司，认为明官方文献中之所以没有把河、湟、洮、岷地区称为“土司区”且《明史》亦以河、湟、洮、岷“西番诸卫”入于《西域传》而不入《土司传》的原因是明在甘肃地区的土司制度不同于西南地区的“以土为主”，而是“以流为主”。高士荣：《西北土司制度研究》（北京：民族出版社，1999 年）系统阐释了明代西北的土司制度。

② 佘贻泽《中国土司制度》（台湾：正中书局，中华民国 33 年，第 200—204 页），根据《大明一统志》对天顺时土司所做统计未包括西北地区。吴永章《中国土司制度渊源与发展史》（成都：四川民族出版社，1988 年，第 164—166 页）之“明代土司制度”一章中根据《明史·地理志》、《大明会典》、《蛮司合志》、《古今图书集成》及有关省方志对明代的土司数目和分布做的统计，亦未将西北地区纳入统计范围。

西北有大量土官存在是事实，但官方并不认可西北为土司区。[①]

在讨论西北有无土司之前，首先要明确一对概念，即“土官”与“土司”。如果土官即土司，那么如果证明西北有土官，即证明西北有土司；如果土官不同于土司，那么，即便西北有土官，也不能说明西北有土司。土官、土司，通常有很多层面的理解，有指人、有指职务、有指机构衙署、有指制度，为了便于说明问题，此处将二者置于同一层面来讨论，即以其所指代的人为讨论的对象。

明代西北有土官，这一点是确定无疑的。考察《明实录》[②]，多处可见西北土官的记载，如西宁卫土官李南哥、李英父子，巩昌卫土官汪寿，庄浪卫土官鲁失加等均被多次提及，亦有明确提到“陕西行都司土官”的字样。接下来，就是考察“土官”与“土司”是否是一个概念。

关于“土官”、“土司”的辨析，综合学界的观点大致有五类：同一说、“文官武职分司”说、“府司相异”说、“官职制度”说、“时间差异”说。[③]

上述五种观点中，实际在同一层面讨论“土官”、“土司”区别的仅同一说、“文官武职分司”、“府司相异”三说。

第四种“官职制度”说认为“土官”是职官名称，“土司”是制度名称，二者不在同一层面，没有可比性，实际上“土官”、“土司”均可冠在人物姓名之前作为职官，也可在本词后加上“制”或“制度”一词成为制度名称，即“土官制（度）”、“土司制（度）”。所以，此说不可靠。

---

① 王继光：《试论甘青土司的形成及其历史背景》，《社会科学》，1985年第8期，第78页。

② 《明实录》，台湾中央研究院历史语言研究所校勘本，1962年。

③ 韦文宣：《“土官”与“土司”》，《广西民族研究》1987年第4期。

第五种“时间差异”说只是阐述了“土官”、“土司”产生时间不同这样一个事实，并未说明二者的具体差异，谈不上是一种辨析。

重头来看前三说：

第二种“文官武职分司”说。认为凡属封建王朝中央吏部管理的地方土职官员称为“土官”，由中央兵部统辖的土职称为“土司”。[①] 实际是，以土官承袭为例，洪武初年土官承袭归验封司（吏部下辖四清吏司之一）掌行，洪武末，因宣慰、宣抚、安抚、长官等官，皆领土兵，改隶兵部，但其他土职官吏，仍隶属验封司。[②] 论及贵州土司时，又有“其土官之朝贡符信属礼部，承袭属吏部，领土兵者属兵部”。[③] 可知，土官朝贡之事由礼部负责，承袭之事由吏部负责，土官中领有土兵者的承袭由兵部负责，而非凡吏部负责的为“土官”，凡兵部负责的为“土司”。

第三种“府司相异”说。认为凡属专设在边疆民族地区的府、州、县等各级行政长官的土职者称为“土官”，如土知府、土知州、土知县、土县丞、土典吏、土目、土知洞等；凡充任专设在少数民族地区的宣慰司、宣抚司、招讨司、安抚司、长官司等长官的土职者称为“土司”，如宣慰使、宣抚使、招讨使、安抚使、千户长等。[④] 但是据《明实录》在“土司”一词出现后，仍有宣慰司土官[⑤]、宣抚司土官[⑥]等称谓，且还有宣慰司土职者

---

① 韦文宣：《“土官”与“土司”》，第136页。

② ［明］申时行等：《大明会典》卷6《土官承袭》，第113页，《续修四库全书》版，上海古籍出版社2002年。

③ ［清］张廷玉等：《明史》卷316《土司传·贵州土司》，中华书局1974年，第8167—8168页。

④ 韦文宣：《“土官”与“土司”》，第136页。

⑤ 《明神宗实录》卷501，万历四十年十一月甲寅条“云南镇康州并车里宣慰司土官各献方物赏给如例”。

⑥ 《明神宗实录》卷77，万历六年七月癸酉条“永宁宣抚司土官奢效忠报仇彼此相攻厮杀不已”。

既称“土官”、亦称“土司”的实例①，可知“府司相异”说不可靠。

“文官武职分司”说、“府司相异”说虽为两说，实则一说。因有洪武末年“宣慰、宣抚、安抚、长官等官，皆领土兵，改隶兵部”的规定，说凡兵部统辖的土职为“土司”与宣慰使、宣抚使、招讨使、安抚使、千户长等称为“土司”是一码事。

综合可知，上述四说都不合理，那么“同一说”是否正确呢？持“同一说”的代表有韦文宣《“土官”与“土司”》，韦氏认为，土官或土司，都是由少数民族上层充任，二者权力一样、义务一致，可以相互通用。② 崔永红《论青海土官、土司制度的历史变迁》将明代青海土官分正规卫所土官、羁縻卫所土官、政教合一土官、部落土官四类，并认为土官与土司一脉相承，明代称土官，清代称土司，是当时人们的用语不同而已。③“同一说”必然得出明代西北有土司的结论，这在韦氏、崔氏的文章中均得到验证。因此，明代西北有无“土司”的问题现在可以转化为明代西北地区“土官”、“土司”是否“同一”的问题。“同一说”认为“土官”与“土司”并无本质上的区别。

可见，要解决上述问题，首先看“土官”与“土司”存在哪些差别，其次看这些差别是否是本质上的，以此来推论“同一说”是否合理。

---

① 贵州宣慰司安疆臣（《明神宗实录》卷300，万历二十四年八月壬寅条），称“土司安疆臣”（见《明神宗实录》卷272，万历二十四年四月辛亥条），称“土官安疆臣”（见《明神宗实录》卷456，万历三十七年三月辛丑条）。

② 韦文宣：《“土官”与“土司”》。

③ 崔永红：《论青海土官、土司制度的历史变迁》，《青海民族学院学报》2004年第10期。

一、"土官""土司"从出现时间上看内涵不同

杜玉亭《土官土司两类说考疑》指出土官与土司因在产生时间、内涵上有差异，传统观点所认为的土官即土司说虽有一定道理但论据欠妥，而文武二类说又与基本史实不符，因此，从概念上将土官与土司分辨清楚是不可能的。[①] 曹相《土官与土司考辨》认为，"土官"、"土司"两个名称产生的时间不同，各朝代、各时期具有的含义也不同，不能一概而论。[②] 两文虽然结论正确，但在论及"土官"、"土司"内涵差异上证据不足，原因是没有将"土官"、"土司"置于同一层面来考察，二人均认为两词在明代的差异是：土官可指拥有土职的个人，而土司除指代个人外，还可指与土职相联系的政权机构或衙门。实际上，在明代的史籍中，关于"土官衙门"的记载并不少见。白耀天《土官与土司考辨》则直接指出"土司"一称出现在"土官衙门"终结之后，二者可以画等号，指"土官的政权机关"或"土官政权"。[③] 但是，考察《明实录》，"土官衙门"最后的记载是嘉靖四十五年八月，[④] "土司"一词在嘉靖四十五年以前已多次出现（参见下文表二），何来"土司"终结"土官衙门"一说。本文还是以两词均指代土职本人的情况为考察对象，包含直接指代个人和泛指人物群体两种。

"土官"一词最早出现在宋元史籍中，《宋史·蛮夷传》有

---

① 杜玉亭：《土官土司两类说考疑》，载中国社会科学院民族研究所主编：《中国民族史研究》，北京：中国社会科学出版社，1987 年，第 474—481 页。

② 曹相：《土官与土司考辩》，《云南民族学报》1984 年第 12 期。

③ 白耀天：《土官与土司考辩》，《广西地方志》1999 年第 3 期，第 29 页。

④ 《明世宗实录》卷 561，嘉靖四十五年八月戊辰条。

元祐二年（1087）在西南地区“择授土官”[①] 的记载。《元史》关于“土官”的记载已有80多处，涉及湖广、四川、云南、贵州、甘肃等地区，《元史·百官志》明确记载了宣慰、宣抚、长官诸司及土府州县职掌[②]，说明土官制度已基本形成。

“土司”一词出现较晚。考察《明实录》，最早关于“土司”的记载出现在嘉靖三年（1524）十月，“加镇远府推官杨载青俸二级，载青以土舍袭职，尝中贵州乡试，巡抚杨一渶请如武举袭荫之例加升一级，以为远人向学者之劝。吏部覆土司额，设定员，具各在任，难以加升，宜于本卫量加俸给，著为例，报可”。[③] 可知，“土司”一词至少在明中叶才出现。

“土司”一词出现后是否可以取代“土官”呢？明代史籍中“土官”被广泛应用，除《明实录》外，明代《土官底簿》、《明会典》等均有对“土官”职掌的专门论述。以实录为例，关于“土官”有2327条记载，以“土司”一词出现的嘉靖三年十月为限，嘉靖三年十月以后“土官”仍有400条记载，而“土司”仅有228条。此外，根据杜玉亭先生在《土官土司两类说考疑》中对明代文献的考察，仅晚明时期的《徐霞客游记》、《万历野获编》以及嘉靖《贵州通志》、《四川总志》和天启《滇志》出现了泛称各种土职的土司字样。[④] 这较之未出现土司字样或者是出现土官字样的明代文献可谓少矣。可见在“土司”一词出现后，“土

① ［元］脱脱等：《宋史》卷494《蛮夷传》，中华书局1977年，第14198页。

② ［明］宋濂等：《元史》卷91《百官志七》，中华书局1976年。

③ 见《明世宗实录》卷44，嘉靖三年十月甲寅条。白耀天《土官与土司考辩》、杜玉亭《土官土司两类说考疑》分别用《明实录》嘉靖二十五年（1945年）九月癸酉、嘉靖四十五年（1566）十月庚辰条史料作为“土司”之名的最早记载，笔者认为不妥，因为考察《明世宗实录》，嘉靖二十五年或四十五年之前有多处有关“土司”记载，参见下文表二。

④ 杜玉亭：《土官土司两类说考疑》，见《中国民族史研究》，第477页。

官”仍然被广泛使用，且比“土司”的应用要广泛。

还是以《明实录》为例，其中“土官”的使用从洪武朝直至天启朝，每朝均有，所涉及的区域也十分广泛，除与《明会典》、《土官底簿》对应的湖广、广西、四川、云南、贵州等地区外，还涉及西北、东北等卫所土官，以及西番土官，甚至交趾、朝鲜、缅甸等地均有土官。可见，明代对于“土官”的指代范围极其宽泛，有效控制的辖区、羁縻地区、外国之人均可称之为“土官”。但“土司”一词在嘉靖朝出现后，所有的指代只涉及湖广、广西、四川、云南、贵州等地。

表1　西南五省“土官”“土司”对照表举例

	官职、姓名	出处
贵州土官	贵州土官子弟程延等	《明太祖实录》卷202，洪武二十五年六月庚辰条
	贵州土官宣慰使安中	《明宣宗实录》卷12，洪熙元年十二月甲午条
	贵州土官宣慰使宋斌	《明宣宗实录》卷26，宣德二年三月庚子条
	贵州土官宣慰使安陇富	《明英宗实录》卷88，正统七年正月甲申条
	贵州土官舍人安濂自	《明英宗实录》卷354，天顺七年七月丙申条
	贵州土官宣慰使安贵荣	《明宪宗实录》卷212，成化十七年二月癸亥条；《明宪宗实录》卷278，成化二十二年五月癸酉条；《明武宗实录》卷24，正德二年三月癸丑条
	贵州土官汪誉	《明世宗实录》卷69，嘉靖五年十月庚午条
	贵州土官宣慰使安万铨	《明世宗实录》卷108，嘉靖八年十二月辛巳条；《明世宗实录》卷158，嘉靖十三年正月己酉条
	贵州土官宣慰使安仁	《明世宗实录》卷260，嘉靖二十一年四月庚辰条
	贵州土官安疆臣、弟安尧臣	《明神宗实录》卷456，万历三十七年三月壬寅条
	贵州土官安位	《明熹宗实录》卷17，天启元年十二月壬辰条

续表

	官职、姓名	出处
贵州土司	贵州土司安国亨	《明神宗实录》卷13，万历元年五月己丑条
	贵州土司普定、平坝、安庄	《明神宗实录》卷194，万历十六年正月乙未条
	贵州土司安疆臣	《明神宗实录》卷320，万历二十六年三月丙申条
云南土官	云南土官黄威庆	《明太祖实录》卷221，洪武二十五年九月丙申条
	云南土官县丞高销	《明太祖实录》卷224，洪武二十六年正月甲子条
	云南土官千户木高	《明太宗实录》卷122，永乐九年十二月丁亥条
	云南土官普崇明、崇新兄弟	《明神宗实录》卷66，万历五年闰八月己酉条
	云南土官思化	《明神宗实录》卷286，万历二十三年六月庚戌条
	云南土官沙源	《明熹宗实录》卷33，天启三年四月庚申条
云南土司	云南土司沙源、普名声	《明熹宗实录》卷60，天启五年六月庚辰条
四川土官	四川云南广西湖广贵州土官宣慰使彭源等	《明太祖实录》卷86，洪武六年十一月辛丑条
	四川湖广广西土官宣慰使杨昇等	《明太宗实录》卷115，永乐九年四月庚子条
	四川土官把事刘华严奴	《明英宗实录》卷303，天顺三年五月甲申条
四川土司	四川土司彭象乾、冉跃龙等	《明神宗实录》卷556，万历四十五年四月丙午条
	四川土司罗乾象	《明熹宗实录》卷36，天启三年七月甲辰条

续表

	官职、姓名	出处
广西土官	广西土官莫金遣其弟莫交	《明太祖实录》卷91，洪武七年七月庚午条
	广西土官舍人赵腾等	《明宪宗实录》卷8，天顺八年八月甲辰条
	广西土官都指挥岑瑛，知府岑璲、岑镛、岑元全，知州赵南杰等	《明宪宗实录》卷13，成化元年正月乙亥条
	广西土官岑猛	《明世宗实录》卷61，嘉靖五年二月庚午条
	广西土官黄宁、黄球等	《明世宗实录》卷290，嘉靖二十三年九月己亥条
	广西土官岑绍勳	《明穆宗实录》卷69，隆庆六年四月己未条
广西土司	庄志傅调广西土司兵三万	《明神宗实录》卷341，万历二十七年十一月戊申条
湖广土官	湖广土官施州卫东乡五路安抚覃龄、容美，宣抚田世爵等	《明世宗实录》卷16，嘉靖元年七月壬申条
湖广土司	湖广土司彭元锦	《明神宗实录》卷594，万历四十八年五月甲午条

上表列举了西南五省“土官”、“土司”指代土职个人的全部情况，由表可知：

1. 验证了“土官”的应用大于“土司”。

2. 能够被称为“土司”的贵州安氏、云南沙氏、普氏，四川冉氏、罗氏，湖广彭氏等，均非一般土官，而是世居其地、世代承袭高级职位的当地大族，如安氏为贵州宣慰使、沙氏为王弄山宣抚使。①

3. 贵州的安疆臣、云南的沙源既有“土官”之称，亦有“土司”之称。也就是说，“土司”出现后，部分代替了之前“土

① 参见《明史土司传》。

官”所指代的内容。

对西南地区而言，“土司”一词产生后，“土官”中势力较强、官职较高的一部分人开始被称为“土司”，在这部分人身上，“土官”、“土司”可以交互使用。所以，清人参考《明实录》、《明会典》等正史编撰的《明史》在《土司传》中也就列出了湖广、广西、四川、云南、贵州土司。

但是，“土司”一词产生后并没有在西北地区取代“土官”。关于《明史·土司传》不列西北土司的原因，学界各有解释：

王继光《试论甘青土司的形成及其历史背景》认为此非修撰者的疏忽，而是清初的学者，在考察明代土司制度时，并不认为应该包括甘青地区。即官方记载不承认明王朝在甘青地区实施过土司制度，但甘青地区又确有一批土官分布各地，导致这一矛盾的原因是甘青土司部分是从元代土官承袭而来，大多则由少数民族聚集区的卫所世官演变转化而成，因此得不到官方的认可。[①] 王氏的解释部分符合了《明实录》所呈现出来的状况，但认为明代官方因为甘青土司系从元代土官承袭而来便不加认可，似乎与实情不符。一是明初对元代的很多制度基本采取继承态度，对于土官也不例外，并不会因此而有偏见；二是明政府与西北土官长期保持着亲密关系，如果其存在情形确如西南地区土官一样，没有道理不予认可。

而李清凌《元明清时期甘青地区的土司制》则认为《明史·土司传》未收甘青土司的原因是其“据其事迹尤著者”、“摭其大纲有关乎治乱兴亡者载之，俾控驭者识所鉴焉”的立传原则及甘青土司“绝不类蜀、黔诸土司，桀骜难驯”的特点。[②]

---

① 王继光：《试论甘青土司的形成及其历史背景》。

② 李清凌：《元明清时期甘青地区的土司制》，《云南社会科学》，2003 年第 5 期。

李氏的说法将责任推到了《明史》编撰者身上，认为西北土官不似西南土司“桀骜难驯”、并不“关乎治乱兴亡”所以未将其放入土司行列，也是有失偏颇的。如果西北情形如同西南，《明史》编撰者没有道理不列出来，实际上，清代对于西北土司已经是承认的，《清史稿·土司传》已有甘肃土司。反倒是指出西北土官不类西南土司“桀骜难驯”的特点恰好点出了二者与明政府的亲疏关系。《明史·土司传》“驯至神宗之世，朝廷惰媮，封疆败坏日甚一日。缅、莽之叛，皆土官之失职者导之”。[①] 将云南不安定的责任归结为土官的失职。相反西北土官“秉忠效力，唯中国之命是承”[②] “李氏、祁氏、冶氏皆膺显爵而建忠勋”。[③]

可知，《明史》不列西北土司基本是参考明代史书的态度。明代史书中，“土司”一词出现后，仅西南地区出现了“土官”、“土司”指代同一人物的记载，而在其他地区，如西北、东北、西番、交趾、朝鲜、缅甸等地仍使用“土官”，未见有二者等同使用的实例。假若“土司”等同于“土官”，没有道理在明代的史书中刻意不在其他地区使用“土司”一词。可见，“土官”是明代对边疆民族地区以“当地人”担任官职者的普遍称呼，而“土司”至多是在西南地区等同于部分职位较高的“土官”，而就非西南地区而言，“土官”、“土司”绝不是同一的。

清代的发展，也证明了这一点。“土司”权利大于“土官”亦有很好的实例，顺治五年，皇帝颁给西宁卫指挥同知李天俞的

---

① 《明史》卷313《土司传·云南土司一》，第8065页。

② ［明］康海：《刘中丞平番记》，甘肃省岷县志编纂委员会办公室编《岷州志校注》，1988年，第296页。

③ ［民国］赵尔巽等：《清史稿》卷517《甘肃土司》，中华书局1977年，第14303页。

敕书中有："自尔土司归诚向化，故历代授官，管束本地土官人等……尔即倾心本朝，特以先例，命尔世袭，照旧管束土官土军土民，并各该家口人等。"① 可知，"土司"的职责有管束"土官"一项。此外，考察《清实录》，"土司"的应用大大超过"土官"，② "土司"取代了明代被称为"土官"的很多人，这一现象曾经出现在嘉靖朝的西南地区，即"土司"被指称"土官"中的高层，只不过清代继续了明代"土官"转化为"土司"的趋势，而清代的"土官"则沦为职位、品秩较低的土职人员。

二、"土司"一词在嘉靖朝产生的原因

"土司"一词为何会在嘉靖朝出现。考察《明世宗实录》，关于"土司"共有材料十二条（见表2）。

表2　嘉靖朝"土司"应用表

序号	时间	内容	出处	对应区域
材料1	嘉靖三年十月	加镇远府推官杨载青俸二级，载青以土舍袭职，尝中贵州乡试。巡抚杨一渶请如武举袭廕之例，加陞一级，以为远人向学者之劝。吏部覆土司【土司，阁本"司"作"舍"】额，设定员，具各在任，难以加陞，宜于本卫量加俸给，着为例，报可	《明世宗实录》卷44，嘉靖三年十月甲寅条	贵州

① 顺治五年闰四月二十七日，《敕李天俞》，李鸿仪编纂：《西夏李氏世谱》，沈阳：辽宁民族出版社，1998年第77页。

② 《清实录》，中华书局1985年影印本。检索《清实录》，"土司"3596条记录，"土官"406条记录。

续表

序号	时间	内容	出处	对应区域
材料 2	嘉靖二十一年八月	两广总督尚书蔡经、总兵安远侯柳珣奏：宾州马平柳城诸猺獞首贼韦公返、韦扶矿为乱，守备程万全督兵捕之，无功。後因副使张瑶巡历柳州，遂私调土司杨留，带兵五百人袭贼，贼觉，杨留被执，卒，多死……	《明世宗实录》卷265，嘉靖二十一年八月辛丑条	广西
材料 3	嘉靖二十五年九月	……言贵州官军任战者少，各土司目兵亦缘征戍频繁，纪律漫弛，幸得以军法，便宜行事，庶可整齐，一定赏格……永保酉阳诸土司寔环诸苗境外。正德以来，诸土司赴调多借此苗为先锋，而土人且与苗为婚姻。故今日进剿诸苗，无所捕获，不得已而抚。则诸苗倚土司之庇，索求非分，或向或背，至使近苗之民畏苗而或为之用矣。今不重禁土司之党匿，不可以靖苗，宜令戴罪勉立後功……	《明世宗实录》卷315，嘉靖二十五年九月癸酉条	湖广永顺军民宣慰使司、保靖州军民宣慰使司；四川酉阳宣抚司
材料 4	嘉靖三十年三月	总督湖广川贵右都御史张岳，督集三省汉土兵，分哨剿苗。湖广分栗凹狗脑等七寨、四川分吕蜗普杓等八寨、贵州分鬼提麦地等十五寨，约以去年九月三日三哨并进，至十一月终，贵苗三十寨俱破共斩获六百余级，余苗多溃，……余寇得穿山漏网入於土司地方者……臣严行永保酉阳各土司合兵攻剿地方暂平其一应善後事宜臣等酌议具奏诏兵部知之	《明世宗实录》卷371，嘉靖三十年三月辛酉条	湖广永顺军民宣慰使司、保靖州军民宣慰使司；四川酉阳宣抚司
材料 5	嘉靖三十年四月	……湖广永保四川酉阳各土司以养苗为利……仍削土司冠服以彰朝廷威信……至于永保酉阳各土司彭明辅、彭荩臣、冉玄俱褫其冠带，令戴罪自劾……	《明世宗实录》卷372，嘉靖三十年四月庚午条	湖广永顺军民宣慰使司、保靖州军民宣慰使司；四川酉阳宣抚司

续表

序号	时间	内容	出处	对应区域
材料6	嘉靖三十五年正月	福建倭寇流入浙江界与钱仓寇合，原任留守王伦督容美土司田九霄等兵扼之於曹娥江，贼不得渡，还走，官军追及之於三江民舍，连战，斩首二百级，复追至黄家山，尽歼之	《明世宗实录》卷431，嘉靖三十五年正月癸亥条	湖广施州容美宣抚司
材料7	嘉靖三十五年九月	甲戌，提督直浙军务尚书赵文华等奏，上八月中，梁庄平倭功次共斩首一千二百余级，因言水陆诸寇相继荡平，皆上穹默佑圣武布昭，非将帅之力能及北，兵部覆请录永保二土司彭荩臣、彭翼南、彭明辅、彭守忠等及文武将吏功，仍祭告郊庙社稷，以明得意……	《明世宗实录》卷439，嘉靖三十五年九月甲戌条	湖广永顺军民宣慰使司、保靖州军民宣慰使司
材料8	嘉靖三十七年闰七月	巡抚福建佥都御史王询言：福建自被兵以来，设参将二人，一哨于海，一防于陆。然水陆之任，分而利害，异南北之势悬而首尾分各无信地互相观望。臣按闽中之势福宁北路之要害也，寇自台温来者必犯之；诏安南路之要害也，寇自广湖来者必犯之。……请更设参将一人，以署都指挥佥事曾清充之，部领哨船，选募精锐五百人往来闽安镇东福清并海之间，与主客兵互相应援。其本省原调广西向武州土兵，日久思归，宜从其便，而于湖广桑植麻寮二土司各调兵二千人代之。兵部覆奏，报可	《明世宗实录》卷462卷，嘉靖三十七年闰七月丁酉条	湖广桑植安抚司、麻寮千户所
材料9	嘉靖三十八年二月	总督湖广川贵侍郎王崇上，去年八月中剿平叛苗……叛苗纵兵剽掠，执石耶洞土官杨仁妻冉氏以归，寻发兵攻邑奋平茶土司官军……	《明世宗实录》卷469，嘉靖三十八年二月壬戌条	四川邑梅洞司、平茶洞司

续表

序号	时间	内容	出处	对应区域
材料 10	嘉靖四十一年九月	初播州土司原属四川统辖徵税，而其地多在贵州之境，嘉靖初诏改属贵州思石兵备矣。已而夷情以为不便，二省守臣各异议。有诏下总督罗崇奎勘处，至是用崇奎议，仍以播州隶四川，分属川东守巡重夔兵备三道，而贵州思石兵备道照旧，兼制播西平邑等土司，仍改给敕书，重事权以弹压之	《明世宗实录》卷 513，嘉靖四十一年九月丙午条	四川播州宣慰司、酉阳宣抚司、平茶洞司、邑梅洞司
材料 11	嘉靖四十四年十二月	巡按贵州御史部光先条议地方事宜：一苗夷犷猂作梗衢路，宜令土司酋长所部境界畧仿中土保甲之法……	《明世宗实录》卷 553，嘉靖四十四年十二月癸未条	贵州土司
材料 12	嘉靖四十五年十月	……严禁水西土司无乘隙助逆……	《明世宗实录》卷 563 卷，嘉靖四十五年十月庚辰条	水西土司（贵州宣慰司的俗称）

分析上表，有四点值得注意：

1. “土司”一词最早出现在贵州（见材料 1）或者广西（见材料 2），因材料 1 中“土司”一词有其他版本作“土舍”。但始终是在西南地区，且嘉靖朝称“土司”的地区是西南的贵州、湖广、四川、广西；

2. 称“土司”的地区有军民宣慰使司（永顺、保靖）、宣慰司（播州）、宣抚司（酉阳、容美）、安抚司（桑植）、长官司（平茶洞、邑梅洞）、所（麻寮所）；

3. 称“土司”较为密集的时间为嘉靖三十年以后；

4. 材料 2—11 集中反映出明政权对西南土司在军事上的依靠和防备，10 则材料可分为两类，材料 6、7、8 是西南土司与

"抗倭"的关系，其余材料是西南土司与"平苗猺獞"的关系。

从《明史·世宗本纪》考察世宗一朝的内忧外患（见表3），从世宗即位至嘉靖三十年，基本是蒙古贵族对北部地区的侵犯，从嘉靖三十一年开始，除仍有蒙古贵族的犯境外，沿海倭寇的侵扰成了明帝国的心头大患。这一时间与在西南地区称"土司"的时间基本一致。

表3　嘉靖朝边事汇总

入侵势力 / 入侵地区 / 入侵次数 / 入侵时间	蒙古						吐鲁番	蛮、番	倭寇
	华北				东北	西北	西北	西南	东南
	大同	宣府	山西	蓟镇	辽东	宁夏、甘肃、延绥等地	肃州	广西、云南等地	浙江等地
正德十六年—嘉靖三十年	9	8	1	1	1	10	1	5	0
嘉靖三十一年—嘉靖四十五年	7	9	2	5	3	9	0	0	26

注：1. 文中出现"蛮、番、苗、猺、獞、倭"等词均系从史料中引用、方便行文采用，非笔者观点。

2. 嘉靖二十六年"海寇犯宁波、台州"、二十八年"浙江海贼起"① 因为"海寇"并未明确说明是"倭寇"，故未统计在内。

前文提到表2中材料6、7、8系西南土司与"抗倭"之间的关系，反映出两点：一是明朝在抵御倭寇的斗争中依靠了西南土司土兵；二是西南土司在明朝的抗倭战争中屡立战功，发挥了重要作用，如"容美土司田九霄等兵扼之于曹娥江，贼不得渡，还

① 《明史》卷18《世宗本纪二》，第238—239页。

走，官军追及之于三江民舍，连战，斩首二百级”、“兵部覆请录永保二土司彭荩臣、彭翼南、彭明辅、彭守忠等及文武将吏功”。

材料2—5、9—11系西南土司与“平苗”之间的关系，也反映出两点：一是明政府利用西南土司地域上的优势参与“平苗”战争；二是在依靠西南土司“平苗”的过程中又担心他们之间千丝万缕的联系，如“正德以来，诸土司赴调多借此苗为先锋，而土人且与苗为婚姻”、“各土司以养苗为利”等，因此，采取恩威并用的策略，既有“削土司冠服以彰朝廷威信”，又有“令戴罪勉立後功”。

综上推测，基于贯穿嘉靖朝始终的北部与蒙古的战事、嘉靖三十一年开始的沿海抵御倭寇的战争以及时有发生的“西南苗蛮叛乱”，明政府敏锐察觉到了西南土官的重要性，他们所处的地域对内既能控制瓦解“苗蛮”，对外又能被调往东南抗倭，他们是最合适的伙伴；此外，为了应付北方及东南繁忙的战事，明政权自然无暇顾忌西南，对于西南土官地区的控制日渐松弛也在情理之中。正是在这样的背景下，“土司”一词应运而生，它使原西南地区的土官与西北地区的土官在身份上逐渐产生差距，又可隐约看到明政府态度的变化，即对于西南土官较为独立权利的认可，但这样的认可当然不能完全表现出来，所以就有了在西南地区“土官”“土司”可以交替使用乃至同等使用的现象。

三、“土司”一词最早出现于西南之根源

前文提到，从嘉靖朝来看，明确称“土司”的地区有军民宣慰使司（永顺、保靖）、宣慰司（播州）、宣抚司（酉阳、容美）、安抚司（桑植）、长官司（平茶洞、邑梅洞）、所（麻寮所）。

宣慰司、宣抚司、安抚司、长官司为元代设于边远地区，介于行省与郡县之间的地方行政机构，职责是“掌军民之务”，其

长官分别为宣慰使、宣抚使、安抚使、长官。① “洪武初，西南夷来归者，即用原官授之。其土官衔号曰宣慰司，曰宣抚司，曰招讨司，曰安抚司，曰长官司。”② 明代沿袭元代旧称，但性质不同，成为在西南少数民族地区设置的土官衙门，实际是少数民族首领世袭的地方政权，宣慰使、宣抚使、安抚使、长官等亦皆泛称为土官。

宣慰、宣抚系列职官在元代、明代的区别主要有二：

1. 设官不同。虽然其长官均为宣慰使、宣抚使、安抚使、长官等，但元代的宣抚司、安抚司中设有达鲁花赤一员，按元制，达鲁花赤必须由蒙古人或出身高贵的色目人充任，其实权高于宣抚使、安抚使；明代宣抚使、安抚使多由西南土官充任，设流官佐之，土官实权高于流官。

2. 隶属不同。元代宣慰、宣抚系列职官隶属于地方行省，可视为地方行政机构中的一级，中央对其控制力强；明代宣慰、宣抚系列职官名义上隶属于各省都司，但因按土官制度管理，自主性大。

综上可见，明代虽然承袭了宣慰、宣抚系列职官的旧称，但在控制力度和管辖方式上与元代是有本质区别的，唯保留了“其在远服”③ 的特点，即于少数民族地区设置的属性。明代为何只在西南地区保留宣慰、宣抚等职官？这与明初的统一战争及其地方建制有关。

明朝从洪武元年（1368）开始统一全国的战争，分为四路。一是徐达、常遇春的北伐军，消灭元政权、平定西北；二是汤和、廖永忠的南征军，攻下福建两广、统一南方；三是汤和、傅友德的西征军克四川，傅友德携蓝玉、沐英克云南，统一西南；

---

① 《元史》卷91《百官志七》，第2308页。

② 《明史》卷310《土司传》，第7981页。

③ 《元史》卷91《百官志七》，第2308页。

四是徐达、蓝玉等合军进军辽东，统一东北。经22年基本消灭各地割据政权及元朝残余势力。以《明史·太祖本纪》考察明朝统一战争中所遇困难，以西南最为艰巨，较之其他地区少数民族种类复杂，所进行的抵抗更为频繁激烈。

在明初的统一战争中，明朝在西南地区遇到的情况之复杂、抵抗之强烈，从洪武五年至三十一年持续不断地在处理西南问题中可见一斑，征讨次数达36次之多，其中五开蛮四叛四平，平散毛蛮、都匀蛮、古州蛮各两次，可见明政权和西南诸蛮的关系从一开始就处于屡平屡叛的状况中。反观西北地区，仅有7次征讨，每次的征讨对象均为“西番”，系对西北少数民族的统称，未见有对某一种族的单独征讨。[①] 正是在这样的背景下，明朝在平定西南后设置宣慰司、宣抚司、安抚司、长官司等土官机构以安抚少数民族首领，且准许其领有地方武装[②]，可见明朝对西南地区的控制力不足，而西南土官的自主权过大，以至于正是在西南地区所设的宣慰司、宣抚司、安抚司、长官司等地区最早出现了“土司”的称号，“土司”中“司”字很大程度上可以说源自宣慰司、宣抚司等中的“司”；而对相对来说控制力较强的西北地区，则与内地一样实行卫所制。

四、明代西北土官的本质属性

李清凌在《元明清时期甘青地区的土司制》一文中认为甘青土司的特点是：（一）多数土司官职较小、任职地区相对集

---

① 根据《明史·太祖本纪》统计。

② 《大明会典》有“洪武末年，以宣慰、宣抚、安抚、长官等官，皆领土兵，改隶兵部”。的规定。（见卷6《土官承袭》，第113页）可见，对宣慰、宣抚、安抚、长官等土官是允许其掌握军队的。

中；（二）外来人员多、社会根基浅；（三）世袭延绵、流传长久。[①] 林伟科《简析明代西北土司的特点》总结了西北土司的四个特点：（一）客籍多、根基浅；（二）土流参治、土治于流；（三）忠于朝廷、服从征调；（四）军功起家、承袭武职。[②] 两文均以明代西北有土司为前提。上述观点，与其说是根据西北土官的史料得出的结论，毋宁说是在与西南土司的对比中得到的答案。他们虽然注意到西北土官不同于西南土司的特点，但并不认为二者存在本质区别，因此得出明代西北有土司的结论。通过明代西北土官的特点考察其本质属性，可以作为判断其是否土司的标准之一。

龚荫先生在《中国土司制度》一书中，认为明代在四川、云南、贵州、广西、广东、湖广、陕西七个行省设有土司，并对其数字和分布情况做了详细的考察，列表如下[③]。

武职土司（Ⅰ）

职称 / 数字 / 行省	土宣慰使	土宣慰同知	土宣慰佥事	土宣慰司办事	土宣慰司司狱	土宣抚使	土宣抚同知	土宣抚副使	土宣抚司经历	土宣抚司知事	土安抚使	土安抚副使	土招讨使	土招讨副使	土长官	土副长官	土蛮夷长官	土长官吏目	合计
四川	12	1	1			7		2		1	24	2	1	1	58	7	2		119
云南	14					7	2	3	1	1	8				33	17			86
贵州	5	2		1	1						7				111	38	9	10	184
广西															7	3			10
广东																			

① 李清凌：《元明清时期甘青地区的土司制》，第 88 页。

② 林伟科：《简析明代西北土司的特点》，《黑龙江史志》2010 年第 15 期，第 43、第 53 页。

③ 龚荫：《中国土司制度》，第 58、第 61 页。

续表

职称 / 数字 / 行省	土宣慰使	土宣慰同知	土宣慰佥事	土宣慰司办事	土宣慰司司狱	土宣抚使	土宣抚同知	土宣抚副使	土宣抚司经历	土宣抚司知事	土安抚使	土安抚副使	土招讨使	土招讨副使	土长官	土副长官	土蛮夷长官	土长官吏目	合计
湖广	7					5					16				22		5		55
陕西																			
合计	38	3	1	1	1	19	2	5	1	2	55	2	1	1	231	65	16	10	454

武职土司（Ⅱ）

职称 / 数字 / 行省	土指挥使	土指挥同知	土指挥佥事	土千户	土副千户	土百户	土副百户	土镇抚	土总旗	土营长	土马目	职衔不详	合计
四川	1	1		48	3	150	1					2	206
云南	1		1	14	11	43				3		20	93
贵州	1	1	1		1	7		1	5	2	1		19
广西	1			5		11				1			18
广东													
湖广				2	2	15	4						24
陕西	8	10	12	28	2	86							146
合计	12	12	14	97	18	312	5	1	5	6	1	23	506

文职土司

职称/数字/行省	土知府	土府同知	土府通判	土府推官	土府经历	土府知事	土府照磨	土随县办事长官	土知州	土州同知	土州判官	土州吏目	土知县	土县丞	土主簿	土典吏	土驿丞	土随县办事百户	土巡检	土副巡检	土盐课司副使	土盐井司副使	土巡捕	土巡辑	土舍	土通事	土把事	土通把	合计
四川	2								1	1	1						4		7	1								1	18
云南	22	5			3	3	3		29	7	6		5	9	5	1	25		95		1	2	4	1	19	1	7	2	255
贵州	2	1	1	1				1	1	5	1		2	3	3			2	8						7	3			41
广西	5								42		1	1	9		1	2	28		75	145									309
广东										1	1		3	2	4	3			6	2									22
湖广									3																				3
陕西																													
合计	31	6	1	1	3	3	3	1	76	14	10	1	19	14	13	6	57	2	191	148	1	2	4	1	26	4	7	3	648

从上述三表可以清楚地看到，所谓“陕西土司”既不属于宣慰、宣抚系列，亦不属于府州县系列，而是属于卫所系统，这是“陕西土司”与其他六省土司非常显著的区别。

明代所设土官，身份大致有三：故元官吏、当地土酋、既为元官亦为土酋；来源大致有二：主动归附、政府招徕。明初在西南地区多设宣慰等司，而在西北则设卫所。

故元陕西行省吐蕃宣慰使何锁南普于洪武三年归附，洪武四年正月，朱元璋便“以何锁南普为河州卫指挥同知，朵儿只、汪家奴为佥事，置所属千户所八……仍令何琐南普子孙世袭其职”。①

洪武六年正月，“置西宁卫以朵儿只失结为指挥佥事。朵儿只失结，西宁人，仕元，为甘肃行省右丞”。②

洪武三十五年十二月，“西宁卫土官卫镇抚李南哥进马赐钞二百锭彩币十表里”。③

永乐四年十二月，“鞑靼头目苦木帖木儿等来归，命苦木帖木儿为陕西都督佥事，赐姓名曰柴永正，达丹为庄浪卫指挥佥事，赐姓名曰安汝坚，把的为正千百户，赐姓名曰平以正，俱赐诰敕冠带文绮袭衣彩币”。④

永乐五年十月，“都指挥柴志诚等遣子因帖木儿及凉州卫土官百户众神保等进马赐钞币有差”。⑤

永乐二十二年八月，“陕西巩昌卫土官指挥同知汪寿贡马赐钞币有差”。⑥“庄浪卫土官指挥同知鲁失加等贡马及方物赐钞币

① 《明太祖实录》卷60，洪武四年正月辛卯条。
② 《明太祖实录》卷78，洪武六年正月己未条。
③ 《明太宗实录》卷15，洪武三十五年十二月癸亥条。
④ 《明太宗实录》卷62，永乐四年十二月癸巳条。
⑤ 《明太宗实录》卷72，永乐五年十月戊戌条。
⑥ 《明仁宗实录》卷1，永乐二十二年八月庚申条。

有差。”①

明朝相继建立了河州、西宁、洮州、岷州、庄浪、临洮等卫所安置前来归附的故元官吏、当地土酋和土官。明制，“度要害地，系一郡者设所，连郡者设卫”。② 卫所之地均为军事重地。明初统治者为何要把西北土官纳入其卫所体系呢？一般认为，是其“扼束羌、番，屹为襟要”，③ 可以西控西域、南隔羌戎、北遮胡虏、隔断番虏的战略地位决定的，这当然是明朝的主要目的，但是，要实现这个目的也要有客观条件的配合，这个客观条件就是西北土官的情况与西南地区大相径庭。

前文提到贵州的安疆臣既可称“土官”亦可称“土司”。贵州水西安氏先祖济火从诸葛亮南征有功，封罗甸国王，历经数十代，元朝时被封水西宣慰司，洪武初年，其后裔霭翠归附，被赐名钦，安氏领水西，领原职世袭。洪武六年，霭翠的地位已在各家宣慰司之上。④ 安氏在明之前，世代居于水西，且历数十代，即为当地土酋，又受过元的册封。明代在西南地区封授的土司情况基本如是：为当地的大姓、豪酋，根基深厚。

西北土官则是另一种情况：大多是元、明之际迁入的外地人。世居西宁的李氏、世居庄浪的鲁氏均为显赫一时的土官家族。据顺治《李氏世系宗谱》载，李氏先世是沙陀人，在唐时被赐姓李，后徙居西夏，元朝时李赏哥一支居西宁，传至李南哥，为元西宁州同知，南哥于洪武初归附，授西宁卫世袭指挥

① 《明仁宗实录》卷1，永乐二十二年八月癸亥条。

② 《明史》卷90《兵志二》，第2193页。

③ ［清］顾祖禹：《读史方舆纪要》卷64，北京：中华书局，2005年，第3005—3006页。

④ 《明史》卷316《土司传·贵州土司》，第8169页。

使。二世李英因战功显赫，封世袭会宁伯，[①]《明史》有《李英传》。李氏在明代传八世。“河西巨室，推鲁氏为最。”[②] 据乾隆《鲁氏家谱》载，鲁氏始祖脱欢，洪武初年归附，其子巩卜世杰授百户长，三世失加受到明成祖重用，累官至庄浪卫指挥同知，四世鲁鉴在《明史》中有传，授庄浪卫指挥使，鲁氏在明代传九世。可知，李氏在元代才移居西宁，鲁氏在明初才来到庄浪，两个家族分别在二世、三世以后才逐渐受到重用，他们在洪武初年归附时实力并不强大。

洪武六年，朱元璋给西宁卫指挥佥事朵儿只失结的敕书中言到：“……尔朵儿只失结久居西土，闻我身教，委身来庭，朕用嘉之。今开设西宁卫，特命尔为之佐。尔尚思尽乃心，抚其部众，谨守法度，以安疆土。”[③] 明确了朵儿只失结的职责是“为之佐”。明代卫所世官有九等：指挥使、指挥同知、指挥佥事、卫镇抚、正千户、副千户、百户、试百户、所镇抚。[④] 可知，在这些西北卫所中，并非只有土官，且土官在其中更多可能属于从属地位。例如，上文提到的河州卫指挥同知何锁南普，其辅佐的对象即为河州卫指挥使宁正。万历《庄浪汇记》记录了庄浪卫汉、土军官的数额，“汉官指挥千百户共五十九员”，“土官指挥千百户二十六员”。[⑤] 这与西北土官“客籍多、根基浅”是相吻合的，正因为其基础薄弱，朱元璋才敢于对这些土官任命较低的

---

① 王继光：《安多藏区土司家族谱辑录研究》，北京：民族出版社，2000 年，第 24 页。

② 王继光：《安多藏区土司家族谱辑录研究》，第 52 页。

③ ［清］杨应琚：《西宁府新志》卷 32《艺文志》，台北：文海出版社，1996 年，第 1249 页。

④ 《明史》卷 72《职官志》，第 1751 页。

⑤ ［明］王之采：《庄浪汇记》卷 1，转引自王继光：《试论甘青土司的形成及其历史背景》，第 81 页。

职务、让其承担辅佐任务、将其安置在卫所系统中，目的是让其逐渐融合在正规体制下，使西北地区成为明朝实际管辖的区域。

这一点，明初在西南地区是无法做到的。以云南为例，洪武十五年（1382）正月，朱元璋谕傅友德、蓝玉、沐英："今云南既克，必置都司于云南以统率诸军，既有土有民，又必置布政司及府、州、县以治之。"① 二月，置云南布政使司、都指挥使司。② 三十年（1397）正月，置云南提刑按察司。③ 可知，明初在云南设置了与内地相同的地方行政机构——三司，其目的是"既平滇宇，用夏变夷"。④ 正如，陈碧芬在《论朱元璋治滇的意义》一文中所言是"将云南纳入全国统一的政治轨道"。⑤ 然而，由于遇到前文提到的西南诸蛮"叛服无常"的困难，不得已"统而稽之，大理、临安以下，元江、永昌以上，皆府治也。孟艮、孟定等处则为司，新化、北胜等处则为州，或设流官，或仍土职"。⑥ 正是因为云南复杂的民族情况，朱元璋虽有心却无力实行整齐划一的行政建制，而是因地制宜，在云南设土职，特别是设有宣慰、宣抚系列土职，如前文龚荫先生《中国土司制度》书中列表显示，云南土宣慰使等职称86、土指挥使等93、土知府等255。其余，四川、广西、贵州、湖广情况大略如此。可见，朱元璋对能够控制的土地是一寸不让的，即便是无法完全控制的西南地区，也采用了"分而治之"的方法，更毋庸说对能

---

① 《明太祖实录》卷141，洪武十五年正月甲午条。

② 《明太祖实录》卷142，洪武十五年二月乙卯条、癸丑条。

③ 《明太祖实录》卷249，洪武三十年正月壬申条。

④ ［明］刘文征：《滇志》卷20，《艺文志》都指挥使司题名记（陈善）条，昆明：云南教育出版社，1991年，第667页。

⑤ 陈碧芬：《论朱元璋治滇的意义》，《中国边疆史地研究》2008年第1期，第38页。

⑥ 《明史》卷313《土司传·云南土司》，第8063页。

够控制的西北地区，不设独立性较强的宣慰、宣抚司是理所当然的。

明代政治一向遵循祖制，朱元璋对待西北土官的思想和措施也得到较好的执行。西北土官在卫所框架下服从征调、屡立战功、累官世袭，他们绝少叛乱、忠于朝廷，也得到明廷的信任，获得后世“绝不类蜀、黔诸土司，桀骜难驯”① 的评价。综上，先天基础薄弱的西北土官被明朝纳入能够有效控制的卫所系统，他们终明一世没有完成从土官到土司的转变，这一点与西南土司有着本质区别。然而，正是由于在明朝良好的环境中得以发展壮大，历经数代的世袭，适逢明清鼎革的巨变，他们在清代才发展为拥有独立管辖权的土司。

五、清代西北土司的产生

官方正史中，《清史稿·土司传》较之《明史·土司传》除继续保留湖广、四川、云南、贵州、广西土司外，还增加了甘肃土司。可知，对于西北土司在清代是得到认可的。杨应琚《西宁府新志》言：“宁郡诸土司计十六家……内惟土司陈子明系南人，元淮南右丞归附，余俱系蒙古及西域缠头，或以元时旧职投诚，或率领所部归命……迨至圣朝，俱就招抚。孟总督乔芳奏请仍赐以原职世袭。”②

清代西北土司的出现原因有三：

1. 明代卫所的衰败、土官实力的积累

成祖以后，国家没有战事，卫所兵制逐渐废弛；1449 年土木之变造成明朝五十万京军损失过半，于谦改设十团营，募兵制

① 《清史稿》卷 517《甘肃土司》，第 14304 页。

② 《西宁府新志》卷 24《官师志·土司附》，第 881—882 页。

逐渐取代卫所兵制；明代中后期，由于班操、占役、勾军、漕运、吃空饷种种弊端，不仅内地卫所兵不可用，边卫亦深受其害，卫所兵制名存实亡。但作为行政辖区的卫所仍旧存在。顾诚先生认为："明中期以后，总的趋势是从都司、卫、所辖地内划出一部分设立州县。"但由于卫所官员不会轻易放弃世袭权利，边卫、运粮卫所承担的军事和漕运任务仍有存在的必要，卫所和州县在征收本色、折色和负担劳役等问题上差异很大等等影响变革的阻力存在，至明朝灭亡，绝大部分卫所仍然是同州县类似的地理单位这一基本格局并没有改变。①

卫所兵制的崩溃给西北土官提供了继续扩大军事实力的机会，他们经过整个明朝270多年的发展，基本已在当地扎根，如河州卫何氏从洪武三年（1370）归附的一世祖何锁南普算起至天启四年（1624）袭职的何永吉已历10世、西宁卫陈氏从至正二十三年（1363）归附的陈子明至顺治五年（1648）袭职的陈师文已传11世、庄浪卫鲁氏从洪武三年（1370）归附的始祖脱欢至顺治十六年（1659）袭职的鲁宏已历10世、西宁卫西祁氏从洪武元年（1368）归附的贡哥星吉至崇祯年间袭职的祁廷谏已历8世、西宁卫东李氏从洪武四年（1371）归附的李南哥至崇祯年间袭职的李天俞已历8世，② 只等待一个作为行政和地理单位的卫所的瓦解，他们便可名正言顺转化为土司，清代的行政改革正好契合了这一转变。

2. 清代改卫置县

顺治二年（1645）孟乔芳总督陕西军务，在清打着为明复

① 顾诚：《明帝国的疆土管理体制》，《历史研究》1989年第3期，第142—143页。

② 参见《清史稿》卷517《甘肃土司》；陈万言：《西北种族史》，北京：亚东制版印刷局，1919年；王继光：《安多藏区土司家族谱辑录研究》。

仇、反对李闯的口号下，西北土官纷纷归降清朝。上文提到的何永吉、陈师文、祁廷谏、李天俞于顺治二年归附，鲁宏于顺治十六年归附。归附之初，清代沿用明代旧制，但随着清朝行政区划的变革，这些土官栖身的卫所（虽早已名存实亡，但框架仍在）也被撤消。清代以明陕西布政司、陕西行都司之地为甘肃省。康熙三年（1664），分陕西为左、右布政司。六年（1667），改陕西右布政司为巩昌布政司。七年（1668），又改甘肃布政司。雍正三年（1725）裁陕西行都司。从雍正二年（1724）始，陆续将其下辖卫所改为府州县建制：甘州五卫改为甘州府、西宁卫改为西宁府、凉州卫改为凉州府、肃州卫改为肃州直隶州、镇番卫改为镇番县、古浪所改为古浪县、永昌卫改为永昌县、庄浪卫改为平番县、山丹卫改为山丹县、高台所改为高台县。①

失去了卫所的框架，西北土官的世袭利益如何保障？府州县本是以中央派遣流官为主来进行行政管辖的，但为了笼络西北土官，清朝统治者也乐得承认他们的土司地位，保证他们的世袭利益，虽然不在卫所了，但其在明代的世职不变，作为条件，希望他们向对明王朝效忠一样忠于清王朝。清朝统治者所做的就是对在明朝后期西北虽无土司之名却逐渐发展为土司之实的状况给予了一个名分。

3. 符合清代的治边政策

清以边疆少数民族身份入主中原，对于边疆的治理更为重视，对疆域的有效控制欲望更为强烈，这从康雍乾三朝屡行大规模的征讨便可看出。与明朝略显保守的治边政策相比，清初的边疆政策更为积极主动。黄新亮《清代的治边政策与中国边疆领土

① 《清史稿》卷64《地理志十一·甘肃》。另有一说为，清初曾设厅管辖卫所，西宁厅等存在近80年后，于雍正初年改为西宁府等，而非是由西宁卫直接改为西宁府。见张生寅：《西宁厅沿革考论》，《青海社会科学》2012年第5期。

的巩固》总结清初是“危机意识下的积极实边”，其表现形式有三：在东北、蒙古、新疆、西藏等地区实行封禁政策，严禁汉人进入；用羁縻之策笼络少数民族上层，包括封爵、赏赐、给俸、联姻、年班、围班等；设卡伦巡边。[①] 马玉华《治边政策：从清代到民国的梳理》认为清代继承了中国古代“因俗而治”、“恩威并施”的治边思想。[②] 归纳为，“修其教不易其俗，齐其政不易其宜”；“分而治之”与“众建而分其势”。[③] 可见，清初对边疆的治理形式虽然多样化，但目的只有一个——直接控制，而且表现出“重实不重名”的务实态度。例如，对蒙古王公多授以亲王、郡王、贝勒、贝子、镇国公、辅国公等世袭爵位。

这一思想自然也贯彻在西北土官身上。首先是大方承认其土司身份并加以利用。入关伊始，便“授陕西庄浪土司祁廷谏、鲁安为指挥使，西宁土司李天俞为指挥同知”。[④] 这是官方史书中西北地区第一次出现“土司”的称谓[⑤]。清对西北土司的利用表现在两方面：一是用大土司安抚、招徕中小土司。总督孟乔芳在将被李自成拘禁的祈廷谏、李天俞等释放出来后，派他们安抚西宁及河西地区各土司；清代在西宁除承认了自元明以来发展壮大

① 黄新亮：《清代的治边政策与中国边疆领土的巩固》，《齐齐哈尔高等专科学校学报》，2009 年第 3 期。

② 马玉华：《治边政策：从清代到民国的梳理》，《南京晓庄学院学报》2012 年第 1 期。

③ 马大正主编：《中国边疆经略史》，郑州：中州古籍出版社，2000 年，第 259 页。

④ 《清世祖实录》卷 38，顺治五年闰四月癸卯条。

⑤ 顺治二年二月二十九日，《敕李珍品》：“敕陕西西宁卫指挥同知李珍品，自尔土司归诚向化……”为更早西北“土司”称号。见李鸿仪编纂：《西夏李氏世谱》，第 77 页。

的十七家土官为土司外，还增设了小李土司、曹土司①，意在“众建而分其势”。二是用土司土兵协助其军事行动。康熙五十八年（1719）西藏达哇蓝占巴抗清，岳钟琪率兵西征，命连城土司鲁华龄做先锋兼护粮饷；雍正元年（1723），罗布藏丹津反清，西北大小土司站在清廷一边，为其把守关隘。有清一代，西北土司屡立战功、颇为忠诚，当是对清朝给予其土司身份及世袭地位的报答。

其次是将西北地区彻底纳入直接管辖。明代以军事建制陕西行都司控辖河西走廊，西北大致以嘉峪关为界，西北土官被安置在关内卫所，关外设羁縻卫所，利用西北土官的特殊身份联系和控制关外的西域及藏区，这种控制是间接和松散的，明代实际管辖区域没有达到西域、藏区。但清代秉持“边疆一日不靖，内地一日不安”的思想，立志于彻底解决西北问题。时任川陕总督年羹尧曾上奏：“甘肃之河西各厅，自古皆为郡县，至明代始改为卫所，今生齿繁庶，不减内地，宜改卫所为州县。”② 从年羹尧的奏书可看出，清代对西北土官的管理已准备从明代的军事建制改为民政建制，因为清不需要他们作为控制手段和屏障，而是要对这一地区开始征收赋税。这源自清从康熙末年开始的“驱准保藏”战争的胜利，经过雍正、乾隆两朝的军事、宗教政策的巩固，连西藏地区都归于清王朝直接统治之下，且青海地区的蒙古、回部（维吾尔族等）、西番（藏族）等也分别被编佐领、编

① 参见青海省社会科学院、青海省地方志编纂委员会：《青海方志资料类编》，西宁：青海人民出版社，1987 年，第 1473—1478，《甘肃诸土司属民表》；《清史稿》卷 517《甘肃土司》。小李土司李化鳌，清顺治二年投诚，授世袭百户；曹土司曹通温布，乾隆元年以功补大通川世袭土千户。

② 《清世宗实录》卷 25，雍正二年十月丁酉条。

旗，纳入清王朝直接统治之内。[①] 总之，清代因西北疆域的扩展，对原明代西北土官之地已无需设卫所保障，在清王朝“因俗而治”、“恩威并施”、“分而治之”的策略下，他们土司地位的被承认亦是顺理成章之事。

小 结

本文从时间、地域的角度出发，发现“土司”一词在明代中叶嘉靖朝的西南地区出现是有其历史根源和现实背景的。历史根源即在明初的统一战争中就遭到西南各族的强烈抵抗，其少数民族首领叛服无常，无奈之下，明朝沿用了元朝在少数民族地区设置的宣慰、宣抚司的管辖方式和职官系统，实质与元代不同，且允许其掌握军队，成为“土官”转变为“土司”的基础；现实背景是在嘉靖朝，倭寇频繁入侵，明政府看到了西南土官地理上的优势，既能帮助镇压“苗蛮”，又能协助抗击倭寇，且明朝疲于奔命在对蒙古和对倭寇的战争中，对西南土官的控制更加松弛，致使其自主性更强，“土司”一词应运而生，明朝官方也不得不隐约承认这种变化。西北土官的情况则大相径庭，由于客籍多、根基浅、历代不久、实力弱小，归附之初被全部安置于军事行政体系的卫所之中，缺乏独立的管辖权，在制度和实力的局限下，没有像西南地区一样在明朝中后期发展为独立一方的土司，但利用清朝取代明朝的机遇，清初几家大的土官最终转变为土司。

“土官”在明代最初是作为对“当地人”承担官职者的称呼，使用范围非常广泛，对于土官的管理也基本形成了一套体

---

① 王锺翰：《年羹尧西征问题——兼论雍正西北民族政策》，《青海社会科学》1990 年第 4 期。

制，尤其是在西南五省专设的宣慰司、宣抚司等土官地区，非常严格地执行着土官制度，而在未设宣慰司、宣抚司等土官地区的西北，也存在很多土官，但多在卫所任职，主要执行的是卫所制度，其朝贡等方面亦有参照土官制的情况；“土司”在嘉靖朝的西南地区产生，较之先前的“土官”显示了一种权利扩大的趋势。“土司”一词出现后，在西南与“土官”基本代表了同一含义，但在其他地区并未出现“土官”权利提升的现象，所以未有出现使用“土司”的情况，西北土官地位的提升在清初才正式确立下来。

因此，“土官”与“土司”并非同一概念，且有本质区别，明代西北有土官而无土司不但符合史料的记载，更加符合实际情况。

哈达哈事迹述略

中央民族大学历史文化学院　刘金德

哈达哈，生年不详，卒于乾隆二十四年（1759），满洲苏完瓜尔佳氏，隶镶黄旗满洲，[①] 清朝开国佐运直义公费英东玄孙，傅尔丹[②]次子，历仕康、雍、乾三朝，任过领侍卫内大臣、工部尚书、议政大臣、兵部侍郎等官职，是瓜尔佳氏家族中之佼佼者。因此对哈达哈的生平事迹进行研究甚有必要，这将充分展现苏完瓜尔佳氏家族在清朝历史上的发展轨迹，也是清史研究的一部分。

一、崭露头角

康熙五十九年（1720），哈达哈被授为蓝翎侍卫。六十一年（1722），被任命为治仪正，累迁至冠军使，兼公中佐领。雍正九年（1731），迁头等侍卫。[③] 次年，又被任命为镶蓝旗蒙古副

---

① 赵尔巽：《清史稿》卷314《哈达哈列传》，记其为镶蓝旗满洲人，乃误载，北京：中华书局，1977年，第10696页。

② 关于傅尔丹其人，可参阅拙文《傅尔丹评述》，见高翠莲主编：《民族史研究》第十辑，北京：中央民族大学出版社，2011年。

③ 铁保等奉敕纂：《钦定八旗通志》卷141《哈达哈》，台北：学生书局，1968年，第9039页；吴忠匡总校订：《满汉名臣传》卷45《哈达哈列传》，哈尔滨：黑龙江人民出版社，1991年，第1328页。

都统,[①] 后被调至正蓝旗汉军副都统任。[②] 十月，哈达哈等带领张家口之兵丁前往归化城，以“保护西界之喀尔喀、内地扎萨克等游牧”。[③] 十一月，升任正蓝旗蒙古都统。[④] 十一年（1733）正月，遂令哈达哈等在青草发芽时带领兵丁前往红郭尔鄂隆驻扎，以达到“照管喀尔喀游牧，亦足堵御阿济道路”之目的。[⑤] 四月，哈达哈等正式前往红郭尔鄂隆驻扎。[⑥] 雍正十二年（1734）正月，哈达哈由正蓝旗蒙古都统升为正黄旗领侍卫内大臣，仍留军营。[⑦] 十三年（1735），雍正皇帝“令大臣官员往驻蒙古边疆，办理事务”。遂于二月裁撤北路索伦兵丁，在哈达哈带领下赴呼伦贝尔驻防，协同永福管辖,[⑧] 四月到达驻扎地。

由于哈达哈出生在康熙末年，此时期年纪尚轻并无大的作为；雍正年间哈达哈的事迹主要在蒙古地区的归化城，此间其官职屡被擢升，可见哈达哈对驻扎地蒙古牧民的放牧和财产安全立下了汗马功劳。可以说此时之哈达哈在仕途上崭露头角。

二、大展身手

从雍正十年十月，哈达哈被调往归化城驻防至乾隆元年（1736）四月，他已在驻防地度过了长达四年的戍边生活，于是

---

① 《清世宗实录》卷 115，雍正十年二月甲辰条，北京：中华书局影印本，1986 年；《钦定八旗通志》卷 141《哈达哈》，第 9039 页；《满汉名臣传》卷 45《哈达哈列传》，第 1328 页。

② 《清世宗实录》卷 119，雍正十年闰五月戊戌条。

③ 《清世宗实录》卷 124，雍正十年十月己巳条。

④ 《清世宗实录》卷 125，雍正十年十一月辛卯条。

⑤ 《清世宗实录》卷 127，雍正十一年正月庚寅条。

⑥ 《清世宗实录》卷 128，雍正十一年二月己未条。

⑦ 《清世宗实录》卷 139，雍正十二年正月壬寅条。

⑧ 《清世宗实录》卷 152，雍正十三年二月乙巳条。

总理事务王大臣等奏请兵部，于明年二三月间，“遣官赴呼伦贝尔更换”。[①] 九月，即令哈达哈回京，[②] 并授勋旧佐领。[③] 乾隆元年十二月，哈达哈袭其高祖费英东所遗之三等信勇公爵位。[④] 四年（1739）五月，“以领侍卫内大臣哈达哈，为镶白旗汉军都统”。[⑤] 十月，又被调任镶红旗满洲都统。[⑥] 十一月，令其管理火器营事务。[⑦] 乾隆五年（1740）闰六月，由于正白旗汉军副都统马元熙等触犯律条，故令哈达哈暂行署理正白旗汉军都统事务。[⑧] 十一月，“调工部尚书来保为刑部尚书，以镶红旗满洲都统公哈达哈为工部尚书”。[⑨] “议政大臣，兼都统如故。”[⑩] 十二月，又令哈达哈署理镶红旗满洲都统。[⑪] 乾隆六年（1741）二月，“命工部尚书公哈达哈，仍兼管镶红旗满洲都统事务”。[⑫] 三月，因兵部尚书班第奉差在外，特命哈达哈兼署。[⑬] 十二月，又

---

① 《清高宗实录》卷 17，乾隆元年四月丙戌条。

② 《清高宗实录》卷 27，乾隆元年九月丙辰条。

③ 《钦定八旗通志》卷 141《哈达哈》，第 9039 页；《满汉名臣传》卷 45《哈达哈列传》，第 1328 页。

④ 《清高宗实录》卷 32，乾隆元年十二月乙丑条。《清史稿》卷 314《哈达哈列传》载“傅尔丹初袭曾祖费英东二等信勇公，乾隆元年，追论失律罪，黜，以哈达哈袭”。此中所言袭二等信勇公乃误载，应为三等。

⑤ 《清高宗实录》卷 93，乾隆四年五月壬戌条。

⑥ 《钦定八旗通志》卷 141《哈达哈》，第 9040 页；《满汉名臣传》卷 45《哈达哈列传》，第 1328 页。

⑦ 《清高宗实录》卷 104，乾隆四年十一月庚戌条。

⑧ 《清高宗实录》卷 120，乾隆五年闰六月丙午条。

⑨ 《清高宗实录》卷 130，乾隆五年十一月庚午条。

⑩ 《钦定八旗通志》卷 141《哈达哈》，第 9040 页；《满汉名臣传》卷 45《哈达哈列传》，第 1328 页。

⑪ 《清高宗实录》卷 132，乾隆五年十二月丙午条。

⑫ 《清高宗实录》卷 136，乾隆六年二月甲辰条。

⑬ 《清高宗实录》卷 139，乾隆六年三月庚寅条。

署步军统领。[①] 一时间身兼多职，责任重大。

乾隆七年（1742）四月，命哈达哈等“总理修造万年吉地胜水峪工程事务”。[②] 七月，命哈达哈等疏浚河道，[③] 乾隆八年（1743）十二月，令哈达哈等修葺翰林院衙门破坏之处。[④] 九年（1744）正月，由于讷亲被派出差，命哈达哈兼管銮仪卫大臣事务。[⑤] 十年（1745）三月，谕“讷亲协办大学士事务，不必兼管户部尚书、銮仪卫事，其銮仪卫掌卫事员缺，著哈达哈补授”。[⑥]“十一年，以后护误班，诏解领侍卫内大臣、御前大臣。”[⑦] 乾隆十三年（1748）二月，谕“从前哈达哈，在朕切近随侍，因不敬谨，漫无诚心，是以不令伊在御前，并未从重治罪，欲彼悛改，实心任事，以故施恩，使彼效力行走。彼当感激朕恩，追悔前愆，奋勉自新，以图报效。今观哈达哈尚未改伊旧日恶习，一切事务，并不实心办理，唯务瞻徇，不思奋勉，有负朕恩。哈达哈著罚公俸一年”。[⑧] 三月，孝贤皇后的梓宫至京，命时为工部尚书的哈达哈与履亲王允裪、和亲王弘昼、户部尚书傅恒等人总理丧仪。[⑨] 四月，由于大学士讷亲往四川经略军务，往返需时，而内阁满洲大学士办事人少。“著尚书傅恒协办大学士事务；阿克敦，著解退大学士。讷亲未回京之前，吏部事务亦著傅恒兼

① 《清史稿》卷 314《哈达哈》，第 10696 页。

② 《清高宗实录》卷 164，乾隆七年四月辛丑条。

③ 《清高宗实录》卷 170，乾隆七年七月辛未条。

④ 《清高宗实录》卷 207，乾隆八年十二月丙子条。

⑤ 《清高宗实录》卷 209，乾隆九年正月壬寅条。

⑥ 《清高宗实录》卷 237，乾隆十年三月辛卯条。

⑦ 《钦定八旗通志》卷 141《哈达哈》，第 9040 页；《满汉名臣传》卷 45《哈达哈列传》，第 1328 页。

⑧ 《清高宗实录》卷 309，乾隆十三年二月壬申条。

⑨ 《清高宗实录》卷 311，乾隆十三年三月辛丑条。

管；其兵部尚书事务，著哈达哈署理。”[①] 同月，他还兼管光禄寺事。[②] 又因办理孝贤皇后册宝不慎，议革职，但因哈达哈兼办之事繁多，“且曾经亲到查看，姑从宽革职留任”。[③] 七月，乾隆帝为了让士兵熟悉云梯在登城过程中的作用，并使其在金川战争中有所用途，“于八旗前锋护军内，上三旗每旗派五十人，下五旗每旗派三十人，择其少壮勇健者演习云梯，以备遣用。交与公哈达哈、查拉丰阿、都统永兴、护军统领庆泰、副都统那穆扎勒管领训练”。[④] 七月，因哈达哈患病，令来保兼理兵部事务。[⑤] 十月，又谕“銮仪卫事务，著哈达哈管理，哈达哈未到以前，著旺扎勒暂行管理”。[⑥] 十二月，命哈达哈，“暂署兵部尚书、步军统领”。[⑦] 十四年（1749）二月，因哈达哈在边疆战争中“久膺委任，历著清勤”，遂加太子少保。[⑧]《钦定八旗通志》、《满汉名臣传》皆载哈达哈于乾隆七年被“晋太子少保”。[⑨] 然《清高宗实录》与《平定金川方略》等书却记载为乾隆十四年，[⑩] 从成书时间来看，此说较为可信。四月，“命兵部尚书哈达哈，兼管满洲

---

① 《清高宗实录》卷312，乾隆十三年四月甲子条。

② 《钦定八旗通志》卷141《哈达哈》，第9040页；《满汉名臣传》卷45《哈达哈列传》，第1328页。

③ 《清高宗实录》卷315，乾隆十三年五月壬寅条。

④ 《清高宗实录》卷319，乾隆十三年七月己亥条。

⑤ 《清高宗实录》卷319，乾隆十三年七月庚子条。

⑥ 《清高宗实录》卷326，乾隆十三年十月乙酉条。

⑦ 《清高宗实录》卷330，乾隆十三年十二月己丑条；《钦定八旗通志》卷141《哈达哈》，第9040页；《满汉名臣传》卷45《哈达哈列传》，第1328页。

⑧ 《清高宗实录》卷334，乾隆十四年二月丙戌条。

⑨ 《钦定八旗通志》卷141《哈达哈》，第9040页；《满汉名臣传》卷45《哈达哈列传》，第1328页。

⑩ 《平定金川方略》卷23，乾隆十四年二月丙戌条，《四库全书》第357册，上海：上海古籍出版社，1987年，第357—358页。

火器营护军统领”。[①] 十二月，乾隆谕曰：“三和自补授工部尚书以来事事周章不能妥协。朕今日御门听政，伊又迟误不到，乃器小易盈，不足胜任，著以工部侍郎用。众佛保不识汉字，不必管理部务，其员缺即著三和补授。工部尚书员缺，著哈达哈调补。”[②]

乾隆十六年（1751）二月，乾隆赏赐随其南巡的大臣及官兵，赏给哈达哈等一年俸银。[③] 五月，乾隆帝令尚书舒赫德前往保定，会同直隶总督方观承审定“永定河道英廉捏饰误公一案”，“其步军统领事务，著哈达哈暂行兼管”。[④] 乾隆七年，曾派遣哈达哈等修浚京城河道，并且陆续竣工，然乾隆十六年六月又出现淤塞，遂谕令曰：“从前修浚者，今又不无淤塞，而欲使积潦通流，必先由河道疏畅。是以今年特派人管理河道，随时指示，已有成效。此案仍著海望、舒赫德、哈达哈会同管理河道之五福、努三、傅德等，详悉相度，动项兴修，嗣后随时留心经理，毋令填壅淤塞。”[⑤] 九月，“尚书舒赫德，著驰驿前往江南，会同总督尹继善，查办事件。步军统领事务，著尚书哈达哈暂行兼管。镶红旗汉军都统印务，著李元亮暂行署理”。[⑥] 乾隆十七年（1752），仍令哈达哈暂署步军统领事务。[⑦] 二月，哈达哈、刘统勋被派往通州稽查粮仓中米数短少等问题。[⑧] 二月十八日，

① 《清高宗实录》卷339，乾隆十四年四月癸卯条。
② 《清高宗实录》卷355，乾隆十四年十二月辛卯条。
③ 《清高宗实录》卷382，乾隆十六年二月乙亥条。
④ 《清高宗实录》卷388，乾隆十六年五月庚戌条。
⑤ 《清高宗实录》卷392，乾隆十六年六月己亥条。
⑥ 《清高宗实录》卷399，乾隆十六年九月甲申条。
⑦ 《清高宗实录》卷407，乾隆十七年正月丁亥条。
⑧ 《清高宗实录》卷408，乾隆十七年二月戊戌条。

因“哈达哈现在患病，其步军统领事务，著雅尔图暂行署理”。[1]三月初六日，“工部满堂官现在办事需员，著内阁学士赫赫暂署工部侍郎事，俟尚书哈达哈病痊之日，赫赫不必署理”。[2]三月初八日，谕曰：“哈达哈所署步军统领事务，著侍郎兆惠暂行管理。”[3]十月，哈达哈奏报当年会试情况，“今科武会试，地字围外场。四川、云南二省新科武举，甚属平常，请通饬各该督抚加谨抡选，务得真才”。乾隆御批：“武闱取士，以备干城之选，所重在弓马技勇，该二省新科武举，如此平常，该督抚乡试监临时，何由取中，甚非慎重抡才，实心甄拔之道。姑念初次，暂免交部议处。著该部传旨申饬，嗣后各省监临，有似此草率从事，不能实心较阅，以庸弱滥充者，定行交部严加议处。可通行传谕各省督抚知之。”[4]此语，不仅是对组织会试官员的谴责，也表明乾隆时期参加武举之人素质有所下降。

乾隆十八年（1753）四月，工部尚书哈达哈再次署理步军统领。[5]七月，哈达哈等查奏，居住在正阳门等三门城外之满洲官员兵丁的数量情况，经查实，居住在这些地区的人“竟至四百余家”，且多为年老退休、闲散无职之人，而现任职官，“每日应入署办事，护军近列羽林，各有差使，倘遇暮夜转唤，隔城殊为未便，且内城自有各旗分地，尤当恪遵定制，其离亲族而潜往者，徒以近市喧嚣，阛阓庞杂，非溺于酒食游戏，即私与胥吏往还便易耳”。[6]目的是限制在职官兵与退休的亲友过多地交往，从而影响正常的工作。八月初二日，“谕军机大臣等，邢台邪教

① 《清高宗实录》卷409，乾隆十七年二月庚戌条。
② 《清高宗实录》卷410，乾隆十七年三月丁卯条。
③ 《清高宗实录》卷410，乾隆十七年三月己巳条。
④ 《清高宗实录》卷424，乾隆十七年十月丁酉条。
⑤ 《清高宗实录》卷436，乾隆十八年四月丙申条。
⑥ 《清高宗实录》卷442，乾隆十八年七月丁巳条。

案内李起奉供出之韩世英一犯，前据方观承奏称，该犯现住京师，饬令哈达哈查拏”。[1] 初三日，谕曰：“哈达哈现在丁忧，步军统领事务，著雅尔图暂行署理。”[2] 十月，因“嵇璜、德尔敏

① 《清高宗实录》卷444，乾隆十八年八月甲申条。

② 《清高宗实录》卷444，乾隆十八年八月乙酉条。丁忧之制乃中国古代之传统习俗或制度，自西汉草创以来一直被人们所重视，清朝也不例外，但是各个时代的具体规制却有所区别。清朝的规定更为具体，对八旗的文武官员，京内和京外任职的官员，八旗满洲、蒙古、汉军官员以及汉族官员等各类人群均有不同规定，而且这项制度也在不断地变化和完善之中。这些规制在清代的历朝《实录》和《会典》等典制体史书中记载颇为详尽。按清制，哈达哈当于乾隆十七年其父亲傅尔丹去世后履行丁忧之制，但他却于事后一年才丁忧，其原因何在？按照《钦定大清会典则例》中乾隆二年的规定，“在京八旗文武各官遇有亲丧例于持服百日之后即入署办事，原以旗员人少，若令离任守制恐致误公，而伊等在二十七月之内仍各以私居持服以自尽其心，惟是朝会祭祀之期或有执事或应陪祀之处，仍皆一体行走，未加分别，俾尽孝思嗣后。在京旗员有亲丧者二十七月之内凡遇朝会祭祀之礼，应一概免其行走”。“又奏准八旗文武官员遇有亲丧百日后，仍令入署办事，照常支俸，以资养赡。其二十七月之内凡入朝进署一切公务，及进至御前应用吉服时仍用吉服，一切朝会祭祀之处皆免其执事。再二十七月内除奉特旨升用人员，其余遇有升迁停其开列升转，至服满后较俸之时仍准其算俸，至八旗生监、举人、进士二十七月内亦停其考试、铨选，俟服满后始准铨选、考试。”其中明文规定百日后，丁忧人员应入署办事，27个月之内仍在私居处丁忧。同时，《钦定大清会典》中又有补充：“丁忧各官任内无未完事件方许离任，如不候交代，即离任者本官及上司皆议处。”结合乾隆十七年哈达哈的事迹可以看出，该年他主要做了两件大事，年初他被派往通州稽查粮仓中米数短少等问题，后又告病于家中数月，十月，哈达哈主要负责奏报当年会试情况，可能就是因为这些事情在丁忧时没有全部完成，从而耽搁了丁忧日期；再有一种可能便是此次丁忧的目标不是其父，而是其母，当然这只是一种揣测，还有待进一步考证。此外，满人丁忧是否仅为“百日”？结合乾隆十八年和十九年哈达哈的记载便可以得知，哈达哈十八年八月初三日开始丁忧，十月份仍在丁忧，其后具体行迹无载，直到十九年十二月哈达哈才又出现于《实录》，并奉令前往喀尔喀地方选马，如若其中未有变故，那么哈达哈的丁忧日期则长达16个月之久，而且其间他没有任何大的作为，这说明满人丁忧日期并不是每次都固定为百日或24个月，若有突发事件或急需用人之时，可以缩短或延后丁忧日期，亦可说明清朝的丁忧制度不是一成不变的，具有一定的灵活性。

现在出差，其户部侍郎事务，著裘曰修署理，工部侍郎事务，于哈达哈未到部之前，著阿里衮暂行兼管”。① 十九年（1754）十二月，令哈达哈前往喀尔喀地方，并赏银三百两。又令其在喀尔喀各部选拔膘壮战马二万匹，以备进攻准噶尔之用。② 二十年（1755）正月，经查核，“军营现存马六千匹，已足为哨探兵乘骑之用，各处购买马匹，亦陆续送至，自更充裕，哈达哈等不必于喀尔喀部内挑马过多，如有膘壮骟马，量为拣选，带往军营。将彼处膘欠马匹，换交蒙古牧厂，数月间即可肥壮。则既于我兵有益，而蒙古生计，亦属无损，至儿马骒马，则彼所赖以孳生，不必挑取。著传谕哈达哈、阿兰泰、阿思哈等，遵旨妥协办理”。③ 后哈达哈“赴北路军营，授参赞大臣”。④

此时期之哈达哈参加的活动非常繁琐，既有军事上、工程上、科举上的活动，亦有经济上的参与，足见哈达哈是具有一定能力的并受重用的，但是分身乏术，又不免失误，也遭到乾隆皇帝的惩罚。这使得哈达哈在各个方面得以大展身手。

三、错失战机

乾隆二十年二月，将军班第统三千大军进剿篡夺准噶尔汗位的达瓦齐，后令哈达哈带领一二千名军队速行前往，与班第接应。⑤ 三月，哈达哈奏称：“大兵进后，各处边卡应严守，现选哈喇阿济尔罕等处撤回兵一千，派喀尔喀扎萨克台吉根敦，领五

① 《清高宗实录》卷449，乾隆十八年十月癸卯条。

② 《清高宗实录》卷479，乾隆十九年十二月乙丑条。

③ 《清高宗实录》卷481，乾隆二十年正月己亥条。

④ 《钦定八旗通志》卷141《哈达哈》，第9041页；《满汉名臣传》卷45《哈达哈列传》，第1328页。

⑤ 《清高宗实录》卷482，乾隆二十年二月戊午条。

百往海喇图、库列图、哈道里、科布多、布延图各处。喀尔喀公品级诺尔布扎布领五百往乌哈尔和硕等处驻防，并管理乌梁海游牧，接收降人。”① 六月，派哈达哈、额勒登额为参赞大臣，继续擒获逃亡中的达瓦齐。②《钦定八旗通志》、《满汉名臣传》等书则记为“九月，复授参赞大臣”。考察《清高宗实录》哈达哈在六月以后已经以参赞大臣的身份活动于军中，所以说，哈达哈在六月已经被再次授予参赞大臣之职。不久“达瓦齐就擒，军还。阿睦尔撒纳叛遁，命哈达哈遣员往谕哈萨克汗阿布赉擒献”。③ 十月，哈达哈率索伦、喀尔喀兵千余人先头进攻，上奖其奋勉。寻诏定西将军策楞由西路进剿，以达勒党阿为参赞，哈达哈为定边左副将军，于北路驻扎，以作声援。十二月，奏言：“臣现驻兵布延图，派满洲、察哈尔兵各五百还驻乌里雅苏台，察哈尔兵二千驻扎卜堪，其索伦、喀尔喀和托辉特兵七千余，南自伊克斯淖尔，北至乌哈尔和硕，分布防守。又布延图、科布多、库卜克尔、齐拉罕距乌里雅苏台各千余里，兵丁往领钱粮，马力易疲。请将直隶、山东所运米径送各处，酌加运价，毋庸贮乌里雅苏台。上报可。”④

二十一年（1756）正月，诏由阿尔台进兵。四月，达勒党阿代策楞为将军。谕曰：“策楞等领兵擒拿阿逆，事事舛谬，全无筹划。今西路专任达勒党阿，北路专任哈达哈。伊二人尚属勇往，着即领兵前赴哈萨克，务期擒献。”⑤ “时北路乌梁海叛遁，

---

① 《清高宗实录》卷484，乾隆二十年三月癸未条。

② 《清高宗实录》卷491，乾隆二十年六月壬戌条。

③ 《钦定八旗通志》卷141《哈达哈》，第9041—9042页；《满汉名臣传》卷45《哈达哈列传》，第1329页。

④ 《钦定八旗通志》卷141《哈达哈》，第9042—9043页；《满汉名臣传》卷45《哈达哈列传》，第1329页。

⑤ 《清高宗实录》卷510，乾隆二十一年四月壬子条。

谕查缉事竣，驰会西路兵，毋观望。”[①] 同月，乾隆帝谕军机大臣等，“因西路领兵大臣策楞等办理乖谬，特命大学士公傅恒前往经理，并拏问策楞等治罪，其北路专任哈达哈等协力擒拏阿逆，迅奏朕功。今日哈达哈等奏到办理乌梁海一折，尚未合宜，乌梁海等反复无常，全不可信，现在有逃窜情形，明系豫闻风声，欲随阿逆遁去，必须速行剿灭。哈达哈勿少迟疑，即行办理收其牲只，以益兵力，方足以示惩儆。倘阿逆煽同哈萨克威胁乌梁海等潜为构衅，因而擒掠察达克等游牧，则并旧日收服之乌梁海，皆为摇动，不若早为殄灭，庶可以杜后患。再伊等现已进兵二千名，尚余兵若干，哈达哈即同青滚杂卜迅速前往。现在牧草发生，务多带领兵丁二三千名，陆续进发，以壮军威，著哈达哈等一面办理，一面即速行奏闻”。[②] 五月初七日，“又谕曰：‘哈达哈等奏称，办理乌梁海事竣，即前至哈萨克索取阿逆。’”[③] 十二日，达勒当阿奏，哈达哈等已领兵前往哈萨克，[④] 十三日，又谕曰：“哈达哈奏：‘北路所带马匹牲只，不能肥壮，现在勉力行走等语，此不过留为日后推卸之地耳。前令伊等由乌梁海进兵哈萨克，原因办理乌梁海之后，取其牲只马匹以增兵力，更易集事伊等若因阿逆系由伊犁脱逃，擒拏之责，应专委之西路。北路相距辽远，又越乌梁海而行，以此借口，逡巡观望，不但不能副朕委任，直是自取罪戾耳。哈达哈等如果奋勇自效，朕必加以殊恩，倘一味退缩，虽多方支饰，亦岂能逃朕洞鉴。况现在西路止带兵二千余名，北路兵丁已及四千，今又派扎布堪驻扎兵丁一千

① 《钦定八旗通志》卷141《哈达哈》，第9044页；《满汉名臣传》卷45《哈达哈列传》，第1329页。

② 《清高宗实录》卷511，乾隆二十一年四月甲寅条。

③ 《清高宗实录》卷512，乾隆二十一年五月甲戌条。

④ 《清高宗实录》卷512，乾隆二十一年五月己卯条。

名，随后策应，以兵力多寡较之，北路应更加出力，方为勇往任事。哈达哈等惟当速期成功，不得稍存歧视。”① 因哈达哈事先推卸责任，二十六日，他又因哈屯河水势甚大，自己没有身先士卒，引起皇帝的不满，遂再次传谕哈达哈“宜加意奋勉，断不得稍存畏葸，自取罪戾”。②

七月，哈达哈具奏，在哈萨克济尔玛台地方，“有特楞古特宰桑敦多克告称：‘我楞古特部落人七百户，及古尔班和卓部落人五百户，和克沁部落人五百户，俱愿投诚。’”被哈达哈识破其假意投诚之阴谋，即“意图抢掠，再遣人会合阿睦尔撒纳同逃”。于是哈达哈等“即将宰桑敦多克，及得木齐二人，并阿逆属人等，俱行截杀。随带兵八百名，疾赴伊等驻扎处，乘其不备，尽行剿灭。古尔班和卓与伊弟正欲脱逃，为察达克所获，讯已供认。随将古尔班和卓及伊眷属，一并正法。计获驼四百只、羊一千四百余只、马二百余匹，分给效力官员人等”。因哈达哈有功，遂“著加恩授为领侍卫内大臣，赏戴双眼翎”。③ 可是，《钦定八旗通志》及《满汉名臣传》则记此事发生于六月，④ 笔者推断，哈达哈识破阴谋之事发生于六月末，而哈达哈被擢升之事发生于七月初。之所以出现不同记载，是因为史书记载者的着眼点不同。记六月者，将战争与哈达哈擢升视为一个前后继承的整体，并没有注意两件事情是否发生在同一个月内，仅注意了第

① 《清高宗实录》卷 512，乾隆二十一年五月庚辰条。

② 《清高宗实录》卷 513，乾隆二十一年五月癸巳条。

③ 《清高宗实录》卷 516，乾隆二十一年七月壬申条；（清）傅恒等撰：《平定准噶尔方略正编》卷 29，乾隆二十一年七月壬申条，见西藏社会科学院西藏学汉文文献编辑室编辑：《西藏学汉文文献丛刻》第二辑，北京：全国图书馆文献缩微复制中心影印，1990 年，第 1498 页。

④ 《钦定八旗通志》卷 141《哈达哈》，第 9045 页；《满汉名臣传》卷 45，第 1329 页。

一件事的时间；而记述为七月者，同样如此，他们仅看见了事件之结尾，即哈达哈等人被擢升授封一事，故此出现叙事时间诸书记载不一之结果。此次西北战事本为哈达哈立功进爵加官之大好时机，可惜他没有牢牢把握，最终断送了他乃至其子的大好前程。

同月，清军至蒿哈萨拉克山，侦哈萨克贼千余由巴颜山西行，击败之。复遣副都统衔瑚尔起、总管鄂博什、侍卫奇彻布等紧追，斩百余人，获马二百余匹。此役，哈萨克汗阿布赉亲自领队参战，败后逃遁。而阿睦尔撒纳亦为达勒党阿军击败，潜遁而去。两路军合。九月，遵旨撤兵。此两人的逃遁为日后哈达哈被惩罚埋下了祸根。

四、罢官削爵

乾隆二十一年闰九月，乾隆因“哈达哈前遇阿布赉并未穷追，甚属畏葸，所赏双眼翎，不准戴用。[①] 十月，哈达哈等率军回至北路军营，命哈达哈留在军营，在参赞大臣上行走。[②] 十一月，传谕哈达哈来京面聆训示，其所领之索伦兵丁，留在乌里雅苏台，著博勒奔察前往带领。[③] 十二月，乾隆帝在谕令中述说了此次征讨阿布赉及阿睦尔撒纳官兵们的功过是非，其中列举了哈达哈错失抓获阿布赉及阿睦尔撒纳的两次机会，乾隆念其“此次远赴哈萨克地方，亦属勤苦，使伊等协力办理，即不能擒获阿逆，朕亦必酌量加恩，乃各挟己私，深负委任，兹以其行走之

① 《清高宗实录》卷523，乾隆二十一年闰九月丙辰条。

② 《清高宗实录》卷524，乾隆二十一年十月戊辰条；《钦定八旗通志》卷141《哈达哈》，第9046页；《满汉名臣传》卷45《哈达哈列传》，第1329页。

③ 《清高宗实录》卷527，乾隆二十一年十一月丙辰条。

劳，抵其应得之罪，不另加谴责，已属朕格外施恩”。[①] 乾隆二十二年（1757）正月，“命工部尚书哈达哈为参赞大臣，往科布多驻札，办理军务”。[②] 二月二十三日，乾隆帝再次下谕，惩罚致使阿睦尔撒纳及阿布赉脱身逃窜之将领，哈达哈等再次遭受处分。其谕曰：“上年逆贼阿睦尔撒纳及阿布赉之得以脱身逃窜，西北两路领兵大臣，彼此互相归咎。其时达勒当阿等，带领西路官兵，追捕阿睦尔撒纳，前后相距不过里许，而乃为人所绐，以致远遁北路。哈达哈等则既探知阿布赉所在，故意迟回不即掩获，迨已逸去，始勒兵追蹑其后，夫军务机宜，间不容发，竟皆交臂失之。其奚所归咎，前因一时委用乏人，且事在万里之外，难以悬定，必须查询明确，方可定其处分。今询之陆续自军营来者，则众口一辞，前后吻合，是达勒当阿、哈达哈及同时参赞诸臣均无所辞其责矣，此等误事之人，若不明示谴责，仍令安然保其爵位，将来何以用人。达勒当阿、哈达哈本身公爵，及哈达哈之领侍卫内大臣，俱著革退。”被降补兵部侍郎，留驻科布多。[③] 其子哈宁阿亦被遣往伊犁军营。三月，哈达哈等回乌里雅苏台办事。不久副都统扎勒杭阿自军营回京办事，诬陷“哈达哈于剿灭古尔班和卓时，收获贼人珍珠等物”。后乾隆命舒德查奏，“哈达哈并无其事，明系扎勒杭阿与哈达哈素不相能，故为此倾陷之计。朕办理诸务，一本至公，岂肯以一空言而即治人之罪，且哈达哈之罪，并不在此，伊身为将军，带领大兵，任意迟延，以致阿布赉脱逃是其罪有应得。扎勒杭阿不以此具奏，而反以全无影

---

① 《清高宗实录》卷 529，乾隆二十一年十二月甲申条。

② 《清高宗实录》卷 530，乾隆二十二年正月己亥条。

③ 《清高宗实录》卷 533，乾隆二十二年二月乙酉条；《平定准噶尔方略正编》卷 37，乾隆二十二年二月乙酉条，第 1635 页；《钦定八旗通志》卷 141《哈达哈》，第 9046 页；《满汉名臣传》卷 45《哈达哈列传》，第 1329 页。

响之事，有意倾轧，此风断不可长，扎勒杭阿著革职，在粘杆处行走”。① 三月二十日，命哈达哈补授舒赫德所遗之兵部尚书员缺。② 四月，由于哈达哈等在擒剿辉特人时，仅将普尔普等游牧收取，首贼普尔普、德济特、克什克等，俱已脱逃。哈达哈等俱著交部议处。③ 四月二十日，德济特、克什克等人被擒获，哈达哈遂著加恩宽免其罪。④ 八月，乾隆再次追究去岁哈达哈等抓获阿睦尔撒纳及阿布赉失败之事，并据刚刚擒获的阿睦尔撒纳之侄达什车凌、宰桑乌巴什及尼玛的供称，去年之失败乃哈达哈等因循观望，坐失事机之结果。乾隆帝列举了多条不该失机的理由，“本当以军法从事，……而哈达哈每图安逸，遇事因循，不肯奋勉，俱尚非出于有心，若果有心致贼逃窜，朕必将伊等从重治罪，以正典刑。然既误用于前，复姑容于后，此即朕之咎也。伊等身为将军，且系勋旧子孙，似此坐失机宜，玷辱满洲，更何颜面腼列班联。达勒当阿、哈达哈俱著革职，发往热河，披甲效力行走”。⑤ 十二月，正式革去哈达哈三等信勇公之爵位，令其子哈宁阿承袭。⑥

五、宽宥前罪

乾隆二十三年（1758）十一月，哈达哈被诏宽宥前罪，并

---

① 《清高宗实录》卷534，乾隆二十二年三月乙巳条。
② 《清高宗实录》卷535，乾隆二十二年三月辛亥条。
③ 《清高宗实录》卷536，乾隆二十二年四月丙寅条。
④ 《清高宗实录》卷537，乾隆二十二年四月辛巳条。
⑤ 《清高宗实录》卷545，乾隆二十二年八月丁亥条。
⑥ 《清高宗实录》卷553，乾隆二十二年十二月甲戌条。

授三等侍卫。[1] 十二月，率西安驻防兵千人赴西路军营。二十四年（1759）正月，哈达哈等带领兵丁二千前往巴里坤参加搜捕沙喇斯、玛呼斯等人。[2] “二月，大军剿回酋霍集占，上以哈达哈及达勒党阿历练，谕由巴里坤送马至阿克苏。八月，定边左副将军富德等大败霍集占于阿尔楚尔及伊西洱库尔淖尔，哈达哈均在事有功，诏授二等侍卫。”十月，哈达哈卒于军。[3]

六、子非善终

其子哈宁阿，乾隆二年（1737）授蓝翎侍卫，累迁至头等侍卫。十九年（1754），率领绥远城右卫兵二千余人赴北路军营，不久授为宁夏副都统。二十年（1755），被任命为西路领队大臣。二十一年（1756）四月，随定西将军达勒党阿进兵哈萨克，索要阿睦尔撒纳，授参赞大臣。八月，协同定边右副将军兆惠赴伊犁办事。十一月，因功，恩赏三等轻车都尉世职。二十二年（1757）十一月，调正蓝旗汉军副都统。十二月，袭其父三等信勇公爵位，并擢为镶黄旗汉军都统。二十三年（1758）正月，哈宁阿被再次授为参赞大臣。六月，围库车，皇上因库车首领霍集占由西门逃遁，诏革职，以兵丁效力，寻将哈宁阿押解来京。二十四年（1759）二月，谕曰：“哈宁阿以军行失律，解京鞫讯。据供词与雅尔哈善相符，且将雅尔哈善种种谬戾乖张、失

---

① 《钦定八旗通志》卷141《哈达哈》，第9054页；《满汉名臣传》卷45《哈达哈列传》，第1331页。

② 《清高宗实录》卷579，乾隆二十四年正月甲辰条；《钦定八旗通志》卷141《哈达哈》，第9054页，书中将此处误载为乾隆三十四年；《满汉名臣传》卷45《哈达哈列传》，第1331页。

③ 《钦定八旗通志》卷141《哈达哈》，第9055页；《满汉名臣传》卷45《哈达哈列传》，第1331页。

机偾事情节指陈如绘。夫雅尔哈善既为将军，而哈宁阿即其参赞；以将军罪状如此，为参赞者当以军国之计为重，据实参奏，乃隐忍贻误，又从而附和之，满洲世仆岂宜出此？且哈宁阿又非他人可比，自伊父哈达哈获罪，经朕加恩矜宥并予以自效之途，伊苟具有人心，念及伊父，亦将倍加感奋；矧军旅重寄，三军之命系焉，顾因循玩视，可乎？核哈宁阿之罪，正与雅尔哈善等，应即正当刑，以肃军纪。第以参赞究属相助为理之人，前与哈宁阿曾随将军兆惠由济尔哈朗力战而出，虽现在所犯情罪断难稍贷，仍念伊前劳，暂缓正法，着监候秋后处决，以示宽典。"[①]十一月，乾隆皇帝念其祖费英东之勋劳，"不忍刑诸市"，[②] 命其自尽。

七、小　结

纵观哈达哈的生平事迹，他参加了清朝康雍乾时期，特别是乾隆统治时期一些重要的军事活动，最终因错失战机，而被削爵革职，后虽得以宽宥，但对其子嗣乃至其家族的发展仍造成了严重的负面影响。

哈达哈一生起伏不定，官职处于不断地升降变换之中。如其雍正年间即被授予领侍卫内大臣之职，乾隆年间因事被革，后又被擢升为领侍卫内大臣，但最终仍未保住此职，并致本身公爵被革退。

哈达哈所犯错误多次被乾隆皇帝所宽宥，这不仅因其本人功劳之大，更与其身为"勋旧子孙"密不可分。如乾隆十三年哈达哈被罚俸一年，然乾隆十六年乾隆又借故赏给哈达哈等俸银一

① 《满汉名臣传》卷45《哈达哈列传》，第1332—1333页。
② 《清史稿》卷314《哈达哈列传》，第10697页。

年，可见乾隆皇帝对勋旧大臣的拉拢和爱护，也表明乾隆皇帝对其先祖费英东、傅尔丹等瓜尔佳氏族人丰功伟绩的怀念。同时，哈达哈又多次监管其他部门事务，一时间身任多职现象十分普遍，亦见皇帝对他的信任和重视。

哈达哈的军事活动主要是对西北边疆的战争。虽因西北战略的失误而屡受惩罚和谴责，甚至险些丢掉性命，但他却对维护归化城、呼伦贝尔等蒙古地区的安定立下了不朽的功绩；对维护西北边疆的稳定和统一，特别是参与了清军对达瓦齐、阿布赉、阿睦尔撒纳的战争，他的领导虽未成功，但毕竟沉重打击了这股势力。此外，哈达哈在乾隆年间参加了修浚河道、组织武举、赴喀尔喀地方选拔膘壮战马等活动，亦有其贡献。

作为瓜尔佳氏家族中的一员，哈达哈继承了父祖的勋爵和荣耀，并为其生活的时代创造了价值。但从瓜尔佳氏家族发展的总体进程来看，其政治军事势力已大不如前，其家族中很少出现如费英东、图赖、鳌拜等权倾朝野之显赫人物。然与富察氏傅恒相比，二人皆以蓝翎侍卫入仕，且皆为勋旧大臣之后，虽哈达哈入仕时间比他早二十余年，但哈达哈的仕途发展却远不及傅恒畅通，这也是其家族阶段性发展的突出表现，意味着瓜尔佳氏家族的势力日渐衰落，这种衰落直至清末桂良、文祥、荣禄等人登上政治舞台方又复兴。所以说，通过对哈达哈个人事迹的阐述，既能表明清朝统治者对边疆统治的重视，以及对勋旧贵族的善待，又可直观地理清各个时期瓜尔佳氏家族势力的发展状况。

乾隆朝对天山南北地区的测绘活动

中国藏学研究中心　阿音娜

清代掌管观测天文气象和编制历书的机关是钦天监。其最高官员为监正，下设监副和左监副、右监副。从乾隆四十一年（1776）到道光六年（1826）的50年间，监正一职全部都由葡萄牙人担任，他们是傅作霖、高慎思、安国宁、索德超、汤士璇、福温高、李拱辰、高守谦、毕学源。① 对新归附的部落和地区进行山川地理的测量也是钦天监工作之一。

清朝对新疆地区实地勘测并绘制舆图的开端始于康熙五十年（1711）对新疆东端哈密地区的实地测量，② 并绘制了《哈密全图》。③ 该图作为康熙《皇舆全览图》的分图被编进全国的地图。

根据所住居民，清将新疆的天山南北分别称作“回部”和“准部”（即准噶尔部）。对原在卫拉特蒙古准噶尔部统治下的天山南北大部分地区进行实地勘测工作，是随着准清战争接近尾声时提到日程上来的。

---

① 屈春海：《清代钦天监暨时宪科职官年表》，《中国科技史料》第18卷3期，1997年。

② ［法］J. B. 杜赫德著，葛剑雄译：《测绘中国地图纪事》，《历史地理》第二辑，上海人民出版社，1982年，第208页。

③ 北京大学图书馆编：《皇舆遐览：北京大学图书馆藏清代彩绘地图》，中国人民大学出版社，2008年，第40—44页。

一、天山南北地区的两次实测

乾隆二十年（1755）六月，清廷派何国宗、明安图、富德及两名西洋人到新征服的准噶尔部牧场。他们的任务有二：一为制定准噶尔的星辰分野、日月出入、昼夜、节气时刻载入时宪书，以颁赐正朔；二为详细测量其山川道里，载入《皇舆全图》，以昭中外一统之盛。[①] 清代文献中没有明确记载与何国宗同去的“西洋人二名”的具体情况。过去学者认为是法国的蒋友仁和葡萄牙的高慎思。[②] 蒋友仁［Benoist（Bent），Michel］神父，1715 年生，乾隆九年（1744）抵澳门，不久又至北京，直至 1774 年在京逝世。此人既是数学家，又是建筑师和地图绘制者。[③] 蒋友仁在其《坤舆全图·图说》中说得比较明确，他是“观光陪臣”[④]，否认参加实测工作。真正进行测量工作的西洋传教士乃是傅作霖和高慎思 ，这在 1758 年的一封书信中说得很确切。[⑤]

康熙朝后期发生“礼仪之争”，清廷对传教士的态度也发生转变。雍正即位后多次下令限制传教士的活动，只允许少数教士进京效力，其余的只能留住澳门。能进京效力的主要是懂得天文

---

① 《清高宗实录》卷 490，乾隆二十年六月癸丑。

② 李迪：《明安图传》（蒙古文），内蒙古科技出版社，1992 年，第 98—99 页；孙喆：《康雍乾时期舆图绘制与疆域形成研究》，中国人民大学出版社，2003 年，第 57 页。

③ ［法］荣振华著，耿升译：《在华耶稣会士列传及书目补编》上，中华书局，1995 年，第 70—772 页。

④ ［法］蒋友仁：《坤舆全图·图说》。

⑤ Francisco Rodrigues，Jesuitas Portuguese，*Astronomos na china*（葡萄牙文）. 47—51. Macau：lnstituto Cultural Macau. 1990. 转引自郭世荣、李迪：《略论傅作霖在华之工作》，《故宫博物院院刊》2003 年第 4 期。

历法的科学技术者。乾隆即位后继续推行这种政策，在此背景下，部分通晓科学技术的葡萄牙传教士陆续来到中国，傅作霖就是其中的一个。

傅作霖（1713—1781），原名为 Felix da Rocha，据他的墓志铭记载“耶稣会士傅先生，讳作霖，号清臣，泰西玻尔都噶里亚国人。自幼入会，矢志贞修。于乾隆三年来京传教。十八年，奉旨授为钦天监监副。二十年蒙恩加三品职衔食俸。屡次奉命出差西路回部、两金川等处测量绘图。乾隆三十九年奉旨特授钦天监监正”①。“玻尔都噶里亚国”即葡萄牙国。② 1753 年被任命为钦天监右监副。1774 年补西洋监正之缺，直到他去世。平时，傅作霖参与编订每年的《时宪书》，此外还承担某些临时性的国家科研任务，如重修康熙末年完成的《律历渊源 · 历象考成》的部分内容和制造天文仪器等。③

高慎思，原名 P. Joséde Espinha，1722 年生于葡萄牙，1739 年入耶稣会。乾隆十五年（1750）到达澳门。同行 3 人通过北京的意大利人郎世宁（Guisepe Gastiglione，1688—1766）向乾隆帝上奏后很快得到批准进京。起初，高慎思主要从事教会工作，后新疆测量工作开始，被选进测绘队伍。1781 年傅作霖去世后高慎思接任监正职务，一直担任到他去世为止。④ 其墓志铭记载“二十年、二十四年两次派往伊犁绘图”⑤。

这次测量工作的主要负责人何国宗的身世，据《清史稿》

---

① 林华等：《历史遗痕》，中国人民大学出版社，1994 年，第 103 页。

② Istitum Histoncum S. I. *Repertoise des Jesuites De chine De* 1552 *A* 1800. Letouzey&Ane. 1973. 223.

③ 郭世荣、李迪：《略论傅作霖在华之工作》。

④ 郭世荣、李迪：《清钦天监西洋监正高慎思》，《内蒙古师范大学学报》（Journal OfInner Mongolia Normal University），2005 年第 2 期。

⑤ 林华等：《历史遗痕》，第 109 页。

“列传七十”：何国宗，字翰如，顺天大兴人。康熙五十一年（1712），进士。五十二年（1713），命编辑《律历渊源》。乾隆初，起充算学馆、律吕管总裁。十年（1745），兼领钦天监正。乾隆二十一年（1756），去伊犁测天度绘图归来，命署左都御史。二十二年（1757），授礼部尚书。三十一年（1766），卒。①

据上述文献记载，乾隆二十年和二十四年曾两次测绘新疆天山南北舆图。然而，以往的研究对这两次勘测的时间、参与人员等情况含混不清。这其实与当时准噶尔的局势有关，1755 年（即乾隆二十年）清军进攻准噶尔，四月中旬，阿睦尔撒纳领队的清朝先头部队到达额尔齐斯地方。乾隆帝的测量谕旨正是在这时候发布的。从乾隆帝的命令看，1755 年三月和六月发布了两道谕旨都提到了何国宗和明安图两人的名字，可见第一次测量工作主要是由他们两人来具体负责完成的。明安图，字静庵，蒙古正白旗人。他的主要历史功绩在于天文历算和数学方面。② 他们接到第二道命令后就从北京出发前往原准噶尔部控制下的新疆地区了。但因遇八月份新疆发生阿睦尔撒纳反清事件，清军退守巴里坤，测量工作实际上当年并未进行。③

乾隆二十一年（1756）二月有谕旨：“今已禽贼奏功，刘统勋在军营无所职掌，当专办此事。现命何国宗赴伊犁一代测量，亦经面谕。著传谕刘统勋，即会同何国宗前往，所有山川地名，按其疆域方隅，考古验今，汇为一集。”④

据《清史稿》列传记述，刘统勋，字延清，山东诸城人。

① 《清史稿》卷 283《何国宗传》。

② 李迪：《蒙古族科学技术简史》第八章，辽宁民族出版社，2006 年。

③ 孙喆：《康雍乾时期舆图绘制与疆域形成研究》，中国人民大学出版社，2003 年，第 56 页。

④ 《清高宗圣训》卷 217；《钦定皇舆西域图志》谕旨，上海古籍出版社。

雍正二年（1724），进士。乾隆元年（1736），擢内阁学士。第二年，授刑部侍郎。不久又擢左都御史。乾隆十一年（1746），署漕运总督。其后，前后任过工部尚书、刑部尚书，还兼管过礼部、兵部等。三十八年（1773），卒。① 乾隆时，再次爆发准清战争，“统勋请自神木至巴里坤设站一百二十五，并裁度易马、运粮诸事，命如所议速行。二十年，廷议驻兵巴里坤、哈密，命察勘”②。乾隆的谕旨应该就是在此时发出的，当时刘统勋在巴里坤。但不幸遇上阿睦尔撒纳叛乱，一度被降职，但还是参与了天山南北地区舆图的绘制工作。

乾隆二十一年四月，乾隆帝再次向何国宗等发出指令：让他们在巴里坤备足干粮，从容前往进行测量，等到冰雪严冬的冬天到来时，回到巴里坤或哈密过冬，第二年春天“草长再往前进”③。何国宗等人接到谕旨后可能前往天山以北地区进行勘测。

据上谕档，“乾隆二十一年十一月二十三日奉上谕：前命何国宗等赴伊犁测量并绘舆图。今大段形势皆已图画，其余处所可以从容前往，是此等已属完竣。何国宗及西洋人等现已回到肃州，闲住无事，可即令其乘驿来京”④。但傅作霖、高慎思两位传教士似乎仍然留在天山南北继续进行勘测。他们的足迹最远到达布哈拉，几年后（1759）才返回北京。⑤

由此看来，第一次测量工作主要在乾隆二十一年进行。参加的人员有何国宗、明安图和传教士傅作霖、高慎思等。另外，据乾隆所题《大清一统舆图诗》自注“上年平定准噶尔，迤西诸

---

① 《清史稿》卷302《刘统勋传》。

② 《清史稿》卷302《刘统勋传》。

③ 《钦定皇舆西域图志》谕旨。

④ 中国第一历史档案馆：《乾隆朝上谕档》第2册，档案出版社，1998年。

⑤ ［美］A. W. 恒慕义主编：《清代名人传略》（汉译本，中），青海人民出版社，1990年，第30页。

部悉入版章，因命都御史何国宗率西洋人由西北两路分道至各鄂托克，测量星度，占候节气，详询其山川险易，道里远近，绘图一如旧制。”① 其两路是，努三从山后至伊犁，将博罗塔拉、齐尔、哈布塔克、拜塔克、瀚海等处勘明绘图；何国宗、哈清阿越托东岭，将博克达、额琳哈毕尔噶山及吐鲁番、伊拉里克、哈喇沙尔等处南北度数测量，自海都河上行由裕勒都至小裕尔都斯、哈布齐垓，所至地方绘图，复回至巴里坤，将两路地图合绘呈览报闻。② 从后来的记载看，测量队的大部分人员可能按照皇帝的指令当时就返回北京。以上就是第一次对新疆地区实测的梗概。测量地区主要是以往由蒙古准噶尔部控制下的天山以北地区。

乾隆二十四年（1759），原准噶尔部统治下的天山以南的回部也尽归清朝版图，“五月庚辰朔，命明安图、傅作霖绘回部舆图”③。因此时何国宗被降职，第二次实测工作其实是由明安图负责完成的。此次测绘同样有较明确的要求：“按天山南路，惟辟展属，归隶版籍，自哈拉沙尔以西迄于叶尔羌、和阗，新疆内附诸境，命使测量，一如准部。”“按北极高度，（东西）偏度分及昼夜时刻，午正日景，皆就新疆各属地形高下测量而得，非如古分野之说，托诸空虚也。”④ 制定了实地测量的标准。这次测量连行程在内，用将近一年的时间，乾隆二十五年（1760）三四月间明安图率领的测量队回到了北京。⑤

有研究者在讲述傅作霖测绘事迹的同时也提到了高慎思，“1759 年，他（傅作霖）同高慎思神甫一道重返这两个地区。历

---

① 《钦定皇舆西域图志》卷 1。

② 朱希祖：《乾隆内府舆图序》，汪前进、刘若芳：《清廷三大实测全图集—乾隆十三排图》，外文出版社，2007 年。

③ 王先谦：《十二朝东华录》卷 18。

④ 《钦定皇舆西域图志》卷 7。

⑤ 李迪：《蒙古族科学技术简史》，第 342 页。

经千辛万苦，终于完成这一艰巨使命。皇帝深感满意，并加赞赏。他们确定了43个地理地域，到过哈密、巴里坤①、吐鲁番、库龙勒②、玛纳斯和其他一些重要地方。傅作霖北上至伊犁，高慎思南下至喀什噶尔，二人在肃州（甘肃）会合”。③ 这次测量队伍中又有传教士傅作霖参与。勘测工作也分道进行，但其具体的线路情况还需进一步考证。乾隆作《御制再题舆地图叠前韵》自注“己卯，诸回部悉隶版籍，复遣明安图等前往按地以次厘定，上占辰朔，下列职方，备绘前图，永垂征信”④。

二、《皇舆西域图志》的形成与流传

经过两次实地勘测，新疆地图的经纬点基本齐备，新图的绘制已具条件。在实测的基础上，何国宗、高慎思、刘统勋等绘制的《皇舆西域图志》，于乾隆二十六年（1761）六月绘成。《高宗纯皇帝实录》称：“刘统勋、何国宗所颁《皇舆西域图志》，著交与军机处方略馆办理。”⑤

新图绘制完成后，成为史地学者的新依据。乾隆二十五年（1760）至乾隆三十二年（1767）间，蒋友仁神父完成《坤舆全图》，其天山北路地区图开始时引用的是旧伊犁图，后经庄亲王允禄等审查并提出具体修改意见后，再依据何国宗他们绘制的新

---

① 郭世荣、李迪文（《清钦天监西洋监正高慎思》）中将 Barkul 译成“巴库尔”，不正确，应为“巴里坤”。

② 郭世荣、李迪文中将 Korla 译成库尔勒，是今译，现依清代译法。

③ Francisco Rodrigues, Jesuitas Portuguese, *Astronomos na china*, . Macau: lnstituto Cultural Macau. 1990. 葡萄牙文 . 53—55；中文，第121—122页，转引自郭世荣、李迪：《清钦天监西洋监正高慎思》，但对有些内容进行修改。

④ 《钦定皇舆西域图志》卷1。

⑤ 《清高宗实录》卷639，乾隆二十六年六月乙酉。

地图做了改正。[①]

1773 年至 1774 年间,[②] 由法国传教士蒋友仁制成铜版 104 块以纬度 5° 为一排共十三排的全国总图。[③] 比例尺约为 1:1500000，这就是著名的《乾隆十三排图》（或称《乾隆内府舆图》），它虽以康熙《皇舆全览图》为基础，但其范围却远远超过它。邵懿辰的《四库简明目录表注》说："此图南至琼海，北极俄罗斯北海，东至东海，西至地中海，西南至印度南海，合为一图，纵横数丈，而剖分为十三排，合若干叶，每叶著明经纬度数，盖本康熙图，而制极其精，推极其广，从古地图未有能及此也。"该图最精详的部分当然是康熙年间和乾隆年间实测的部分。[④]

笔者初步对照康熙《皇舆全览图》和《乾隆十三排图》之部分地名后，也证实了这样的评价。从舆图所反映的伊犁河流域的地名来看，康熙图只标注了 10 余处，包括自然地理和居民点等。对比之下，乾隆图的内容就颇为丰满，既包括河流分支流向、山脉走向和湖泊等自然地理信息，也包括了城池、驿站、卡伦等详细的人文地理信息。以伊犁河水系为例，"曰巴尔噶淖尔[⑤]，在伊犁西北五百里许，伊犁诸山出泉以十数，汇而东流，又折而西，其东空格斯郭勒焉。又西过伊犁之南，转而西北流，

---

① 鞠德源：《蒋友仁绘坤舆全图》，曹婉如等编：《中国古代地图集》（清代），文物出版社，1997 年。

② 前人多持乾隆四十年或 1775 年说，但据蒋友仁于 1774 年 10 月已去世，故其作板应在此之前。笔者依据荣振华说（《在华耶稣会士列传及书目补编》下，第 763 页）。

③ 汪前进、刘若芳整理：《清廷三大实测全图集——乾隆十三排图》，外文出版社，2007 年。

④ 钮仲勋：《明清之际西方测绘技术对中国的影响》，《历史地理》第九辑，上海人民出版社，1990 年。

⑤ 即巴勒喀什淖尔。

是为伊犁郭勒。[①] 其北境有察罕乌苏、阿里玛图郭勒、策集郭勒、萨玛勒郭勒、奎屯郭勒之水，暨南境者诸河并入焉。又折而东北以入于巴尔噶淖尔。”[②] 较为详细、准确地绘出了该河水系图。还应注意的是，清军进军伊犁地区后，在伊犁河流域立“御制碑”，以炫耀其战功，在乾隆图上这一碑也赫然出现。由此看来，虽然乾隆图也存在问题（如塔尔巴噶台城的位置），但与康熙图比较，在地名信息的数量和质量上远远超过后者。

通过两次实测完成的《皇舆西域图志》是《钦定皇舆西域图志》的初稿。嗣后，乾隆帝又专派一批总裁、提调、纂修等官，在《皇舆西域图志》的基础上，于乾隆四十七年（1782）完成《钦定皇舆西域图志》52 卷的编纂工作。从《钦定皇舆西域图志》内容看，“凡绘总图分图，得二十一，附以历代西域十二图，共得三十三图”[③]。其中所提到的 21 幅新图分别是：皇舆全图；西域全图；安西南路图；安西北路图一、二；天山北路图一、二、三；天山南路图一、二、三；西域山脉图；西域水道图；左右哈萨克部图；东西布鲁特部图；霍罕、安集延、玛尔噶朗、那木干、塔什罕部图；拔达克山、博洛尔、布哈尔诸部图；爱乌罕、痕都斯坦、巴勒提诸部图等。

概而言之，对新疆的实测工作是以清朝征服的实现为前提的，共进行过两次较大规模的测量。在此基础上绘制了包括天山南北地区在内的全新疆舆图。乾隆帝的目的无非是更进一步详细地了解新疆的风土人情，以为其巩固和维持其刚刚建立的统治权。

---

① 郭勒，蒙古语，意为河。伊犁郭勒即伊犁河。

② 《钦定皇舆西域图志》卷 2。

③ 《钦定皇舆西域图志》凡例。

三、结 语

通过上述考察可以肯定的是，乾隆《皇舆西域图志》是在两次大规模实测的基础上形成的天山南北地区最早的地图之一。虽然今日我们未能看到当初所成《皇舆西域图志》原图，但从吸收其成果而成的《内府舆图》之新疆部分和《钦定皇舆西域图志》中的相关舆图部分也可以了解到原图的相关价值与特点。

首先，《皇舆西域图志》是在实测基础上绘制的，从吸收其成果而形成的舆图所显示的大部分山川和城郭等地理信息的位置来看，还是很准确的，因此判断其在地理学、测量学上的价值也较高。据《钦定皇舆西域图志》的记录，伊犁晷度为“北极高四十三度五十六分，距京师偏西三十四度二十分。夏至昼长六十一刻一分，夜长三十四刻十四分。冬至昼长二丈四尺零四分，春秋分长九尺六寸四分”①。由此可见，当时在传教士的参与下，制定了较为合理的、操作性较强的标准。

在信息的数量和质量上，乾隆图明显超过康熙图。民国年间，重印《乾隆内府舆图》时朱希祖评论道：“乾隆舆图之所以胜于康熙舆图者，其精彩全在准部、回部，即今新疆省及其迤西小部分是也。其他亚洲俄土及亚洲西部新疆、印度以西诸国皆疏略不详。虽在当时可谓集亚洲大陆地图之大成，在地理沿革及地图史上或有价值，然究不若准部、回部之详确。满、蒙、西藏、内地各省皆本康熙图而略加修改，亦未有以大胜，是故研究此图当以今新疆省为最重要。”② 前文我们也对比了两朝舆图的异同，这样的评价是公允的。

---

① 《钦定皇舆西域图志》卷6。

② 朱希祖：《乾隆内府舆图序》。

其次，在两次测量活动中，中国人扮演了督导者的角色，这与康熙年间的测量活动有所不同。不过，西洋传教士在此次测量工作中的作用也是举足轻重的。他们在先进技术的掌握和运用方面高于同时代的中国人，因此虽在禁教时期，朝廷也不得不起用、重用他们。方豪的研究也证明了这一说法，他评论："虽由何国宗、明安图、努三、哈清阿等懂其事，然实际上担任测绘及铸版者，皆西洋教士也。"① 持相同观点者还有李约瑟。②

再次，乾隆朝绘制的天山南北地区舆图或新疆舆图的历史地位问题也值得思考。无可争辩的事实是，这一时期创造了清代地理学和地图学史上的一次高峰，在以后的很长一段时间内难以突破。尤其是吸收实测成果而绘制成的《乾隆内府舆图》和《钦定皇舆西域图志》，一直到清末民初还被西北史地学者奉为经典。还应值得注意的是，在乾隆朝新疆地区的测绘当中是否存在继承当地绘图传统的问题，因为《雷纳特 1 号图》③ 的出现，使我们无法完全否定这种可能的存在，这应是我们继续研究的课题之一。

---

① 方豪：《中西交通史》下，上海人民出版社，2008 年，第 611 页。

② ［英］李约瑟著：《中国科学技术史》第五册第一分册，科学出版社，1975 年，第 238 页。

③ 有关研究请参见［英］约·弗·巴德利著，吴持哲、吴有刚译：《俄国·蒙古·中国》上卷第一册，商务印书馆，1981 年，第 311—330 页。

《热河日记》与清代民族问题研究二题

中央民族大学历史文化学院　王桂东

《热河日记》为《燕行录》之一种，其作者为韩国李朝后期著名的思想家、文学家朴趾源（1737—1805）。清乾隆四十五年（1780）朝鲜李朝正祖国王任命朴趾源的堂兄朴明源为正使，赴清国朝贺乾隆皇帝70寿诞，朴趾源应其堂兄之邀以观光客的身份随使团一同来到了中国。又因乾隆皇帝此时恰在承德接受西藏黄教首领六世班禅的朝觐，故而朝鲜使团也辗转来至承德，也正是由于有了这样的一番机缘，进而才诞生了《热河日记》这部名著。

《热河日记》一书在哲学、历史学、文学等诸多研究领域都闪烁着光辉，其重要的学术价值历来为中外学者所珍视。仅从历史学研究来看，该书翔实地记述为清史以及中韩关系史研究保留了诸多珍贵的史料，因此学界也涌现出了一系列有水准的研究成果。韩国学者姜东烨、金明昊先后就《热河日记》进行了综合研究，他们无疑是国外学者在该领域研究的佼佼者。[①] 国内学者如陈尚胜、王政尧、李岩以及郑克晟也分别从各自不同的角度进

① 参见［韩国］姜东烨著：《熱河日記研究》，首尔：一志社，1988年版；［韩国］金明昊著：《热河日记研究》，首尔：创作与批评社，1990年版。

行了相关研究，[①] 此外，吴绍釚的《〈热河日记〉与满族民俗》[②]、廉松心的《〈热河日记〉与清代民族政策研究》[③] 以及张双志的《18世纪朝鲜学者对清代西藏的观察——读朴趾源〈热河日记〉》[④] 对《热河日记》的研究均涉及了清代的民族问题且各有侧重，为本文的撰写提供了有益的启示。本文将在前人研究的基础上，通过细读《热河日记》并参考中韩两国的相关文献，就朴趾源笔下的清代少数民族人物形象及朴氏关于清代民族关系的认识正误进行探讨与辨析，希冀对《热河日记》所展现出来的清代民族问题进行一次"全景式"探索。

一、《热河日记》中记述的清代少数民族人物形象及其史料价值

朴趾源在《热河日记》一书中记述了众多的清代少数民族人物形象，这些少数民族人物中，既有清朝皇室的同族——满洲族人，也有笃信藏传佛教格鲁派[⑤]的蒙古族人和藏族人，此外还有信仰伊斯兰教的"回部人"等[⑥]。我们知道中国传统史书大多

---

① 以上学者分别从中韩政治关系史、中韩文化交流史、"北学"、实学等角度对《热河日记》进行了相关研究。具体可参见陈尚胜著：《朝鲜王朝（1392—1910）对华观的演变：〈朝天录〉和〈燕行录〉初探》，济南：山东大学出版社，1999年版；郑克晟：《读朴趾源〈热河日记〉》，载北京大学韩国学研究中心编：《韩国学论文集》（第六辑），北京：新华出版社，1997年9月版；王政尧：《18世纪朝鲜"利用厚生"学说与清代中国——〈热河日记〉研究之一》，《清史研究》1999年第3期；李岩：《朴趾源〈热河日记〉的北学意识和实业方略》，《东疆学刊》2007年第1期。

② 载《延边大学学报》1984年第2期。

③ 载《北华大学学报》（社会科学版）2007年第1期。

④ 载《中国藏学》2007年第3期。

⑤ 《热河日记》一书中将藏传佛教格鲁派称之为"黄教"，为行文方便，本文接下来亦以"黄教"代称之。

⑥ 《热河日记》中的"回回"、"回子"多是指生活在清代回疆地区的维吾尔族。

忽视对普通小民百姓的记述，至于对少数民族人物形象的记述则亦是凤毛麟角，少之又少了。而《热河日记》一书记述的为数众多的清代少数民族人物形象，无疑是填补了国内史料在此方面的不足，因此其史料价值之珍贵自不待言。

（一）对满族人的形象记述及其史料价值

满洲族作为清朝的统治民族，在清朝国内具有举足轻重的地位；且朝鲜使团一行在渡过鸭绿江后途经盛京、山海关至京师，又自京师辗转至承德，使行沿途多是经过满族人的聚居区，因而自然会接触到各个阶层的满族人。所以《热河日记》一书对清代满族人物形象的记述堪称是广泛且细致的，他们中有君临天下的九五之尊——乾隆皇帝，有王公大臣与中下级官员，有普通的满族知识分子，当然最值得称道的是，朴趾源还记述了数量众多的普通满族老百姓的形象，这无疑可以补正史记载之不足，亦是研究清代中期满族史不可多得的宝贵史料。20世纪80年代吴绍釚先生就是倚重朴趾源的这些相关记载，对清代满族人的风俗习惯以及民俗特点等进行了细致的研究。[①] 本文在接下来的行文中，将对《热河日记》中所记述的各个阶层的满族人的人物形象给予一一展现，并对其史料价值予以揭示。

1. 有关乾隆皇帝的记述

关于文献史料中对乾隆皇帝的各种记述并不少见，但是对于乾隆皇帝外貌及神态特征的记述，从国内现存的文献来看，除了《清史稿》等书留有只言片语外，着实并不多见。[②] 且由于人所

---

① 吴绍釚先生通过对《热河日记》的研究梳理出清代满族人的风俗习惯为“其居依山谷”、“其居以栅相围”、“房屋高大，屋顶以苫草覆盖”、“擅养猪，且饲养方法为放牧”；满族人的民俗特点为“喜好配饰小刀、烟袋等”、“男女老幼皆嗜烟”、“衣着上喜用黑色”、“满族妇女皆天足，无裹足恶习”等，参见吴绍釚：《〈热河日记〉与满族民俗》，《延边大学学报》1984年第2期，第107、第110页。

② 《清史稿》一书对乾隆皇帝的外貌记述仅有四字，即“隆准颀身”（参见《清史稿》卷10，《高宗本纪一》），中华书局本，1976年版，第3册，第343页。

共知的原因，国内文献对乾隆皇帝外貌特征的记述，难免会有诸多粉饰之辞，故而朴趾源笔下的乾隆皇帝的形象记载就显得弥足珍贵，有着极为重要的参考比照价值。当朝鲜使团到达承德后，乾隆皇帝在避暑山庄召见了使团成员，故而使得朴趾源有机缘对乾隆皇帝的外貌体征进行了一次“近景式”地记述，其文曰：

(乾隆) 皇帝问：“国王 (指朝鲜李朝正祖国王——引者注) 平安?”使臣谨对曰：“平安。”皇帝又问：“有能满洲话者乎?”上通事尹甲宗以满话对曰：“略解。”皇帝顾视左右而喜笑。皇帝方面白皙而微带黄气，须髯半白，貌若六十岁 (是年，乾隆皇帝已七十岁矣——引者注)，蔼然有春风和气。①

这段文字虽只有区区数语，但是乾隆皇帝的形象却已跃然纸上。而且尤为值得提及的是，相比于清初 (乃至康熙年间) 朝鲜人对清朝皇帝的那种嫉恨、蔑视、讥讽、丑化的记述，② 朴趾源笔下的乾隆皇帝的形象的确是发生了巨大的改观，这也可以反

① [朝鲜王朝] 朴趾源著、朱瑞平校点：《热河日记》卷2，《太学留馆录》十一日丁巳条，上海：上海书店出版社，1997年版，第138页。按：本文接下来引用《热河日记》的内容均为该版本，恕不一一标注。

② 由于朝鲜是在清朝的武力征伐下被迫臣服清朝的；再加之朝鲜以“小中华”自居，对于向历史上曾经长期臣服于自己的女真“野人”称臣纳贡，朝鲜在文化心态上难以平衡，故而在清初时尤为嫉恨蔑视满清王朝。即使是到了康熙年间，朝鲜虽然无奈放弃了“反清复明”这一无望的空想，但是对满清王朝的诋毁之语仍是不绝于书。如：康熙十七年出使清朝的朝鲜使臣福昌君李桢、权大载等在归国后向朝鲜肃宗国王报告说“(康熙) 皇帝率吓辈 (指侍卫) 常同浴于太液池，游泳为戏；且耽乐游观，出入无节，与虾同其服色，而并骑驰逐，人不知何者为皇帝。其无度如此，而下未有谏之者……皇帝只知清书，不解文字，故凡干文书，漫不省何事……(其) 国内形势，似不得长久矣。”(参见《朝鲜王朝肃宗实录》卷7，肃宗四年九月庚寅条，引自于韩国国史编纂委员会网站，网址为 http：//sillok. history. go. kr/inspection/inspection. jsp/)。

映出至乾隆年间时，几代清朝皇帝对属国朝鲜的“德化政策”取得了显著的成效，清韩宗藩关系已经较清初时的紧张对立大为缓和。

2. 有关满族王公大臣及中下级官员的记述

朴趾源在《热河日记》中还记述了不少满族的王公大臣以及中下级官员，这其中就包括皇六子永瑢、某皇孙（人名缺考——引者注）、豫王、尚书和珅、尚书德甫等人，从而为对这些人物的研究提供了重要的比照史料。关于《热河日记》中对和珅的记述，前辈学者郑克晟先生在《读朴趾源热河日记》一文中业已进行了细致的探讨，[①] 笔者在此无意于重复前人的研究，故而将着重探讨除和珅以外的其他人物。

首先，我们来关注一下朴趾源笔下的皇六子永瑢的形象记述。其文曰：

（永瑢）面白而痘瘢狼藉，鼻梁低小，颊辅甚广，眼白而眶纹三围，肩钜胸阔，体躯健壮而全乏贵气。然而能文章，工书画，方今《四库全书》总裁官，舆望所属云。余（指朴趾源）尝入姜女庙，见壁间坎置皇三子、皇五子诗。皇五子号藤琴居士，诗酸寒，笔又削弱，才则有之，乏皇王家富贵气象……乾隆属意在第五子，而年前夭殁，今永瑢专宠，去年往西藏迎班禅。其殁者诗意酸寒，其存者又乏贵气，陛下家事未知如何。[②]

通过上引这段记载，我们不仅可以对皇六子永瑢有一个直观

① 参见郑克晟：《读朴趾源〈热河日记〉》，载北京大学韩国学研究中心编：《韩国学论文集》（第六辑），北京：新华出版社，1997 年 9 月版，第 114—115 页。

② 《热河日记》卷 2，《太学留馆录》初十日丙辰条，上海书店出版社 1997 年版，第 130 页。

的印象，并且从侧面尚可以对早逝的皇五子亦有所了解。在此值得言明的是，朴趾源无论是对获得专宠的皇六子还是对已经早逝的皇五子的评价均不甚高，而且对乾隆皇帝的接班人嗣君问题颇感忧虑，言辞之间流露出了对满清王朝前途的悲观情绪。① 如果结合乾隆之后清朝国势的逐渐衰落以致后来竟屈服于西方的鸦片与炮舰，我们不得不为朴趾源敏锐的政治洞察力以及对局势的预见能力所折服。此外，由于清朝文献对皇六子永瑢的记载极少且较为零散，因此朴氏的上述记载无疑是为研究乾隆帝之诸皇子提供了一则重要的参考史料。

当然，朴氏对清皇室成员也并不是一概轻视之，对于豫王及其女眷、乾隆皇帝的两个少年皇孙，在朴趾源的笔下也是不乏溢美之辞的。如自承德返回京师的途中，朝鲜使团偶遇豫王及两个少年皇孙②，朴氏在书中记述道：

过黄铺岭，有少年贵人年可二十余，帽戴红宝石，悬翠羽，骑骊马翩翩而去……驰骤如电而不除辟呵喝，但闻马蹄之声。询于从骑，曰皇帝亲侄，号豫王者也……车中隐映有妇人声，已而彼骡停而溺，我马亦溲，车中妇人推开北窗，争出首面，宝髻云鬟，明珰星摇……妖冶妙丽，如洛川惊鸿。窈窕掩窗，倏忽以

---

① 其实早在乾隆二十四年十二月，乾隆皇帝即“以皇六子永瑢为慎靖郡王允禧之后，封贝勒”。(参见《清史稿》卷220，《诸王六》，中华书局本，1976年版，第三十册，第9085页)，此时的皇六子永瑢已过继给慎靖郡王允禧为子二十余年，事实上早已退出了对皇位继承权的争夺，朴趾源对此显然并不知情。

② 两皇孙一为15岁、一为11岁，时正与豫王结伴返回京师的途中，朴趾源亲眼目睹了两皇孙围猎时的英勇表现，对此大加感叹。可参见《热河日记》卷3，《还燕道中录》十七日癸亥条，上海书店出版社1997年版，第151—152页。

逝。共计三人，豫王宫姬云。①

于此我们不难看出朴氏对豫王翩翩风采的喜爱，而至于对豫王宫姬的赞美则更是不吝惜美妙的词汇，朴趾源甚至不惜给其读者留下一种“色而不淫”的风流才子的印象，一笑！②

此外，朴趾源在《热河日记》中还记述了一些满族中下级官员的形象，盛京兵部郎中福宁即是有代表性的一例。这还需从盛京城外的一次邂逅谈起，当朝鲜使团渡江后行至盛京城外的一处关帝庙时遇见了一老者，书中记载道：

（老者）披绣花绸单衫，光头垂辫，就余（指朴趾源——引者注）长揖曰：“辛苦!”……老者引余入庙堂里……书示姓名：福宁，满洲人，见任盛京兵部郎中，年六十三……使行改服临发，余辞起，福宁前执手曰：“行李保重。时方秋暑益炽，且戒生瓜冷饮。俺家住西门内骡马场南边，门首题着‘兵部郎中’，又有金字题‘癸酉文科’，寻访容易。公子回期，可在何时?”余曰：“似于九月中还到盛京。”福宁曰：“自无公干时，当倒履逢迎，既识贵庚日时，静当推筹，以俟尊驾。”辞气甚殷，颇有惜别之意。③

---

① 《热河日记》卷3，《还燕道中录》十六日壬戌条，上海书店出版社1997年版，第150页。

② 在次日，朴趾源还曾于途中客店与豫王对饮，言谈颇欢。可参见《热河日记》卷3，《还燕道中录》十七日癸亥条，上海书店出版社1997年版，第151页。

③ 《热河日记》卷1，《盛京杂识》秋七月初十日丙戌条，上海书店出版社1997年版，第36—37页。

朴趾源与福宁二人可谓是萍水相逢，也仅仅是有过一面之缘，[①] 但彼此都给对方留下了极佳的印象，我们也得以在两百多年后的今天通过《热河日记》这部名著，认识了福宁这位可爱的满族老者。其实朴趾源对以福宁为代表的满族中下级官员形象的记载，是迥然不同于同期清朝人的那种以突出政绩为中心而摒弃其他方面的记述的，故而其价值也于此得以彰显。

3. 有关普通满族老百姓的记述

《热河日记》一书的值得称道之处还在于它记述了为数众多的普通满族老百姓的形象，前文已经述及，这可以补正史记载之不足，故而是研究清代中期满族史不可多得的宝贵史料。在此试举几例：当朝鲜使团一行人等渡过鸭绿江后，朴氏记述曰：

平明发行，路逢五六胡人，皆骑小驴，帽服褴褛，容貌疲残。皆凤城甲军，往戍爱剌河……马头及刷马驱人（使团随行的仆役——引者注）辈喝令（胡人）下驴，前行两胡下驴侧行，后行三胡不肯下驴，马头辈齐声叱下，则怒目直视曰：“尔们的大人，干我甚事！”马头直前夺其鞭，击其赤脚曰：“吾们的大人陪奉是何等物件？赍来是何等文书？黄旗上明明的写着万岁爷御前上用！尔们好不愚瞎，还不认过了皇上御用的！”其人下驴，伏地称死罪。一人起，抱咨文马头腰，满面欢笑曰：“老爷息怒，小人们该死的。”马头辈皆大笑，叱令叩头谢罪，皆跪伏于泥中，以首顿地，黄泥满额。一行皆大笑，叱令退去。余曰：“闻汝辈（指马头辈）入中国多惹闹端云，吾今目睹，果验前闻……”

① 关于朴趾源在返程途中是否于盛京拜访福宁，因资料欠缺我们无从查考，笔者遍检《热河日记》全书，未再见有福宁的记载，因此猜测朴氏极有可能返程途中并未去拜访福宁。

（马头辈）皆对曰："不如此，长途永日无以消遣。"①

读罢朴氏的这段记述，我们不禁会对朝鲜使团的仆役辈们欺骗调笑满洲驻防兵丁借以消遣旅途劳顿的行为感到些许愤慨，但是从这次不友好的交涉事件中，普通满洲驻防兵丁的这种粗犷、朴实、文化素质较低的性格特征于此却得到了极佳的展现。

由于使团的旅程旷日持久，使团成员又清一色的皆为男人，因此谈论女性也是他们消遣旅途时光的一种常态，但是朴氏笔下的通远堡客店中的两个满族女人却是倒足了他们的胃口。其文曰：

时闻间壁妇人语声嫩哳娇诉，燕燕莺莺，意为主家婆娘必是绝代佳人，及为历玩堂室，一妇人五旬以上年纪，当户据床而坐，貌极悍丑……足下穿一对靴子，绣得草花蜂蝶。蓋满女不缠脚，不着弓鞋。帘中转出一个处女，年貌似是廿岁以上……貌亦杰悍而肌肉白净……坐西壁下交椅以箸吸饭。更拿数尺葱根，连叶蘸酱，一饭一佐。项附鸡子大瘿瘤，嗷饭吃茶略无羞容。②

当然这只是两个特殊的个例，并不能说明满族女子的整体姿色欠佳，就连朴趾源自己都不得不承认"（关外地区的）汉女皆缠足，着弓鞋，姿色不及满女，满女多花容月态"。③ 故而在当时朝鲜人的眼里，关外汉族女子的美丽多少有些矫揉造作，而满

① 《热河日记》卷1，《渡江录》二十七日甲戌条，上海书店出版社1997年版，第8页。

② 《热河日记》卷1，《渡江录》七月初一日丁丑条，上海书店出版社1997年版，第20—21页。

③ 《热河日记》卷1，《渡江录》七月初九日乙酉条，上海书店出版社1997年版，第30页。

族女子的美丽则更多的是一种天然美。

此外，在朴趾源的笔下还记述了一些普通的满族读书人和文人，其人物形象亦可谓生动矣。如在东关驿某店铺朴氏邂逅的一个满族少年，其能用满文熟诵《论语》，只是“虽善满书，（却）不识汉字”，以致两人无法做到用汉字笔谈交流，[1] 实为一憾事。[2] 而至于自京师落魄来至通远堡的满族文人富先生则给朴氏留下了相当坏的印象。朴氏记述道：

乍观（富先生）面目，全乏文雅气。余向前肃揖，那老者不意抱余腰胁，尽力舂杵，又把手颤颤，满脸堆笑。余初则大惊，次不甚喜……余问：“贵乡华贯在何地方?”富曰：“俺满洲镶蓝旗人。”富问：“你老此去，当面驾么?”……余曰：“皇上万一接见时，吾当保奏你老，得添微禄么。”富曰：“倘得如此时，朴公大德，结草难报。”余曰：“吾阻水留此已数日，真此永日难消，你老岂有可观书册，为借数日否?”富曰：“无有。往在京里时，舍亲折公新开刻铺，起号鸣盛堂，其群书目录适在橐中，如欲遣闲时，不难奉借。但愿你老此刻暂回，携得真真的丸子（即清心元，朝鲜出产的一种药丸——引者注）、高丽扇子，拣得精好的作面币，方见你老真诚结识，借这书目未晚也。”余察其容辞志意鄙悖庸陋，无足与语，不耐久坐，即辞起。富临门揖送，且言：“贵邦明绸可得买卖么?”余不答而归。[3]

---

① 笔谈是指古代朝鲜、日本、安南、琉球等东亚国家的文人学者在不能讲汉语的情况下，可以通过汉字这种载体与中国的文人学者进行思想文化交流的一种形式。

② 《热河日记》卷2，《驲汛随笔》二十一日丁酉条，上海书店出版社1997年版，第79—80页。

③ 《热河日记》卷1，《渡江录》初三日己卯条，上海书店出版社1997年版，第24页。

诚然，这位自京城落魄至此的富先生此时已经堕落成了一个贪利的市侩之徒，全然无半点文人的风雅气质，也难怪朴趾源对其大加鄙夷。然而我们通过朴氏对富先生这个人物形象的记述，似乎可以想到在乾隆朝后期，旗人生计问题业已相当严重，甚至连不得志的读书人也倍感生活上的拮据，康乾盛世表面的繁荣已开始显现出盛极而衰的征兆！

（二）对蒙古族人的形象记述及其史料价值

清初时蒙古分为漠南、漠北和漠西三大部，至乾隆中期除极少部分并入俄罗斯外，其他大部分蒙古已先后归附清朝，蒙古贵族也成为清朝管控蒙古并进而统治全中国的得力助手。由于蒙古各部与满清王朝的密切关系，故而朴趾源的此次热河之旅也得以接触到不少蒙古族人，并在其名著《热河日记》中给予了记述。而且其内容又多为中国同期文献所不载，因此亦有着重要的史料参考价值。

首先，朴氏在该书中记述了两位蒙古王公的形象，其文曰：

嘉山（朝鲜地名——引者注）人得龙者，以马头为燕行四十余年，善汉语。是日在人丛中遥呼余，余排辟众人往观，则方与一老蒙古王两相执手，言语区区。（蒙王）冒顶红宝石，悬孔雀羽。蒙王年八十一，身长几一丈而磬曲，面长尺余，黑质而灰白，身颤头簁，似无景况，如朽木之将颠，一身元气都从口出。其老如此，虽冒顿，无足畏也。从者数十，而犹不扶拥。又有一蒙王魁健，与得龙往与之语，则指余鬃帽而问语未可解，翩然乘轿而去。得龙遍向贵人一揖而语，则无不答揖回话者。①

① 《热河日记》卷2，《太学留馆录》初十日丙辰条，上海书店出版社1997年版，第130—131页。

由于在蒙元时期蒙古曾对高丽进行过军事征服和间接统治，再加之朝鲜人在文化心态上对蒙古人的优越感，故而向来以“野蛮”、“不知礼义”等标签来定性蒙古人。但是通过朴氏的以上记述，我们看到的却是两个不失英武且又颇知礼义的蒙古王公的形象，这也足可以反映出在清朝统一的多民族国家里，各民族能够得以进行物质文化的交流，使得文明发展程度较低民族的上层人物的文化素质得到了较大的提升。

另外，《热河日记》中还提到了两个性格各异的蒙古族知识分子，一位是为人颇似简傲的敬旬弥，另一位则是自称是康熙皇帝外孙的破老回回图：

敬旬弥，字仰漏，蒙古人也。见任讲官。年三十九，身长七尺余，白皙，修眼浓眉，手如葱根，可谓美男子。同寓六日，未尝一参谈筵。无论满汉莫不与人款曲，而独其为人颇似简傲。①

破老回回图，蒙古人也。字孚斋，号华亭。见任讲官，年四十七。康熙皇帝外孙。身长八尺……面瘦黄骨立，学问渊博。余遇之酒楼中。为人颇长者，所带僮仆三十余人，衣帽鞍马豪侈，似是兼兵官也，貌亦类将帅。②

通过清朝文献的相关记载并结合朴氏的这则来自域外的史料的佐证，我们不难得出：长期生活在内地的蒙古族人（尤指被编入八旗组织的蒙古人），他们与汉、满等民族长期融合交流，其中的一些佼佼者，其文化水准已与汉人无甚差别了。

此外，朴趾源也记述了在沈阳城外遇见的一些普通的蒙古族老百姓的形象，其文曰：

---

① 《热河日记》卷3，《倾盖录》，上海书店出版社1997年版，第162页。

② 《热河日记》卷3，《倾盖录》，上海书店出版社1997年版，第163页。

蒙古车数千乘，载砖入沈阳……蒙古皆鼻高目深，狰狞鸷悍，殊不类人。且其衣帽襤褛，尘垢满面而犹不脱袜。见我隶之赤脚行走，意似怪之。我国刷驱岁见蒙古，习其性情，常与之狎行，以鞭末挑其帽弃掷道旁，或球踢为戏。蒙古笑而不怒，但张其两手，巽语丐还。刷驱或从后脱帽，走入田中，佯为蒙古所逐，急转身抱蒙古腰，以足打足，蒙古无不颠翻者，遂骑其胸，以尘纳口。群胡停车齐笑，被翻者亦笑而起，拭眥着帽，不复角胜。①

相比于前文述及的朝鲜使团的仆役辈欺骗调笑鸭绿江畔凤凰城满洲驻防兵丁的伎俩，这次朝鲜刷驱们调笑蒙古族运输工人的行为则更像是一次“恶作剧”，但蒙古族运输工人的这种友善宽容、淳朴憨厚的个性品质却着实可爱！也与朝鲜人传统观念中对蒙古人勇猛剽悍、野蛮嗜杀的印象形成了鲜明的反差。而且一向以游牧为业的蒙古人在乾隆时期已经有人转而从事运输业，这些都应引起研究者的注意并进而对上述史料记载给予深入的解读。

（三）对其他少数民族人们的形象记述及其史料价值

《热河日记》一书除了记述为数众多的满族、蒙古族人们的形象之外，还记述了清代其他少数民族人们的形象，如回疆的维吾尔族人、内地的回回族人以及西藏的藏族人等，这为我们今天的研究者研究清朝时期上述民族的历史，同样提供了史料上的佐证。

朴氏在《热河日记》一书中曾颇费笔墨地记述了一位来自

---

① 《热河日记》卷1，《盛京杂识》秋七月初十日丙戌条，上海书店出版社1997年版，第34页。

回部的哈密王的形象[①]，其文曰：

回子十余人殿后，面貌狞狰，高鼻绿瞳，发须强磔，其中两人眉眼明秀，服着最华，戴猩猩毡笠，卷其左右两檐，则前后檐间锐如未敷荷叶，顾眄之际，轻佻可笑。马头辈臆称回回国太子，与之后先作行者三四日，时于马上换烟相吸，其动止颇为恭顺。一日停午极暑，下马憩路中箪屋下，两人后至，亦下马对椅而坐，问我："满洲话否，蒙古话否?"我戏答曰："两班安知蒙满话。"即书问回回来历，一人掉头视他，似全塞矣；一人欣然操笔……自称哈密王，指其伴来者亦称蕃王十二部云云。所对全无文理，不可解矣……明朝又相逢于河边，以汉话问："哈密王年纪多少?"亦以汉话对："三十六。"蕃王尤善汉话，合掌二次，张其一手，称二十五。[②]

由此我们发现：尽管这两位回部王公的汉文水准并不高，但他们留给朴趾源的印象却颇为良好。通过阅读朴氏的这段记述，两位年轻俊秀、热情开朗的回部王公的形象跃然于纸上，朴氏之文采，令人惊叹！同时，朴氏的记载也与《清实录》等清代文献的那种对于回部王公的简略机械的记载形成了鲜明的对比。[③]

当然，除了记述回部的伊斯兰教王公之外，朴趾源在京师期

---

① 参考《清高宗实录》等清朝文献，笔者推断此"哈密王"或为时任第五世哈密郡王衔贝勒伊萨克。参见《清高宗实录》卷1118，中华书局本，1986年版，第22册，第941页。

② 《热河日记》卷4，《口外异闻·哈密王》，上海书店出版社1997年版，第297—298页。

③ 《清实录》等清代文献在记载回部王公时，总是不厌其烦地记述回部某某王公来京朝觐，皇帝赏物赐宴之类，而且大多三言两语，既机械又简略。

间还参观了回子馆，[①] 并记述了回子馆内的一群内地回族穆斯林的形象，朴氏记述道：

回子馆外门砖筑，制样绝奇，非天主堂所见。入门仅移数武，双犬突至，张口狺狺，大惊却立。回童数十，拍掌齐笑……回女十余人出视，皆壮健如男子，颊红颧阔，眉青眼赤。其中一少妇，抱数岁婴儿而立，颇有艳姿。皆白衣裳，缨缨绾发，为十余辫垂背后，上加白帽，如优人突帽。衣如我国帖里而袖窄。[②]

这段记载篇幅虽不长，但它所包含的信息量却相当丰富，既有对清真寺的介绍，也有对内地回回族穆斯林的外貌特征、衣着服饰等各方面的记述。笔者以为，这段记载理应引起治北京地区回族史研究的学者的重视。

最后，《热河日记》还对藏传佛教格鲁派的领袖人物——六世班禅额尔德尼大师的形象给予了记述。现摘录如下：

殿中北壁下设沉香莲榻，高及肩，班禅枷趺南向坐。冠黄色氆氇，有鬣，状似靴，高二尺余。披织金禅衣，无袖，祛掛左肩，围裹全躯。衽右腋下露垂右臂，长大如腿股而金色。面色深黄，圆几六七围，无髭须痕，悬胆鼻，眼眉数寸，睛白，瞳子重晕，阴沉杳冥……其所披着皆织金，故肌肉色夺深黄，类病疸者。然大抵有金色而脓肿蠢蠕，肉多骨少，无清明英俊之气，虽穹峙满屋，不见所畏，鸿濛如水，神海若图也……茶行数巡，班

① 朴趾源笔下的“回子馆”，笔者认为应是指北京城内的某个伊斯兰教的宗教场所——清真寺。

② 《热河日记》卷5，《黄图纪略 · 回子馆》，上海书店出版社 1997 年版，第333页。

禅发声问使（指朝鲜使臣）来由。语响殿宇，如呼瓮中，微笑颊首，左右周视，眉间皴蹙，瞳子半涌，睫里细开深流，类视短者，睛底益白而暖霾益无精光。①

张双志在《18世纪朝鲜学者对清代西藏的观察——读朴趾源〈热河日记〉》一文中根据上述记载大致勾勒出了班禅的相貌，即身着喇嘛衣帽，面容稍胖，手臂长大，眉目细长，眼睛黑白分明，睛光内敛，鼻直无胡须，声音洪亮，有如来佛相。② 笔者在此并不完全赞同张双志根据朴趾源的记述而对六世班禅所作的形象勾勒，其实朝鲜自李朝开国以来独尊儒教，严厉排斥佛、道两教，此次朝鲜使团在热河本来是非常反感拜见六世班禅这位番僧的，只是因为乾隆皇帝的“刻意”安排，皇命难违，朝鲜使臣才不得已“拜谒”了六世班禅。但是，包括朴趾源在内的使团成员对此事甚是抵触，朴氏在记述班禅时也因先入为主的反感情绪在作祟，故而难免有“丑化”班禅大师的嫌疑。因此笔者通过辨析上引的材料，认为朴氏笔下的班禅大师的形象为：生活奢华、面色深黄类病疸、体态肥胖臃肿、眼神无光、全无清明英俊之气。据此，笔者以为朴趾源在对六世班禅的形象记述上，甚是有凭其个人主观好恶而“丑化”班禅大师的嫌疑，这一点必须言明。

以上，笔者对朴趾源在《热河日记》一书中所记载的清代少数民族人物形象展开了细致的探析，并对相关记载的史料价值给予了充分的肯定，认为它们是研究清代中期民族史不可多得的

---

① 《热河日记》卷3，《扎什伦布》，上海书店出版社1997年版，第184—185页。

② 参见张双志：《18世纪朝鲜学者对清代西藏的观察——读朴趾源〈热河日记〉》，《中国藏学》2007年第3期，第34页。

宝贵史料。同时也指出了由于朴趾源个人的主观好恶和认识上的偏差等原因，其个别记载也存在着“失实”的现象，如对六世班禅大师的记载等，这也要求我们在史料甄别上不可疏忽大意，而应努力做好去伪存真的工作。

二、从《热河日记》中看朴趾源对清代民族关系的认识

《热河日记》一书除了记载了数量众多的清代少数民族人物形象以外，还着重记述了乾隆年间清朝国内的民族关系，这其中主要的几对关系为：满汉关系、满蒙关系、满藏关系等。由于作者朴趾源的外国人的身份背景，因此他能够避免清朝学者的某些思维上的定式，以一种别样的视角对清朝的民族关系加以审视；而且他的著述当时并不可能在清朝境内得到传播，也就不必因畏惧陷入“文字狱”而有所忌讳，故而朴氏的很多观点便非常有价值。但是，我们也应看到，朴趾源毕竟还是一个外国人，他对清朝的了解是不全面的；再加之清朝与朝鲜在文化上的某些差异，朴趾源也难免会对清朝的某些认识存在偏差与误判。笔者接下来便通过朴氏所记录的几对清代的民族关系，辨析其对它们的认识正误与否。

（一）满汉关系

满、汉两个民族作为清帝国的统治民族与主体民族，其关系的和谐与否直接关系到清帝国的兴衰治乱，故而对于清代满汉民族关系这一问题历来是清史与民族史研究所热议的话题，至于谈到利用《热河日记》来进行清代满汉民族关系的研究，廉松心女士在《〈热河日记〉与清代民族政策研究》一文中就满清王朝

对汉族的统治政策进行了诸多探讨,[①] 这与本文的研究旨趣显然不同，研究视角与思路也存在较大差异。

朴趾源在中国期间因戏曲而与汉人士大夫王鹄汀结缘，两人“六日对窗，通宵会话”，所谈内容从戏曲进而延展至各个方面，朴氏甚至在《热河日记》中撰出专门章节《鹄汀笔谈》来记述二人的交谈内容。这其中自然不会缺少有关满汉关系的记载：

(鹄汀）曰：“本朝（指清朝——引者注）得国之正，无憾于天地，创业者莫不为仇于革命之际。国朝还有大恩于定鼎之初，为前朝报仇，唯我朝是已。八岁小儿浑一区夏，自生民以来未之或有也。我世祖章皇帝，初非有利天下之心，只为天下明大义、复大仇，拯救斯民于血海骨山之中。天与之民归之，首褒殉难之臣范景文等二十人。往岁皇上追查崇祯死事诸臣，通与忠愍、愍节等谥，一千六百余人。大公至正，扶纲植常，自三五以还未之或闻也。有天下者无庭内惭德，然后能享国久长。”[②]

如若仅从王鹄汀的这番极力赞美清王朝的言论来看，似乎可以得出：清朝在经过世祖、圣祖、世宗等朝对满汉关系所作出的调整后，至乾隆朝时期，包括王鹄汀在内的汉人士大夫已经完全认同了这个由少数民族入主中原所建立的王朝的正统性。但是，在朴趾源看来：王鹄汀的此番言论是否是出自真心呢？汉人士大夫究竟在多大程度上认同清这个“胡族”王朝呢？此时的满汉

① 廉松心女士认为清朝对汉族的统治政策有三个方面，即：一、尊崇朱子学，对汉族士大夫进行思想控制；二、举行大规模的编纂事业，抵制汉族士大夫的反清思想；三、举行“南巡”，羁縻笼络汉族士大夫。参见廉松心：《〈热河日记〉与清代民族政策研究》,《北华大学学报》（社会科学版）2007 年第 1 期，第 71—72 页。

② 《热河日记》卷 4,《鹄汀笔谈》，上海书店出版社 1997 年版，第 234 页。

关系真的是已经“和同一家”了吗？我们从王鹄汀的另一个举动上或许可以看出些许端倪：

余与鹄汀共处五日，每谈次，频发叹息之声，其声喟，古所谓喟然太息者是也……余曰：“头厄已发，志士万太息。”鹄汀色变，已而色定，裂“头厄”投炉中曰：“鲁人猎较，某亦猎较，岂不是时中之圣！李卓吾忽自开剃，这是凶性。”余曰：“闻浙中剃头店，牌号‘盛世乐事’。”鹄汀曰：“未之闻也，是与石成金块说同意。”①

朴、王二人的这番对话，很容易使人联想起清初的弊政之一——剃发，以及清军在江浙地区制造的两次屠城事件（扬州十日、嘉定三屠），我们从王鹄汀慌乱的情绪及躲躲闪闪的态度中，似乎能够感受到，他在某种“高压”的笼罩下对一些敏感问题讳莫至深。据此，笔者以为朴趾源准确地把握了王鹄汀等汉族士大夫对满清王朝的复杂心态，即尽管汉人士大夫已经基本上认同了清这个“胡族”王朝，但满汉之间的畛域依然存在。

而且这种界限还不仅是存在于汉族文人士大夫与满洲贵族之间，普通的满、汉两族百姓之间亦是畛域分明。我们接下来通过朴趾源关于清代汉族女子缠足屡禁不止的记述，应该可以对这一问题窥知一二：

（鹄汀）曰：“贵国妇人亦缠脚否？”曰：“否也。汉女弓鞋不忍见矣，以跟踏地，行如种麦，左摇右斜，不风而靡，是何貌样！”鹄汀曰：“献贼京观，可征世运。前明时至罪其父母，本

① 《热河日记》卷4，《鹄汀笔谈》，上海书店出版社1997年版，第233页。

朝禁令至严，终禁他不得，蓋男顺而女不顺也（指男子剃发、女子缠足——引者注）。”余曰：“貌样不雅，行步不便，何故若是？”鹄汀曰：“耻混韃女。”即抹去，又曰：“抵死不变也……韃女之嗤汉女缠脚以为诲淫，则冤矣，这是足厄。”①

由此，我们不禁感到讶异：汉人男子们以血的代价最终也未能保住前额上的头发，并留起了同满洲男子一般的发辫；而柔弱的汉人女子们却顶住了政治高压，依旧通过缠足将自己与“韃女”区分开来。朴趾源也在与王鹄汀等汉人士大夫的交往中准确地窥探出：在清代中期，满汉关系在看似“和同一家”的表象外，实际上两族的人们无论是官绅之间，抑或是士民之间，依旧是畛域分明的。

（二）满蒙关系

前文已经提及，至乾隆中期除极少部分蒙古并入俄罗斯外，其他大部分蒙古已先后归附清朝，蒙古贵族也成为清朝管控蒙古并进而统治全中国的得力助手，因此在清代满蒙两族关系的重要性是不言而喻的。朴趾源的此次热河之行，途中经过了一些蒙古族人们聚居的地方，也见识了同来热河朝觐乾隆皇帝的诸部蒙古王公，因此在《热河日记》一书中，他对满蒙关系也给予了关注。只是他对满蒙关系的认识是否确切还有待于我们检验。

其实还在朴趾源等一行人未赴热河之前，发生在朝鲜使团驻京师驿馆的一次偶然性事件，便似乎可以显现出包括朴趾源在内的朝鲜人心目中的满蒙关系。朴氏记述道：

及此急足橐橐，莫知何事，而第有大事变矣。方披衣之际，

① 《热河日记》卷2，《太学留馆录》初十日丙辰条，上海书店出版社1997年版，第132页。

时大（使团仆役）急来告曰："即今赴热河矣。"来弟、卞君方惊觉曰："馆中失火耶？"余戏曰："皇帝在热河，京城空虚，蒙古十万骑入。"卞君辈惊曰："讶。"余忙赴上房，则一馆鼎沸。通官乌林哺、朴宝秀、徐宗显等奔趋惶扰，面失人色，或捶胸擗踊，或自击其颊，或自划其颈，号泣曰："乃今将开开也。"开开者，斩断也。又跳跃曰："好颗头砍下。"莫诘其故而举措凶且悖矣。①

这虽然只是朴趾源的一次"恶作剧"，但是却使整个驿馆为之鼎沸。朝鲜使团的成员们在听说蒙古十万军队来攻北京的消息后丝毫不去怀疑，而是极尽恐惧慌乱之能事，因此我们绝不难看出，在这些朝鲜人的心目中满蒙关系并不牢固，甚至认为蒙古兵进攻北京是完全有这个可能性的。

而当使团一行人等来至古北口时，看到蒙古与内地的交邻处一片晏然，完全是一番和平盛世的景象后，朴趾源又会发出怎样的慨叹呢：

今升平百余年，四境无金革战斗之声，桑麻宛然，鸡狗四达，休养生息乃能如是，汉唐以来所未尝有也，未知何德而能致之。崇极而圮，物理所然。民不见兵久矣，土崩瓦解，吁，可虑哉！

众所周知，中国古代最大的边患即是来自于北方。正如朴氏所言，北边防务，自汉唐时期就长期困扰中原王朝，但清王朝却在处理这一问题上成效显著。故而朴趾源不禁发问"未知何德而

① 《热河日记》卷2，《漠北行程录》秋八月初五日辛亥条，上海书店出版社1997年版，第114页。

能致之?"看来就这一问题，朴氏确实是了解不深，这也是他对清代满蒙关系的认识存在偏颇的一种体现。① 此外，他还颇有"远见"地指出物极必反，长期的和平环境会使人们放松对战争的警惕。其言外之意，仍是认为蒙古终究会成为清朝北部边疆上的巨大威胁。当然，朴趾源不会预见到：随着冷兵器战争时代的终结，蒙古骑兵的战斗力将不再具备优势，而清朝的真正威胁将会来自海上。

尽管朴趾源在对清代满蒙关系的认识上存在些许偏颇，但是他在这一问题上也有不少相对确切的认识，如在记述承德避暑山庄时，他写道：

热河，为长城外要害之地。自康熙皇帝时，常于夏月驻谒于此，为清暑之所，所居宫殿不为采斫，谓之避暑山庄。帝居此，书籍自娱，逍遥林泉，遗外天下，常有布素之意。而其实地据险要，扼蒙古之咽喉，为塞北奥区。名虽避暑，而实天子身自防胡，如元世草青出迤都，草枯南还。大抵天子近北居住，数出巡猎，则诸胡虏不敢南下放牧，故天子往还常以草之青枯为期，所以名避暑者此也。②

在今天的学术界看来，朴趾源的这段记述或许并不为奇，但是我们不应忘记这样一个前提，即这段记述是出自于二百多年前的一个外国人之手！因此其价值容不得任意的低估。

---

① 关于清朝成功的北边防务政策，康熙皇帝曾经如是说："本朝不设边防，以蒙古部落为之屏藩"，"我朝施恩于喀尔喀，使之防备朔方，较之长城更为坚固"。(《清圣祖实录》卷151，康熙三十年五月壬辰条，中华书局本，1985年版，第5册，第677页)。

② 《热河日记》卷2，《漠北行程录》，上海书店出版社1997年版，第112页。

（三）满藏关系

朴趾源在《热河日记》中的《黄教问答》、《班禅始末》、《扎什伦布》等章节中对清代满藏民族之间的关系亦有所提及，且其关注点聚焦在了满洲贵族与西藏宗教上层的关系上。颇有趣味的是，朴趾源等人对藏传佛教本知之甚少，①但他却敏锐地洞见了满洲贵族之所以优礼班禅等西藏宗教上层势力，是为了利用其宗教的影响力来掌控蒙藏地区：

皇帝迎西番僧王为师，建黄金殿以居其王，天子何苦而为此非常僭侈之礼乎？名为待师，而其实囚之金殿之中，以祈一日之无事，然则西番之尤强于蒙古可知也。

皇帝为班禅大师修建豪华庙宇是为了显示其对黄教领袖人物的优礼，并非是为了"囚"之于殿内；西藏对蒙古在宗教上有着巨大的影响力，但据此便认为"西番之尤强于蒙古"则显然有些欠妥。然而瑕不掩瑜，朴趾源还是洞悉了乾隆皇帝优礼班禅大师的真实用意，②即恰如乾隆帝在《御制喇嘛说》中所云："盖中外黄教总司以此二人（指达赖喇嘛与班禅额尔德尼），各蒙古一心归之，兴黄教，即所以安众蒙古，所系非小，故不可不

① 《热河日记》卷2，《太学留馆录》载："所谓黄教，未知何道，而蒙古诸部之所崇信……以黄名其教者，意者黄老之道耶？西藏之人冠服皆黄，蒙古效之而亦尚黄，则以皇帝之猜暴，何独不忌此黄花之谣耶？额尔德尼非西僧之名，西番之地亦有此号，鬼怪荒唐，难得要领矣。"（上海书店出版社1997年版，第139页）故而可见朴氏对藏传佛教所知甚少。

② 张双志在《18世纪朝鲜学者对清代西藏的观察——读朴趾源〈热河日记〉》一文中对朝鲜使者眼中的藏传佛教等问题有较详实的论述，可参见《中国藏学》2007年第3期，第33—39页。

保护之，而非若元朝之曲庇谄护番僧也。”①

结　语

综上，笔者根据《热河日记》中有关清代民族问题的丰富史料，对书中所记载的清代满、蒙、回、藏各民族各阶层人物形象进行了细致的分析，还原了朴趾源笔下栩栩如生的清代少数民族人物众生相，并对相关史料的价值给予了充分肯定，认为它们是研究清代中期民族史不可多得的宝贵资料。继而又对朴趾源关于清代满汉、满蒙、满藏关系的论述进行辨析，指出朴氏在这些问题上视角独特、观点准确而又不乏远见卓识的一面，同时也就其对某些问题了解不深、认识片面以致形成“误判”的一面进行了揭示。

《热河日记》堪称是对“18 世纪的中国”一次“百科全书”式的记述，其内容庞博、思想深邃，本文仅是对其涉及清代民族问题的部分进行了梳理研究，至于对其更为全面深入的研究，还有待中外研究者的不懈努力。

① 乾隆皇帝《御制喇嘛说》，北京雍和宫藏有该碑文，亦收于清高宗《御制文集》中，两个版本在个别文字上有出入，本文所引部分为雍和宫收藏之汉文碑文。

清末川军入藏缘由浅析

中央民族大学藏学研究院　文厚泓

清末川军入藏，是西藏近代史上的重要事件，对中央政府与西藏地方的关系产生了重大影响，它于清廷最衰弱之时，重新加强了西藏地方的控制。对于川军入藏的作用，虽然学界已形成共识，但对于川军入藏的缘由及十三世达赖喇嘛阻止川军入藏的原因，学界却一直语焉不详。

本文全面分析了清末川军入藏的历史背景，指出川军入藏是中央政府为加强西藏边防、增强对西藏地区的控制力、配合驻藏大臣联豫推行新政等的重要举措；为保住世俗权力不受损害，在英俄等国的支持下，十三世达赖喇嘛对清末川军入藏采取了抵制态度，导致其与清朝中央政府关系进一步僵化；正是对这正反两方面原因的解析，本文最后总结出了川军入藏的必要性。

一、对川军入藏的史学界定

本文所指的“川军”，是由清末四川总督赵尔巽用当时最先进的装备组织起来的，由钟颖统帅，奉清朝中央政府之命，入藏加强边防、控制西藏、配合驻藏大臣联豫实行新政的新式陆军。由于该部队是在四川招募、编练而成，官兵主要由川籍人士组成，故史料中多称其为“川军”，其实是由清朝政府派遣入藏的中央驻军。

本文所说的“川军入藏”，是指川军于1909年8月，自成都出发，沿途击退阻抗的藏军，于1911年2月进入拉萨；因联豫蛮干，致使十三世达赖喇嘛出走的这一历史事件，不包括川军驻藏后，收复波密、辛亥革命延及川军起义哗变、派别争斗、与藏军冲突、被迫缴械离藏等事件。①

1909年4月4日（宣统元年闰二月十四日），川督赵尔巽与驻藏大臣联豫会衔上奏，建议川军入藏。清廷次日批准。赵尔巽即组建入藏川军。全军1700人，编步兵三营，骑兵一营，工程兵、炮兵、军乐队各一队，配有法国造管退大炮16门，机关枪24挺，并有长途电话，渡江铁驳等先进装备。清廷复命赵尔丰配合川军入藏。赵遂对入藏沿途地区改土归流；清剿“残匪”；派兵进占左贡、贡觉一带；赶修打箭炉、巴塘至察木多电报线路；在巴塘和德格囤积入藏军粮、军备。

经半年筹备，1909年8月11日（宣统元年六月二十六日），钟颖统帅川军，自成都起程。川藏道路崎岖，川军辎重难行，不少夫役或病或亡，七月底始抵打箭炉（康定），九月至德格，十月初至察木多（昌都）。

为防生惶恐，朝廷晓谕西藏地方，川军入藏“系按照藏印通商条约办理”，“拟于三商埠设立巡警，并护卫达赖喇嘛、班禅额尔德尼，俾黄教日盛，百姓安谧”，② 但噶厦仍请求撤退川军，并声言，如不允所请，“则藏众必将反叛”；并在川藏线沿途多处屯聚数千藏军，以阻川军。

① 本文认为，川军入藏、川军驻藏，分别处于辛亥革命前后两个不同的历史阶段，是两个不同的历史事件，具有不同的性质，不应该混为一谈。

② 多杰才旦主编：《元以来西藏地方政府与中央政府关系档案史料汇编》第4册，北京：中国藏学出版社，1994年版，第1583页。

面对藏兵聚阻，清廷命令钟颖相机驱剿，“以资镇威为主”。[①]为配合川军，十月下旬，川滇边务大臣赵尔丰率边军自德格冒雪驰赴察木多，使恩达藏兵撤退。赵尔丰采取声东击西策略，让边军走南路，转移藏军视线；让钟颖率川军由北路，由三十九族间道径往西藏。在三十九族及联豫调兵配合下，川军顺利抵达拉里。藏军在江达抵抗。在川、边两军夹击下，藏军大败。

1910年2月12日（宣统二年正月初三日），川军前锋进入拉萨，随后第一营、第二营亦于14、15日相继到达。钟颖自率后队于17日入拉萨。

川军进入拉萨时，正值举办传召大法会，拉萨城里僧俗藏民多众，发生了联豫的卫队枪击藏民，侮辱藏官的事件。“一时全城震动，人民不安。”[②] 加之联豫派兵搜捕达赖未经清廷批准、擅自任命的噶伦，[③]“达赖恐遭危险，即挚其左右，逃往印度”[④]。

至此，经过近半年行军，川军全部抵达拉萨，履行中央军驻藏职责。

二、川军入藏的原由

清中央在西藏驻军始于1720年平定准噶尔叛乱后。[⑤] 1750

---

① 西藏民族学院历史系：《清实录藏族历史资料汇编》（内部资料），第1875页。

② 朱绣：《西藏六十年大事记》，载于：张羽新，张双志主编：《民国藏事史料汇编》（第18册），学苑出版社2005年版，第131页。

③ 联豫所要逮捕的，是夏扎·边觉夺吉、彭错顿柱和喇嘛济汝白桑三人，他们是十三世达赖未经清廷批准，擅自任命的噶伦；他们强行把持噶厦政权，在川藏交界地方调动军队，以武力阻挠川军进藏，假冒民意，联名上书，诬告赵尔丰、联豫。川军前锋部队刚到拉萨，联豫就立即下手，派兵到边觉夺吉、彭错顿柱、济汝白桑的住处进行搜捕。当时他们正在布达拉宫与达赖开会。

④ 朱绣：《西藏六十年大事记》，第131页。

⑤ 详见：《清圣祖实录》卷291，第11页。

年，平息珠尔默特那木札勒叛乱后，中央政府在西藏驻军正式成为定制。[①] 在派川军入藏前，西藏有绿营军在驻。这次清中央决定增派川军入藏，其原因是多方面的。

1. 巩固中央对西藏的主权、加强国防。清代经历顺治、康熙、雍正、乾隆四代帝王的苦心经营，经过廓尔喀这役，西藏的政治、经济、外交，完全掌握在中央政府手中。鸦片战争以来，中国边疆危机日益加深。西藏于1888 年、1903 年两次遭到英国的武装入侵，西藏防务与地方治理力量孱弱。清政府不得不加强西藏边防。另外，英国通过对西藏政治经济殖民化，破坏了清朝对西藏的主权统治。一千多年以来，西藏所需要的茶叶、烟草、粮食、棉布和丝绸，以及其他生产生活用品，都是从祖国内地经四川、云南、甘肃、青海、新疆等地运进西藏，西藏地方的黄金、麝香、羊毛、药材、皮革等物，则通过上述这些地区运往内地。英帝国主义势力侵入西藏以后，英国的棉毛织品等通过印度大量运入西藏，同时又从西藏掠取廉价的羊毛等轻工业原料。英国商品大量流入西藏，极大地削弱了西藏地方与祖国内地的经济联系，导致了西藏在经济上依附于英国，这是英国企图把西藏从中国分裂出去的重要战略部署。[②]

2. 顺应全国建立新军趋势，革新驻藏军队。1895 年（光绪二十五年）开始，清朝以德国和日本军制为蓝本，编练近代化新军。1901 年清末新政明确提出“裁撤绿营，编练新军”，当时各省纷纷裁撤绿营。驻藏绿营被裁撤，也是大势所趋。当时驻藏绿营军军纪废弛、毫无战斗力。清廷驻藏常备军分绿营及藏兵两种，其中绿营兵646 名，驻前后藏定日、江孜各处，驻打箭炉至前藏一带；粮台兵782 名，藏兵3000 名，分驻前后藏。绿营军

① 详见：《清高祖实录》卷379，第24 页。
② 赵云田：《清末西藏新政述论》，《近代史研究》2002 年5 期。

在保护西藏不受准噶尔的侵扰，反击廓尔喀入侵，维护西藏安全稳定方面发挥了重大作用。但到清中后期，驻藏绿营军纪废弛、武器落后、战斗力低下。到光绪年间，联豫称绿营已“久成弩末”，为“无用之兵，坐耗薪粮”，[①] 其上任伊始，就提出“裁去制兵，招练新军”。[②] 编练新军是治理西藏的首要任务。但在西藏本地编练新军并不顺利。至1909年初，仅练士兵一营。于是，联豫多次请求朝廷，速派川军入藏。

3. 执行《中英藏印通商章程》的驻军要求。1904年，英国第二次侵藏战争结束后，英军的主力撤出西藏，但在亚东、江孜、噶大克三处商埠以商务委员卫队的名义继续留部分驻军队。光绪三十四年（1908年）二月，《中英藏印通商章程》签订，其第十二款规定：“凡英国官商在商埠内，及往商埠道中之身家财产，应随时由巡警局及地方官实力保护。中国允在各商埠，及往商埠道中筹办巡警善法。一俟此种办法办妥，英国允即将商务委员之卫队撤退，并允不在西藏驻兵，以免居民疑忌生事。”[③] 英军撤走的先决条件是中国“办妥巡警”。为了尽快使英军撤走，迅速派兵进驻各商埠就成为当务之急。当时西藏中央驻兵数量少，战斗力弱，无法实现在各商埠巡警。驻藏大臣联豫表示：“窃查藏中现下无兵，以前驻防队营，已窳败不堪；而藏军涣散无几。纵有之，实不堪用。如其训练新军，调官招兵筹饷购械等项事，非二三年后不能成军。而商埠成立，需兵孔急。”[④]

---

① 吴丰培主编：《联豫驻藏奏稿》卷4，拉萨：西藏人民出版社1979年版，第160页。

② 吴丰培主编：《联豫驻藏奏稿》卷3，拉萨：西藏人民出版社1979年版，第14页。

③ 四川省民族研究所辑：《清末川滇边务档案史料》上册，中华书局1989年版，第188页。

④ 四川省民族研究所辑：《清末川滇边务档案史料》上册，第188页。

4. 助驻藏大臣在西藏实行新政。当时全国各地新政如火如荼。为加强对积贫积弱的西藏的治理，张荫棠、联豫在藏实行新政，但引起西藏上层的不满。联豫认为，为推行新政，必须以军力为助；若不及时以兵力慑服，则将来更无从措手。1909 年 2 月（宣统元年正月），联豫奏请“速派知兵大员入藏，既问罪，即以收瞻，且以整顿藏事”①。川督赵尔巽亦向清廷报告说“联豫兵单，不足以制之”，建议派兵入藏。

5. 驻藏大臣与达赖关系僵化，导致清廷对西藏控制力下降。自驻藏大臣制度②设立以来，驻藏大臣对维护当时国家的统一，促进西藏地方的稳定与发展都发挥了重要的作用。③ 十三世达赖亲政后，驻藏大臣如裕纲、升泰、有泰等人，④ 多与十三世达赖的关系生硬，甚至处于僵化状态，直接影响了清中央在西藏的施政能力。

第二次英军入侵西藏，有泰将责任全部推给达赖，并以“不遵约束”，“昏夜潜逃”为由，⑤ 要求朝廷革去他的达赖名号。至

---

① 吴丰培编辑：《清代藏事奏牍》，中国藏学出版社，1994 年版，第 1339 页。

② 中国清代中央政府派驻西藏地方的行政长官。全称是“钦差驻藏办事大臣”，又称“钦命总理西藏事务大臣”。设正副各一员，副职称“帮办大臣”。自雍正五年（1727）至宣统三年（1911），凡 185 年间，清廷派往西藏之大臣计 173 人次：其中办事大臣 102 人次（重任 3 次者玛拉 1 人，复任 2 次者索拜等 14 人，由帮办大臣擢职者 18 人，未到任者 6 人，实际到任者 64 人）；帮办大臣共 71 人次，（复任者 5 人，未到任者 15 人，实际到任者 51 人）减去重任、复任、擢职者 37 人，清廷先后遣臣往藏 136 人，未到任 22 人，实际到任 114 人。参见：吴丰培、曾国庆：《清朝驻藏大臣制度的建立与沿革》，北京：中国藏学出版社，1989 年版；国庆：《关于驻藏大臣设立的几个问题》，《青海社会科学》1989 年第 3 期。

③ 周强：《从“驻藏大臣制度”看清朝对西藏的统治政策》，《重庆工商大学学报·社会科学版》2011 年第 1 期。

④ 曾国庆：《论驻藏大臣对治理西藏的影响》，《中国藏学》2009 年第 1 期。

⑤ 西藏自治区政协文史资料研究委员会编：《西藏文史资料选辑》第 7 辑，拉萨：西藏人民出版社 1985 年版，第 87 页。

此，达赖与驻藏大臣关系完全僵化。

达赖逃到内地后，清廷想利用达赖来京之机，厚加抚绥，改善双方关系。清廷的努力安抚对达赖起了一定作用，但双方的隔阂并未消除。在达赖觐见光绪皇帝和慈禧太后礼仪上，要求达赖跪拜，这让达赖很不高兴；在汇报程序上，清廷拒绝了达赖提出的奏事不经过驻藏大臣转奏的要求。另外，赵尔丰推行“改土归流”引起三崖、德格、察台、瞻对等地矛盾。清政府诘问达赖喇嘛，达赖喇嘛“答词闪烁、意涉支吾”①。清政府认为达赖“桀骜难驯”。清廷的态度，也让达赖失望。

6. 达赖的外骛自立之心，让清朝中央政府决定采取果断手段。达赖长期对清政府的态度“意存观望”。俄国曾派遣间谍，以游历、考察为掩护，广泛搜集西藏情报。俄间谍德尔智通过学习藏文和佛经，当上了十三世达赖喇嘛的侍讲，拉拢收买达赖喇嘛及西藏僧俗上层分子。达赖喇嘛“为彼说所浸渍，其志意似怦怦欲动”。② 德尔智曾几次充当达赖喇嘛的“特使”，往返于沙俄和西藏之间。达赖喇嘛还接受了沙皇送的一套东正教主教袍服，在他写给沙皇的亲笔信中，称沙皇是“护法皇帝”，表示要同俄国“亲善”。③

随着清廷新政加强对边疆的治理，达赖越来越感到自己的势力会受到削弱，便转寻英俄等国的支持。经过二次侵藏战争，英国对西藏地方的策略，也由单纯军事行动改为拉拢和引诱。达赖喇嘛在北京期间，英国公使朱尔典、印度总督的特派员都同达赖

① 顾祖成等主编：《清实录藏族史料》第9册，拉萨：西藏人民出版社1982年版，第4690页。

② ［日］山县初男：《西藏通览》第二编第54页。四川西藏研究会编译发行，宣统元年出版。

③ ［英］拉姆：《英国和中国中亚细亚》第254—255页。1960年伦敦版。转引自赵云田：《清末西藏新政述论》，近代史研究，2002年05期。

进行了接触和拉拢；日本东京大学东洋文化研究所图书馆所藏的《内厅侦察达赖报告》逐日记下了各国使节及政要造访达赖喇嘛的情况，他在京期间，接见了日、美、法、奥、瑞典、俄、荷、德、英、葡、比等国使节和政要；① 清廷不得不加强了对他的在京活动的控制。清廷又了解到，达赖派密使在俄国活动，有购买枪支和聘请俄人教习之意。

达赖的一系列行为，使清廷更加感到事态严重，遂在催促达赖回藏的同时，作出了派遣川军入藏的决定，防止达赖返藏后西藏局势失控。1909 年宣统元年三月十四日《详陈筹办西藏事宜》一摺，朱批为：

"所筹各条办法，尚属妥慎周详，着照所请行。并随时会商赵尔巽、赵尔丰妥为规划，以固边圉，而收实效。"②

7. 改派川军入藏，是清廷对西藏地方的妥协。清廷原计划由赵尔丰率边军入藏，但遭到西藏地方的极力反对，不得不改换由钟颖率川军入藏。

赵氏在川边一系列的改土归流措施及残暴处事，已被冠上"赵屠夫"之名，赵尔丰被任命为驻藏大臣后，引起西藏上层的极大恐慌。藏人担心一旦赵氏入藏会危及他们的生命、财产安全，作为封建农奴主的僧俗上层，更把赵尔丰作为洪水猛兽看待，坚决反对其入藏。为阻止其入藏，1909 年 1 月 29 日（宣统元年正月初八），西藏地方电呈清廷外务部，指控赵尔丰杀害喇嘛，毁灭佛教，请求清廷将他撤职治罪：

闻赵大臣奉派驻藏，心中甚为忧惧，曾在现任驻藏大臣处，

① 索文清：《一九〇八年十三世达赖喇嘛晋京朝觐考》，《历史研究》2002 年第 3 期。

② 吴丰培：《清代藏事奏牍》，中国藏学出版社 1994 年版，第 1519 页。

禀求阻止赵大臣前进，未蒙允准，兹特专电恳政府，即将有害西藏佛教之赵、丁（丁昆泰）二人撤换，并治伊二人之罪．否则全体藏民或将叛乱，于中国大局甚有妨碍，务求速允藏官之清，以免激生事端。再藏境内现有之兵队足敷保护之用，祈勿另派兵队人藏。至于应用军火等物，均可照张大臣荫棠在藏时办法办理。①

噶厦公然调兵至江卡（芒康）一带阻拒赵尔丰进藏，同时三番五次请求撤换赵的驻藏职务。藏军亦和赵尔丰的边军经常发生摩擦。清政府为避免“致失藏人之心”，命赵尔丰在康“择地暂住，以待后命”。②

联豫也力阻赵尔丰入藏。联豫其人略有小才，但不善与人融洽。联豫借藏人拒绝赵尔丰入藏为由，向清中央上奏以新军代替赵尔丰的边军入藏。

三、达赖抵制川军入藏的原因

阻止川军入藏，主要是十三世达赖喇嘛所为。达赖闻川军入藏，即上奏朝廷，请求收回成命，被拒；川军入藏时，达赖喇嘛正在返藏途中：达赖喇嘛于 1908 年 12 月 21 日离京起程返藏，1909 年 1 月 20 日行抵西宁塔尔寺；与此同时，四川总督赵尔巽则筹组川军准备入藏；6 月 2 日，达赖喇嘛自塔尔寺起程，8 月中旬越过唐古拉山，此时，川军也自成都起程，出打箭炉，取道

① 多杰才旦主编：《元以来西藏地方与中央政府关系档案史料汇编》第 4 册，中国藏学出版社，第 1601 页。

② 顾祖成等主编：《清实录藏族史料》第 9 册，西藏人民出版社 1982 年版，第 4687 页。

巴塘、江卡、德格而至察木多；达赖下令，在沿川藏线调集藏兵阻止。但恩达、江达藏军对川军的阻止，均告失败。

达赖还乞援外国势力阻止川军。他多次派员去江孜，致电英、俄等国驻华公使，“声请各国政府向清廷抗议，要求撤退川军”;[①] 要求廓尔喀公使，“声请各国政府向清廷抗议，要求撤退川军”；甚至要求廓尔喀王“出兵相助”;[②] 并派人赴印度加尔各答，请求英国干涉。九月，到热振寺后，他继续向英、俄公使呈函。

英俄仅向清政府抗议外，没有任何实质行动。达赖只得于1909年12月21日失望地回到拉萨，听由川军进入拉萨。

川军入藏，是中央政府维护对西藏的统治、执行新政、加强国防的需要。在二次抗英战争中，西藏地方多次请求清廷派兵入藏，抗击侵略势力。达赖喇嘛出走内地时，曾亲自上书清廷，提出派兵入藏。

为何在如此短的时间，达赖喇嘛对清军入藏的态度发生了截然相反的变化，坚定地阻止清廷派兵入藏呢？主要原因有三：

1. 英俄等国的支持与操纵。川军入藏是清廷巩固中央权威，加强国防的措施，势必对英国在藏的扩张侵略产生影响。第二次侵藏战争后，英国对西藏的战略发生改变，由军事进攻为主改为扶植亲英势力为主。被达赖喇嘛任命的四大噶伦之首的夏扎·边觉多吉就是其中的代表人物。达赖喇嘛在北京时，英驻华公使利用达赖喇嘛对清朝整顿西藏的不满和恐惧，多次会见，引诱、拉拢并妄图掌握达赖喇嘛。达赖也向英国示好。返藏时，曾向英国驻华公使表示，深信能与英印当局维持友好关系。当得知川军准

---

① 荣赫鹏著，孙熙初译：《英国侵略西藏史》，西藏社会科学院资料情报研究所编印，1983年版，第291页。

② 《元以来西藏地方与中央政府关系档案史料汇编》第4册，第1629页。

备进藏时，便主动向英国寻求帮助，要求英国从外交上对清廷施压。印度总督向英国政府建议："必须向北京提出抗议。我们可以向中国指出，对于我们边界上发生的混乱局面，我们不能置之不理，因为它可能导致现状完全变化的后果。"①

川督赵尔巽曾上奏军机处电："据密探称，达赖在热振寺名为坐静，实侯赴俄人回信，且带有俄国勇装者二十四人，并俄五子枪千支。"②

2. 达赖喇嘛不希望驻藏大臣势力加强。1895 年，十三世达赖亲政后，他与驻藏大臣的矛盾开始出现，他曾先后与驻藏大臣文硕、升泰、纳钦、有泰、联豫等人共事，尤其在对付英国人的态度上，对驻藏大臣的投降政策愈发不满。有泰在第二次抗英战斗中的表现，让达赖喇嘛大失所望，无奈之下选择出走。

3. 西藏新政威胁到达赖等上层人士的权力与利益。清政府自内地新政取得成效后，进一步将新政推向包括藏区在内的边疆地区，如在川边改土归流、在西藏实行新政。尤其是张荫棠、联豫在西藏不顾当地传统势力的反对，大搞新政，让长期处于封闭环境中的达赖深有恐惧和不满。联豫的新政，更以"政教分离"、"收回治权"为核心，这意味着十三世达赖喇嘛为代表的僧俗贵族集团将失去政治权力和诸多利益。尽管清政府表明将保留十三世达赖黄教"教主"的地位，但西藏上层僧俗集团的经济利益将会受损。他们或者表示新政措施"万难办理"，或在实际行动中"多未实力奉行"，有人甚至在驻藏大臣衙门等处张贴传单，反对新政措施。联豫上奏清廷派遣川军入藏的一个重要目的，就是以军事力量"弹压"西藏地方的反对势力，这自然会

---

① 《元以来西藏地方与中央政府关系档案史料汇编》第 4 册，第 1596 页。

② 中国第一历史档案馆主编：《清末十三世达赖喇嘛档案史料选编》，北京：中国藏学出版社 2002 年版，第 233 页。

引起西藏上层更强烈的反抗。这是达赖集团反对川军入藏的主要原因。但有意味的是，1912 年底，从印度回藏后，开阔了眼界的达赖继续在藏施行联豫等人未竟的新政事业。

四、川军入藏的必要性

川军入藏及推行新政，势必削弱达赖喇嘛的政治权力与西藏上层的利益，因而引起了西藏当局的恐慌，导致达赖喇嘛外逃印度。但川军入藏是必要的，是清政府面对边疆危急，为巩固国防、维护主权、加强对西藏的治理与革新而作的最后一次努力。

川军入藏，是巩固国防的需要。川军入藏前，西藏边境防卫松弛，武力孱弱；根本无力抵抗国外的武力入侵。川军入藏后，主要分驻在拉萨、江孜、日喀则等主要地区；并于 1910 年 7 月收复波密，有效地配合边军阻止了英国对西藏西南边境的偷窥。

川军入藏，是行使国家主权、控制西藏政务的需要。经过两次英军入侵、英国人的经济入侵、培植亲英势力，清朝中央政府对西藏的控制受到严重削弱。加之十三世达赖新政后，排斥异己，以妖鞋事件为由，禁毙卸任的第穆呼图克图，扶持亲信，对抗驻藏大臣，达赖甚至跳开中央政府，私下联络英俄等国，妄图摆脱中央政府对西藏的控制；由于达赖势力的干扰，驻藏大臣施政能力较十三世达赖亲政前大大下降。川军入藏后，达赖势力不感不敌，只得外逃，驻藏大臣重新控制了西藏局势，迅速恢复了中央政府对西藏的控制。

川军入藏，是加强对西藏治理的需要。封闭的西藏经济长期停滞，官僚腐败，内斗严重；加之随着开放商埠，西藏本地经济与西藏与内地的贸易联系受到严重打击。在内地新政取得成效后，清政府同意张荫棠、联豫等驻藏大臣在西藏推行改善西藏经济、教育与民生的新政措施。但由于西藏上层势力的阻挠，新政推行甚缓。川军入藏，有效地震慑了反对派势力，为联豫在西藏推行新政提供了宝贵的时机。

当然，也应看到，川军驻藏后，由于联豫本人的气量褊狭，导致达赖喇嘛逃往印度，恶化了达赖与中央政府的关系；也由于辛亥革命波及拉萨后，川军内乱未能被有效制止，扩大成以抢劫为目的的拉萨动乱，激起了西藏地方的强烈不满；也由于袁世凯畏惧英国，阻止了尹昌衡的西征军乘胜进入西藏，解救孤立无援的川军；最后川军弹尽粮绝，不得不全部退出西藏，自此造成中国现代史上西藏与中央关系不正常的开端。

中泰朝贡的终局

泰国曼谷大学人文学院　［泰国］黄璧蕴

本文大多根据泰国方面的史料，围绕中泰两国之间朝贡贸易关系，探讨到近代中泰关系中断，以及泰国禁止向中国朝贡的因素。

吞武里王朝时期，1767 年泰国华裔王郑信登位以后，派遣陈美到广东向清朝请求封他为泰国国王，进一步采取了亲近中国的政策。1781 年（清乾隆四十六年），郑信遣使入贡，可是使节还未返回泰国，郑王已被杀死。（有关郑王被杀的原因，参阅第二章吞武里王朝时代）

郑信死后，拉玛一世建立了曼谷王朝。据中国古籍《清史稿》记载，为避免王朝的更替影响中泰关系，拉玛一世致书清政府，以郑信之子郑华的名义向清朝上表察报，并成为惯例。在此后的宫中文书中，拉玛二世称郑佛，拉玛三世称郑福，拉玛四世称郑明。例如：

《清史稿》暹罗传谈到曼谷王朝初期的许多情况，并大肆称赞拉玛一世说："华（指郑华）亦材武，屡破缅，缅酋孟陨不能敌。"

嘉庆十四年（1709 年），拉玛一世去世，"世子郑佛（拉玛二世）继位"。

"郑佛在位十五年，传其子郑福（拉玛三世）。"

“咸丰元年（1851 年），郑福卒，弟蒙格拉（蒙固）托继立，中国称曰郑明（拉玛四世）是也。”①

泰国国王对中国清朝的朝贡关系，就这样由曼谷王朝继承下来。

泰国曼谷王朝初期同中国清朝之间仍然还保持着“朝贡贸易”关系，虽然这种贸易依然是由王室垄断的，但贸易量显然大大增加了。对于“朝贡”中国清朝皇帝早有订例。对来华进贡的国家坚持“厚往薄来”的原则，要求他们入贡的次数不要太多，贡品不必丰厚，而回赠给他们的礼品则比较丰厚，以表示嘉奖。当时中国为了管理外来国家的朝贡事宜，规定了各国入贡的频率，而且在入贡使团的人数上也有严格的限制。中国对泰国的规定是三年一贡。泰国到中国进贡的通道，是走海路，先抵达广东，然后再运抵京城。此外，规定贡船以三艘为限，每艘不得超过一百人，进入北京的官员以二十名为限。可是在实际的执行过程中，泰国一般都是一年多次入贡，并没有遵守三年一贡的规定，使团的人数也达到了几百人之多。泰国的贡船通常载有两种货物，进呈中国皇帝的贡品，运往京城；其他货物的添置则是为了增加贡船载重量压舱货物，以防载重不足在海上出现危险，在广州销售。贡船到广州后，朝贡与贸易就分两处同时开展，一方面，贡品由贡使带往北京，上贡清廷；另一方面，等待在广东的贡船就可以从容地销售掉压舱货物，然后在当地购买一批货物带回国内销售，再乘当年冬季风返回泰国。泰国就这样以朝贡为名进行贸易。

据文献记载，曼谷王朝初期在“朝贡贸易”中的利润高达百分之三百，所以当时泰国几乎每年都有贡船到中国，有时一年

① 段立生：《中国古籍有关泰国史料简介》，载《泰国史散论》，人民出版社 1993 年版，第 10 页。

数次。除正贡船以外，还有副贡船和探贡船等。泰国国王每次入贡，清朝皇帝都赏赐礼品，不仅数量多，而且非常贵重。泰国学者沙拉信·威腊蓬曾经指出，清朝皇帝“赐予泰国朝廷和贡使的回赐，通常为精美的平纹布、丝绸、瓷器、铜线以及其他价值昂贵的物品，且有逐次增加的趋势。这些礼品不仅得到泰国贵族的高度评价，而且在泰国当地市场上可以卖得非常诱人的价钱，并再出口到西方”。①

中泰之间的贡赐往来，对泰国来说，并非真的依附于中国，而完全是为其经济利益所驱使，因为载有使节人员的船只可以此为借口而免纳一切进口税，当然，从客观角度来说也达到了中泰之间物质上的互通有无。正如丹隆拉查努帕亲王说：“泰国与中国建立友好关系的原因，主要是为着海外商业贸易的目的，自古以来，泰国有中国需要的种种货物，中国也有泰国需要的商货，泰国与中国进行贸易对泰国大有益处，按照当时的习俗，为了便与中国进行贸易，海外各国必对中国皇帝敬献礼物。”②

以上的原因促使泰国使者不断入访中国，更加频繁到中国进行朝贡。直至曼谷王朝拉玛四世（1851 年至 1868 年）时期，泰国朝廷对朝贡不再重视，从此开始停止向中国进贡。泰国学者纳如梦·提拉瓦在《拉玛四世之政治圣训》一文中指出“拉玛四世初期，中泰关系还是进行‘朝贡贸易’，其实在他出家时，已清楚中国清朝的统治日趋衰落，但他在 1851 年与 1852 年还有两次照例遣使送礼入朝，是为了与中国进行贸易，希望泰国得到更多的利润，朝贡仪式只不过被看做进行贸易的一种不可避免的结

① ［泰］沙拉信·威腊蓬：《进贡与利润：泰中贸易 1652—1853 年》，丰田基金会，2005 年版，第 39 页。

② ［泰］昭披耶永马拉：《中泰关系史》，帕赞出版社 1913 年版，引言。

束理由”。可谓“朝贡贸易”的关系就是借用朝贡之名来进行贸易。①

为何泰国拉玛四世不再对中国朝贡？我们可分为以下几个原因进行分析：

1. 中国国力衰落是拉玛四世不朝贡的主要原因。在外国资本主义列强的侵略下，中国逐步沦为半封建半殖民地国家，中国失去自主权的条约频至迭来，西方欧美国家列强开始瓜分中国的利益，此时，清王朝经济落后、官场腐败、军备废弛、财政困难。泰国曼谷王朝拉玛四世清楚地看到腐败落后的清王朝已不再是亚洲地区的主导力量，泰国与中国继续进行的“朝贡贸易”更得不到什么利益。另外，在1851年（清咸丰元年），因洪秀全领导的农民战争爆发，太平军起事，战乱延至广东，海路阻塞，贡道不通，路途危险，泰国贡使不能到中国朝贡，朝贡遂绝。

2. 泰使入贡遇劫，中国政府处理不当是拉玛四世不朝贡的直接原因。1851年拉玛四世王续位执政以后，泰国有过两次向中国朝贡，第一次在他登极初年，依然照例遣使送礼入朝先王之丧，使节至广东正是道光皇帝驾崩，朝廷令泰使不必进京，此次泰使未达北京半途而归。第二次在1852年（清咸丰二年）拉玛四世又派使入贡，当时中国太平天国革命军兴起，天下大乱，此次泰国贡使完成朝贡任务后，在由北京至广州的返国途中遭到太平军的袭击，所有财物全部丢失，泰使正通事一员被杀，贡使被伤，泰使向当地县知事告诉，县知事只愿意送慰物，别的不理。泰使备受其苦，回国时，告诉拉玛四世中国招待不足，泰国国王发怒，以后便停止入贡。②

① ［泰］纳如梦·提拉瓦：《拉玛四世之政治圣训》，朱拉隆功大学硕士学位论文1982年版，第274—277页。

② ［泰］纳如梦·提拉瓦：《拉玛四世之政治圣训》，第274—277页。

关于泰国贡使途中被劫的这一件事，中国学者余定邦在《〈泰国最后一次入贡中国记录书〉初考》一文中写道，虽然中国古籍《清实录》未见记述，但是，在清代外交档案中见到了河南地方官的有关奏报，证明确有其事。他说据陆应谷1853年8月10日的奏报载，“当年6月15日，泰国使者航抵河南商丘县石榴堌驿附近，被抢去衣箱86个，朝服4件，暹王采买的金丝锻60匹，玉器、古玩4箱，赏赐木箱12个，还有人参、鹿茸、金盔甲、朝珠、金手镯、金案御书匾额、敕书、兵牌、勘合等物。通事胡鸿准不知下落，贡使披耶司豁里巡段亚派拿车突手脚受伤，跟役潘五、亚烈也受了伤”。[①] 另外，泰国使者此次入贡在回国途中经过英国占领的香港，当时香港总督约翰·鲍林（Sir John Bowring）爵士在他们抵港时，乘机从中煽动，以离间中泰两国人民的友好关系和两国间的邦交往来。鲍林对泰国使者说：“请知泰王，泰国已跻于英法美之同等强大矣，不应再向中国进贡也，且此次有其理由矣。”英国殖民者利用贡使被劫事件，蓄意挑拨中泰关系。在此以后，泰国拉玛四世不再向中国朝贡。这是泰国最后一次派遣到中国朝贡。

3. 中泰两国对朝贡认识的差异是拉玛四世不再朝贡的内部原因。自泰国首朝素可泰王朝至今日的曼谷王朝，泰国一直派遣帆船向中国朝贡是为了便于与中国进行海道的帆船贸易，使泰国得到很大的利益。[②] 泰国认为向中国京城赠送礼品是为了表示泰国对中国的友好关系，而不是为了向中国归附顺从，对宗主国进

---

① 军机处录副奏折：外交类，1241—2号，咸丰三年七月初六日陆应谷奏折，转引自余定邦：《〈泰国最后一次入贡中国记录书〉初考》载《南洋问题研究》，2005年第1期，第4页。

② ［泰］沙宋·卡沙西亲王：《拉玛一世至拉玛五世曼谷王朝史：公元1782年至公元1851年》1980年版，第213—222页。

献朝贡品。[1] 可中国视泰国为一个近邻附属小国，拉玛四世不喜欢中国对泰国的态度。他留下了详细、严厉批评中国及与中国切断关系状况的超长布告，概述了泰国与中国的国书和使节的互换情况，即“泰国与近邻国王的国书互换，例如：汗达瓦底、万象等，其国国书之间赞扬泰国比中国的国书多得多”。再如：“泰国与孟有交战，国书的互换泰方记两国之间的关系照旧被定性为兄弟关系，可汗达瓦底方记不敢高攀，国书的互换依然是国王对国王的对等关系，决不像中国北京那样轻视与看低泰国。”[2] 此主要着眼点在于强调与近邻关系的对等性，同时表明它们之间没有像轻视泰国的中国那样的侮蔑、轻蔑行为，指出了中国的傲慢态度，没有作为友好国家对待泰国。拉玛四世强烈地说“泰国不是中国的藩属国，不需要中国的庇护，不怕中国军队入侵泰国。泰国派遣使者向中国入贡的习俗，损害国家威信的行为，是因为被居泰的华商欺骗”。[3] 中泰朝贡活动的日益频繁，泰国国王派遣往中国入贡的使者、通事、海员驾驶大多是由华商或已长期留居泰国的华人来管驾，[4] 双方外交文件全部使用中文。关于两国互换国书的礼仪和手续程序之事，他叙说泰国国王与官员们中了住在泰国国内从事贸易的华人的计策，这些华商说，国王要与中国贸易，就必须派遣使节向中国皇帝递送国书和朝贡品，这些华人在根据泰语原文用中文书写国书时随意歪曲内容，写成泰国国

① ［泰］帕昭喔拉翁特公摩万那拉提蓬巴攀：《泰国使史》，帕赞出版社 1958 年版，第 7 页。

② ［泰］拉玛四世：《古代泰国泰使递呈中国国书的解说》1914 年版，第 70—78 页。

③ 同上。

④ ［泰］漫丽咖 · 录翁拉匹：《泰国曼谷王朝拉玛一世至拉玛四世时代华人在泰国经济、社会与艺术方面扮演的角色》，朱拉隆功大学硕士学位论文 1975 年版，第 6—7 页。

王作为藩属国对中国皇帝表示敬意。他的布告以强烈的口气说："以前泰国国王与中国进行帆船贸易，都能得到巨额利益，每次泰国向中国入贡，从回赐中都能够得到超过朝贡品的高价的物品，泰国使者们来到中国后，收到中国各个城镇所给的费用，就购买高价的泰国没有的物件敬献给泰国国王与官员们，当时的泰国国王未怀疑被中国人欺骗，中国对泰国规定的入贡时间，泰国就按照做，败坏泰国的名誉，失去泰国的体面，愚蠢了好几代，愚蠢最大的因素即是中文最难以理解，不像泰文与别的国家，还可以懂得，因为是泰人，不是中国人的子孙，没有懂中文之人……"① 他强调由于泰国方面的无知和愚蠢而受到中国官员和翻译所骗的经过，及泰国单方面表示敬意的不平等关系，谴责了作为翻译居中介绍的中国人。后来真正的翻译告诉泰国官员国书内容受到歪曲的情况，泰国方面便让人们将国书翻译成正确的汉语。可是，这招致了广东官员的愤怒，扬言要采取赶走使节中止贸易的措施。②在泰国的华人要求继续交易，因此以往的惯例仍延续了下来。当时泰国除了与中国一国就没有与其他国家进行贸易，所以依然照旧派遣泰使向中国入贡。泰国方面的泰文国书还是写与中国成为友好的关系，可是任泰使与通事的华商为中国政府把国书的内容删改成泰国对中国表示敬意，将“赠献”替代“朝贡”之意。③ 这些华商们入贡后返国时，又把中国政府的国书再次删改写成泰国爱听的内容。拉玛四世得知这些情况后感到羞愧，认为泰国该行为使泰国失去体面，后便不再派遣使者向中

① ［泰］拉玛四世：《古代泰国泰使递呈中国国书的解说》1914 年版，第 70—78 页。

② ［泰］商醖·刊塔查瓦纳：《威哈甲隆殿——天明殿》，载《泰王庇荫下的华人二百年》，沙哈密出版社，第 20 页。

③ 泰国艺术厅：《公元 1865 年至公元 1868 年拉玛四世会之通告》，第 165—166 页。

国入贡。①

泰国史料《拉玛四世布告集》主要叙述了泰国与中国的朝贡关系，将停止朝贡归咎于中国方面针对泰国的愚蠢的策略和傲慢的态度，并以强烈的口气加以批评。

以上所提，据中国的古籍载，泰国曼谷王朝与中国清朝的关系是非常密切的，历代统治者都受到清廷的册封。拉玛一世登位后，自称是吞武里王朝国王郑信之子郑华，请求封册，在 1782 年清廷封郑华为泰国国王，1811 年拉玛二世（郑佛）受到封册，1825 年拉玛三世（郑福）受到封册。1853 年拉玛四世（郑明）也受到清廷封册。这里值得关注的是：泰国吞武里王朝唯一的国王郑信是华人，可是曼谷王朝拉玛一世非郑信之子，而是帕阿桑顺通与岛录安（中文名叫“玉”）之子。拉玛二世是拉玛一之子，拉玛三世是拉玛二之子，拉玛四世是拉玛三之弟，他们与郑信没有血统关系，他们并非郑氏。造成该问题的主要因素应该是翻译泰国国书之人。因泰国朝廷不懂中文，缺乏精通的翻译人才，每次朝贡时，使团中的通事即为翻译人才，成为两国沟通的唯一中介。而一般来说，通事都为居住泰国的华人，可是他们为了与中国交易而随意删改歪曲国书的内容。所以《拉玛四世布告集》所载的内容的确很有可能是真的。

关于拉玛一世致书清政府，自称是郑王之子郑华的中国史料，北京故宫清史档案馆里现今还保存着郑王去世后曼谷王朝拉玛一世呈送清廷的国书原件：“不幸小邦福薄，于乾隆四十七年（公元 1782 年）二月二十三日祸延王父，昭因病身故。临终之际嘱华（指郑华）慎重无改旧制，当以社稷为念，天朝世尊。华自父故任政之后，幸赖皇天福庇，属土皆安，回思旧制，暹罗忝

① ［泰］拉玛四世：《古代泰国泰使递呈中国国书的解说》，1914 年版，第 70—78 页。

叨属国，理合禀报。兹特遣朗亚排川罗蒂赍文禀赴阶前，并差船商驾船前来护接贡使回国。俟至贡期，华当虔备方物朝贡，俾亡父被黄恩于不朽，使华永戴圣德而无穷。”① 至于郑王的死因，照拉玛一世的说法是“因病身故”。清朝在回文中要求郑华“今尔父病故，尔继嗣为长，谨遵汝父遗命，急欲效忠天朝，具见恭顺悃忱。但汝理应具表叩谢天恩，并将尔父身故及尔继世各情节详悉声叙，本部堂方可剧情转奏”。② 这里说明清朝政府对这个问题已经有些怀疑。直至1784年（乾隆四十九年），郑华的贡使到达广东，据《清实录》卷1213载，“暹罗国长郑华备具表文、驯象等物，差陪臣帕史滑里那突等，恳求入贡，并禀请乞恩请封。因其未遵前檄，自行具表恳求，是以将来使安顿公所，贡品敬谨验收。俟举到谕旨，即委员伴送起程”等语。③ 此表示送来的国书里避而不答清廷在上次檄谕中所问的问题，将郑王身故的情节含混过去。至于拉玛一世自称名叫郑华，是郑信之子的道理，中国学者段立生对此事作出评论。他说道：“因为拉玛一世作为郑信的老部下，自然悉知郑信与清朝建立外交关系的全过程，特别是因为郑信不是王室后裔，而久久得不到清廷的正式承认，遂使拉玛一世自称自己是郑信之子郑华，事实证明这个办法十分奏效，时隔不久便得到清廷的封册，以后的拉玛二世、拉玛三世、拉玛四世呈交清廷的国书中都沿称姓郑，并有各自的中文名字。”④

① 清史档案，军机处副录奏折，暹罗国长郑华国书原件，转引自段立生：《郑信于中国》，载《泰国史散论》，广西人民出版社1993年版，第164页。

② 《清高宗实录》卷1164，转引自云南省历史研究所：《〈清实录〉越南缅甸泰国老挝史料摘抄》，云南人民出版社1986年版，第897页。

③ 《清高宗实录》卷1213，转引自云南省历史研究所：《〈清实录〉越南缅甸泰国老挝史料摘抄》，云南人民出版社1986年版，第897—898页。

④ 段立生：《泰国文化艺术史》，商务印书馆2005年版，第269—270页。

4. 拉玛四世自少年时代便与英、美来泰国的传教士有所接触，随后便跟在泰国宫廷中的英、美医生学习英语和自然科学知识，他学习了地理、物理、化学、数学等自然科学，尤其对天文特别感兴趣，并大量阅读西方的报刊书籍。这些使他对西方有一定的了解，而且还有一定的好感，学习西方便成为他继承王位后励行的政策。因此他在考虑对西方的政策时，国际形势的突变是拉玛四世不再向中国朝贡的外部原因。拉玛四世认为西方的影响会带来危险，但比之像中国只拒绝西方的要求，而招来战争炮火那样的危险要少得多。出于这个认识，所以他在位时，就采取了亲西方的政策，使泰国开始实行有限的改革，并在西方顾问帮助下寻求实现国家的现代化。正如《清史稿》载："咸丰元年(1851)，郑明通佛书，善英语，用欧人改制度，行新政，国治日隆，称皇帝。复与英、法诸国订约，遣使分驻各国。"①

中国鸦片战争后，西方列强侵犯中国主权，泰国曼谷王朝的拉玛四世清楚看到腐败落后的清王朝已不再是地区的主导力量，感到中泰两国现存的交往方式应该加以调整，要想维护曼谷王朝的统治，就必须采取"以夷制夷"的策略周旋于西方列强之间，而不是像以前那样与中国进行朝贡贸易的方式。另外，拉玛四世看清西方殖民主义者列强入侵其他国家带来了巨大损失的例子，如：法国侵略安南（越南的旧称）后，就占领安南的藩属国柬埔寨，宣布法国是柬埔寨的主权要求，实际上柬埔寨不只是安南的藩属国，也是泰国的藩属国，柬埔寨向安南朝贡，同时也向泰国朝贡。② 此例使拉玛四世考虑到泰国将来会像柬埔寨那样危

---

① 段立生：《中国古籍有关泰国史料简介》，载《泰国史散论》，人民出版社1993年版，第10页。

② ［泰］商酿·刊塔查瓦纳：《威哈甲隆殿——天明殿》，载《泰王庇荫下的华人二百年》第二辑，沙哈密出版社，第20页。

险，中国仍把泰国视为藩属国，如果泰国还与中国进行朝贡贸易，西方国家侵略中国后，就会占领泰国。同时，泰国刚开始与西方国家建交，因此，拉玛四世决心停止贡使的派遣，此后泰国便与中国迅速断交了。

拉玛四世去世后，其子拉玛五世王（1868—1910）接位。尽管拉玛四世已开始有意识地向西方学习，但拉玛四世基本上还是一个传统的国王。近代泰国思想文化发展的模式，是在拉玛五世时期形成的。拉玛五世少年时曾随外国教师学习，但主要是英语，更多的是系统地接受传统的宫廷教育。其统治国家时，逐步进行各种改革，其在维护传统的政治文化的前提下和基础上，吸收西方科学技术，移植西方型的军事、行政、财政等方面的制度。正如清朝政府驻英使薛福成，1890 年（光绪十六年八月）在他的出使日记中载，“暹王因势孤意怯，下令臣民俱易西服，大臣日夜泣谏，王太后出为调停，许以下半体衣裳仍其旧制。今亚洲各国仿效西法者，东洋则有日本，西洋则有暹罗”。①

自从 1852 年，泰国派遣的使节遭到暴徒袭击，两年后回国时，泰国与中国双方未能已达成结束朝贡的谅解。此后，中国政府曾几次要求泰国恢复朝贡，每次泰国都不得不考虑是否恢复并作出判断，是恢复还是保持中断状态或是结束？针对这些判断，泰国的记录显示了围绕各种条件和预想到的得失进行协商后才做出决定的情况。最后决定不采用拒绝、废除朝贡的表现，而建议经天津赴京来取代治安不好的经广东的陆路。

对于此事，余定邦指出中国史料也有记载，同治年间，沈葆祯派福建船政总监叶文澜到泰国采购木料，并给泰国政府带去公文一道。1869 年 8 月 1 日叶文澜回国后称，已将带去的公文交泰

① 薛福成：《出使英法义比四国日记》，岳麓书社 1985 年版，第 223 页。

国官员传递。泰国官员称，咸丰年间入贡，路经河南被抢，地方官无照料。1863 年具文赴粤，陈及道途梗塞，请由天津海道入贡，粤督未复。所以，数年未入贡。叶文澜带回的泰国禀文称："咸丰二年请封进贡到京，回到河南永城县被抢，杀死正通事一员，贡使被伤，失去钦赐等物及贡使银货，未蒙官府拿贼追赃。贡使至粤，仅领粤督颁赏物件，贡使所失银货，未蒙赐还。同治癸亥（1863 年），粤督谕以壬子二年（1852 年）请封进贡，已经颁封，至今未见续进谢封……自壬子二年以来，及至贡期，问诸来往商船，传说各地发匪未平，无人敢任贡使，倘肯赐由海道往天津起旱，方有勇往行人，未晓能为敝国代陈?"福州将军文煜、福建巡抚卞宝第就此向清廷奏报。接着，礼部官员就贡使被劫一事作了说明："泰国使者遇到劫回到广东后，粤督已发送慰劳银 1000 两，南海县发给泰国来船银百两。"至于要改变传统贡道，从天津入贡的问题，礼部官员认为："现在中原底定，发逆一律肃清。由粤赴京，驿道并无梗阻。即有应行绕道之处，亦可知照经过地方，妥为接护，以期周密。若由海道至天津，经涉重洋，恐有风涛之险，海贼之虞，地方官无从防护，转失朝廷体恤藩封之意。自应照旧航海至广东虎门起旱后驰驿赴京。"①清穆宗接报后在 1869 年 10 月 18 日对军机大臣发出谕令："即著照所议，暹罗国进贡，照旧航海至广东虎门，起旱后驰驿赴京，毋庸改由天津。至该国自咸丰二年以后，屡次失贡，系道途阻滞，事出有因，著加恩免其补进贡物。文煜、英桂、卞宝等即知该国王钦遵办理。至该国进贡之期，行抵虎门，并著瑞麟、李福泰遴派妥员沿途护送。并知照经过各省督抚派员接护，用副朝廷怀柔远

① 军机处录副奏折：外交类，1241—1 号，同治八年七月二十四日文煜、卞宝奏折。转引自余定邦：《〈泰国最后一次入贡中国记录书〉初考》，载《南洋问题研究》2005 年第 1 期，第 4 页。

人至意。”①

由于中国清廷拒绝了这个建议，泰国政府没有派遣使节。1878 年（光绪四年），清王朝驻英公使曾纪泽前往伦敦时，途经泰国顺道访问曼谷，谈及两国关系时未获结果。次年，中国政府通过英国领事传递中国的要求，要泰国照旧继续入贡，泰国予以拒绝，因泰国希望双方订立平等的通商条约，清政府也不同意，使谈判破裂。1884 年，中国清朝官员郑观应在曼谷时期见到了拉玛五世的弟弟利云王沙亲王以及泰国的外交大臣，郑观应很想知道泰国政府的外交动向和拉玛五世所举行的外交政策，为此，他向泰国政府提出了泰国为什么多年不派遣使访问中国？利云王沙亲王对这个问题作了说明：“贡职不修，敝国无罪。在昔二十八年，敝国遣使修贡。入广东境，途中遭盗，劫掠我贡珍，杀伤我贡使翻译，国书有多删改，上国无得以此相责难。”② 结果泰国对中国的朝贡便于 1852 年至 1854 年结束。

关于泰国不遣使入访中国的问题，薛福成认为是同拉玛五世的改革有关。他既看到了咸丰年间“道路梗赛”这方面的原因，更重要的是看到了国际形势的变化和拉玛五世改革后泰国人观念的变化。他说：“暹罗自乾隆以后入贡中国，咸丰年间路梗塞，贡使被劫，遂不复入贡然非暹王意也。顾以缺贡既久，恐被责问，故不敢来。光绪五年三月，接到中国催贡文，乃由驻暹英领事传递者。或曰，是年英官以战船假中国旗号，伪云责贡之师，以胁暹人，使之求助于彼。则劄文虚实，似尚未可知。然暹王问其臣下，具道所以历年欠贡之故，因贡表内前用跪具字样，近已改用西礼，不无窒碍。盖其意未尝不思转圜也，然卒莫为代达于

① 《清穆宗实录》卷 266，转引自云南省历史研究所：《〈清实录〉越南缅甸泰国老挝史料摘抄》，云南人民出版社 1986 年版，第 933—934 页。

② 夏东元：《郑观应集》（上册），上海人民出版社 1982 年版，第 955 页。

中国者，故不能不与英人倍加亲密云。”①

对泰国入访问题，清朝政府驻美使臣张荫桓也表示关注。据他的出使日记所载，1888 年初，查岛委员王荣和、余瓘前往泰国访查华民商务。泰国外交副大臣曾经提出，鉴于中国境内陆路阻塞，希望改变“贡道”，让泰国使者从海鲁直达天津，再由天津进京。后来，清朝官员认为此项建议仅由泰国安员口头提出，未见泰国政府公文，未予考虑。②

1889 年，泰国的中国商人与大臣，由前章所述的披耶初地拉查硕提田 · 挫迪咖萨田带领在阿瑜陀耶城（大城）近郊挽巴茵夏宫内募捐集资敬献给拉玛五世一座中国式的宫殿——威哈甲隆殿（Wehat chamrun Hall），中文叫“天明殿”。这是泰国唯一的一座中国风格的宫殿。“天明殿”为中国南方传统建筑式样的木结构建筑，全部材料和陈列品都是从中国运至，大殿为木结构双层建筑。殿门外有一龙翔凤舞的浮雕大照壁，屋脊镶着丹凤朝阳和双龙戏珠雕塑，左右两端石柱上有石狮兀立。一层大殿红色圆柱上，金色蟠龙穿云驾雾绕柱而下，红色的横梁上，亦有金龙浮雕。大殿正中摆有御案宝座，国王常在这儿和大臣们议事，接见外国使节，举行隆重仪式。殿后是国王的寝宫，内置柚木龙榻。二层殿内有拉玛五世用的中国式龙床，今日供奉着用中文书写的拉玛四世、五世及皇后的灵牌。御书房内的国王宝座上方挂着两位国王身穿中国清朝皇帝龙袍的巨幅画像。殿内到处是瓷器花瓶和古玩珍品以及中国古书等，殿内布置完全中国式的。为何要谈到这座中国式的天明殿？天明殿不只一般艺术无价的中式宫殿，而是与当时中泰官方断交关系的一座重要的建筑物。

---

① 薛福成：《出使英法义比四国日记》，岳麓书社 1985 年版，231 页。

② 张荫桓：《三洲日记》卷 6，转引自余定邦：《晚清载籍有关泰国国王拉玛五世改革的记述》，载《东南亚》1990 年版，第 35 页。

在中国神话历史化之后，“龙”是为皇帝所攫取、所用，龙与皇帝就融合为一体了，所以“龙”就是中国皇帝之象征。龙饰成了皇帝的专用，凡人民谁涉及龙，谁便是死罪。由于龙是皇帝之象征，龙在上，龙为贵，人民在下，人民为贱，遂形成了以出身定贵贱及等级的观念。在清朝时期还以龙的图案作国旗。值得注意的是泰国天明殿的建筑、布置与中国皇帝的宫殿大致相似的。殿内的种种物件都采用了龙饰。拉玛四世身穿中国清朝皇帝龙袍的巨幅画像与拉玛五世像中国皇帝居龙宫，穿龙袍，坐龙椅等不是为了当时他们对中式感兴趣，而是为了表示他们也是皇帝，即与中国皇帝同等级，①不是中国藩属国的小国王。他们的行为可以让人联想到泰国与中国的朝贡关系在19世纪后半期在泰国仍有着某种影响力。

1906年3月20日，清朝政府驻英公使致函驻英泰使披耶威素可萨（Phraya Wisutkosa）提议订约通史，其主要内容：“现今亚洲独立国家只有泰、中、日三国，泰中两国世为近邻，具有相同的状况与要求，由于当今西方各国纷纷与泰国签署不平等的条约，因此，三大亚洲国家（The Three Great Asiatic Powers）不该独立无四邻，应当一起维护合作。”②

从中国清廷的此次要求，我们可以看出中方态度与之前相当大的反差，中方不只不再视泰国为藩属小国，仍称赞泰国为三大亚洲国家之一。与此同时（拉玛五世末期），正因为居住泰国的华人因人多势众而制造了统治上的重大问题，泰国政府认为此次中国政府转变的态度是为了将要干涉泰方统治华人的手段，因此，泰国予以拒绝。此后，中泰官方交往中断。一直到中华民国

---

① ［泰］商酿·刊塔查瓦纳：《威哈甲隆殿——天明殿》，载《泰王庇荫下的华人二百年》第二辑，沙哈密出版社，第20页。

② 泰国国家大世纪部，拉玛五世公文书，多6，卷2。

成立后，中国政府于1921年至1936年多次派代表到泰国商谈建立邦交事宜，第二次世界大战后，中国政府于1946年1月派全权代表同泰国政府谈判，签订了《中暹友好条约》，开始正式建立外交关系。后在本年9月，中国政府任命李铁铮为首任驻泰国大使，泰国政府任命沙愿·都拉叻（Sa－nguan Tularak）为首任驻华大使。直至中华人民共和国成立后，1975年7月，泰国前总理克立·巴莫亲王率领泰国政府代表团到达北京，与周恩来总理签署了中泰建交联合公报，中泰两国传统的友好关系又得到了恢复和新的发展。

中泰朝贡的总局有种种因素，相续发生的事件，是泰国脱离以往的朝贡体制、并入近代国际条约体制的起点。以上可以看出最大的因素即是中泰两国都被西方资本主义严重的侵略，1840年中国发生鸦片战争，1855年泰国与英国签署《鲍林条约》后，中泰两国都遭到相似的命运，两国都逐渐成为半封建半殖民地国家，使中泰自古以来的友好关系就在近代发生了巨大的变化。

附 图

图1　挽巴茵夏宫内的中国式宫殿（天明殿）

图 2　拉玛四世与拉玛五世身穿中国
清朝皇帝龙袍的巨幅画像

清政府规范与管理下的陆军贵胄学堂

中央民族大学历史文化学院　冯月然

为了应对国内外的复杂形势，清政府于1901年宣布实行新政，其中军事、教育现代化改革是这次新政的重要方面。他们想到“皇室应以揽握兵权、革新武备为第一要着”①，也认识到官兵文化素质低是军队战斗力低下的主要原因，由此实施了具体的措施：创立常备军；设立军事学堂；采用日本的技术和聘用日本教习等，其目的就是培养一批满族内部的军官，建立满族掌握的部队，以此来挽救大清王朝。同时，1905年科举制度废除之后，“满蒙汉八旗子弟以马步弓矢考差之途也随之作废”②，影响到了满蒙八旗子弟获取功名的机会，清廷为了维系满族统治的稳定性，也迫切需要开辟新的解决途径，陆军贵胄学堂就是在这种形势下设立的。

本文主要通过考察陆军贵胄学堂章程的制定过程、主要内容及运作情况，透视清政府在其中所发挥的作用。重点解决三个问题：创建初期，清政府对陆军贵胄学堂的期望是什么？在实际运作中有没有达到培养满蒙子弟愿望的实现？为什么会出现这些问

---

① 《禁卫军之建立与改编》，文史资料编委会编：《文史资料选辑》(3)，北京：中华书局1960年，第111页。

② 溥任：《陆军贵胄学堂》，《紫禁城》，1983年第5期。

题，清政府是怎么解决的？

一、创办宗旨与章程的制定

在陆军贵胄学堂的筹备建立过程中，外交大臣梁诚[①]功不可没，他是最早提议建立陆军贵胄学堂的清廷大员。1905 年初，梁诚呈《奏为改变中国积习请饬大员合格王公子弟备选陆军学堂事》一折，奏议中建议“广设陆军学堂优予出身，尤宜慎选王公宗室满汉大臣子弟，年幼体强资性明淑者数十人，送入学堂一体肄习……毕业之后分派各国讲求武备，期满归报，择其尤者任以将领”[②]，最后达到“作士气而培国本”[③] 的目的。

针对梁诚的奏议，练兵处、兵部于 3 月 29 日进行了复议，称“现在更新军制，讲求肄习，允宜始自贵近，以为风气之先”。而且考查日本学制“凡王公子弟入陆军学校肄业，另建室舍以居。参仿其意，设立贵胄学堂，专为王公大臣子弟肄武之区，以示优隆而存体制”[④]，有日本的现代军事教育作为楷模，

---

① “梁诚（1864 年—1917 年）1875 年 10 月，随清廷第四批幼童赴美国留学……1897 年 8 月，授直隶候补道，后入李鸿章幕，任洋文文案。1902 年随贝勒载振赴英，参加英皇爱德华七世加冕典礼；7 月以记名道加三品卿衔出使美国、日斯巴尼亚（西班牙）、秘鲁三国大臣。1903 年 7 月，美国安赫斯特大学赠名誉法学博士学位；10 月免兼日使，改兼出使墨西哥国大臣。1906 年耶鲁大学赠与名誉文学博士学位。1907 年 6 月回国；10 月授头品顶戴，旋出任粤汉铁路粤段公司总办”，徐友春主编：《民国人物大辞典》，石家庄：河北人民出版社 1991 年，第 872 页。

② 《奏为改变中国积习请饬大员合格王公子弟备选陆军学堂事》，光绪三十年，03－6000－74，中国第一历史档案馆藏。

③ 《奏为改变中国积习请饬大员合格王公子弟备选陆军学堂事》，03－6000－74。

④ 朱寿朋编：《光绪朝东华录》（第五册），张静庐等校点，北京：中华书局，1958 年，第 5421 页。

清廷的决策者们更加推崇梁诚的提议了。

1905 年 10 月 20 日，练兵处、兵部就梁诚的提议再行议复，达成试办陆军贵胄学堂章程的共识。是日，清廷发布上谕："自来习戎振武，实为强国之基。方今军制日新，尤应讲求实学。兹据奏称，建立贵胄学堂，令王公大臣各遣子弟投考入学，亲习士武，洵属振兴武备之资。所定章程，亦属周密。着即责成诸王大臣切实举办督饬认真讲肄，力底神强，随时考查，毋稍宽弛。各诸王大臣，务当父昭兄勉，激励奋发，树以风声，俾壮干城而安磐石，共副国家培植世臣，崇简俊杰之至意。"①

考察梁诚的创办设想和朝臣达成共识的过程，不难看出，陆军贵胄学堂的教育宗旨更倾向于"振兴武备之资"。当时全国上下建立了很多新式军事学堂，旨在培养军事人才，南有张之洞，北有袁世凯，使清廷迫切感受到了汉人在军事指挥权方面的威胁。当时的铁良等人认为"当兵的汉人虽多不足忧，所可忧者就是统率兵队的上级将官，也将被汉人占了多数。倘若中国的兵都能够用满人为将，就好比以牧人驱群羊一般，满人就可以高枕无忧了"②。

在奕劻主持下，随即召集袁世凯、铁良、徐世昌等人着手起草"陆军贵胄学堂章程"。袁世凯当时是会办练兵大臣兼直隶总督，新式军事学堂在直隶办得有声有色；铁良为满洲镶白旗人，1903 年（光绪二十九年）赴日考察军事③，之后署理会办练兵事宜兼兵部尚书户部右侍郎，认为"培养人才之很本"，图强之要

---

① 朱寿朋编：《光绪朝东华录》（第五册），第 5421 页。

② 李剑农：《中国近百年政治史》，武汉：武汉大学出版社，2006 年，第 201—202 页。

③ 章开沅主编：《辛亥革命辞典》，武汉：武汉出版社，1991 年，第 336 页。

无逾于建立军事学堂①；徐世昌署理会办练兵事宜及巡警部尚书，早年曾派充新建陆军营务处总办，1903 年任练兵处提调，1904 年署兵部左侍郎。翌年，会办练兵大臣②，对于创办陆军学堂也有一定的经验。参与章程制定的人还有经筵讲官兵部尚书徐会沣，同治进士，光绪初由翰林院侍讲入直上书房，1894 年任提督顺天学政③；宗室景厚，满洲镶红旗人④，兵部左侍郎；寿勋，蒙古镶黄旗人⑤，署兵部左侍郎；恩顺，满洲正白旗人⑥，兵部右侍郎；兵部右侍郎臣陆宝忠（学差），光绪进士，曾任湖南、浙江、顺天学政⑦；署兵部右侍郎臣张仁黼，光绪二年进士，提督湖北学政⑧；兵部左侍郎臣秦绶章（未到任）。这十一个人当中，有满蒙贵族，身居军政要职；有汉族大员，多为科举出身，早年充任学政，因此对于办理新式军事学堂，都有相关的经验。由这几个人参与章程的制定，从知识结构上是比较全面的，同时满蒙朝臣的参与也有利于实现为清廷培养满蒙军事人才的愿望。

经过诸位大臣的商议，1905 年 10 月 19 日（光绪三十一年九月二十一日），奕劻等人正式上奏《奏定陆军贵胄学堂章程》，

---

① 陆军部军学档，转引自田玄：《晚清军事改革进程中的近代化陆军学堂》，《军事历史研究》，1989 年第 3 期。

② 徐友春主编：《民国人物大辞典》，第 706 页。

③ 郑天挺、吴泽、杨志玖主编：《中国历史大辞典》（下卷），上海：上海辞书出版社，2000 年，第 2485 页。

④ 孙文良主编：《满族大辞典》，沈阳：辽宁大学出版社，1990 年，第 741 页。

⑤ 周家珍编著：《20 世纪中华人物名字号辞典》，北京：法律出版社，2000 年，第 699 页。

⑥ 孙文良主编：《满族大辞典》，辽宁大学出版社，1990 年，第 606 页。

⑦ 郑天挺、吴泽、杨志玖主编：《中国历史大辞典》（下卷），第 1641 页。

⑧ 陈守强、霍宪章主编：《中州名典》，郑州：中州古籍出版社，1996 年，第 477 页。

光绪皇帝依议批准，共分为六部分“曰总则、曰执掌、曰规条、曰课程、曰考试、曰经费，各依门类系以子目附列课程表作为试办章程”①，下面依次对其进行扼要介绍：

1. 总则

陆军贵胄学堂的总则共计十四条，对学堂的创办和学员的招收、学习、毕业情况做了一些基本的规定。对于学堂的性质和学员的身份，原则上规定“陆军贵胄学堂设于京师，隶于练兵处，专考收王公世爵暨四品以上宗室、现任二品以上京外满汉文武大员之聪颖子弟，教以普通学术及陆军初级军事学，并入军队观察学习。统计学期，以五年为毕业”。招生名额方面，“遴选时权取一百六十名。俟入学三个月后，严行甄别一次，酌留一百二十名为定额”。学生毕业方面，“五年毕业大考。考列优、上、中三等者，应分别发往新军学习初级军官职务四个月。期满后，由所隶新军统将出具切实考语，送交练兵处考验，分别等次，发给执照；并由练兵处开单奏请带领引见。原有世爵官阶者，听候录用，分别优予出身，以示鼓励。其有考列下等者，应选择尚堪造就之员，酌留再习一年，余均退学。酌留再习者如来岁复考下等，亦即退学”，“在堂肄业已及二年暨屡考优等并大考毕业各学生，如有愿赴外洋学习陆军，与入陆军别项专门学堂研究高等学问者，应由练兵处分别考验，遴选合格，奏明咨送”。②

通过总则明确了清政府建立陆军贵胄学堂的目的，招收王公世爵、京外满汉文武大员的子弟，教授他们基础学和初级的军事学，规定了招生的数量和培养方式，为日后陆军贵胄学堂的开办和现实运行指明了方向。

---

① ［清］奕劻等撰，《奏定陆军贵胄学堂章程》，第4页。

② ［清］奕劻等撰，《奏定陆军贵胄学堂章程》，第4页。

2. 执掌

官员执掌部分，对陆军贵胄学堂的管理和教学人员做了相关的明文规定，指出“此堂关系綦重，在事各员必须熟谙学务，明悉时事，忠诚练达者方可派充堂内”①。

从章程的具体内容来看，清政府对各执掌人员的职责做了明确的要求，以此来考核他们在学堂内的各种业绩，约束他们在管理教学中的行为规范；同时根据职责的不同确定了执掌的要求，尽量选择那些有能力、有经验的人来管理学堂，教育学员，以此达到为清政府培养军事人才的目的。

3. 规条

陆军贵胄学堂时时刻刻体现新式军事学堂的风范，对学堂的管理、教学人员以及学生的日常行为规范制定了详细的学堂条规。

对管学人员来讲，他们应该在总办的协调领导下各职其责，“堂内办事各员及中外教员皆应遵守总办命令”，“总办命令凡关于功课者交监督办理，凡涉于杂项者交提调办理，均由交文案书于堂谕薄内，传知该管等员盖章签押遵即办理，倘有贻误即惟该管是问”②，并且各管学人员自提调以下，除司事司书外“各员均须轮流值日管理堂内一切事宜，当值日者以二十四点钟为定限”③，以处理堂内的日常事务。

相对管学人员的条规，对学员的要求更为苛刻，除了课堂上对学员严格要求外，对课下学员的日常行为规范制定了详细的规定，以此来规范学员的言行，达到随时教化的目的。衣着上要求

① ［清］奕劻等撰，《奏定陆军贵胄学堂章程》，第 6 页。
② ［清］奕劻等撰，《奏定陆军贵胄学堂章程》，第 8 页。
③ ［清］奕劻等撰，《奏定陆军贵胄学堂章程》，第 8 页。

所有生员“均著军服其便服等项一概不准携用”①；饮食上，要求“各生员除因操或因公外出不计外，余均同到饭厅共餐膳食”②；生活起居上，“各员生不得在堂内饮酒宴会，并不得私相馈遗”③，上课期间不能会见宾客④“学生备有斋夫伺候周到，不得自带跟仆入堂”⑤。通过这些条款的约束，使这些王公世爵子弟尽量摒弃一些与生俱来的优越感，尽快投入未来国家栋梁的角色中去。

4. 课程设置

《奏定陆军贵胄学堂章程》中拟定陆军贵胄学堂的学制为五年，计划分为四个时期培养，“习普通学三年为第一期，入军队厂历练专科两个月为第二期，习军事学一年半为第三期，入军队历练各科军官职责为第四期，第一第三两期功课程限分别列表，胪记概要按期授课，以培其体，第二第四两期入队历练所有功课程限，临时另定专章颁给施行，以致其用”⑥。

从陆军贵胄学堂的课程设置来看，其学员的受教育水平相当于陆军小学堂的教育程度。《奏定陆军贵胄学堂章程》中规定，学堂在授课过程中教授“普通学术及陆军初级军事学”⑦。与陆军小学堂的课程设置⑧情况相对照可以看出，在所开设科目上，两所学校基本相同，分别为：伦理（修身）、汉文（国文）、中

---

① ［清］奕劻等撰，《奏定陆军贵胄学堂章程》，第8页。

② ［清］奕劻等撰，《奏定陆军贵胄学堂章程》，第9页。

③ ［清］奕劻等撰，《奏定陆军贵胄学堂章程》，第8页。

④ ［清］奕劻等撰，《奏定陆军贵胄学堂章程》，第8页。

⑤ ［清］奕劻等撰，《奏定陆军贵胄学堂章程》，第9页。

⑥ ［清］奕劻等撰，《奏定陆军贵胄学堂章程》，第18页。

⑦ ［清］奕劻等撰，《奏定陆军贵胄学堂章程》，第3页。

⑧ 《练兵处奏筹拟陆军小学堂章程规则折》，《大清法规大全》（卷十三），《教育部》，第1354页。

外历史、地舆（地理）、算学、外国文、格物（格致）、图画、兵学等；在授课时间上，除了每年寒暑假及其他节日之外，陆军贵胄学堂平均每天授课5次，每周平均授课30次，陆军小学堂的授课时间也大致如此。之所以设定为陆军小学堂的教育水平，教授初级普通学及军事学，是因为这些满蒙贵胄、汉族大员的子弟之前基本没接触过现代军事学，更没有接受过军事训练。初级的军事教育有利于降低这些学员学习上的困难，最大限度地吸引满蒙贵胄大员的子弟，以便在统治阶层内部普及现代军事知识，培养一大批习戎振武，讲求武备的继任者，进而维护自己的统治。

与同时期的同类学堂相比，陆军贵胄学堂具体的课程设置有以下几个特点：第一，重视基础课程。习普通学三年，“所授课程按照保定陆军学堂，酌加增减”①，其中汉文、算学和外国文占很大的比重。授课时间逐年增加“第一年每日平均授课五钟点，第二年每日平均授课六钟点，第三年每日平均授课七钟点”②，但也可以根据需要随时增减，每学期的授课次数只要在毕业时符合总限度就可以。第二，强调学以致用、亲身实践。学堂在习普通学中除了开设基础文化课程，最为重视的还是近代的军事知识和军事操练，以“兵学”和“操兵”两科为例，习普通学的前三年时间里，平均授课次数分别为：160（160）次、190（200）次、250（250）次，仅次于外国文的205次、240次、250次。同时也学习格物、画图等，以辅助兵学知识的学习。在此基础上，陆军贵胄学堂每年安排将近一个月的参观实践

① 《贵胄学堂议定课程》，《大公报》，1906年4月28日；《北京五日报》，第9期·记事，第1页，光绪三十二年四月初一日（1906年4月24日），转引自陶西平主编：《北京教育志丛刊》，1992年，第3—4期，第129页。

② ［清］奕劻等撰，《奏定陆军贵胄学堂章程》，第11页。

活动，如观览工厂、军队、各等文学堂、随观秋操[①]等，这不仅有利于学员学有所用，使理论和实践紧密结合，而且有助于开阔学员的视野。第三，注重由简至繁、循序渐进。把为期一年半的军事学安排在普通学和军队历练之后，使学员在学完基础课程，有了初步的实践之后，再进行更为专业的学习，符合现代教育的原则，可以激发学员的学习兴趣，有利于以后各科军官职责的锻炼。

5. 考试

为了培养晚清政府所需要的新式军事人才，贵胄学堂的负责人员制定了严格的考试制度，以期随时考察督促学员。

具体来说学堂的考试共分四等，“一曰月考、二曰期考、三曰年终考、四曰毕业考”[②]。考试方法可以分为问答、笔述作文、操作，“问答评其口才，笔述评其试卷，操作评其演习”[③]。考试二十分满分制定，“各项分数平均计算每课目得十七至二十分为优等，十三至十六分为上等，九至十二分为中等，五至八分为下等，一至四分为不及格”。总成绩为三个分数之和：一功课分数，二技术分数，三品格分数。“功课及技术分数为承考员历次所定，品格分数为监督督同各教员斋长平日所定。每届期考、年终考、毕业考必合临场及平日各项分数一并核算以定高下。”[④] 也就是说，学堂并不单单以最后的考试成绩为评定标准，除了功课之外，还要有平时成绩，包括平时的品德分数和日常考试分数，这有利于考试制度的规范性和科学性，在当时来说无疑是比较进

① 以第一期为例，学员参加过保定和汉口两次秋操演习。胡宝华：《陆军贵胄学堂观操纪实》，中国人民政治协商会议全国委员会文史资料委员会编：《文史资料存稿选编》军事机构（上），北京：中国文史出版社，2002 年。

② ［清］奕劻等撰，《奏定陆军贵胄学堂章程》，第 18 页。

③ ［清］奕劻等撰，《奏定陆军贵胄学堂章程》，第 18 页。

④ ［清］奕劻等撰，《奏定陆军贵胄学堂章程》，第 18 页。

步的。

6. 经费

作为“专为王公大臣子弟肄武之区”的陆军贵胄学堂，在经费方面得到了政府的大力支持，“由练兵处商同户部筹定额数”①，分为三项：

开办经费项：主要包括建造堂舍经费，购置木器一应家具经费、购备应用书籍图画及一切学用品经费、购办学员军衣靴帽经费、购备体操场全份器具经费。(均需随时另行按款估核)②

常年额支项：主要包括薪公饷项伙食杂费等项，具体支出情况如表三。(见附表)

常年活支项：主要包括“暂聘用外国武官充兵学教育员及翻译，薪水房租各经费，修理堂舍经费，添置图书仪器形模标本经费，购用格物理化消耗物品经费换置操衣靴帽经费，购买外国兵学报经费，储备药品经费，添置器具经费，冬夏煤火凉棚经费”③，以上各项皆系活支无从预算，开学后由总办督同提调、支应委员核实估计，然后确定以常年活支的大概数额。

二、学堂的运作与管理

根据清廷的谕旨，1905 年底开始筹建陆军贵胄学堂，这一部分主要考察清政府在学堂的实际运作过程中的表现，所遇到的问题及其解决办法。

1. 经费情况

学堂的创办及其发展，经费是重要的支持。陆军贵胄学堂即

① ［清］奕劻等撰，《奏定陆军贵胄学堂章程》，第 19 页。
② ［清］奕劻等撰，《奏定陆军贵胄学堂章程》，第 20 页。
③ ［清］奕劻等撰，《奏定陆军贵胄学堂章程》，第 21 页。

是清廷新式军事教育改革下的一个示范基地，“更新军制讲求肄习，允宜始自贵近以为风气之先”[①]，因此在经费方面自然给予了大力支持。

如前文所述，陆军贵胄学堂的筹备工作完毕之后，常年的经费支出主要分为常年额支项和常年活支项两项。下面首先考察陆军贵胄学堂的常年额支项。

《奏定陆军贵胄学堂章程》中规定，贵胄学堂每月额支预算为4135两，以光绪三十二年（1906年）某三个月和光绪三十四年（1908年）某月的额支项支出为例，五月份额支项花费为3680两7钱4分8厘5毫，六月份为2836两6钱4分1厘3毫，七月份为3271两1钱4分6厘，每月平均约3263两[②]；光绪三十四年其中某个月的额支花费为3703两[③]，比原定额支数量少432两，其原因来源于领取薪饷人员的减少以及薪饷数目的变动[④]，致使实际的花费比预算时花费要少。即使这样光绪三十二年（1906年）五、六、七三个月的平均额支数也比贵胄法政学堂多543两[⑤]，两所学堂同为培育贵胄子弟的“贵胄学堂”，但

---

① 《练兵处兵部会奏遵议出使美日秘古墨大臣梁奏设陆军大学省学并选王公子弟人室肄习摺》，《东方杂志》，第二卷第四期。

② 见兵部—陆军部档案，卷261号。转引自程学峰：《贵胄学堂与清末贵族》，北京师范大学硕士研究生学位论文，2005年，第35页。

③ 兵部—陆军部档案，卷693号。转引自程学峰：《贵胄学堂与清末贵族》，北京师范大学硕士研究生学位论文，2005年，第35—36页。

④ 如原章普通正教员三员，现只一员；普通副教员较原章多一员；较原章少正医官一员，副医官一员；原章汉文正副教员四员，先只三员；司书较原章多一名；号兵较原章多两名的等。普通副教员薪金较原章多三十两；汉文正教员较原章多十两；斋长较原章多十五两；学员伙食茶水、笔墨纸张、灯油较原章少一百四十两等。

⑤ 贵胄法政学堂薪金每年需银二万四千两，伙食工银两项每年需银八千六百四十两，常年额支经费为三万两千六百四十两，每月消费为两千二百七十两。《贵胄法政学堂预算经费数目清单》，中国第一历史档案馆：《清末筹办贵胄法政学堂史料》，《历史档案》，1987年第4期。

是清廷在军事教育上的投入远多于对法政教育的投入，充分显示了清廷对这所军事学堂的重视。

另外，与同时代的陆军小学堂、陆军第一中学堂和贵胄法政学堂各项经费的对比中可以看出：

首先，学堂管理人员及教员方面。陆军贵胄学堂的工资远远超过其他两所学校，总办的工资是陆军小学堂和贵胄法政学堂的2倍，是陆军第一中学堂的1.5倍；提调的工资是陆军小学堂的2.1倍，是陆军第一中学堂和贵胄法政学堂的1.5倍；普通学正教员的工资大约为其他三所学校的两倍，普通学副教员的工资为陆军小学堂和陆军第一中学堂的2倍，是贵胄法政学堂的1.2倍。值得一提的是，同样是贵胄学堂，但贵胄法政学堂管理人员及教员的工资远远比不上陆军贵胄学堂。由此可见，朝臣更为重视陆军贵胄学堂，在大清统治日渐衰微的局面下，他们首先把培养满蒙军事人才作为第一要务。

其次，普通工作人员方面。根据现有的资料来看，四所学堂的工资大致相同，但陆军贵胄学堂的夫役数量多于其他两所学堂，平均每3个学员派用1个夫役，陆军小学堂平均每4.2个学员派用1个，陆军第一中学堂每8.4个学员派用1个。从中可以看出，由于陆军贵胄学堂学员的特殊身份，清廷在生活方面极力提供方便，满足他们的生活需求，为他们创造更为舒适、便利的学习环境。

最后，学员花费方面。陆军贵胄学堂学员的待遇要好于其他三所学堂。从学员伙食来看，陆军贵胄学堂学员每月的伙食费高达8两，而其他三所学堂都在3两以下；从各种杂费来看，陆军贵胄学堂每月消费4两，大约是陆军小学堂和陆军第一中学堂的两倍，是贵胄法政学堂的1.5倍。这一方面证明陆军贵胄学堂学员本身的用费奢靡，另一方面也说明了清廷对其寄予厚望，给予充分的财政支持，以此实现培养自己军事人才的愿望。

2. 学员的招募

陆军贵胄学堂，作为“专为王公大臣子弟肄武之区”，其招生条件有严格的限制。

首先，对学员的身份定位比较高。第一期基本为保送生员，规定“专考收王公世爵暨四品以上宗室、现任二品以上京外满汉文武大员之聪颖子弟”①，计划招收 120 名，但练兵处议定之后，觉得“为数甚少”，所以又变通章程，在闲散宗室子弟中推广数额②；第二期中学员的身份资格限制大为放宽，“王公世爵间闲散宗室觉罗暨满汉有世爵者，京外满汉二品以上文武大员之子弟”③ 可以“依限咨送”，还可以“自行投考”，即对生员的身份要求有所降低，同时增加了招考的考试方式。

清廷之所以放宽招收学员的身份限制，主要原因有：一方面是学堂筹备期间，练兵处认为陆军贵胄学堂招收额数太少，难以实现“国家培植世臣，简练俊杰之至意”，所以拟在陆军贵胄学堂内附设特班“招考宗室闲散子弟入堂学习”④。另一方面来自于报纸舆论的压力。创办初期，对于陆军贵胄学堂设立的必要性问题，各大报纸的质疑声音不断，有评论者认为“既名曰贵胄学堂，则显然有贵贱之别，其体制则较各武备学堂为独隆，其期许相待之意亦若别示，其优异者，然既以讲求武备，则宜与国民同学，又何必为贵胄特设学堂乎”，并且提出设立专门的贵胄兵学堂有两个弊端，“一将兵者宜精通人情，不通人情则不能收揽部下之心……今立贵胄学堂，将朝夕与居者皆属贵胄，自成为贵胄之性情嗜好，演而为贵胄之动作起居，如此而欲练成将兵之才，

---

① ［清］奕劻等撰：《奏定陆军贵胄学堂章程》，第 4 页。

② 《贵胄学堂广额》，《大公报》，1906 年 3 月 14 日。

③ 《陆军贵胄学堂广告》，《大公报》，1910 年 3 月 23 日。

④ 《贵胄学堂议设闲散班》，《大公报》，1906 年 2 月 5 日。

徒见其隔阂，窒碍于人情毫不想通耳……一将兵当与士卒同甘苦，不能与士卒同甘苦，则不能统驭大军，此必然之势也”[①]，鉴于以上两个原因，评论者得出自己的结论“此学堂不宜专立也”[②]。除了普通民众，某些朝廷重臣对陆军贵胄学堂的开办情况也颇有微词，例如某侍御认为贵胄学堂之设立，最为根本的意图是教育贵胄子弟，造就军事人才，但在当时时势艰难的情况下，清廷还对这些天潢贵胄施以皇恩，明显表现出了“等差之见”、“歧视之心”，且“各省陆军学堂殆已遍设，王公大臣尽可送子弟入堂肄业……即或不然亦可将贵胄学堂改为陆军大学，无论贵胄平民一概录取，都中人才济济不乏尚武之士，亦可就近投考遂养报国之情”[③]。同时某枢臣也认为，“以贵胄陆军法政两学堂在东西各国均无此制……此两项学堂显分阶级”[④]。

出于增加军事人才，以及平息社会舆论的考虑，陆军贵胄学堂第二期学员的身份限制条件大为放宽，可以“依限咨送”，还可以“自行投考”。在此基础上，清廷还利用报纸的宣传功能，连续在一些有影响力的报纸上刊登招生广告，这样做大大提升了陆军贵胄学堂的知名度，扩大了招生的名额，单是报名的人就达到了800多人[⑤]，使得大批排斥在“满蒙贵胄”之外的“闲散宗室”和稍有身份的汉人也纳入其中，不仅增加了生源数，满足清廷培养更多宗室子弟的愿望，而且平息舆论，表面上做到了满汉一视同仁。

---

① 《敬告政府宜急筹西北边备书》，《时事采新汇选》第14册，北京：北京图书馆出版社，2003年，第7369页。

② 《敬告政府宜急筹西北边备书》，《时事采新汇选》第14册，第7369页。

③ 《拟请改建陆军大学》，《申报》，1909年8月19日。

④ 《某枢对于贵胄学堂之异议》，《大公报》，1909年12月26日。

⑤ 韩世儒：《清末陆军贵胄学堂第二期的回忆》，《湖北文史资料》，第32期，第41页。

其次，由于是培养军事人才，自然对身体素质要求比较高“遴选学生以体质强健……并无暗疾嗜好，年岁在十八岁以上、二十五岁以下者为合格”①，而且规定学员需具备基本的文化知识，至少“文理通顺”②。

当然，学堂在这些严格规定之外，还有一些特殊的“优待”条款。对于身份符合，身体条件符合，而“文理”差点的王公世爵子弟“可酌量从宽录取，令其补习汉文一年，然后随班肄业”③。对于超龄的王公世爵“虽碍难入堂受学，而情殷尚武，志切从戎者，自应俟开学后体察情形，随时另订专章，奏请入堂听讲，以示优遇之意”④，成立了王公听讲班，这些体现了清政府在满族子弟中培养新式军事人才的决心与诚意。

3. 管理人员的任用

为了达到陆军贵胄学堂培养八旗军事人才的目的，清廷很重视学堂管理人员的任用。关于学堂的总理事务大臣，《奏定陆军贵胄学堂章程》中规定“全堂（陆军贵胄学堂）事宜均归练兵处王大臣督理”⑤，前后两期的总理事务大臣分别为奕劻和载

---

① ［清］奕劻等撰，《奏定陆军贵胄学堂章程》，第4页。

② ［清］奕劻等撰，《奏定陆军贵胄学堂章程》，第4页；《陆军贵胄学堂广告》，《大公报》，1910年3月23日。

③ ［清］奕劻等撰，《奏定陆军贵胄学堂章程》，第4页。

④ ［清］奕劻等撰，《奏定陆军贵胄学堂章程》，第4页。

⑤ ［清］奕劻等撰，《奏定陆军贵胄学堂章程》，第6页。

润[①]。二人都是满族王大臣，在清廷中身居要职。清政府创办陆军贵胄学堂的目的之一是“振尚武之精神，储干城之才俊”[②]，以此培养一批皇族军官，清廷选派要臣管理学堂，充分体现了对这所学堂的重视。

总办的主要职责是“经理学务，奖励学生管辖在堂人员”，规定由“素谙武学大员”[③] 担任，同时因学员身份特殊，人数众多，所以总办还得具备一定的管理能力和人际协调能力。清政府对陆军贵胄学堂总办的任用极其慎重，主要是想借助总办的力量为自己造就军事人才。而陆军贵胄学堂前后两期的总办冯国璋[④]和那晋[⑤]也不负众望，竭力管理陆军贵胄学堂。但也应看到对总办来讲，学员的高贵出身，无疑增加了学堂管理的难度，冯国璋管理后期力辞总办一事就是很好的说明，同时也从另一方面证明

---

① “载润（1878 年—1963 年）：仁宗第五子绵愉之孙，惠亲王奕详第一子。字寄云，号德轩，常号源清堂主人。光绪十二年（1886）袭贝勒。自幼秉承家教，延师府上，诵习满汉语文……二十一年（1895），充御前行走。二十二年，命为管理右翼近支等三族族长，充备引大臣、前引大臣。二十八年（1902），奉命守护西陵。宣统元年（1909），出任正黄旗总族长，补授正黄旗汉军都统。二年，出任陆军贵胄学堂大臣、资政院议员，出任管理两翼八旗前锋营与内务府三旗护军营事务大臣”，李治亭主编：《爱新觉罗家族全书·三》，吉林：吉林人民出版社，1997 年，第 171—172 页。

② ［清］奕劻等撰，《奏定陆军贵胄学堂章程》，第 1—2 页。

③ ［清］奕劻等撰，《奏定陆军贵胄学堂章程》，第 6 页。

④ “1884 年（光绪十年）到大沽口投淮军当兵，次年考入北洋武备学堂，毕业后留堂充教习。嗣入聂士成幕，参加过甲午战争，旋充中国驻日本使臣裕庚的军事随员，曾留心考察日本军事。1896 年回国，投袁世凯，任新建陆军督操营务处总办……1903 年，被袁荐为军学司司长，督理北洋各武备学堂，兼北洋陆军速成学堂和陆军师范学堂督办，为北洋集团培养大批军官。1906 年署正黄旗蒙古副都统兼陆军贵胄学堂总办”，章开沅主编：《亥革命辞典》，第 100—101 页。

⑤ “那晋：满洲镶黄旗人。字锡侯。光绪末年至宣统年间（1906—1910），任邮传部左参议、右丞、左丞，内阁学士，陆军部左侍郎”，陈玉堂编著，《中国近现代人物名号大辞典》，杭州：浙江古籍出版社，1993 年，第 237 页。

了晚清满蒙子弟的衰微，即使清政府拨巨款、派贤达之人管理，也难于重现往日“骑射”的辉煌。

监督的主要职责是“核定功课，考查学生及挂号请假等事，并教授功课以补教员之不足”[①]，既要具备一定的管理能力，协助总办管理学堂，考查学员的功课及出勤情况，又要具备相当的学识能力，以备教员不足时教授功课。鉴于此，《奏定陆军贵胄学堂章程》中规定，监督一职应在“有资深学粹确有阅历之陆军学生中选派”[②]。陆军贵胄学堂的监督前后共有三位，分别为谭学衡[③]、张绍曾[④]和刘恩源[⑤]。从教育背景上来看他们都毕业于近代军事学堂，接受了较为先进的军事教育思想的洗礼，具备必要的知识才能。也正因为如此，他们在教学过程中往往对学员寄予厚望，例如刘恩源就因为对学员要求过高，而引发学员的不满[⑥]。这就从侧面说明了，陆军贵胄学堂学员的学识水平较低，短时间内很难实现学堂的预定教学要求和清廷振兴武备的愿望。

陆军贵胄学堂的提调主要“经理全堂庶务及约束夫役修造购

---

① ［清］奕劻等撰，《奏定陆军贵胄学堂章程》，第 6 页。

② ［清］奕劻等撰，《奏定陆军贵胄学堂章程》，第 6 页。

③ “广东黄埔水师学堂第 1 期毕业。1894 年参加中日黄海海战。1896 年被清政府派赴英国监造‘海圻’、‘海天’两艘巡洋舰”，中国人民解放军广东省军区军事志办公室编，《广东军事人物志》，广州：广东人民出版社，2001 年，第 509 页。

④ “1896 年考入北洋武备学堂。1899 年毕业后，由湖广总督张之洞以官费资送留日，入陆军学校第一期炮兵科……1901 年，张绍曾从日本毕业回国，正值袁世凯在保定练兵，成立练兵营训练初级军官，张被派任炮兵队官。1902 年，袁世凯以‘尽先千总’衔委他为北洋常备军第二镇第五标帮统。1904 年，调任北洋督练公所参谋总办，翌年转陆军第五镇任正参领官，不久升炮兵第五标标统”，熊尚厚、严如平主编，《民国人物传》（第 11 卷），北京：中华书局，2002 年，第 159 页。

⑤ “早年入天津武备学堂学习，后被派往德国留学”，张宪文、方庆秋等主编，《中华民国史大辞典》，南京：江苏古籍出版社，2001 年，第 767 页。

⑥ 张绍程：《清末的陆军贵胄学堂》，全国政协文史资料委员会编，《文史资料存稿选编》，军事机构（下），北京：中国文史出版社，2002 年，第 215 页。

办等事”，“由通晓兵学教育人员内选派”[①]，因资料有限，对提调的考察较为简练，由表六可知第一期由李钟岳担任、第二期由雷振镛担任，后雷因病开差，清廷就“裁撤提调一差并拟增设监督副官各员”[②]。

总之，在《奏定陆军贵胄学堂章程》中，清廷对陆军贵胄学堂的管理人员的职责、义务等做了详细的规定，而且从所派人员的实际作为来看，确实都达到了清廷在《章程》中的要求，充分展现了清廷办理此学堂的决心。

三、结 论

从前文分析可以看出，《奏定陆军贵胄学堂章程》是中西文化相融合的一个成果，借鉴了西方或日本军事学堂的管理办法、制度和思想。如在学员的选拔条件方面，既有基于近代军事教育与西方接轨的原因，对文化知识和身体条件提出了较高的要求，又可见到选拔学员要开具简明履历，持同乡京官印结的招录湘军的影子[③]。在课程设置方面，既考虑到为清廷培养军事人才的需要，仿照西方军事院校，开设了各种军事学的基础课程，又从忠于朝廷的实际出发，对学员进行传统的品行教育。总之，我们从中既能强烈地感到西方军事教育制度的又一次移植，又能清楚地看到中国传统军事教育的继续沿用。

---

① ［清］奕劻等撰：《奏定陆军贵胄学堂章程》，第6页。

② 中国第一历史档案馆编：《光绪宣统两朝上谕档》（第36册），桂林：广西师范大学出版社，1996年，第84页。

③ 在《奏定陆军贵胄学堂章程》中仅提到“开具简明履历，送呈练兵处注册，听候订期遴选”的简单选拔要求；《陆军贵胄学堂广告》中对这一要求做了更为详细的解释“开写证明简明履历一份，旗人持图片，汉人持同乡京官印结，径赴本堂报名挂号”，《大公报》，1910年3月23日。

但这种“移植”并没有延续多长时间，1912 年陆军贵胄学堂停办，其中自有清政府垮台这一不可改变的历史因素；也有满族学员不思进取、难以教化的客观原因。但是清政府作为学堂的组织者和主导者，也有不可推卸的责任：

一方面，清廷对陆军贵胄学堂的创办和发展做了一个冗长而详细的计划，西方学者鲍威尔在分析同时代军事学堂的章程时，指出“尽管具有现实主义的成分，这些详尽的规章仍然是二十世纪初期中国官僚喜欢草拟一些非常细密而现代化，但却无法完全生效的维新计划的一个例子”①，学堂的管理者们过于重视条规的字义，不惜厌烦地在“章程”的制定上逐字斟酌，“有许多规章是为了处理训练和人事问题中的技术方面而制定。其中多数都惊人地现代化而且进步，可是正是由于这些原因，它们除了作为最后目标之外，全都有些不现实”②。这个判断虽然有点以偏概全，但也确实反映出那个时代学堂制定章程过程中的一些问题。

具体到陆军贵胄学堂，似乎也不能避免。奕劻等人在制定这个学堂的章程时，把他们所能想到的解决各种问题、矛盾的方法融合进去，进而对学堂开办、运行的方方面面都做了详细的规定，其目的也就是在学堂的现实运行中减少一些阻力，使学堂能够尽快走上正轨，早日培养出自己所期望的满蒙军事人才。因此花费了大量的精力在章程的文字表述上，但是在现实过程中，总会出现一些意想不到的新情况，与制定学堂章程时的情况不同，此时学堂管理者们明显缺乏耐心和应变能力，面对层出不穷的新问题时常不知所措，许多的条款也不能按最初设想的完全实施。因此，章程中的种种条规也就成为学堂管理者心目中一个遥不可

---

① ［美］鲍威尔：《1895—1912 年中国军事力量的兴起》，北京：中国社会科学出版社，1993 年，第 155 页。

② ［美］鲍威尔：《1895—1912 年中国军事力量的兴起》，第 157 页。

及的最后目标。同时，也正是由于这些先入为主的、过于具体的硬性规定，后来的学堂管理者大都死板的按章程行事，使得学堂的管理缺乏弹性和变通性。

另一方面，从章程中培养目标和课程的具体设置来看，二者存在很大的差距，清王朝建立陆军贵胄学堂的目的在于培养忠诚于清廷的近代军事人才，主要表现为两个方面：其一，要遵循“中体”的主旨，效忠于大清帝国，维护满族的祖宗基业。因此，在课程设置中，清廷把“伦理”教育排在首位，推行“忠君尊孔”的传统教育思想，并以此来规范贵胄子弟的言行。其二，要具备“西学”的知识，掌握一定的科学技术。清末的社会现实和军事教育的发展规律要求贵胄学堂培养的是近代军事人才，以紧随时代潮流，为“变局”提供服务。所以开设了全面的近代军事、科学课程。这是对洋务运动、戊戌维新时期中体西用的教育指导思想继承，但随着中国近代政治、经济发展的大趋势，到清末新政时期，这种教育指导思想的弊端越来越明显，具体到陆军贵胄学堂，主要表现为，一方面，传统伦理道德纲常名教的教育，与近代军事、科学教育不融合，使得贵胄学堂的部分学员囿于这种束缚而不敢贸然离经叛道，严重束缚了他们思想的发展，使其无法形成独立的见解，不利于近代军人气质的培养；另一方面，学堂在传授近代科学知识、兵学知识的同时，不可避免地会把近代民族主义、自由主义的思想带到学堂中来，部分汉族或出身相对低微的满族学员逃离了清廷所禁锢的范围，对中国的纲常伦理产生了质疑，更有甚者走上了推翻清朝统治的革命道路。

宗教改革与民族国家的形成

——以伊丽莎白时代的英格兰为例

北京大学历史系　郭伟全

民族国家的形成，在西欧近代史上是个重要的话题，在宗教改革时也是其重要的一个发展期。对宗教改革和民族国家关系的认识，现在都倾向于认为宗教改革目标之一是建立民族教会，而改革则顺利推动了民族国家的产生。最适用于理解和支持这一视角的，就是都铎时代的英格兰。都铎君主，特别是亨利八世和伊丽莎白一世，得益于宗教改革的潮流，巩固王权，顺利推行他们的政策。都铎君主强烈希望摆脱罗马的束缚，不断强调英格兰作为一个政治体，只需要国王作为最高权威，就可以拥有世俗和精神上独立而完整存在的意义。① 假如仅仅看到都铎法令所体现的革命性进展，那么就很容易得到上面的结论。但是王室和新教议会合作颁布的法令，所期望达到的理想状态，在实施上却往往大打折扣。改革之后，宗教状况并不稳定，仍然有大量教众坚持天主教信仰，以各种方式回避新教的侵袭和审查。他们的身份认同是归属于普世教会的，而不只是英格兰的民族教会。一方面，他

---

① 亨利八世较直接声明教会是英格兰人的教会，不需要外部干扰的是禁止向罗马上诉的法令（Act in Restraint of Appeals，1533，24 Henry VIII，c. 12），见 Gerald L. Bray，ed. *Documents of the English Reformation* 1526—1701（Cambridge：James Clarke，2004），p78. 后来的法令，都在不断宣示这一理念。

们的继续存在，对英格兰的王权认同，制造了不小的障碍；另一方面，他们制造的麻烦，比起新教的主观意愿，客观上更有效推动英格兰新教、王权和民族的三种认同的结合。

一、宗教改革、现代化与民族国家的概念关系

16 世纪的宗教改革，在很多人看来，与世界现代化是合拍的。这么理解基于我们对现代社会最直观的体验，大致是没有问题的。① 因为从宗教角度来看，政教分离，宗教多元化和宽容，确实是人类社会自残良久之后难得达成的共识；而这些来之不易的成果，正得益于人们对当时宗教纷争乱局的反思。正是 16 世纪初的宗教改革，瓦解了原来天主教一统的局面，造成地方宗教并立，教派虽然互相仇恨却不能消灭彼此，久而久之不得不接受宗教共存的可能；同时，改革之后的宗教战争与宗教迫害，也让人们意识到政治权力与宗教结合过于紧密的危险，因而政治更应该被看作一个公共的平台，而不是特别服务于某种宗教的工具。如此，宗教慢慢

① 将历史看作向上发展的，有目的的进程，这样历史主义的想法由来已久。19 到 20 世纪初的辉格派史学，倾向于强调新教改革推动了英国宪政、法制的发展，受到巴特菲尔德的批评，见：Herbert Butterfield, *The Whig Interpretation of History* (New York: WW Norton & Company, 1965). 但是，新教改革的确对西欧传统的政治宗教体制造成很大的冲击。不管改教家提出的理念在当时是否就有他们所自诩的自由气息，比如路德要的"因信称义"，"人人自己解释圣经"，还有各地使用方言圣经的诉求（这些理念如今看来也很现代），但这些理念一旦提出，就为后世倡导改革和反抗强权的人提供了用之不竭的精神资源。这样思想的历史惯性具体如何变迁很难捉摸，但却是隐约可以理解的。所以，尽管如今的宗教改革研究尽量避免目的论的解释，但并不妨碍现在还有学者试图将新教改革与一般认为是现代化标准之一的世俗化联系起来，因为这的确是无法截然分割开来理解的两个历史现象，见：Brad S. Gregory, *The Unintended Reformation: How a Religious Revolution Secularized Society* (Harvard: Harvard University Press, 2012), p7.

世俗化，大致上人们不再将生活的重心都放在寻求来世拯救上，或者已经将对来世的信心转化为改造现世的努力了。

对宗教改革的影响，可以大致这么概括，但这样的进程，如今回溯起来清楚，实际发展却非常缓慢，也并非必然成如是的结果，还有诸多不可测的变量也可能让它进展得面目全非。如今对于宗教改革的认识，经常将我们眼中当今世界的样子，投射到对过去的理解中；而这一段历史，现在留下来为我们所感知的，最直接的莫过于改革者倾向极强的斗争檄文，为博听众支持，不免经常过分修饰、夸大事实。① 这些改革者的作品，既然目的在于诱导当时人的热情，如今也要警惕它们仍然传达着偏颇的信息。

对民族国家形成的认识，也不免要犯上述过于目的论的辉格派式的错误。但是历史发展的动力和变量都是多样的，也经常是交织在一起发生作用的。民族国家既不由新教改革一厢情愿的产生（在那之前很难说没有，在那之后，也很难说完成），也未必是它最初目标。而推动各地区改革的君主，也未必一心想要建造人间天国为信众谋福利。当然，看到这一点并不难，只不过对既存结论的质疑，往往需要付出更多的努力，接受成见和在此基础上推演会比较好操作些。于是我们可以看到，宗教改革的确促成了现代世界多方面的转变，但以发展观和目的论来看待它多方面的历史后果，包括民族国家的形成，个中体现出来的思维惰性，让人不免担心还要蔓延到其他。民族国家的形成，虽然离不开宗教改革推动，但结果并不如最初所预料，历史走向也要复杂很多。本文在这里想说明的是：宗教改革给了英格兰强化王权、统一宗教的机会，但也因为改革造成

① Cameron Euan, "The European Reformation," (New York: Clarendon Press, Oxford, 1991), p6. 对卡梅伦的新作，各宗教史家的评价，看法不一，见：Nelson H Minnich et al., "The Unintended Reformation: How a Religious Revolution Secularized Society (Review)," *The Catholic Historical Review* 98, no. 3 (2012).

的宗教冲突，让英格兰经历了一次认同危机。由于篇幅所限，仅就英格兰改革，特别是最关键的伊丽莎白时代的若干线索，来强调改革和民族国家兴起不容易的一面。

在继续深入探讨之前，有必要先解释一下涉及的概念，比如“民族认同”与“民族主义”。对于这类词，本文不试图辨析其定义，毕竟对自己族群身份、文化和道德观念的认可，作为一个人类社会古今共有的现象，对它的内涵下定义，反而不如理解它们的外延也即当时的语境来得有用。[①] 对这样的词汇，本文更多地将它们看作人与社会群体凝聚的本能，只不过在历史中改头换面地出现而已。从这些概念之间的类似功能出发去讨论，更能体会它们在历史真实语境中的运作。而着重看待功能的话，那么在各类名词复杂而时尚的标签下面，更能发现它们最质朴的存在。这是因为历史的强大惯性。对比古代政权与现代国家，在统治的功能上，本质上未必有很大的不同；16 世纪的“民族主义”（假如有的话）与 19 世纪以来更容易被观察到的“民族主义”现象和理念，也有很多的相同点。比如，19 世纪以来的“民族主义”的形成，是很鲜明的历史现象，它在弱小、边缘的国家激烈生长，源自于霸权和帝国主义扩张的冲突，但除了程度和细节不同

---

① 这里就要涉及关于民族国家和民族主义的相关讨论。深入讨论这些问题，需要大范围地比较与长时段的考察，特别要关注 19 世纪中东欧和亚非被殖民国家。当然，因为历史发展潮流的相似影响，并不需要对所有个案完全了解才能得到结论。该领域困难的地方，也不是能不能完全归纳的问题，而是对这些现象和概念在历史中位置的认识问题，比如说：民族国家和民族主义是否在 19 世纪才出现之类。相关针锋相对的讨论可以参见：Eric J. Hobsbawm, *Nations and Nationalism since* 1780: *Programme*, *Myth*, *Reality* (Cambridge: Cambridge University Press, 1992); Adrian Hastings, *The Construction of Nationhood*: *Ethnicity*, *Religion and Nationalism* (Cambridge: Cambridge University Press, 1997). 这里想要讨论的只是英格兰的问题，不及其他，且因为这些现象在历史中的连贯和复杂，很难追索清楚它们的起源，所以这里先肯定他们以某种方式存在，只讨论该时期宗教对民族国家的影响。

之外，很难说它与当初希腊抵抗波斯，查理曼对抗伊斯兰，英格兰抵抗诺曼征服，英法百年战争，在捍卫自己生存这样的意义上有何本质不同。人对本群体的热爱或归属感，往往来自于与周边人群的比较和互动，也更多是环境挑战的结果。

假如认为民族国家概念之形成是在近代的事，那么也要看到，类似群体认同的看法，比如对本民族人民和文化的认同，在世界上任何一个人群里，都源远流长。身份认同首先来自于人对生存安全感的需要，因而对自己归属人群、语言和文化，也有相应的认同。当某个人群的成员对于这个群体有很强的认同感和归属感时，这会是他安全感和自我价值的来源，甚至是民族自豪感：在族群认同时，自然而然认为本身归属的族群比其他的更优秀，或者更高尚。① 在近代以前，语言和文化，这些又同宗教等神秘因素联系在一起。比如在中世纪，在有地域的概念之前，圣徒、神迹甚至古老的传说，都是凝聚人群，提供身份认同的文化要素。② 英格兰的民族国家的形成，就很大程度上得益于宗教改革的助力。但英格兰人在此前对于自身文化的独特，就有特别的感受，对发掘自己古老文化有着偏执的热爱。15 世纪受到人文主义思潮的影响，更增加了对挖掘逝去的英格兰传统的兴趣，通过研究古物，搜集之前被人忽视的文献和年代记来发现鲜为人知的光荣过去。③ 当然，最让英格兰人自豪的，便是英格兰的普通法，也即年深日久积累的古代案例和习惯法。假如说在民族国家之前，英格兰民族没有太多

① Joshua Searle – White, *The Psychology of Nationalism* (New York: Palgrave Macmillan, 2001), p67.

② Orest Ranum, ed. *National Consciousness, History, and Political Culture in Early – Modern Europe* (Baltimore and London: Johns Hopkins University Press, 1975), p3. 在英格兰，这些圣物在后来改革时被当作天主教遗毒去除，代之以《公祷书》统一宗教认识，但天主教仍然保留着相当的圣物作为自己宗教身份的象征。

③ Eva D. Marcu, *Sixteenth Century Nationalism* (New York: Abaris Books, 1976), p75.

关于自己整体民族独特性的认知，那么对于法律这个文化重要的一方面，还是有相当认同的（其实很难定义所谓的整体，从部分来考察，也可以略知大概）。普通法更是英格兰知识分子用来抵御所谓欧陆法律文化侵略的武器。英格兰人执著于发扬普通法的精神，将之看作古老智慧、民族精神的象征。这样的思维模式，可以说统御着英格兰的政治生活。但是，凡对古代遗产特别热爱的，中西皆相似，往往懒得辨别真伪，乐于全盘接受。19 世纪的伯克也如此。他对古老宪政智慧的辩护不遗余力，以此来对抗理性主义的侵蚀；他看待英格兰古老传统的态度，倾向于忽略其中个人的气息，更多地将它看作一个有机的，很强自我调节能力的共同体。① 不管这样的看法是否合理，但至少说明了为英格兰人民抽象出一个整体的共同文化，大概是伯克那一代人倾向的思维方式。这样共享相同文化的人群，自然也不免要被视作整体。于是，我们可以看到，群体认同的来源，经常是基于对“过去”的认识；当某个群体里的某些人开始意识到他们的“过去”与别的群体不同时，那么自豪感就油然而生。不过，在近代以前，生活简单，社会等级森严，文化只掌握在一部分人手中，会有对“过去”有这么自觉意识的，恐怕只有精英阶层了。②

文化的优越独特感，这对于一个群体凝聚力的形成，是远远不够的。我们也可以看到，对国王或者领主的忠诚和牺牲，在疆域观念兴起之前，可以说一直是最早的民族主义的来源。在中世纪，对君主或领主的忠诚要求，将臣民的利益与君主联系在一起，以及这种理念的宣扬，都有助于当遇到外敌时迅速召集起一批保卫君主的抵抗力量。当这一人群受到共同的威胁时，自然而

① J. G. A. Pocock, " II. Burke and the Ancient Constitution—a Problem in the History of Ideas," *The Historical Journal* 3, no. 02 (1960), p131.

② Ranum, ed. *National Consciousness, History, and Political Culture in Early - Modern Europe*, p5.

然更增进了群体的荣誉和归属感。当然，不管在哪个时代，以此来解释英格兰的民族认同，也很不够，因为英格兰历史上并不乏被入侵的威胁，罗马人、丹麦人和诺曼人，都占领过英格兰。在这些情况下，英格兰人即便有抵抗，也更认同王权而不是意识到自己作为一个民族存在，更何况不管在什么时候，单一王权下各个族群依然可以共存。如前文所述，本文并不认为民族或者民族国家是16世纪或者其他时代的特定产物；在这里也不认为都铎时代的王权对塑造民族认同和民族国家有多大的作用；16世纪的英格兰，在与西班牙为首的天主教阵营对峙中，围绕着王权，民族情绪一度高涨，这要得益于宗教改革。但宗教改革造成的教派对立，包括后来清教徒对国教的不满，都对王权的进一步强化掣肘甚多，当冲突恶化的时候甚至吞没了王权。16世纪同时期的其他欧洲国家，都各自对内统一宗教，强化统治，但宗教问题，远不是君主所那么容易控制的。在信仰为重的时代，宗教是更重要的身份认同标准，这些标准远比世俗标准来得重要，还远未达到与"忠君"、"疆域"合拍的程度，因此在16世纪时消解着其他以世俗标准为主导的权力建构，英格兰也不例外。

二、改革中型塑宗教与民族认同的主观意愿

一般认为英格兰的宗教改革，与欧洲大陆的改革相比，很大的不同是它更多是政治操作的结果，但德意志的情况也未必有太大的不同。[①] 在德意志，16世纪初的社会问题确实与宗教有很大

① 这倒不是说一开始宗教改革的目标就不纯粹，而是，虽然最开始的改革目的是纯化信仰，但当运动进行规模越来越大后，各种力量都参与进来，所有的诉求，包括后世对此的意义解释，都整合到"改革"（Reformation）这一个词语中去。见：C. Scott Dixon, *Contesting the Reformation* (Wiley - Blackwell, 2012), p9.

的关系，普通大众支持新教改革，接受改教家允诺肃清繁冗礼仪，希望摆脱旧宗教加在他们身上的沉重负担。① 但这并不能说明他们对信仰的理解也如改教家那么深刻；民众所要的，只是稳定而能够有效实施救恩的宗教，从这一点看，只要改革了，脱离罗马与否实际上不那么重要。天主教的错误，未必如改革者描绘的那么不堪，但一般平信徒所理解的，往往取决于神职人员灌输的能力。精英阶层引导推动改革，要迎合民众需要才有社会基础，但他们也可以主动塑造这种需求。这种情况在英格兰表现得更明显：底层的改革者没有像在欧洲那样发挥巨大影响，改革基本都是在王室指导下进行的，议会发布的法令既表达也客观塑造了改革的进程。但是，改革最终完成，并不妨碍追问一下最初改革的必要性。

改革之前英格兰的宗教状况，一般认为并不如德意志教会那般腐败。② 但再正常的宗教状况，也无法阻止新教思潮的传播，更无法阻止亨利八世为了能顺利离婚而执意摆脱教皇。宗教改革在英格兰，一开始就有其明显政治主导的特征。亨利八世无嗣，皇后又不能再生育，他想再娶传后，但教皇不允许；几经调停，

① Hans J. Hillerbrand, " Review on the Reformation in the Cities: The Appeal of Protestantism to Sixteenth – Century Germany and Switzerland by Steven E. Ozment; the German Nation and Martin Luther by A. G. Dickens; Illustrierte Geschichte Der Deutschen Fruhburgerlichen Revolution by A. Laube; G. Vogler; M. Steinmetz," *The Journal of Modern History* 50, no. 1 (1978), p164.

② Christopher Haigh, *English Reformations: Religion, Politics, and Society under the Tudors* (Oxford: Clarendon Press, 1993), p12. 实际上改革之前的宗教状况，要是论程度，是很难衡量的问题。黑格是典型的修正派史学家，致力于发现天主教不管是改革前还是改革后的生机。之前典型的看法是亨利八世改革前就有强烈的改革需求，只不过国王的消极态度抑制了它的发展而已。见：Arnold O. Meyer, *England and the Catholic Church under Queen Elizabeth*, trans. J. R. McKee (London: Kegan Paul, Trench, Trübner, 1916), p11.

亨利终于失去耐心，与教皇决裂，宣布国王代替教皇成为教会的精神权威，通过自己任命的大主教来为自己解除婚姻关系；没收修道院的举动更是彻底斩断天主教生存的基础，使得玛丽复辟后回收教产困难重重。爱德华六世的短期政权，激进的改革派当政，1549 年和 1552 年连续通过了两版《公祷书》，规定了英格兰宗教的标准；更激进地破坏代表天主教遗毒的教堂圣像、圣迹和过于繁复的天主教器物。玛丽复辟的天主教寿命短暂，教会地产收回的设想也只能搁置，更无法阻止新教的蔓延。最后，伊丽莎白的长期统治最终为新教的长足发展奠定了基础。在她统治下，天主教逐渐消亡，16 世纪后期在欧陆的英格兰天主教徒，潜回英格兰秘密传教，配合欧洲西班牙政治和军事上的声势，但由于新教政府的监督和迫害，更由于天主教阵营的内讧，最终失败，天主教徒不得不放弃抵抗，寻求宽容。英格兰宗教改革最后的成果，可以说是回到亨利八世时代推行的中间路线，避免过于激进的改革，保留了较多的传统因素。英格兰国王成为教会和人民的世俗和精神权威，宗教形态由《公祷书》规定，而《公祷书》则须由议会通过。

以上对英格兰宗教改革的粗线条描述，已足以展现宗教改革的开展与政治权力运作有相当大的关系。欧陆风起云涌改革时，罗马的权威受到挑战，对于正在兴起的王权，正是个趁机扩张的好机会。改革只能靠君主来推行，路德也因此不得不强调尊重权威的必要，但他并不希望改革反而让君主获得更大的权力，因而强调国家的精神性质，希望以此来限制君主的权力。① 但这样劝诫的效果似乎不太好，君主仍然是宗教改革最大的受益者；英格兰的君主，也在改革中权力获得相当的集中。君主权力的集中，

① Harro Hpfl, ed. *Luther and Calvin on Secular Authority* (Cambridge; New York: Cambridge University Press, 1991), p22.

对新教派来说，更有利于深入改革，肃清天主教残余。因此也就难怪后来的清教徒，虽不满于国教改革不彻底，但不妨碍他们生成这样的理论，即服从和保卫君主，乃是他们信仰所必需，甚至是教义不可分割的一部分。① 新教信仰与对国王的忠诚联系起来的同时，天主教则被与和英格兰作对的罗马和西班牙联系起来，此时天主教徒即便表示对国王的世俗忠诚，他们的忠心也是不被认可的。② 新教正是在与天主教阵营的对立中型塑自己的身份认同，更将己身被上帝拣选的信心，慢慢投射到对聚集在王权周围的英格兰人的定义中。这样的理念，对于英格兰凝聚群体认同，最终胜出于16世纪霸权环绕中，当有不小的影响。

但即便历史事实是新教最后胜出，欧洲大陆天主教阵营一直威胁着英格兰，也不排除在当时出现不同变化的可能：英格兰战

---

① Marcu, *Sixteenth Century Nationalism*, p77; Michael J Braddick, *State Formation in Early Modern England*, *C.* 1550—1700 (Cambridge University Press, 2000), p287; Dixon, *Contesting the Reformation*, p111.

② 明显的例子是：政府法令要求天主教承认女王的精神权威，但这是天主教徒所不能接受的事，因为那只能属于教皇。所以，当天主教徒采取只在政治上服从，宗教上不服从的策略，显然是不够的，也不能得到女王的宽容。关于天主教徒困惑于宗教与政治服从与不服从的相关讨论，可参考：Peter Holmes, *Resistance and Compromise*: *The Political Thought of the Elizabethan Catholics* (Cambridge: Cambridge University Press, 1982).

败，王室被推翻；或者宗教状况因为领导人的倾向而改变的可能。① 改革与反对改革，都有相当支持的人群，而信仰的标准问题，又是人无法把握的。确切地说，英格兰此时碰到的，并不只是改革与不改革这两个极端，还有很多人，并不确定自己需要的是怎样的状态，这对于教会和社会的稳定，确实是巨大的隐患。英格兰王室虽然相当强势，但是在新教汹涌大潮前，君主还是得谨慎对待身边不同程度接受新教思潮的贵族。国王和议会有权力让臣民服从，但是统治者无法判定被规制者服从的程度，更何况随着欧陆改革的推进，对宗教改革的期待也在变化中。王室、新教与天主教，大致这三股力量的博弈造就了改革“中间路线”的结果，但在这博弈中，三方对拥有权力和统一教会的诉求，都是相似的。16 世纪的人，纠结于弄清楚什么才是真正的信仰，因为真信仰与社会稳定，忠于国王是一体的，而真信仰必然只有

---

① 相关的研究可参见伊丽莎白末期关于未来继承权的讨论。伊丽莎白因为无嗣，谁最有资格继承她的王位，成为当时新教和天主教阵营都热议的话题。除了血缘关系的亲疏之外，宗教倾向，也是双方各自关心的内容。天主教在伊丽莎白时代遭受长期的迫害，在英格兰复兴的希望也渺茫，只好将希望寄托在未来可能出现的天主教君主上。当时著名天主教复兴运动领袖帕森斯，于 1593 年出版《关于英格兰王位继承权的讨论》，在两大阵营之中引起巨大反响，见：Robert Parsons, *A Conference About the Next Succession to the Crown of England Divided into Two Parts*: *The First Containeth the Discourse of a Civil Lawyer*, *How and in What Manner Propinquity of Bloud Is to Be Preferred*: *The Second Containeth the Speech of a Temporal Lawyer About the Particular Titles of All Such as Do*, *or May*, *Pretend* (*within England or without*) *to the Next Succession* : *Whereunto Is Also Added a New and Perfect Arbor and Genealogy of the Descents of All the Kings and Princes of England*, *from the Conquest to the Present Day*, *Whereby Each Mans Pretence Is Made More Plain . . . / Published by R. Doleman*, ed. William Allen and Francis Sir Englefield, Early English Books, 1641—1700 / STC（UMI）: 1153: 34（［S. l.］: Reprinted at N. with license, 1681）. 由于英格兰王权相对集中，可以依靠政治权力来推动宗教改革，所以君主的宗教倾向非常重要，不管是新教的推行，还是天主教的复兴，都希望通过打动君主来实现，这样也是比较便利的方式。

一种。[①] 所以，该时期不会出现宽容，多元的字眼，教派分裂，宗教迫害，互相残杀都是平常事。但也因为如此，教派之间才会有那么强烈的驯化彼此的冲动，同时，王权和王国也在凝聚臣民忠诚的问题上经受宗教改革制造的认同危机的严峻挑战。

那么王室如何来处理这个认同危机呢？官方对改革的态度，都体现在颁布的法令中。亨利八世和爱德华六世的改革法令，都被玛丽所废除；伊丽莎白上台后，恢复的基本上是亨利八世比较有“中间路线”态度的法令，稍加调整而已。英格兰宗教形势复杂多变，到伊丽莎白时代才明朗起来。1559 年的《至尊法令》(the Act of Supremacy, 1 Elizabeth I, c. 1）和《统一法令》（the Act of Uniformity, 1 Elizabeth I, c. 2）奠定了其后宗教改革的基调。[②] 第一部法令强调君主的精神权威，第二部则规定了国家法定的宗教形态，臣民宗教崇拜都要遵照法定仪式。但伊丽莎白法令最重要的特点在于为了维持宗教统一，故意模糊新教和天主教争执最激烈的教义问题。比如其后 1559 年的《伊丽莎白训谕》(the Elizabethan Injunctions, 1559)，恢复了爱德华六世时代的大部分宗教规定，有明显的新教倾向。但在这份《训谕》中，平息宗教争端，让各教派达成统一是最重要的目的。其中较为核心的“信仰”(faith）与“事工”（work）关系问题，在各个教派中争议颇大，因此处理得相对谨慎。天主教将“礼仪”，“爱”(charity）和“善行”都当作信仰不可分割的部分。在训谕第 50 条中，国教会将它们当作“地上之事”，这固然会激起天主教徒反对，但国教会更强调“爱”是维系基督教社会的纽带，是女

① Charles W. A. Prior, “Ecclesiology and Political Thought in England, 1580—C. 1630,” *Historical Journal* (2005), p869.

② 两部法令，具体内容可参见：Bray, ed. *Documents of the English Reformation 1526—1701*, pp318—34.

王治下臣民的行为规范，乃是臣民达成一致，消弭宗教冲突的保证；训谕中甚至禁止用“教皇派”、“教皇派异端”、“教会分裂分子”、“圣事论者”等攻击性的字眼，以免挑起事端。[①] 从后来的表现来看，伊丽莎白对天主教并不宽容，但这一条款表现出来的态度却比较特别：比起为消灭异端而起冲突，她更希望悄无声息地让天主教归化；而比起宗教正确性的确认，在她治下安定才是第一位的。伊丽莎白的决定，可以看到该时期君主对国家宗教状态的基本态度。奥格斯堡宗教合约（1555 年）所承认的“教随国定”原则，反而给了君主决定臣民信仰的权力。不过，都铎君主通过模糊核心教义来实现宗教统一并团结民众的企图并不太成功，反而为天主教和后来兴起的清教的长期不服从埋下伏笔。

三、改革后的天主教问题与认同危机

上文提到的对宗教改革目的论式的认识，并不纯粹是理念干涉研究的结果。部分原因也是关注的角度不同。对 16 世纪英格兰改革的研究，直到 20 世纪六七十年代，还倾向于将这一进程描绘成新教顺利替代天主教的过程。[②] 但是在 70 年代，这种看法就受到“修正派”挑战，他们认为天主教并没有那么容易灭亡，

---

① Ibid. , p345.

② 较著名的有：Arthur G. Dickens, *The English Reformation*（New York：Schocken Books, 1964）；Geoffrey R. Elton, *Reformation Europe*, 1517—1559（Oxford, UK ；Malden, Mass. ：Blackwell Publishers, 1999）. 他们的作品一度曾是研究英格兰宗教史和政治史的经典，也常是如今宗教研究修正派的挑战对象。

终伊丽莎白之世一直顽固地生存着，在国内外都发挥着重要影响。[①] 重新挖掘和展现天主教活力的研究，到现在得到广泛认可。当然，英格兰天主教，在历史上并不处于完全失语的状态，他们只是被相对张扬的新教史学叙事所忽略而已。

宗教改革后的天主教群体，并没有如期望的那么迅速消失。毕竟，从亨利八世开始，君主的宗教态度即反复无常，经过玛丽朝的复兴之后，也不是没有理由相信未来伊丽莎白也会回心转意，更没有人预料得到她会统治那么久，因此，最初伊丽莎白宗教政策偏向新教之后，究竟有多少人内心接受了国教的安排，很难考量。但在王室和新教政府执意推动下，天主教仍然遭受沉重打击，而天主教的失败并非单纯人心向背的问题。一个明显的例子是 1559 年的威斯敏斯特宗教辩论。该场辩论，安排了天主教与新教双方各九人讨论，意在解决时下有争议的教义问题。但新教政府并没有公平探讨的诚意，辩论会只进行了三天，很快叫停，参与辩论的两位天主教教士被逮捕，其他的都被迫接受改革措施。[②] 另一场著名的辩论也能看到政府拙劣的操作。1581 年，

---

① John Bossy, *The English Catholic Community*, 1570—1850 (London: Darton, Longman and Todd, 1975); John Cedric H. Aveling, *The Handle and the Axe* : *The Catholic Recusants in England from Reformation to Emancipation* (London: Blond and Briggs, 1976). 最有影响的是博西的看法，他认为 1574 年开始的天主教传教运动复兴了英格兰境内的天主教群体。但黑格则认为天主教一直顽强存在，自不必等到传教士到来，代表他看法的是：Christopher Haigh, ed. *The English Reformation Revised* (Cambridge: Cambridge University Press, 1987).

② John Hayward, *Annals of the First Four Years of the Reign of Queen Elizabeth* (London: Bowyer Nichols, 1840), pp19—24.

秘密潜入英格兰传教的耶稣会士坎皮安被捕。[①] 因为坎皮安的辩才和影响力，新教政府不得不安排一场辩论，希望凭此免予被指责实施宗教迫害，也希望通过公开场合的辩论让台下有天主教倾向的信众了解正确的教义，由此有所醒悟。但是政府精心安排的公开辩论很快就自证其又在暗箱操作，坎皮安的发言屡被打断，无从申辩。据说听众意识到又是政府在作秀之后，一哄而散。[②] 从这两场辩论，既可以看到新教政府的权力运作与统一宗教的执著，也可以看到新教理念的推行，不管是直接的宗教迫害还是公平的教义宣传，很难进到部分坚决天主教徒的内心。

于是，在改革貌似顺利的推进下，天主教依然顽强地生存着。最初，伊丽莎白政府强迫天主教徒“进国教堂”,[③] 表面上大量信众流失，迅速沦为不起眼的对立派别，但那些服从国教安

① 爱德蒙·坎皮安（Edmund Campion，1540—1581），坎皮安年轻时以出众的辩才成名，在牛津曾经有较大影响，1566 年伊丽莎白巡视牛津时，更是因在辩论会上出色的表现得到王室的器重。1568 年宣誓效忠女王的精神权威，但此后饱受良心困扰，遂于 1570 年逃离英格兰，1573 年加入耶稣会。他于 1580 年到达英格兰传教，旋即因为太张扬的宗教论争写作，在天主教众中间激起很大的宗教热情，于第二年被捕殉教。有关他生平的介绍和相关研究，见：Thomas M. McCoog, ed. *The Reckoned Expense, Edmund Campion and the Early English Jesuits*（Rome：Institutum historicum Societatis Iesu，2007）.

② Ibid.，p. xxviii.

③ 都铎王朝最先强迫天主教“进国教堂”的，是 1552 年爱德华六世时代的《统一法令》（The Act of Uniformity，5—6 Edward VI c. 1），在该法令下，天主教徒每个礼拜都要去参加国教仪式。伊丽莎白 1559 年的《统一法令》又重新强调了这一要求，对天主教群体造成极大困扰。见：Bray，ed. *Documents of the English Reformation 1526—1701*，pp281—3，329—34.

排的，实际上也在不同程度地抵制。[①] 部分不肯妥协于政府安排的，便逃亡到欧洲各天主教地区。从1568年开始，困居欧陆多年的英格兰众天主教群体，在威廉·艾伦（William Allen，1532—1594）的领导下，在欧洲各地建立英格兰学院，培养未来天主教传教士，并于1574年开始秘密潜入英格兰传教。耶稣会于1580年也加入此行列，因而引起政府对传教运动更严厉的迫害。终伊丽莎白之世44年中，在政府迫害下殉教的天主教传教士有125人，包括耶稣会七人。[②] 16世纪末艾伦领导的天主教复兴运动，在精神领域上开展，传教士将圣经、圣器和他们拥有的对犯错天主教徒的赦罪能力带到英格兰，潜伏于天主教家庭中，尽量维持天主教群体按传统宗教礼仪来崇拜的需要。而在欧洲大陆，耶稣会则积极鼓动在英格兰周边建立军事联盟，从苏格兰、爱尔兰和西班牙等地入侵和瓦解英格兰的异端君主统治。[③] 如果说16世纪的新教群体，需要在与天主教的对立中找到对自己身

---

① 这些人称为“教堂教皇派”（church papist），是指那些内心还自认是天主教徒，但服从政府规定到教堂参加国教仪式的人。另外一种人是“拒绝国教者”（recusant），指的是那些拒绝去国教堂的人。这两类人并不是可以截然划分的，去教堂的，偶尔也缺席，或者当场拒领圣餐，并且即便参加了新教仪式，回来经常也悄悄重新举行天主教仪式。Chistopher. Haigh, *Reformation and Resistance in Tudor Lancashire* (Cambridge: Cambridge University Press, 1975), p277.

② Thomas F. Knox, *Records of the English Catholics under the Penal Laws* (London: David Nutt, 1878), pp. lxiv - lxv.

③ 耶稣会卷入政治的程度也是一个很大的话题，他们在这些军事行动中表现都很活跃。当然，在公开场合的宗教论争中，天主教都会否认自己会参与精神事业之外的活动。不过伊丽莎白在欧洲派驻的间谍无数，有关耶稣会政治参与度的报告应该没有太大问题的。伊丽莎白政府官方公告中指责耶稣会参与叛乱，并非没有根据，从中也可以看到两者紧张关系的来源，见：Thomas M. McCoog and Peter Davidson, " Edmund Campion and William Shakespeare: Much Ado About Nothing?," in *The Reckoned Expense, Edmund Campion and the Early English Jesuits*, ed. Thomas M. McCoog (Rome: Institutum historicum Societatis Iesu, 2007), pp182—3.

份的恰当定义，天主教徒现在却只需要在传统的大公教理想里经受更严格的考验。由于对教会传统的尊重，天主教徒很难接受唯信仰论，在他们眼中，信仰与事工并重，圣经与教会权威并重，而这些又被视作普世的教会价值。这些理念与试图脱离罗马的各地教会和王权，都是冲突的。英格兰为数众多的天主教群体，也在不停地抵制和消解可能潜在形成的“民族认同”。

不过，英格兰天主教的抵抗，到 16 世纪末就陷入了低潮。一方面是欧洲大陆的宗教矛盾一度缓和，1593 年亨利四世皈依天主教，结束了数十年的宗教战争，对在法英格兰天主教徒就不那么支持了；西班牙在 1588 年“无敌舰队”战败之后，再次军事入侵的计划又一再拖延，天主教复兴更感无望。另一方面是曾经合作推动复兴事业的英格兰神学院与耶稣会分裂。① 耶稣会在欧洲参与政治过多，与西班牙联系又密切，因此到英格兰传教时（尽管数量极少），仍然引起政府警惕。而这少量的耶稣会士，则牵连到大量神学院不问世事，以传教为专务的传教士。另外，耶稣会面对英格兰人时，往往有着莫名其妙的优越感，对他们路线不同的天主教徒经常横加指责。② 英格兰天主教与耶稣会的矛盾，在后来一直延续着，但早在伊丽莎白后期，就让英格兰天主教反感耶稣会控制下的罗马政策，向女王寻求宽容，希望回归英

---

① 详细讨论两者之间矛盾的作品，可以参见：Thomas G. Law, *A Historical Sketch of the Conflicts between the Jesuits and Seculars in the Reign of Queen Elizabeth*: *With a Reprint of C. Bagshaw's " True Relation of the Faction Begun at Wisbich," and Illustrative Documents* (London: David Nutt, 1889).

② Michael Questier, " Like Locusts over All the World': Conversion, Indoctrination and the Society of Jesus in Late Elizabethan and Jacobean England," in *The Reckoned Expense*, *Edmund Campion and the Early English Jesuits*, ed. Thomas M. McCoog (Rome: Institutum historicum Societatis Iesu, 2007), p355.

格兰。[1] 这说明，他们在普世理想与民族教会之间，也开始探讨后者的可能性。只不过，假如他们还坚持内心的天主教信仰和身份，又假如罗马还一如既往地态度强硬，阻止他们向政府妥协，那么在多大程度上民族教会能被接受，仍然会是很艰难的尝试。不管如何，假如注意到英格兰天主教的存在，以及他们曾经发挥的巨大能量，那么就不会简单地将宗教改革与民族国家的形成视作直线生成的关系。目前所理解的宗教改革，过于直线叙述它所达到的成果，而忽视那些并非细枝末节的阻碍和曲折。本文不想否定目前对宗教改革的基本认识，即它在世界现代化和世俗化上面的意义。只是想说明，历史进程的曲折更值得我们去关注。宗教改革的确是促成了英格兰民族国家的形成，但却不是那些推动改革的主体，比如伊丽莎白与她的新教臣子所设计和期望的样子，而往往以意料不到的方式来实现的。

如今，宗教改革是否有必要激烈到脱离罗马才能解决问题，是个值得考虑的问题；而假如在教会内部就能解决问题，新教对天主教会从历史到现实礼仪的全盘否定，就颇值得质疑；同时我们今天话题所关心的，统一教会的破坏与民族国家之间的隔离，是否有必要，也同样是个值得反思的问题。不过，成功的改革，其间过激的态度和举动，不必要的牺牲，都是稀松平常的事。在16世纪中期，风起云涌的革命形势颇能说明地方教会对罗马的不满，但新教作品里传达的改革必要性的信息，其实很片面。新教有他们所要达到的目标，而为此目标，所攻击和破坏的，远比他们需要的多很多。英格兰新教改革的成功，很大程度上得力于排外主义情绪的宣扬。罗马和西班牙，作为天主教改革的主导

① *Calendar of State Papers, Domestic Series, of the Reigns of Edward VI., Mary, Elizabeth and James I*, vol. 6 Reign of Elizabeth, 1601—1602 (London: Longman, Brown, 1879), p261.

者，一直作为外部的敌人存在，并且新教时常强调这种外来天主教势力对“民族”（nation）的威胁，这种情绪甚至在之后几个世纪都在延续。[①] 但在16世纪，这种排外情绪就已经迅速发挥作用了。在1558年时，菲利普二世还是名义上英格兰的国王；伊丽莎白上台后，西班牙与英格兰的联姻的提议，虽然被当时保罗四世（Paul IV，1476—1559）拒绝，但在后来对异端不那么强硬的教皇任下，这也不是不能考虑的。[②] 然而在半个世纪之内，在1588年“无敌舰队”事件前后，英格兰与西班牙就成了不共戴天的敌人，不能不看到教派对立的催化作用。16世纪的国家利益纠葛，显然不只由贸易、海盗和国际权力制衡来决定，宗教也是非常重要的因素。

---

① Raymond D. Tumbleson, *Catholicism in the English Protestant Imagination: Nationalism, Religion, and Literature*, 1660—1745 (Cambridge: Cambridge University Press, 1998), p11.

② Charles G. Bayne, *Anglo – Roman Relations*, 1558—1565 (Oxford: Clarendon Press, 1913), p28.

试论欧盟政治联合中的民族认同问题

中央民族大学历史文化学院　梁　旭

自从欧洲一体化开始以来，特别是在欧盟建立之后，欧盟政治联合便在曲折的探索中逐步展开。随着欧盟的建立以及政治联合的逐步开展，欧盟成员国的民族认同呈现了不断弱化的表现趋势。然而由于民族认同的制约，欧盟的政治联合也在不断地遭受着挫折与反复，欧盟的政治联合也正是在曲折和反复中不断地向前迈进。本文试图对民族认同与欧盟政治联合之间的关系做一个全面的分析。

一、民族与民族认同

“民族”指的是区别于其他群体的具有复杂的社会历史文化现象的群体，而且“民族是经过人类漫长历史演进的、至少在世界许多地方同时并存的自然产物”①。欧洲语言中的“民族”（Nation）起源于拉丁语 natio，意思是出生、出身和起源。最初这个词是贬义词，在罗马，natio 一词是给来自同一地区的外国人团体预备的；其后“民族”指的是西方基督教世界所共享的

---

① 休·西顿：《民族与国家——对民族起源与民族主义政治的探讨》，北京：中央民族大学出版社，2009 年，第 17 页。

几所大学学习的学生团体；从13世纪晚期起，“民族”被用来指“教会共和国”中的派别；到了16世纪初的英格兰，“民族”第一次被用来指英格兰的全体居民，并与“人民”（people）同义。① 在这一发展过程中，民族的意义并不是一成不变的，而是随着时间的流逝被不断赋予了新的内涵，它并不是某个特定时空下的产物。“民族”这一词语的真正概念产生于近代欧洲民族国家建立之后，特别是美国大革命和法国大革命之后。当时在欧洲知识分子和民众的努力下，伴随着启蒙运动和革命思想的广泛传播，民族意识开始在欧洲各地兴起，以建立民族国家为主要目标的民族主义最终确立并迅速发展，“在18世纪最后十年和19世纪，形成了民族……经过大量学者、出版商和诗人的酝酿，民族产生了，但在相当长的时间只存在于人们的思想中，而不是在现实中”②。

由于“民族”这个概念覆盖面很广、牵扯领域众多。国内外学者至今对于民族的概念并没有一个统一的认识。在《马克思主义与民族问题中》，苏联领导人约瑟夫·斯大林对民族的定义是“人们在历史上形成的一个有共同语言、共同地域、共同经济生活以及表现于共同文化上的共同心理素质的稳定的共同体”。斯大林对于民族的定义时至今日在包括中国在内的许多国家依然产生影响并且沿用。西方学者安东尼·史密斯给民族下的定义是“具有名称，占有领土的人类共同体，拥有共同的神话、共享的历史和普通的公共文化，所有成员生活在单一经济之中并且有着

---

① 里亚·格林菲尔德：《民族主义：走向现代的五条道路》，上海：上海三联书店，2010年，第2—5页。

② 舒尔策：《欧洲历史上的国家与民族》，1994年，第189页。转引自尤尔根·哈贝马斯：《包容他者》，上海：上海人民出版社，2002年，第131页。

同样的权利和义务”。[①] 在讨论民族的概念时，西方学者对于民族的定义往往倾向于民族的文化、心理、传统等主观内涵；而中国学者对于民族的定义偏重于民族的经济、社会、地域等客观因素。把中西方学者对民族的概念融合贯穿来思考才能做到全面深刻地理解民族这个概念。

认同是一个人的对于自己或则集体的归属感的表达或概念，是一个社会学和心理学的范畴。认同（Identity）最初起源于拉丁词（identitas），在拉丁语中的意思是“一样的”。认同往往意味着彼此是同类，相互之间具有亲近感或可归属的愿望。认同分为个体认同（individual identity）和集体认同（collective identity or group identity）。个人认同是回答“我是谁”之类的问题，集体认同是回答“我们是谁”之类的问题……对内，集体认同能够产生认同感和归属感，是一种共同体社会的凝聚力所在；对外，集体认同能够设立明确的边界，从而被外界认可为一个统一的整体。[②] 据社会学研究表明，社会团体通常建立在有利于其成员进行积极联系的一系列基础之上，从而加强巩固自己。这也就是说社会团体必然重视认同问题。而且认同问题是所有政治和社会组织的关键，也是理解历史运动的关键。[③] 在全球化时代的今天，从认同角度也可以从另一种角度理解欧洲一体化、解释欧洲一体化。

民族认同属于集体认同，是集体认同的一种。现代国际中最为基本的一种认同与归属形式就是民族认同。民族认同的形成主

① 安东尼·史密斯：《民族主义：理论，意识形态，历史》，上海：上海人民出版社，2006 年，第 14 页。

② 于文杰，成伯清：《欧洲社会的整合和欧洲认同》，北京：中国大百科全书出版社，2010 年，第 172 页。

③ 弗拉加：《欧洲一体化进程：过去和现在》，北京：社会科学文献出版社，2009 年，第 594 页。

要与共同语言、象征符号、神话、文化传统和共同记忆与历史等起纽带作用的因素有关。[①] 民族认同是民族主义的一个重要表现方面与目标，也是民族主义的一个重要组成部分，与民族也有着密切的关系。安东尼·史密斯认为民族认同是“对构成民族与众不同遗产的价值观、象征物、记忆、神话和传统模式持续复制和重新解释，以及对带着那种模式和遗产及其文化成分的个人身份的持续复制和重新解释”[②]。每一个民族国家莫不借助大规模的游行、宗教神话故事、书本教育、政治与文化象征符号等多种手段与方法加强本国的民族认同。而且国家是民族的躯体，没有国家，民族便没有了立锥之地；民族是国家的灵魂，没有了民族，国家只是空空的一副躯壳。而国家只有包含了共同的文化和社会意识才能成为真正的政治实体，这也是今天为什么所有的国家无不宣称代表着“民族”的利益。[③] 国家的着眼点和出发点往往是从国内民族的利益角度出发，民族和国家是密不可分的，因此有些欧洲学者也往往将民族和国家的概念等同起来，英文中的 nation 既可翻译成国家也可译成民族。

欧洲的民族认同首先诞生于第一批民族国家之中，早期的欧洲封建国王们为了摆脱中世纪天主教神权的统治，极力推崇本国与本民族的利益，加强各自的民族认同。如英国提倡民众使用英语并把《圣经》翻译为英文，法国也宣称法语为“世上最好听的语言”并通过多种途径歌颂法兰西民族的伟大。随着 1789 年法国大革命的爆发，除了法国本身在加强民族认同之外，法国以

---

① 安东尼·史密斯：《全球化时代的民族与民族主义》，北京：中央编译出版社，2002 年，第 187 页。

② 安东尼·史密斯：《民族主义：理论，意识形态，历史》，上海：上海人民出版社，2006 年，第 18 页。

③ Anthony D. Smith. National Identity and the Idea of European Unity. *International Affairs*. 1992（1）.

外的其他国家为了反对法国的压迫，自发地强化国内的民族认同来反对外来侵略，在反抗法国的统治时，欧洲的民族主义者无不重视与加强本民族的民族认同。例如当时德意志的诗人克尔纳尔在面对德意志境内的遍布各地的反对法起义时就热情高呼："德国站起来了，普鲁士的雄鹰正勇敢地振翅奋飞，在所有忠于它的人心中唤起了对德意志的自由。"① 这场大革命也使得具有近代含义的民族主义得以真正确立。

随着欧洲进入 20 世纪，欧洲各主要资本主义国家完成了向帝国主义阶段的过渡。民族主义在欧洲开始恶性膨胀并且最终泛滥，民族认同进入恶性循环之中而且成为欧洲列强对外侵略扩张的工具。在世界大战期间，由于各国政府的宣传鼓舞，人们总是聚集在各国的爱国热枕之中，高呼为本民族和命运而战斗。欧洲各参战国的民族主义情绪席卷全国，民族认同空前壮大。这在纳粹德国表现的最为明显，当时的德国元首希特勒极力宣称德意志民族的伟大，肆意排斥并且攻击其他民族，经常通过大规模的游行、示威来激发民族热情。欧洲成为第一次世界大战和第二次世界大战的策源地，欧洲人民饱尝了民族认同恶性膨胀所带来的恶果。

二、欧盟的政治联合与民族认同弱化的表现

第二次世界大战结束后，走出战争废墟的人们为了限制联邦德国的煤炭和钢铁生产总量、彻底消除法德爆发战争的可能性，于 1950 年由法国外长罗伯特·舒曼提出了一个被称之为"舒曼计划"的方案，建议把法国的煤炭和钢铁生产置于一个共同机构

① 迪特尔·拉夫：《德意志史——从古老帝国到第二共和国》，波恩 Inter Nations 出版社，1987 年，第 60 页。

管理之下。舒曼计划也标志着西欧实现政治联合的第一步，在某种意义上说也是揭开了日后欧盟政治联合的第一页。

1951 年，法、联邦德国、意、荷、比、卢六国签订了遵循“舒曼计划”的《欧洲煤钢共同体条约》，并于 1952 年成立了欧洲煤钢共同体；1957 年六国又共同签订了《欧洲经济共同体条约》和《欧洲原子能共同体条约》分别成立了欧洲经济共同体和欧洲原子能共同体，并且设立了部长理事会、共同体委员会、议会和法院；1965 年签订的《布鲁塞尔条约》将三个机构合并为一并宣告了“欧洲共同体”的诞生；为了在政治联合上适应并且跟进欧共体的经济发展，1969 年，欧共体成员国在海牙峰会讨论了政治一体化的相关问题并确立了建成、扩大、深化三大政治联合目标；1970 年欧共体批准了旨在“让世界看到欧洲有统一倾向”的“达维农报告”，决定在欧洲政治和外交政策方面进行合作；1975 年成立了统管全局的最高决策机构——“欧洲理事会”具体讨论欧共体的内外事物和政策；1981 年 10 月，欧共体外长伦敦会议宣布，政治合作已成为成员国外交政策中的关键因素；[①] 1987 年欧共体批准了《单一欧洲法令》，它是继《罗马条约》后欧共体通过的又一项最重要的立法。它以法令的形式进一步明确了欧洲一体化建设中“单一欧洲”这个远大目标，为欧洲一体化的深入发展提供了有力的法律保证，在一定程度上为欧洲联合的发展提供了政治动力，[②] 也为 20 世纪 90 年代初政治联合的真正展开打下了基础。

到了 20 世纪的 80 年代末 90 年代初，随着欧洲发生了历史性的巨变以及冷战的终结，欧洲的政治一体化迈开了实质性的一

---

① 李世安，刘丽云等著：《欧洲一体化史》，河北：河北人民出版社，2006 年，第 113 页。

② 李世安，刘丽云等著：《欧洲一体化史》，第 123 页。

步。1991 年欧共体成员国签署的具有里程碑意义的《马斯特里赫特条约》标志着欧盟的成立以及政治一体化的实际展开。从此，欧共体由经济一体化向政治一体化迈进。《马斯特里赫特条约》规定实行共同的外交和安全政策，并且作为欧盟的三大支柱之一和欧洲政治联合的目标与核心，其目标是“维护联盟共同价值、基本利益、独立和不受侵犯；加强联盟的安全；维护和平，加强符合相应国际条约规定的国际安全；促进国际合作；发展并加强民主与法治，以及尊重人权和基本自由”。随后，欧盟先后于 1997 年和 2000 年分别对《马斯特里赫特条约》进行修改并且签署了《阿姆斯特丹条约》和《尼斯条约》，为欧盟的扩大和深化提供法律基础。2007 年欧盟成员国通过了《里斯本条约》，代替了在 2005 年折戟沉沙了的《欧洲宪法条约》。在新的条约中删去了带有宪法字眼的内容，省去欧盟盟旗、盟歌等内容，但保留了《欧洲宪法条约》中的欧盟机构和决策机制改革的实质性内容，并且选举产生了欧盟第一任欧盟理事会主席（“欧盟总统”）和欧盟外交和安全政策高级代表（“欧盟外长”）。欧盟的政治联合取得了新的进展，欧盟在国际事务中发挥了越来越重要的作用。

早在创立欧洲煤钢共同体时，“欧洲之父”让 · 莫内就说：“我们要通过建立煤钢共同体，进一步为创建一个欧洲联邦打下基础”。他同时认为欧洲煤钢共同体并不是一个简单的煤钢生产协会，而是标志着欧洲一个新的起点。而罗伯特 · 舒曼发表计划时也声称：“欧洲的建设不可能一气呵成，也不能把建成一个联合组织就当成建设欧洲的最终目标。”现如今的欧盟的政治联合很大程度上取决于欧盟继承了“欧洲统一”情结的政治精英们。随着时间的发展，在欧盟内部的领导者中间，捍卫欧盟，主张欧盟政治联合人大有人在，这些领导者本身就具有强烈的欧洲联合意识。在 2002 年世界经济论坛对欧洲政治领导人展开的调查中发现，他们中92%都认为自己“未来的认同主要或部分是欧洲人，而非［特定国家的］国民”[①]。德国总统劳（1999—2004）甚至也曾说他并不因作为德国人民而感到自豪。[②] 在上述的欧盟政治联合的过程中，具有“欧洲眼光”的政治精英们总在不断推进着欧洲联盟的深入发展，使得不断签署的具有超国家性质的法规、政策、制度及文化都弱化着受益民众的民族认同。一体化的内在动力和外部环境需求导致具有浓厚的超国家色彩的一系列法律文件和条约相继出台，使得成员国主权呈日益收到限定和削弱之势。[③] 而每个条约的签订，都标志着民族国家主权让渡过程中民族主义的相对弱化。[④] 这些具有超国家性质的法律法规能够成功签署的本身也意味着欧盟成员国国内的民族主义情绪的衰减、民族认同的相对弱化；另一方面，由于欧盟生活空间的扩展与贯通以及彼此之间交流的增多，在多维的交往空间里，一些具有强烈的民族主义色彩的欧洲国家领导人也会发现诉诸极端民族主义情感，从而进行各种强化民族认同的动员也将变得无比困难。

而在欧盟民众之间，受益于欧盟的超国家的法律与政策的人并不在少数。随着欧盟内部的互相开放，欧盟年轻一代民众的学习、工作、生活的范围不再局限于一个国家和一个地区，欧盟各国民众彼此互相熟悉起来，他们越来越不仅觉得自己是某国人或是某个地区的人，而是觉得自己是欧洲人。在欧洲，根据2006

---

① Tony Emerson. “The Power of Europe”. *Newsweek*. September 16—23, 2002. 转引自杰里米·里夫金：《欧洲梦》，重庆：重庆出版社，2006年，第182页。

② 邝杨、马胜利：《欧洲政治文化研究》，北京：社会科学文献出版社，2012年，第203页。

③ 赵怀普：《欧洲一体化经验及时代精神》，《外交学院学报》，2004年第9期。

④ 翟金秀：《一体化视角下的西欧民族主义新动向——后民族主义》，《国外社会科学》，2008年第11期。

年的欧洲民意调查机构“欧洲晴雨表”公布的调查结果显示：在20岁以下的接受教育的人中，67%的受访者认为所在国成为欧盟成员国是一件好事情；而弃学的人当中只有41%的人这么认为（两者比例相差达到26%）。经营管理者中有68%的人持肯定态度，而主管家庭内部事务的人中持此态度的只占45%；15—24岁有60%的人认为是好事而55岁以上的人中赞同比例跌至48%。[①] 相信随着这批年轻一代的成长、工作，他们的政治眼光不会仅仅局限于本国或者本地区之内，而是着眼于整个欧盟的发展与壮大，在不久的将来，这些具有前瞻眼光的领导人与年轻民众也正是欧盟政治联合的中坚力量。

另外，欧盟所提倡并且不断发展形成中的欧洲认同也不断挤占原有的欧盟各成员国的民族认同的空间，弱化着欧盟各成员国的民族认同。欧盟在近些年来不断提倡一种新型的认同——“欧洲认同”来加强欧盟建设，为欧盟的政治联合创造条件。时至今日，国内外学者们赋予了欧洲认同的种种不同定义。德国学者哈贝马斯也是建立与发展欧洲认同的积极倡导者，哈贝马斯认为一种真正的认同形式要想超越民族界限，就必须满足下述实际条件：第一，必须有一个欧洲公民社会；第二，建立欧洲范围内的政治公共领域；第三，创造一种所有欧盟公民都能参与的政治文化。哈贝马斯极力推崇欧洲共同的政治价值观建设，创造一种欧洲的政治文化，从而来加强欧洲认同。而欧盟在建设欧洲政治认同上取得了不错的进展，政治认同是集体认同的一种、是欧洲认同的一个重要组成部分。政治认同“是指欧洲人民的公民权利以

---

① Standard Eurobarometer 69. 2006. http://ec. europa. eu/public_opinion/archives/eb/eb69/eb69_en. htm.

及自由正义价值观在政治共同体的共识”[1]，而这也是欧盟政治联合的最重要的目标之一。欧盟现如今不仅提倡共同的市场经济的发展，还极力提倡民主、自由、法律和制度等方面的欧洲价值观念，从而来提高欧盟的政治认同建设，这种政治上的价值观念也被当成了欧盟的一个有机组成部分甚至被用来当作加入欧盟的一个衡量标准。

而这种政治价值观念也得到了欧盟民众绝大部分的认可与接受。举例来说，就欧盟共同政治价值观而言，在 2008 年，有 54% 的被调查者认为它使得欧盟成员国更加的彼此团结一致、紧密联系，持否定看法的只占调查者人数的 34%；而在 2006 年持肯定看法的人占 48%，持否定看法的基本上与持肯定看法的人一样多，占到调查总人数的 41%。[2] 这些数据反映出，虽然欧洲政治认同的建设刚刚起步，还不能与原有的民族认同相提并论，但是却得到绝大多数欧盟成员国民众的承认与接受，这些都为欧盟的欧洲认同建设以及未来真正实现政治联合创造了条件并打下了坚实的基础。随着越来越多的欧盟成员国及成员国民众接受了欧盟的这种政治认同进而接受欧洲认同，从接受程度来讲，不论是“欧洲认同”还是“欧洲认同 + 民族认同”或是“民族认同 + 欧洲认同”都越来越冲击着欧盟成员国民众原有的民族认同、弱化了各国原先的单一的民族认同、挤占着原有民族认同的空间与比率。通过观察“欧洲晴雨表”，可以发现“只认同本国的人一直占有很高的比率，1996 年平均比率为 46%，1999 年为

① 张生祥：《欧洲的新认同政治与欧洲认同的形成》，《当代世界社会主义问题》，2006 年第 4 期。

② Standard Eurobarometer 69. 2006. http://ec. europa. eu/public_opinion/archives/eb/eb69/eb69_en. htm.

45%，2002 年为 38%。但是我们也发现，这一比率在不断下降”。[①] 但是，需要强调的是虽然“认同本国”的比率在不断下降，但是欧洲各成员国的民族认同在一段时期之内不会大幅度消减甚至衰亡。欧盟许多各成员国的本国利益、本民族的利益依然被欧盟各成员国放在重要位置。

三、民族认同对政治联合的阻碍

欧盟的政治联合进程在不断展开，民族认同随着欧盟政治联合的展开也呈现出了弱化的趋势与表现，然而欧盟民族认同依然具有旺盛的生命力，民族认同对于欧盟的政治联合也时时起到阻碍作用，使得欧盟的政治联合举步维艰。回顾过去，欧盟各成员国过去的历史便是欧洲各个民族之间彼此厮杀的斗争史，欧盟各成员国处于自身的考虑可以寻求共同点，但是同时也绝不会将它们现任之间的恩恩怨怨完全忘记得一干二净，它们在经历了几百年斗争后取得的民族国家的权益绝不会轻易放弃，绝不会忽视国家和民族利益。[②] 而有些欧盟成员国一旦遇到欧盟超国家的法律法规和本民族利益相抵触的情况时，便往往“退回到以民族认同原则为堡垒，在有些国家里强化了一些民族国家和欧盟的对抗，同时也强化了欧盟和其他民族国家的对抗”[③]。

在欧盟的政治联合的过程中，民族认同对欧盟政治联合制造障碍的例子不胜枚举：如 1965 年法国总统戴高乐执政时期，法

① 李明明：《试析欧洲认同与民族认同的关系》，《欧洲研究》，2005 年第 3 期。

② 陈志强、关信平等：《欧洲联盟的政治与社会研究》，天津：天津人民出版社，2002 年，第 16 页。

③ 曼纽尔·卡斯特：《千年终结》，北京：社会科学文献出版社，2006 年，第 314 页。

国国内民族主义色彩浓厚，戴高乐为了反对德国人哈尔斯坦试图将欧共体部长理事会的表决机制从全体通过制改为多数通过制而采取“空椅子政策”，从而造成法国驻欧共体代表六个月缺席欧共体代表会议；而三驾马车之一的英国由于特殊的岛国心态与欧盟的关系若即若离，英国对欧洲一体化的超国家趋势依然怀有戒心，在20世纪70年代、80年代英国为了自身的民族感情与民族利益在欧元、共同的农业政策和财政政策上向欧共体屡屡发难；而最为著名的便是美国前国务卿基辛格面对欧共体的“政治上的侏儒，经济上的巨人”的尴尬局面，曾经调侃地说道：“如果我要给欧洲打电话，请问该拨谁的电话号码呢?”而1992年丹麦出于自身民族利益在全民公决中否决了旨在建立欧盟的《马斯特里赫特条约》；2005年“欧洲三驾马车之一”的法国和欧共体创始国之一的荷兰在全民公决中否决了《欧洲宪法条约》，从而使得欧盟制宪遭遇到了巨大的挫折；2013年1月英国首相戴维·卡梅伦出于欧洲债务危机等多种原因，宣称出于国内英国公众对欧盟的“失望程度前所未有之高”，宣称如果他的党派赢得下次大选，他将让英国公民投票决定是否退出欧盟。此语一出，让其他欧盟成员国感到惊恐。这些阻碍欧盟政治联合的举动都反映出了民族认同对欧盟政治联合的负面制约作用。

然而我们必须看到，虽然民族认同对于欧洲的政治联合的进展造成了诸多障碍，但是欧洲统一的步伐并没有受到民族认同的负面因素的影响而停滞不前，欧盟的政治联合在不断地进行中。在大多数情况下，欧盟的政治联合一旦受到了阻碍，欧盟成员国便会停下来协商解决，而协商的结果是欧盟寻找出一个新的替代方案并获得所有成员国一致通过，欧盟政治联合得以向前，继续前进。而欧洲联合的特殊之处，也就在于通过反复权衡，寻找各国间利益的最大共同点，并形成一定的程序和制度，把一定领域、一定程度的超国家一体化（并形成一定的主权转移和共同行驶）与在总体上和大政方针上保持对成员国的主权和对一体化的进程的主导和控制相结合，是共同体的利益与各国的主权和特殊利益相统一。[①] 而且为了欧盟政治联合的顺利进行，欧盟成员国为此会适当地让出的一部分权利。在欧盟范围内，让出去的权利并不意味着该成员国国家主权的丧失，而是欧盟成员国之间通过彼此付出权利使得权利共享，不仅使得欧盟成员国从中受益，而且进一步深化了欧盟的政治联合，从而使得欧盟的政治联合得以进一步前进，笔者认为，这也是欧盟政治联合的一个独特与成功的保障。

举例来说，1992 年丹麦拒绝签订《马斯特里赫特条约》，欧盟首脑便进行新一轮的协商解决。1993 年，为让丹麦接受《马斯特里赫特条约》，欧盟给予了丹麦“四点保留”，即同意其不参加欧盟在货币、防务、司法以及欧洲公民权四个领域的合作，从而使得丹麦通过《马斯特里赫特条约》，欧盟得以顺利建成；无独有偶，在法国和荷兰全民公决否定《欧盟宪法条约》之后，一部《欧盟宪法条约》的简化版《里斯本条约》经过协商之后诞生，欧盟制宪事业得以继续进展，这部新的条约现已得到欧盟 27 个成员国全部批准，欧盟得以有效运作，并且欧盟政治联合得到了法律的保障，而“新条约的生效也再次验证了‘妥协精神’在‘进两步、退一步’式的欧盟自身建设中发挥的重要作用”[②]；同样的，就在今年卡梅伦发表准备在下届任期内脱离欧盟的言论的几天后，在“欧洲三驾马车之一”之称的德国，默克尔总理坚信英国不会推出欧盟。默克尔声称她会与卡梅伦将就这一问题进行磋商，并相信双方能达成协商。她说：“我们愿意围

① 黄正柏：《战后欧洲联合中的“政府间主义”及其影响——兼及欧洲一体化与国家主权的关系》，《华中师范大学学报》（人文社会科学版），2000 年第 6 期。

② 王坚：《欧盟完全手册》，北京：中央编译出版社，2010 年，第 6 页。

绕英国的愿望展开磋商，但我们必须是汇总牢记，别国也有不同的愿望，我们必须找到公平的妥协方案。我们会围绕英国的想法与之展开深入讨论……”① 而英国商业界人士及政治精英和其他国家如美国、法国均强烈希望英国留在欧盟。而且，英国宣布退出欧盟（欧洲共同体）不是什么新鲜事情，早在20世纪80年代，英国工党内部左翼势力十分强大，而后由于经济危机和党内派别斗争，1983年英国工党甚至把“退出欧洲共同体”作为竞选纲领，而后由于英国工党内部破裂从而导致大选失败，“退出欧洲共同体”成为了一种不可能。历史证明英国退出欧盟只是一种很低的可能性，几乎不可能成为现实。欧盟的政治联合已经是大势所趋，不会受此阻挡而止步不前。

四、总　结

随着欧盟的政治联合的展开，欧盟成员国的民族认同无时无刻不在被重新塑造，尽管速度是缓慢的，但是成效是确实发生的。不论是由欧盟成员国政治精英们的推动形成的具有超国家性质的各种法律、法规、政策与制度，或是欧盟目前极力提倡的带有浓厚欧洲价值观念的欧洲认同，都使得民族认同呈现出了弱化的趋势与表现。

另一方面，尽管民族认同随着欧盟政治联合的前进而呈现出了一定的弱化趋势，但是民族认同由于顽强的生命力仍然对欧盟的政治联合不断地设置障碍、制造阻力。这样的例子不胜枚举，而早在欧盟成立之前，面对西欧加速发展的一体化道路与欧洲民族主义情绪跌宕起伏的复杂局面，陈乐民先生就指出“西欧

① “保守党若赢得2015年大选 英将公投决定是否推出欧盟”，参考消息，2013年1月24日。

（欧洲）‘同一性’的成分确实已经大为增多，而且随着新世纪的来临，西欧（欧洲）各民族之间在各方面的‘同一性’还会增多，从长远的发展大趋势看，这是完全合乎逻辑的……但是超越时空的逻辑取代不了现实的世界”。此话应用在今天的欧盟地政治联合的状态下也颇为合适。在欧盟不断向前发展的过程中，我们也不难看出由于民族主义的顽强生命力，民族认同在欧盟的政治联合中时常发挥不利作用。欧洲的民族问题仍然通过各民族国家维护各自主权的形式顽强地表现出来，欧洲各民族之间的真正融合尚需时日（雷海宗先生估计要三百年）。[①]

2012 年，欧盟获得诺贝尔和平奖，欧洲议会议长舒尔茨对此评论到：“这个诺贝尔和平奖属于所有欧盟公民……欧盟不仅用和平方式让欧洲大陆团结起来，还让昔日夙敌握手言欢。这种再度统一的历史已经得到了理所当然的认可。”这番感言一方面反映出了欧盟成员国民众旧有的民族认同的弱化以及欧盟在向政治一体化不断迈进的事实；另一方面也可以看出欧洲旧有的民族认同还只是在其残酷性、敌对性方面上的削减表现得较为明显。欧洲民族主义仍然具有顽强的生命力并不时向欧盟的政治联合制造障碍，欧盟成员国的民族认同的弱化乃至消失仍然时日尚早。路漫漫其修远兮，相信随着欧盟政治联合的不断展开，欧洲统一的愿望不再只是梦想。

---

① 陈志强：《欧洲一体化任重而道远》，转引自中国欧洲学会欧洲一体化史分会：《欧洲一体化史研究：新思路、新方法、新框架》，广州：世界图书出版广东有限公司，2012 年，第 45 页。

先秦时期銮铃的形制分析与分期

中央民族大学历史文化学院　任昳霏

銮铃是车马器的一种，属于车衡上的器物，一般与軏相连，插在軏首之上的木軏端。由于车马器的更新速率要快于青铜礼器，所以在没有陶器出土的墓葬和车马坑中，车马器的年代判断就显得十分重要了。关于车马器的型式分析和年代判断，一些学者曾经提出过自己的认识。孙机①、朱凤翰②、吴晓筠③诸君在各自文章中试图探讨銮铃的时代特征。此外，郭宝钧④、邹衡⑤、

---

① 孙机在文章的配图中已把不同时期的銮铃分出，判断銮铃的年代上限不超过西周时期。孙机：《中国古独辀马车的结构》，《文物》，1985年8期，第25—40页。孙机：《从胸式系驾法到鞍套式系驾法——我国古代车制略说》，《考古》，1980年5期，第448—460页。

② 朱凤翰根据銮铃外缘镂孔的分布规律将銮铃分为四式，并认为銮铃是周代之物，殷代未见。朱凤瀚《中国古代青铜器》，南开大学出版社，1995年6月。

③ 吴晓筠根据整体形态差别，将銮铃分为二型，又将其中的一型根据銎座高度差别分为二亚型，并在此基础上亦根据镂孔变化划分式别差异。并认为其文章中的AaⅠ式、AaⅡ式銮均在先周文化范围内。吴晓筠：《商至春秋时期中原地区青铜车马器形式研究》，《古代文明（第一辑）》，文物出版社，2002年4月，第180—277页。

④ 郭宝钧认为銮铃是西周时代稍考究的车上通用之物。郭宝钧：《殷周车器研究》，文物出版社，1998年。

⑤ 邹衡先生认为传世器中的车銮在先周文化中就已存在。邹衡：《论先周文化》，《夏商周考古学论文集》（第二版），科学出版社，2001年，第303页。

马承源①、张应桥②、黄川田修③等学者也提出了对銮铃年代的认识。但以往学术界对銮铃的分期与断代研究尚未取得共识，值得进一步讨论。

一、銮铃的发现状况及分布特征

本文材料以2010年之前公开发表的考古材料为主。通过材料整理发现，銮铃的分布地域大致涉及陕西、河南、山西、山东、北京、湖北、甘肃、宁夏八个省市，出土单位一般为墓葬和车马坑。根据銮铃所在遗迹单位的大致年代判断，本文初步将出土銮铃的地点按时代和地域划分，总结如下：

图1 西周早期銮铃出土地点分布图

① 马承源认为銮铃出现在西周早期，延续至战国时期。马承源：《中国青铜器》，上海古籍出版社，1988年。

② 张应桥：《关于山东滕州前掌大M3、M4的年代问题》，《中原文物》2006年第2期。

③ ［日］黄川田修，蓝秋霞译，许宏校：《齐国始封地考——山东苏埠屯遗址的性质》，《文物春秋》第2005年4期。

陕西地区发现西周早期和先周时期銮铃的地点包括武功岸底、宝鸡石嘴头、竹园沟、陇县曹家湾、陇县韦家庄、崔家河、北吕、张家坡、普渡村、周原贺家、蓝田泄湖、王家嘴等，共计銮铃 50 余件。发现西周中期銮铃的地点包括扶风黄堆老堡子、临潼南罗村、宝鸡茹家庄、东阳、张家坡、周原刘家等，共计銮铃 104 件。发现西周晚期及两周之际銮铃的地点包括韩城梁代村、淳化西梁家、张家坡、大原村、花园村西南长花等。出土春秋时期銮铃的地点包括韩城梁代村、户县宋村等，共计 70 余件。另有一些发现銮铃的地点具体年代不明，包括普渡村、衙里、宝鸡代家湾、周原贺家村、周原齐家等，共计 10 余件。

图 2　西周中期銮铃出土地点分布图

河南：出土西周早期銮铃的地点包括洛阳林校、浚县辛村、洛阳北窑、庞家沟、郑州洼刘、中州路。出土西周中期銮铃的地点包括浚县辛村、洛阳北窑、北滍村等，共计 19 件。出土西周晚期及两周之际銮铃的地点包括登封告成、浚县辛村、洛阳北窑、三门峡上村岭、北滍村、上阳路等，共计 60 余件。出土春秋时期銮铃的地点包括洛阳、辉县琉璃阁、平顶山北滍村、新郑唐户等，共计15件。出土战国时期銮铃的地点包括淮阳马鞍冢和辉县琉璃阁。

图3 西周晚期銮铃出土地点分布图

山西：出土西周早期銮铃的地点有天马曲村、永凝堡。出土西周中期銮铃的地点包括绛县横水、天马曲村、大河口。出土西周晚期銮铃的地点包括天马曲村、柴村、永凝堡，共计50件。出土春秋时期銮铃仅上马墓地一处，共计8件。其他材料包括北赵晋侯墓地车马坑出土銮铃若干，平陆枣园车马坑等，所属年代不详。

北京：北京地区出土的銮铃集中在西周早期，包括昌平白浮、琉璃河两处。

山东：出土西周早期銮铃的地点包括滕州前掌大、青州苏埠屯、刘台子、胶县西菴，共计9件。出土西周中期銮铃地点仅曲阜望父台一处。

甘肃：出土西周早期銮铃的地点包括灵台百草坡、姚家河、

图 4　春秋时期銮铃出土地点分布图

红崖沟、于崖沟，共计 27 件。出土西周中期銮铃的地点包括西岭、寺沟、于崖沟，共计 15 件。湖北枣阳郭家庙和宁夏孙家庄墓葬也有西周时期銮铃出土。

图 5　战国时期銮铃出土地点分布图

从銮铃的出土地点总结銮铃的空间分布特征发现：第一，从空间分布来看，从西周早期到春秋战国时期，銮铃的出土地点数量逐步减少，分布地域显现出逐步缩小的趋势。第二，单就出土地点的性质来看，銮铃的出土地点基本为西周时期诸侯封国所在地，銮铃的形制高度统一，看不出某一地域銮铃独立发展的特点。第三，目前所知出土銮铃时代较早的地点均集中在关中地区，据此，笔者认为关中地区可能系銮铃的起源地，此后，逐步传播影响到其他地区。关中地区应该是銮铃起源的核心区域。

二、銮铃的形制分析

除个别形制特殊外，銮铃整体可分为铃球、铃颈和銎座三部分。铃球正视整体呈圆形或扁椭圆形，包括两个半球组成的内含铜质或石质铃丸的球体和宽扁的外缘两部分。铃颈是连接铃球和銎座的中间部分，正视呈长方形。銎座近似上小下大的梯形，两面或四面有圆形、方形或三角形钉孔，以便固定在軏首之上。

根据銮铃銎座上凸饰特征将銮铃分为三型：

A型　銎座四面没有菱形或其他形状的凸饰，部分銮铃銎座上有数量不等的垂直细阳线纹。根据铃球两面的辐射状镂孔特征，分为二亚型：

Aa型　铃球正面球体以圆孔为中心，饰辐射状镂孔，镂孔数以八个为主；背面仅有中心圆孔，周围无镂孔。根据铃球外缘上的镂孔、铃颈及銎座边特征分为七式：

Ⅰ式　铃球整体呈近圆形，外缘上半部饰三至五个小镂孔，以四个镂孔居多。镂孔形状不规则，以近三角形和近梯形为主，亦有呈一条细线的镂孔。外缘下半部为两个内弧的长条形镂孔。铃颈整体较高较宽，呈三级阶梯状，正视呈上窄下宽的长方形，侧视近等腰三角形。銎座多为微内弧边，基本没有直边。标本有洛阳北窑 M174：20、琉璃河ⅡM253：28、天马曲村 M6195：44、张家坡 M309：2、宝鸡鱼国墓地竹园沟 BZM20：67、天马曲村 M6195：68、泄湖车马坑、胶县西菴（图6）。

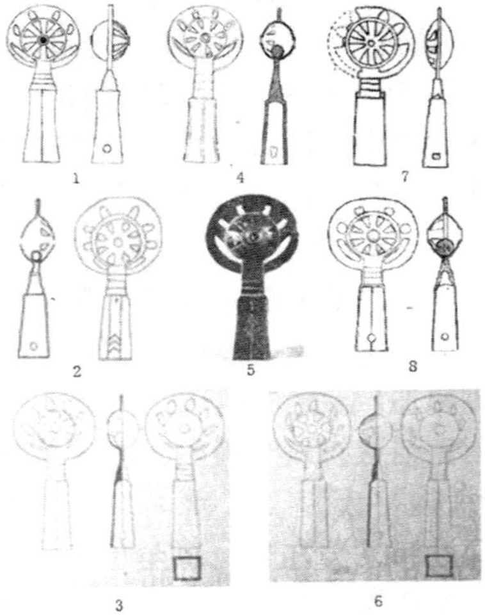

图6 Aa型Ⅰ式銮

1. 洛阳北窑 M174：20 2. 琉璃河ⅡM253：28 3. 天马曲村 M6195：44
4. 张家坡 M309：2 5. 宝鸡鱼国墓地竹园沟 BZM20：67
6. 天马曲村 M6195：68 7. 泄湖车马坑 8. 胶县西菴

Ⅱ式 铃球特征分化，一种与Ⅰ式类似，另一种铃球整体呈横椭圆形，外缘四角有四个不规则的镂孔，镂孔较窄。铃颈较宽，但比Ⅰ式矮，呈二级阶梯状。銮座为直边。标本有洛阳北窑 M155：14-1、古夨国 M6：13、天马曲村 M6231：48、长安普渡 M18：7（图7）。

Ⅲ式 铃球特征与Ⅰ式类似。多数铃颈较宽，但比Ⅱ式矮，无阶梯状。銮座基本为直边。标本宝鸡鱼国墓地竹园沟 M1：51、滕州前掌大 M3：127、34（图7）。

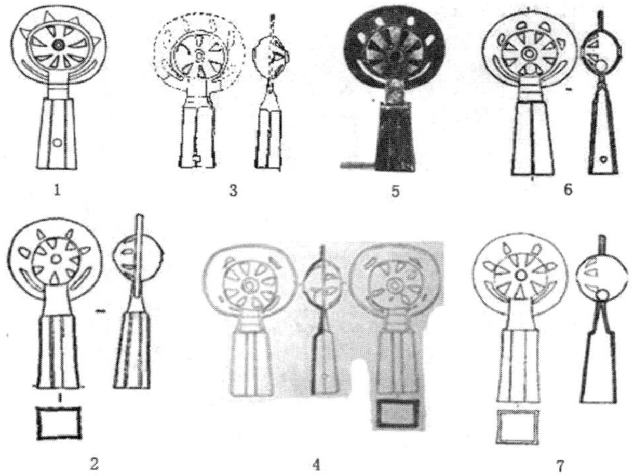

图7 Aa型Ⅱ、Ⅲ式銮

1. 洛阳北窑 M155：14－1 2. 滕州前掌大 M3：127 3. 古夨国 M6：13
4. 天马曲村 M6231：48 5. 宝鸡鱼国墓地竹园沟 M1：51
6. 长安普渡 M18：7 7. 滕州前掌大 M3：34

Ⅳ式 铃球正面呈近圆形或横椭圆形。铃球外缘均为四个内弧的规则长条形镂孔，较窄。铃颈较宽，与Ⅲ式类似，正面呈无阶梯扁长方形。銎座均为直边。标本张家坡 M183：31、张家坡 M170：104（图8）。

Ⅴ式 铃球特征与Ⅳ式类似，唯铃球以横椭圆形最为常见。铃颈较上式变窄，基本上呈上下等宽的窄长方体。銎座正面呈无阶梯扁长方形，銎座均为直边。标本平顶山应国墓 M8：67、天马曲村 M33：225、户县宋村 M2：1、沣西大原村 98M5：3（图8）。

Ⅵ式 铃球正视呈方角弧边长方形，銎座较上式扁，其他特征与Ⅴ式类似。标本新郑唐户 M9。

Ⅶ式 铃球正视呈圆形，其他特征与Ⅴ式相似。标本燕下都九女台 JM16CHMK：23。

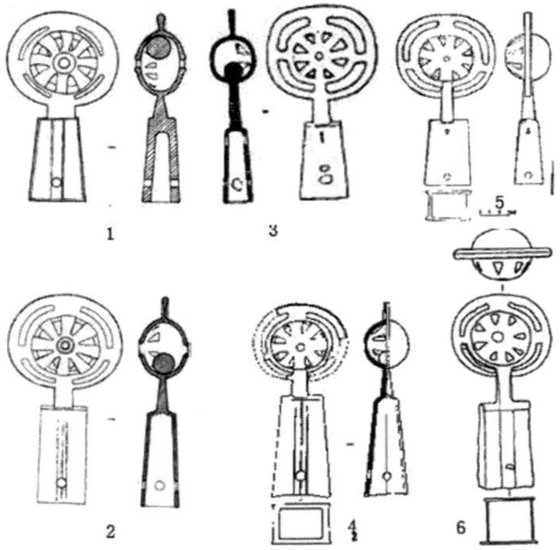

图 8　Aa 型Ⅳ、Ⅴ式銮

1. 张家坡 M183：31　2. 张家坡 M170：104

3. 平顶山应国墓 M8：67　4. 天马曲村 M33：225

5. 户县宋村 M2：1　6. 沣西大原村 98M5：3

Ab 型　铃球两面均以圆孔为中心，饰辐射状镂孔。根据铃球外缘上的镂孔、铃颈及銮座特征分为二式：

Ⅰ式　铃球整体呈近圆形，外缘上半部以四个镂孔居多，下半部为两个内弧的长条形镂孔。铃颈整体较高较宽，呈三级阶梯状，正视呈上窄下宽的长方形。銮座微内弧边。

Ⅱ式　铃球特征与Ⅰ式相似。铃颈较宽，呈二级阶梯状。銮座为近直边。

B 型　銮座正反两面各饰有四个菱形凸饰，部分銮铃銮座四面均饰凸饰。根据铃球两面的辐射状镂孔特征分为二亚型：

Ba 型　铃球正面球体以圆孔为中心，饰辐射状镂孔，镂孔数基本为八个，亦有例外；背面仅有中心圆孔，周围无镂孔。根据铃球外缘上的镂孔、铃颈及銎座边特征分为六式：

Ⅰ式　铃球整体呈近圆形，外缘上半部饰三至五个小镂孔，以四个镂孔居多。镂孔形状不规则，以近三角形和近梯形为主，亦有呈一条细线的镂孔。外缘下半部为两个内弧的长条形镂孔。铃颈整体较高较宽，呈三级阶梯状，正视呈上窄下宽的长方形，侧视近等腰三角形。銎座多为内弧边或微内弧边，基本没有直边。标本洛阳老城 M1：81、洛阳北窑 M174：4、古矢国 M2：9、陇县 M（图9）。

Ⅱ式　铃球特征分化，一种与Ⅰ式类似，另一种铃球整体呈横椭圆形，外缘均分为四个内弧的长条形镂孔，镂孔较窄。铃颈较宽，但比Ⅰ式矮，呈二级阶梯状。銎座有内弧和直边两种，数量相当，标本洛阳北窑 M215－8、长花 M3：25、长花 M3－2、天马曲村 M6210：52（图9）。

Ⅲ式　铃球特征与上式类似，唯铃球整体有近圆形和横椭圆形两种。多数铃颈较宽，但整体比Ⅱ式矮，无阶梯状。銎座基本为直边，少量微内弧边，已不明显，标本琉璃河Ⅰ M52CH1：7（图9：7）。

Ⅳ式　铃球正面呈横椭圆形，近圆形罕见。铃球外缘均为四个内弧的长条形镂孔，镂孔大小比Ⅱ式大。铃颈特征较宽，正面呈上窄下宽的无阶梯扁长方形。銎座均为直边，不见内弧边。标本茹家庄 M1 乙室 B：83/82、天马曲村 M33：170、三门峡虢国墓地 M2001：453、华县东阳 M123：7、华县东阳 M123：8（图10）。

Ⅴ式　铃球特征与Ⅳ式类似，唯铃球横椭圆形出现四角见方的趋势，但不明显。铃颈较上式变窄，基本上呈上下等宽、下部略宽的窄长方体。銎座特征与上式近同。标本天马曲村 M1：3、平顶山北滍村 M1：45、扶风黄堆老堡 92FHM42：03、洛阳涧河东岸 M8633：1、三门峡虢国墓地 M2011：96、洛阳北窑 M323：

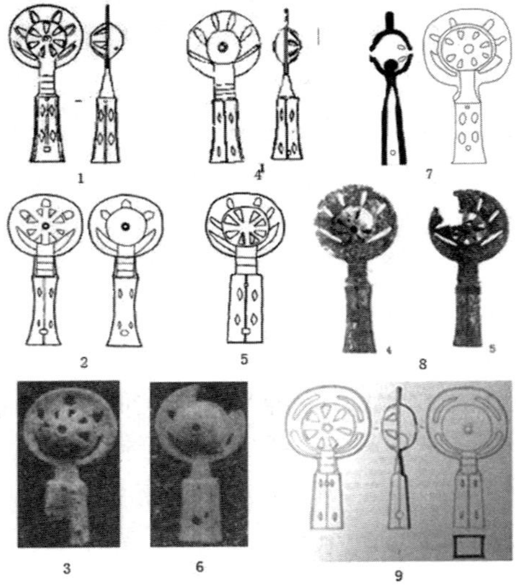

图 9　Ba 型Ⅰ、Ⅱ、Ⅲ式銮

1. 洛阳老城 M1：81　2. 洛阳北窑 M174：4　3. 长花 M3：25

4. 古夨国 M2：9　5. 洛阳北窑 M215－8　6. 长花 M3－2

7. 琉璃河Ⅰ M52CH1：7　8. 陇县 M　9. 天马曲村 M6210：52

9、洛阳北窑 M513：12、韩城梁带村 M26：106（图 10）。

Bb 型　铃球两面均以圆孔为中心，饰辐射状镂孔，镂孔数以八个为主。根据铃球外缘上的镂孔、铃颈及銮座边缘特征分为三式：

Ⅰ式　铃球整体呈近圆形，外缘上半部饰不规则小镂孔，以四个镂孔最为常见。外缘下半部为两个内弧的长条形镂孔。铃颈整体较高较宽，呈三级阶梯状，正视呈上窄下宽的长方形，侧视近等腰三角形。銮座多为微内弧边，基本不见直边。标本灵台百草坡 G1：2、古夨国 M2：7、北吕Ⅳ M145、宝鸡鱼国墓地竹园沟 M19：67、68、宝鸡鱼国墓地竹园沟 M3：13、14（图 11）。

Ⅱ式　铃球特征分化，一种与Ⅰ式类似，另一种铃球整体呈

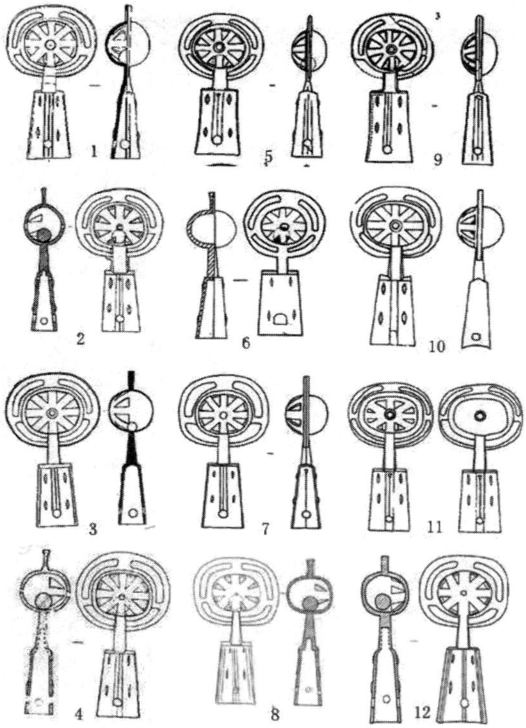

图10 Ba型Ⅳ、Ⅴ式銮

1. 天马曲村M33：170 2. 三门峡虢国墓地M2001：453
3. 天马曲村M1：3 4. 平顶山北滍村M1：45 5. 华县东阳M123：7
6. 扶风黄堆老堡92FHM42：03 7. 洛阳涧河东岸M8633：1
8. 三门峡虢国墓地M2011：96 9. 华县东阳M123：8
10. 洛阳北窑M323：9 11. 洛阳北窑M513：12
12. 韩城梁带村M26：106

横椭圆形，外缘均分为四个内弧的长条形镂孔，镂孔较窄。铃颈较宽，但比Ⅰ式矮，呈二级阶梯状。銎座微内弧边近直，标本洛阳北窑 M174：5、苏埠屯、天马曲村 M6210：51（图 11）。

Ⅲ式　铃球特征与Ⅰ式类似。多数铃颈较宽，无阶梯状。銮座基本为近直边。标本洛阳老城 M4：15（图 11：6）。

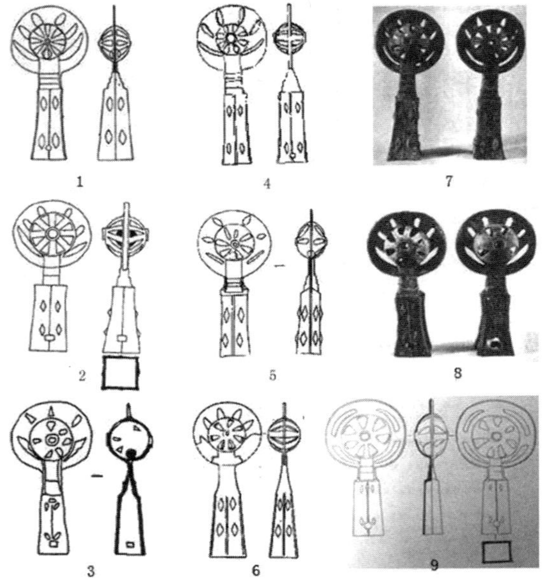

图 11　Bb 型Ⅰ、Ⅱ、Ⅲ式銮

1. 灵台百草坡 G1：2　2. 洛阳北窑 M174：5　3. 苏埠屯

4. 古矢国 M2：7　5. 北吕ⅣM145　6. 洛阳老城 M4：15

7. 宝鸡鱼国墓地竹园沟 M19：67、68　8. 宝鸡鱼国墓地竹园沟 M3：13、14

9. 天马曲村 M6210：51

C 型　銮座两面或四面均在两条垂直细阳线纹之间饰一条圆形或菱形凸饰组成的串形饰。铃球单面或两面以一圆孔为中心分布着辐射状镂孔。根据铃球外缘上的镂孔、铃颈及銮座边缘特征分为三式：

Ⅰ式　铃球整体呈近圆形，外缘上半部饰近方形小镂孔，以四个或六个镂孔最为常见。外缘下半部为两个内弧的长条形镂孔。铃颈较高较宽，呈三级阶梯状。銎座为内弧边。

Ⅱ式　铃球特征与Ⅰ式相似。铃颈较宽，但比Ⅰ式矮，呈二级阶梯状。銎座近直边。

Ⅲ式　铃球特征与Ⅰ式类似。铃颈较宽，无阶梯状。銎座为直边。

三、銮铃的分期及各期特征

由于大多数銮铃出土在墓葬和车马坑之中，所以基本可以通过西周墓葬的年代分期确认不同型式銮铃的年代范围。

表　銮铃形制序列表

西周早期早段	西周早期晚段	西周中期早段	西周中期晚段	西周晚期早段	西周晚期晚段	春秋时期
AaⅠ——	——					
AaⅡ——	——					
AaⅢ——	——					
		AaⅣ——	——	——		
		AaⅤ——	——	——		
					AaⅥ——	——
AbⅠ——	——					
AbⅡ——	——					
AbⅢ——	——					
BaⅠ——	——					
BaⅡ——	——					
BaⅢ——	——					
		BaⅣ——	——	——		
			BaⅤ——	——		
BbⅠ——	——					
BbⅡ——	——					
BbⅢ——	——					
CⅠ——	——					
CⅡ——	——					
CⅢ——	——					

根据銮铃形制序列表，本文将銮铃分为二期。

AaⅠ、AaⅡ、AaⅢ式，AbⅠ、AbⅡ、AbⅢ式，BaⅠ、BaⅡ、BaⅢ式，BbⅠ、BbⅡ、BbⅢ式与CⅠ、CⅡ、CⅢ式年代范围基本相同，其式别排序是逻辑上的判断。且整体形制风格较为统一，均为铃球整体近圆形，外缘上半部饰三至五个形状不规则的小镂孔。外缘下半部为两个内弧的长条形镂孔。阶梯状铃径较多，銎座多为微内弧边。所以本文将以上銮铃型式归为一期，其年代范围大致相当于西周早期。

AaⅣ、AaⅤ、AaⅥ式与BaⅣ、BaⅤ式整体形制风格相似，铃球正面基本呈横椭圆形，铃球外缘为四个内弧的长条形镂孔。铃颈呈无阶梯的扁长方形。銎座基本为直边。由此，本文将以上銮铃型式归为二期，年代范围大致相当于西周中晚期至春秋早期。

由于战国时期出土銮铃数量较少，且与西周时期和春秋早期的銮铃具有较大的时间缺环，所以这里将AaⅦ式銮不单独分期，而作为个例对待。

从銮铃的分期结果看，銮铃的整体发展过程基本呈倒金字塔形发展趋势，先周晚期至西周早期是銮铃的产生时期，其中先周时期的銮铃材料均集中在关中地区，这与周王朝的肇兴可能有一定关系。西周早期的銮铃在数量、种类及分布地域上均达到峰值。西周早期晚段，銮铃的形制逐渐趋于统一，至西周中晚期，銮铃的种类基本统一，銮铃类型减少，形制固定。其分布地域也有逐步缩小集中的趋势。至春秋时期，銮铃的数量突然减少，形制与西周晚期趋同，銮铃的演变过程走向衰落。战国时期基本不见銮铃材料，出土的两例与之前銮铃形制差别较大，不能视为形制渐变的标本。

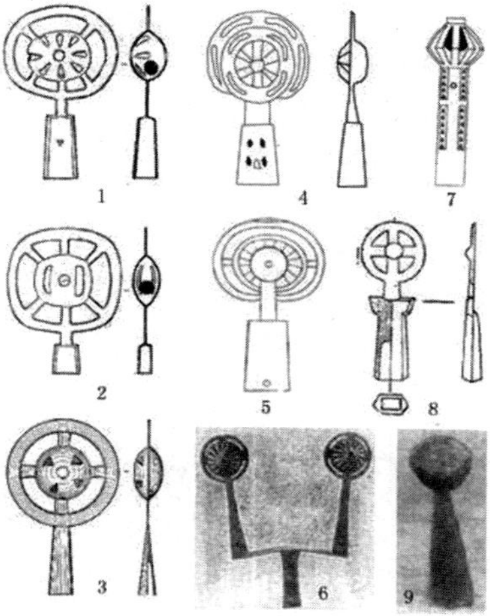

图 12　特殊形制銮

1. 上马 M4078　2. 上马 M1284　3. 琉璃阁车马坑 131：7a
4. 琉璃河Ⅰ M53CH1－5　5. 曲阜鲁故城 M48－35　6. 淮阳马鞍冢 K2：4－29
7. 洛阳北窑 M216－25　8. 燕下都虚粮冢 XLMBCHMK：33－1　9. 神木

<table>
<tr><td colspan="2" rowspan="2"></td><td colspan="3">A 型</td><td colspan="4">B 型</td><td rowspan="2">C 型</td></tr>
<tr><td colspan="2">Aa 型</td><td>Ab 型</td><td colspan="2">Ba 型</td><td colspan="2">Bb 型</td></tr>
<tr><td rowspan="2">先周至西周早期</td><td>Ⅰ</td><td colspan="2">
张家坡M309:2</td><td>
竹园沟
M7:18</td><td colspan="2">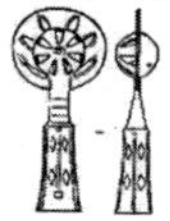
洛阳老
城 M1:81</td><td colspan="2">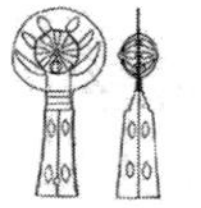
灵台百草坡 G1:2</td><td>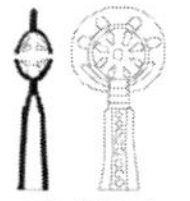
琉璃河
Ⅱ M253－33</td></tr>
<tr><td>Ⅱ</td><td>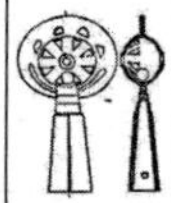
长安普渡
M18:7</td><td>
天马曲村
M6231:
48</td><td>
天马曲村
M6195:
43</td><td>
洛阳北窑
M215:8</td><td>
天马曲村
M6210:
52</td><td>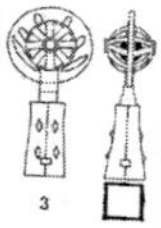
洛阳北窑
M174:5</td><td>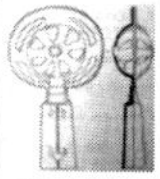
天马曲村
M6210:
51</td><td>
洛阳林校
C3M230:16</td></tr>
</table>

图 13

		A 型		B 型		C 型
		Aa 型	Ab 型	Ba 型	Bb 型	
先周至西周早期	Ⅲ	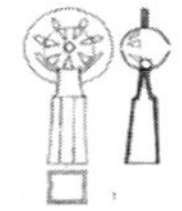 滕州前掌大 BM3:34		 琉璃河Ⅰ M52CH1:7	 洛阳老城 M4:15	 洛阳北窑 M192:2
西周中期	Ⅳ	 张家坡 M183:31		 茹家庄 M1 乙室 B:83/82		
西周晚期	Ⅴ	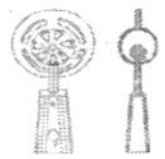 韩城梁代村 M502:153		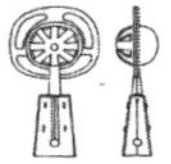 洛阳涧河东岸 M8633:1  三门峡虢国墓 M2011:96		
春秋时期	Ⅵ	 新郑唐户 M9  登封告成 M1:150				
战国时期	Ⅶ	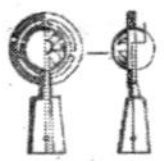 燕下都九女台 JM16CHMK:23				

图 13　先秦时期銮铃分期图（续）

四、尚待解决的问题

1. 关于銮铃起源的探讨

由于銮铃的所属年代较为集中，分布在周王朝直接控制区域及分封诸侯国所在地域，且在形制上很难区分不同地区銮铃的差异，这很容易想到銮铃的起源，传播及器用制度很可能与周人及周王朝的统治有一定联系。学术界一般认为銮铃的起源与使用应与周人所属群体有密切关系。若能准确地找出銮铃的起源地及所属年代范围，势必对判断此物与周人关系有积极意义。从西周早期銮铃的数量和分布地域上看，以关中地区出土銮铃数量最多，分布最为集中，应作为判断銮铃起源的主要探讨地区。

目前所知銮铃所属墓葬及车马坑的年代上看，对最早的出土銮铃墓的年代判断有一定分歧，就是銮铃的年代上限是西周早期还是先周晚期。与銮铃上限相关的墓葬材料有山东滕州前掌大M3、山东苏埠屯 M1 车马坑、陕西渭南南堡、陕西宝鸡代家湾、武功岸底遗址等。除关中地区之外，山东地区的两处年代较早的銮铃材料：前掌大墓地报告认为 M3 的年代是殷墟三、四期，但从近年来的研究情况来看，M3 的年代应属于西周早期，苏埠屯M1 车马坑的年代是商末周初。而关中地区的三处銮铃材料均属于先周时期的范围之内，墓葬族属均与周人有关，所以銮铃的起源地应在关中地区，年代上限可上溯至先周晚期，銮铃的使用人群与周人所属人群有关。

由于涉及銮铃起源的墓葬材料年代、所属人群等墓葬性质的判断至今仍有争议，所以这一问题尚有讨论的余地。

2. 分布地域与传播

目前已知最晚的銮铃材料出现在汉代，但已与先秦时期的銮铃有很大差别，属于鄂尔多斯系青铜器的范畴，这里不作具体讨论。先秦时期，銮铃在春秋中期以后就极其罕见，且与春秋早期之前的銮铃形制上差别较大，所以銮铃基本上从西周早期至春秋早期，完成了起源、兴盛和衰落的整个发展过程。从不同时期銮铃的分布图上来看，从西周早期至春秋时期，銮铃的分布范围有逐步缩小的趋势。从形制上看，西周早期的銮铃形制更加多样，西周中期之后，銮铃的形制基本统一。

由于在西周至春秋时期，銮铃的形制高度统一，不见区域差别特征。加之目前学术界普遍认为銮铃起源于关中地区，那么就应该在銮铃形制分析的基础上，对銮铃的传播过程加以研究，但目前对传播路线的考察还比较困难。

3. 銮铃的文化因素分析及所属族群判断

虽然銮铃被认为与周人关系密切，但从实际墓葬材料中看，并非只有周人墓葬中随葬銮铃。所以对不同时期用銮人群的族属判断应是下一步研究的重点。由此可以更深刻了解用銮人群的族属特征。

纸坊头一号墓墓主身份再分析

中央民族大学历史文化学院　张利芳

纸坊头一号墓（BZFM1），[①] 位于宝鸡市渭水北岸的第一级台地上，与茹家庄、竹园沟墓地遥相对应（图1）。发掘者依据残存的青铜礼器推定墓主为西周初年的一代強伯。考虑到该墓为一座大型残墓，指示墓主身份的信息已不完整。本文拟在现有考古材料及其研究的基础上，通过对该墓墓葬等级、墓主族属及性别等相关问题的综合分析，对以往关于墓主身份的看法提出质疑。

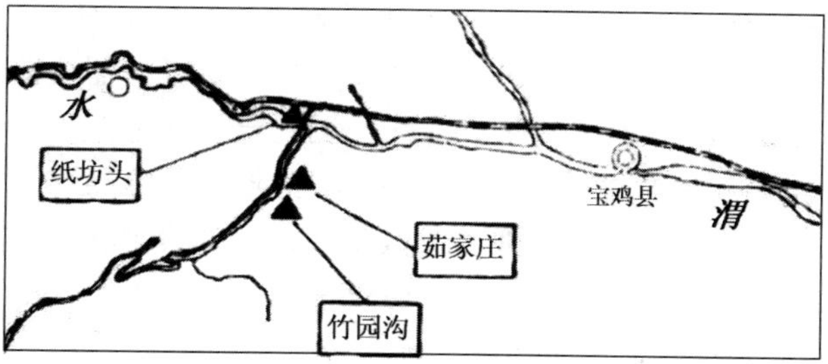

图1　纸坊头一号墓位置示意图

① 卢连成、胡智生：《宝鸡国墓地》，北京：文物出版社，1988年，第17—42页。

一、墓葬等级分析

以往有关西周墓葬等级研究的结果表明,① 墓葬的形制结构与规模（有无墓道、墓道数量、墓室面积）、棺椁制度及随葬品特征（是否随葬有青铜礼器、玉器、车马器及原始瓷器）是判断墓葬等级的重要标准。

表 1　纸坊头一号墓随葬器物统计表

青铜器									原始瓷器	陶器	蚌器
礼器						装饰品		车器			蚌泡（似为漆器上的镶嵌物）
鼎	簋	甗	鬲	罍	觯	铜佩饰	夔龙铜饰	车軎、车辖	罐	罐	
4	5	1	2	1	1	1 组	3	1 副	1	14	5

BZFM1 于 1981 年清理，但该墓在五十年前就曾被盗扰，墓底被窑洞穿透，距地表约 5 米，墓葬形制及棺椁情况不明。早年村民挖窑洞时，曾出土过 4 件青铜礼器和大宗玉器（后下落不明）。此次发掘，残留的随葬品有青铜礼器、车器、装饰品、原始瓷器、骨蚌器和陶器等（见表 1）。就随葬品特征分析，器物组合较为齐全，青铜礼器种类及数量较多，车器和原始瓷器较为珍贵，这些均标明该墓墓葬等级较高。

---

① 赵化成:《周代棺椁多重制度研究》，袁行霈编:《国学研究》第 5 卷，北京：北京大学出版社，1998 年，第 27—55 页；张明东:《商周墓葬比较研究》，北京大学博士学位论文，2005 年；金正烈:《西周公共墓地研究》，中国社会科学院研究生院博士学位论文，2007 年；郜向平:《商系墓葬研究》，北京大学博士学位论文，2007 年；林永昌:《晋系墓葬性别的考古学研究》，北京大学硕士学位论文，2008 年；马赛:《聚落与社会——商周时期周原遗址的考古学研究》，北京大学博士学位论文，2009 年。

二、墓主族属分析

（一）墓地性质分析

从地理位置看，茹家庄、竹园沟与纸坊头分属渭水南、北两岸，两地相距不过5公里。

就随葬器物而言，BZFM1 出土的这批陶器，器类单一，以罐为主，没有鬲、簋、豆类，“它们从组合上、器形风格上都与关中地区西周初期墓葬中出土的陶器有一定差异，而和竹园沟、茹家庄墓地陶器组合、器形风格相似”（见图2）。① 该墓青铜礼器以鼎、簋、鬲、甗为主，这与已经发掘的茹家庄、竹园沟西周墓葬的青铜礼器组合较为接近。

另外，在该墓周围的断崖上，还发现一些小墓，形制都为竖穴土坑，墓底板灰、朱砂依稀可见。② 纸坊头村的路旁壕沟内常见有陶平底罐残片，附近的残墓中还出土有铜曲柄斗形器等遗物，③ 这些都与竹园沟、茹家庄強国墓地出土的同类器相同。至此可推定，BZFM1 所在的纸坊头村应与竹园沟、茹家庄一样，属于同一国族中时代有别、地点不同的几处墓地，④ 而 BZFM1 则是一座与強国关系密切的贵族墓葬，为強国成员的可能性较大。

---

① 卢连成、胡智生：《宝鸡強国墓地》，第42页。
② 卢连成、胡智生：《宝鸡強国墓地》，第17页。
③ 胡智生、刘宝爱、李永泽：《宝鸡纸坊头西周墓》，《文物》1988年第3期。
④ 卢连成、胡智生：《宝鸡強国墓地》，第42页。

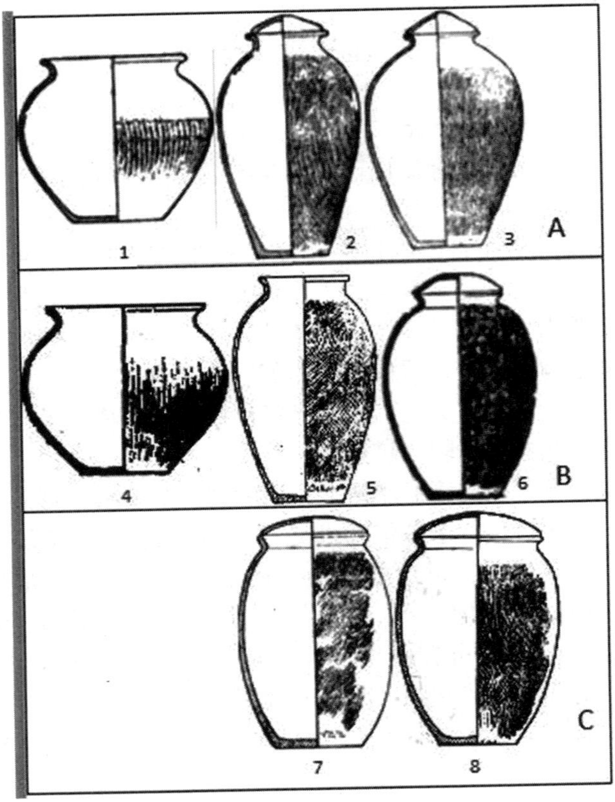

图 2　纸坊头、竹园沟、茹家庄陶罐对比图

注：A 组为纸坊头一号墓出土陶罐：1. BZFM1：26
2. BZFM1：18　3. BZFM1：19；B 组为竹园沟墓地出土陶罐：
4. BZM10：42　5. BZM19：15　6. BZM5：5；C 组为茹家庄墓地出土陶罐：
7. BRM2：86　8. BRM1 乙：317。

(二) 有铭青铜礼器分析

该墓有铭的青铜礼器共 6 件,[①] 由铭文可知,这批器物共提到过三个重要人物:强伯(3 件)、夨伯(2 件)和𠆢父乙(1 件),又可分为三个组,各组之间无论器类上还是组合上,都找不出一定的规律,铭文之间也很难找出相互的联系,甚至数量上也没有哪一组器物能够占绝对优势。就强伯这一组器物而言,尽管鼎、簋的组合及其数量一定程度上可以代表墓主人身份地位的高低,但鼎、簋上的铭文是否就是判断墓主人的标志,目前还没有充分的材料可以证明。

还需说明的是,"𠆢"是一种氏族徽号,竹园沟四号墓出土有 1 件𠆢父己觯。[②] 另有𠆢鼎 1 件,出土于宝鸡地区陇县韦家庄西周墓中。[③]《宝鸡强国墓地》报告中对发掘和传世所得夨国或铭文涉及夨国的青铜器进行了统计,认为夨国地望范围在汧水流域的陇县、千阳、宝鸡县一带。[④] 那么,出土于同一地域内铭文带"𠆢"符号的器物与夨国是什么关系呢?是否就是夨族或夨国的器物呢?

---

① 1 件方鼎,腹内壁有铭"白(伯)乍(作)宝",报告发掘者认为,其铭文字体与该墓的 2 件方座簋铭文相近,范土刻铭可能出自一人手笔。'伯作宝',当为'强伯作宝'省文;2 件铜鬲,内壁均有铭"夨白(伯)乍(作)旅鼎"(按照曹玮先生对竹园沟四号墓强季尊卣铭文"旅彝"的分析,可知此器物当为夨伯生前所作器,死后随葬在该墓中。见曹玮:《试论西周时期的赗赙制度》,《周原遗址与西周铜器研究》,北京:科学出版社,2004 年,第 172 页。);2 件方座簋,均有铭"强白(伯)乍(作)宝尊殳(簋)";1 件觯,内有铭"𠆢父乙",根据先秦姓氏制度的原则来说,"父乙"应是一个人的谥名。

② 卢连成、胡智生:《宝鸡强国墓地》,第 158 页。

③ 陕西省考古研究所等编:《陕西出土商周青铜器》(三),北京:文物出版社,1980 年,图版一六二。

④ 卢连成、胡智生:《宝鸡强国墓地》,第 418 页。

笔者对铭文带“𠘧”且出土地点明确的器物作了统计，[①] 计有19件（见表2）。[②] 从时空分布范围看，“𠘧”族在商代晚期就已存在，主要见于豫北的安阳地区和陕西的岐山、武功两县，鼎、簋等重器的发现，说明其地位还是较高的；至西周初年，除辽宁喀左县发现的1件外，其余多集中于陕西宝鸡市区周围。邹衡先生指出，从《乍册睘卣》等器的铭文可知，𠘧族中有官至作册的，此族应与夨族的地位相同。[③] 意即𠘧与夨并非同一个族。他还依据自己所搜集𠘧族铜器的年代及分布情况，推测“𠘧族早期曾住在山西太原附近，后迁至陕西；克商以后，其中某些支族已迁至洛阳等地”。[④] 具体至BZFM1中，2件夨伯鬲的铭文均为“[illegible]（夨）”，而同一墓中的𠘧父乙觯的铭文铸为“𠘧”，是否也暗含“𠘧”与“夨”并不等同。至此，BZFM1中𠘧父乙组器的归属可单独考虑，即为𠘧族器，父乙为一个人的私名、谥名。这样，该墓残存有铭铜器所反映的器主仍不单一，故较难依此判断墓主及其身份、地位，也无法谈及族属，但可尝试分析各器主所属国族

---

① 卢连成、胡智生：《宝鸡強国墓地》；陕西省考古研究所等编：《陕西出土商周青铜器》（三）；安阳市文物工作队、安阳市博物馆：《安阳殷墟青铜器》，郑州：中州古籍出版社，1993年，第18—19页；陕西周原考古队：《陕西扶风齐家村十九号西周墓》，《文物》1979年第11期；吴镇烽：《商周金文资料通鉴》（光盘版）；喀左县文化馆、朝阳地区博物馆、辽宁省博物馆：《辽宁省喀左县山湾子出土殷周青铜器》，《文物》1977年第12期；陕西省考古研究所：《高家堡戈国墓》，西安：三秦出版社，1995年；中国社会科学院考古研究所：《安阳殷墟花园庄东地商代墓葬》，北京：科学出版社，2007年；安阳市文物工作队：《殷墟戚家庄东269号墓》，《考古学报》1991年第3期。

② 另外，河南洛阳地区还出土有3件【𠘧父戊（?）鼎1件，𠘧父戊鼎1件；𠘧来卣1件】，均为西周早期器（前2件器物于1929年出土）；山西太原东寿阳县紫金山于宋代出土1件【𠘧己爵】，年代约相当于“殷墟文化第三期”。（这4件器物的材料，转引自邹衡：《夏商周考古学论文集（第二版）》，北京：科学出版社，2001年，第309页。）因这些器物出土年代较早，出土地点较为笼统，故不列入表二。

③ 邹衡：《夏商周考古学论文集》，第309页。

④ 邹衡：《夏商周考古学论文集》，第310页。

间的关系，以解释随葬这些器物的原因及铜器的来源问题。

表2 “⺇”符号有铭铜器统计表

器名	时代	铭文	出土地点
⺇祖丙爵	西周早期	鋬内铸铭文3字	1963年陕西陇县南村墓葬（陇316）
⺇父甲簋	西周早期	内底铸铭文3字	1974年12月辽宁喀左县平房子公社山湾子村西周铜器窖藏
⺇鼎	西周早期前段	内壁铸铭文1字	1977年冬陕西陇县天成公社韦家庄西周墓葬（陇韦7）
⺇父乙甗	西周早期前段	腹部铸铭文3字	1978年8月陕西扶风齐家村19号西周墓（M19.22）
⺇父己觯	西周早期	内底铸铭文3字	1980年6月陕西宝鸡市渭滨区竹园沟4号西周墓（M4.5）
⺇父乙觯	西周早期	内底铸铭文3字	1981年9月陕西宝鸡市金台区西周纸坊头1号西周墓（M1.14）
⺇卣	西周早期前段	盖内壁铸铭文1字	1991年陕西泾阳县兴隆乡高家堡西周墓（M4.17）
⺇卣	西周早期前段	盖内壁铸铭文1字	1991年陕西泾阳县兴隆乡高家堡西周墓（M4.28）
⺇卣	商代晚期	内底铸铭文1字	1955年陕西岐山县京当乡贺家村
⺇簋	商代晚期	内底铸铭文1字	1982年陕西武功县游凤乡黄南窑村西周墓葬
⺇丁觚	商代晚期	圈足内壁铸铭文2字	1975年河南安阳殷墟西区商代墓葬（M355.3）
⺇器盖	商代晚期	内壁铸铭文1字	1984年11月河南安阳市戚家庄东269号商代墓葬（M269.25）
⺇己鼎	商代晚期	内壁铸铭文2字	1992年河南安阳市苗圃南地商代墓葬（M47.1）
⺇觚1 ⺇爵2	商代晚期	觚：圈足内壁铸阳文1字 爵:?	1992年河南安阳市苗圃南地商代墓葬（M58.4和1，2）
⺇簋	商代晚期		1992年河南安阳市苗圃南地商代墓葬（M67.4）
⺇乙爵	商代晚期		安阳殷墟南区八里庄东（M52.1）
⺇戈	商代晚期	内一面上铸铭文1字	2001年2月河南安阳市花园庄殷墟宫殿宗庙区内商代墓葬（M54.126）

“随葬铜器来源的多元性首先说明的问题，是这些铜器并不都是为了随葬而为墓主制作的。从出土器物的铭文分析，可以说有一部分铜器应是墓主生前曾经用过的；但我们从作器的目的来说，这种看法是不全面的。”[①] 如，𠆢父乙觯当为父考所作器，“如果父考在世，不可能祭祀父亲，铸有父考谥名的铜器当是为祭祀父考而作的”。[②] 那么，我们该如何解释一墓中随葬有多人铜器的现象呢？

曹玮先生认为，这是赗赙制度的体现。“这种礼俗应是与商末周初时期的祭祀制度紧密联系的。商代人在祭祀的时候，不仅祭祀直系大宗，同时亦祭祀旁系小宗和王族及其配偶。反映在墓葬随葬制度中的现象，即是不仅随葬祭祀死者的铜器，同时埋葬与之有着‘关系’的其他人的铜器，以此在祭祀死去亲人的同时，带去对自己死去先祖考的告慰。这一现象也反映在西周初年的丧葬风俗中，而这一风俗应当是从殷商时期承袭下来的。当某人死后，家人在安葬他的同时，同一家族的其他人也将自己祭祀祖先的铜器放入墓中，意味着托他带去对自己直系先祖考的祭祀与问候”。[③] 但该墓仅𠆢父乙觯是为父作器，在不明墓主的情况下，只能稍作推测。赗赙制度至西周时，一般发生在同一家族之间。若墓主为㢭伯，那𠆢父乙觯不可能是𠆢族赗送给㢭伯的，因为𠆢族与㢭族为两个不同的家族，且目前没有更多的文献或考古材料来证实它们之间存在着更亲密的联系；若墓主为夨伯，按照邹先生的说法，𠆢与夨同为地位显赫的两个族，赗赙制度也不能

① 曹玮：《试论西周时期的赗赙制度》，《周原遗址与西周铜器研究》，北京：科学出版社，2004 年，第 172 页。

② 曹玮：《试论西周时期的赗赙制度》，《周原遗址与西周铜器研究》，第 173 页。

③ 曹玮：《试论西周时期的赗赙制度》，《周原遗址与西周铜器研究》，第 174 页。

成立。在此，因属“𠆢”族的铜器数量较少（仅1件），且铭文简单，不论BZFM1的墓主为㢐伯还是夨伯，它与墓主的关系都不得而知。而我们用赗赙制度去解释该墓中铜器的来源问题，有些牵强，也缺乏合理性。

那么，是否还有另一种可能：夨伯鬲与㢐伯簋共出一墓是夨、㢐两国联姻的产物？从器形、纹饰观察，它们的时代是比较相近的。“从现存资料分析，㢐国和夨国商末周初都活动在今宝鸡地区，[①] 㢐国北界和夨国为邻，纸坊头㢐伯和夨伯有着比较密切的往来。商周之际，相邻的方国、部族之间普遍存在着婚姻关系。很有可能夨伯嫁女给纸坊头㢐伯，夨㢐两国互相联姻，保持着友好的同盟关系。”[②] 笔者仔细阅读了这5件器物的铭文，均不涉及女子的称谓，[③] 但2件夨伯鬲，铭文显示为作“旅鼎”，应是夨伯生前作器，那是否是夨伯为其女作器？另外，3件㢐伯簋，是否是㢐伯为其妻作器？是否有可能出现在其妻墓中？茹家庄二号墓（BRM2），为一代㢐伯之妻井姬的墓葬，该墓中出土有1件㢐伯双耳双环簋（BRM2：11），器形、纹饰、铭文与茹家庄一号㢐伯墓（BRM1）所出双耳双环簋（BRM1乙：8）全同，[④]“应是墓主㢐伯生前同时铸作的2件食器，下葬时1件置于㢐伯墓中，1件置于其妻井姬墓中”。[⑤] 如是，考虑到BZFM1可能遗失有重要有铭铜器，这种可能性都无法排除。

---

① 渭水北岸，金陵河以西塬地为国势力，夨国居于贾村塬区和汧陇一带河谷台地。见卢连成、胡智生：《宝鸡国墓地》，第419页。

② 卢连成、胡智生：《宝鸡㢐国墓地》，第419页。

③ 曹定云：《周代金文中女子称谓类型研究》，《考古》1999年第6期。

④ 伯双耳双环簋（BRM2：11）的铭文为“强白（伯）乍（作）旅用鼎殳（簋）”。

⑤ 卢连成、胡智生：《宝鸡㢐国墓地》，第368页。

三、墓主性别分析

（一）青铜兵器及酒器、车器的性别指示作用

以往性别研究的成果表明，[①] 兵器的有无是判断性别的重要标准。一般情况下，青铜兵器多出于男性墓中。笔者参考竹园沟、茹家庄两处強国墓地性别明确的 5 座墓葬，[②] 对兵器、酒器及车器作了统计（见表 3—表 6），主要规律如下：

① 青铜兵器为男性墓主独有，以实战铜戈和明器铜戈的数量居多，平均每墓约有 13 件。且兵器种类较多，除戈外，还包括有斧、钺、矛、鐏、短剑、镞、弓形器、盾牌等。这些兵器多与青铜工具、用具配套出土；夫人及妾属未见随葬。（表 3、表 4）

② 男性墓主均随葬有一套组合较为齐全的酒器（尊、觯、爵、盉、觚、卣、斗），平均每墓 8 件以上；而妾属仅随葬有罍、觯组合单一的酒器，平均每墓 1 件，且此现象不常见，多数的夫人及妾属不随葬酒器。（表 5、表 6）

③ 男性墓主均随葬有銮铃、车軎、车辖和车轩等配套的车器，夫人及妾属未见随葬。（表 5、表 6）

---

① 林永昌：《晋系墓葬性别的考古学研究》；张利芳：《试论关中东部地区西周墓葬所见性别差异》，中央民族大学硕士学位论文，2011 年。

② 这 5 座墓葬中，有 4 座为殉妾墓（竹园沟 3 座、茹家庄 1 座），墓葬形制结构清晰，墓室中两椁室一大一小并行，上口平齐，椁室上层夯土层次清晰，没有任何扰乱和互相打破现象。很显然，同一墓中两椁室墓主应是一次下葬，墓主和妾属的随葬器物是分开放置的；（见卢连成、胡智生：《宝鸡国墓地》，第 423 页。）另有 1 座墓（茹家庄井姬墓 BRM2）与伯墓（BRM1）为异穴合葬墓。这两座墓墓主身份、地位的判断，见江瑜：《宝鸡茹家庄西周人 1 号、2 号墓葬所表现的葬礼、葬者身份与两性关系问题》，［美］林嘉琳、孙岩主编：《性别研究与中国考古学》，北京：科学出版社，2006 年。注：竹园沟的 3 座殉妾墓均为西周早期，茹家庄的 1 座（BRM1）为西周中期。

具体至 BZFM1，该墓的残存器物中未见任何青铜兵器，甚至连 1 件明器铜戈也没有，即便该墓被盗，这种现象也不常见；酒器除罍、觯各 1 件外，重要酒器几乎不存；车器仅见车軎、车辖 1 副。依据上述墓葬随葬品所见性别差异规律，可知，该墓男性专用器不多，性别指示器仅存少量车器及酒器，况且，就酒器的种类看，女性也可随葬。综上，BZFM1 墓主性别为女性的可能性较大。

表 3　竹园沟殉妾墓随葬青铜兵器统计表

墓号	墓主/殉妾	铜兵器											工具					
		斧	钺	实战铜戈	明器铜戈	铜矛	矛鐏	青铜短剑	铜异形兵器	箭镞	弓形器	盾牌饰	铲	斧	锛	刀	凿	弹丸
BZM4	𢐗季	1		7	6	2	1	1				3	1		2		1	
	妾																	
BZM7	𢐗伯		1	3	10	1		1			1	5		1	1		1	4
	妾															1		
BZM13	𢐗伯		1	6	14	3		1	1	5		4	1	1	2		2	
	妾																	

表 4　茹家庄 BRM1、BRM2 随葬青铜兵器统计表

墓号	墓主/殉妾	铜兵器					工具				用具
		斧	实战铜戈	铜鐏	青铜短剑	盾牌	斧	锛	凿	刀	铜勺
M1	𢐗伯（墓主）	2	8	2	2	2	2	4	1	1	2
	妾（儿）										
M2	𢐗伯夫人井姬										

表 5　竹园沟殉妾墓随葬酒器、车器统计表

墓号	墓主/殉妾	酒器								车器				
		圆尊	卣	罍	爵	觚	觯	斗	盉	车元器	轴饰	銮铃	车辖	车軎
BZM4	𢐗季	1	1		1		2	1				4	2	2
	妾						1							
BZM7	𢐗伯	2	2			2	1	1			2	2	4	4
	妾			1			1							
BZM13	𢐗伯	1	2		1	1	1	1	1	2		6	1	6
	妾													

表 6　茹家庄 BRM1、BRM2 随葬酒器、车器统计表

墓号	墓主/殉妾	酒器									车器	
		鸟尊	象尊	圆尊	卣	罍	爵	觚	觯	斗	车轮	铜车饰①
BRM1	𢐗伯（墓主）	2	1	2	1	1	2		1	1	4	62 件
	妾（儿）											
BRM2	𢐗伯夫人井姬											

（二）陶三足瓮的性别指示作用

BZFM1 随葬有 1 件陶三足罐，器形较为特殊（见图 3、图 4），在𢐗国墓地仅见此 1 件。这种鼓腹三足罐在扶风召陈西周遗

① 铜车饰，包括有车軝、輨、护轴铜饰、銮铃、车轭、轭足、軎、辖等。

址，沣东长由墓、沣西西周遗址中都有发现，① 但对该器物的称谓却不一致，有“三足器”、“三足罐”、“三足瓮”、“蛋形瓮”等，② 本文依据其外形，暂将其命名为三足瓮。该器物具有鲜明的地域和时代特征，就目前发表的资料看，其产生于龙山时代晚期，历经夏、商、西周，直到春秋早期才逐渐消失；地域上主要分布

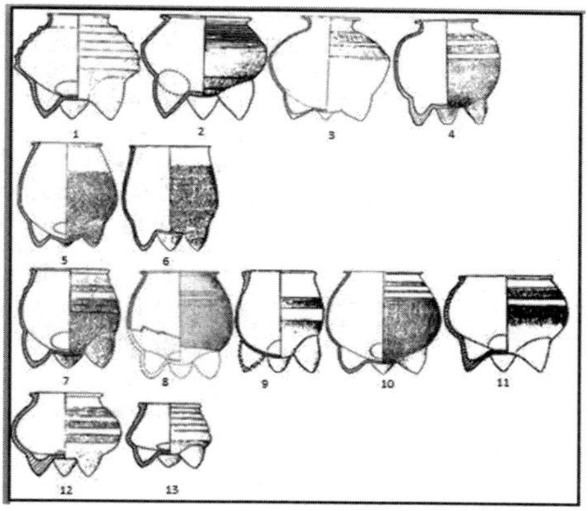

图3 晋南、关中地区墓葬、居址所见陶三足瓮

1. 曲村 M7063：2 2. 周原齐家 H90：76 3. 曲村 M92：15 4. BZFM1：23
5. 曲村 M6136：3 6. 周原齐家 H102：41 7. 曲村 M6049：2
8. 扶风召陈 T165G1③：25 9. 山西永凝堡 M14：3 10. 曲村 M113：50
11. 长安张家坡 M33：53 12. 曲村 M6209：4 13. 曲村 M6411：8

① 陕西省文物管理委员会：《长安普渡村西周墓的发掘》，《考古学报》1957 年 1 期；中国科学院考古研究所编著：《沣西发掘报告》，北京：文物出版社，1962 年；陕西周原考古队：《扶风召陈西周建筑群基址发掘简报》，《文物》1981 年 3 期。

② 井中伟：《蛋形瓮研究》，《考古学报》2006 年第 4 期。

在内蒙古中南部、晋陕间的黄河两岸、晋中南及关中地区。①②

表 7　晋南、关中地区随葬三足瓮墓葬统计表

出土地点	性别	年龄	三足瓮出土位置	随葬品
曲村 M6049	女	成年	西侧偏北的"二层台"上和填土中	鬲4 盆1 豆2 罐1 大口尊1 甗1 三足瓮1;漆豆1;贝26;陶纺轮1
曲村 M6136	女	17－20	北端"二层"上填土中	鬲4 罐2 盆1 簋1 豆3 壶1 三足瓮1 器盖1;串饰1串;骨笄5;贝19;圆陶片1
曲村 M6209	女	35 左右	北端"二层台"上	鬲2 盆1 豆1 罐2 大口尊1 簋1 三足瓮1;串饰1;石圭1;漆器2;贝18 毛蚶5
曲村 M6411	女	30－35	北端"二层台"上	鬲2 盆1 豆1 罐2 大口尊1 三足瓮1;串饰2;骨梳1;贝45 毛蚶18
曲村 M7063	女	30－35	北侧"二层台"上	鬲1 罐1 三足瓮1 大口尊1

---

① 井中伟:《蛋形瓮研究》,《考古学报》2006 年第 4 期,第 419 页。

② 北京大学考古学系商周组、山西省考古研究所编著,邹衡主编:《天马——曲村(1980—1989)》(第二册),北京:科学出版社,2000 年;北京大学考古文博学院、山西省考古研究所:《天马—曲村遗址北赵晋侯墓地第六次发掘》,《文物》2001 年第 8 期;北京大学考古学系、山西省考古研究所:《天马—曲村遗址北赵晋侯墓地第五次发掘》,《文物》1995 年 7 期;山西省文物工作委员会、洪洞县文化馆:《山西洪洞永凝堡西周墓葬》,《文物》1987 年第 2 期;中国社会科学院考古研究所扶风考古队:《一九六二年陕西扶风齐家村发掘简报》,《考古》1980 年第 1 期;中国社会科学院考古研究所:《张家坡西周墓地(1983—1986)》,北京:中国大百科全书出版社,1999 年;周原考古队:《2002 年周原遗址(齐家村)发掘简报》,《考古与文物》2003 年第 4 期。井中伟先生对蛋形瓮作了详细的类型学分析(井中伟:《蛋形瓮研究》,《考古学报》2006 年第 4 期。),依据其分型定式结果可知,BZFM1 出土的这件应属于甲类 H 型Ⅱ式。笔者在对晋南、关中地区的三足瓮进行统计时,选取的标准就是要与 BZFM1:23 器形相似,同时,考虑到曲村的材料较多且完整,还选取了甲类 G 型。这些三足瓮的整体特征就是,圜底下设三空足,小口或敛口,折腹或鼓腹近似罐形。

续表

出土地点	性别	年龄	三足瓮出土位置	随葬品
曲村 M7086	女	50 岁左右	墓主头部两侧	鬲 1 三足瓮 1；贝 8；蚌圭 6
曲村 M7093	女	50 岁左右	北端棺上填土中	鬲 1 簋 1 罐 1 三足瓮 1；贝 40
曲村 M7113	女	20 岁左右	东南角二层台上	铜鼎 1 铜簋 1；陶鬲 2 簋 1 豆 1 罐 2 大口尊 1 三足瓮 1；石戈 2 玉锛 1 玉圭 1 石牙饰 2 石座 1 石瑗 1 玉石玦 11 玉鱼 1 串饰 6；骨管 1；漆器 1；蚌玦 1 贝 66 毛蚶 63
曲村 M113 *（晋侯夫人）	女	?	西北角棺椁之间	出土器物丰富，铜、陶、玉、蚌类器物共 144 件组。（出土有陶三足瓮 1 件，铜小三足瓮 1 件）
曲村 M92（晋侯夫人）	女	?	椁室东侧偏南	铜礼器 8 件（鼎 2 盨 2 壶 2 盘 1 盉 1）；玉、石器数量较多，总数达 4000 余件；陶器（鬲 1 罐 1 大口尊 1 三足瓮 1）
张家坡 M33 *	?	?	?	陶鬲 2 簋 1 瓿 1 尊 1 三足瓮 1 盖 4，釉陶豆 2；铜车马器，铜斧 1，铜碎片；玉饰；料饰；蚌饰；金箔；贝；漆器
永凝堡 M14	女	?	椁内头厢	铜器（簋 1 鬲 1，大小铜泡近 70 个，车軎及镳等车马器数件）；陶器（鬲 2 豆 1 盆 1 罐 1 蛋形瓮 1 器盖 1）；骨饰 1；海贝若干

备注：* 表示墓葬被盗扰；? 表示墓主性别、年龄未知。曲村这 10 座墓，除 M92 年代在厉王前后外，余 9 座墓的年代都为西周早、中期；张家坡 M33 年代相当于昭穆时期；永凝堡 M14 年代为西周中期早段。

笔者对晋南、关中地区西周时期墓葬、居址所见三足瓮作了统计（见图 3、表 7）：①

---

① 考虑到 BZFM1 所在的地理位置临近周原地区，笔者重点查看了该地区三足瓮的材料，多见于居址中，且碎片较多，完整器较少；墓葬中少见此类器物出土，仅齐家和庄白有 3 座墓随葬（材料未发表），但墓主性别均不明确。

由表7可知，这些墓葬中，除张家坡M33因被盗墓主性别不明外，余11座墓葬经鉴定，墓主性别均为女性。意即三足瓮具有性别指示意义，可看作女性专用器。那么，BZFM1随葬器物的女性指示特征就较明显。

综上，由青铜兵器、酒器、车器及陶三足瓮与性别的指示关系看，BZFM1墓主为女性的可能性较大。

四、结论及研究启示

上述笔者对BZFM1的墓葬等级、墓主族属及性别作了较详尽的分析，初步认识如下：

1. BZFM1墓葬等级较高；

2. BZFM1墓主与弜国、夨国贵族关系密切，可能为弜国家族成员；

3. BZFM1墓主可能为女性。

考虑到该墓为残墓，墓主人骨不存，墓葬已被扰乱，且还出土有少量男性常随葬的车器和酒器，而相邻的两处弜国墓地又存在殉妾的埋葬习俗，“以妾殉死作为较高等级的奴隶主贵族死后一项重要的葬仪内容，是弜国墓地区别于周人及其他方国墓地的一个重要特点”。[①] 故笔者对BZFM1墓主身份作出以下两种推测：

其一，墓主为女性，身份可能为弜伯之妻，夨伯之女；

其二，该墓为一座殉妾墓，男性墓主为弜伯，女性为其妾属。

本文仅在现有材料的基础上对BZFM1墓主的身份作了分析，

---

① 卢连成、胡智生：《宝鸡弜国墓地》，第448页。

期待日后更多的材料加以证实。对 BZFM1 的个案分析，使笔者认识到不同性别专用器在性别研究中的重要性，可能它的性别指示意义还具有局限性，但对这类器物的重视，可使我们对原有材料的认识达到一个新的高度，引发更多的思考，一定程度上，也可推进性别研究向纵深处发展。

武陵地区散杂居蒙古族的分布及来源[①]

长江师范学院　王希辉

武陵地区是一个多民族混杂居住的民族聚居区，土家族、苗族、侗族、白族、蒙古族、朝鲜族等多民族交融互动，形成了一个极富地域特色和民族特色的多元文化带。蒙古族是武陵地区主要散杂居民族之一，在推动武陵地区经济与社会发展的历史进程中作出了重要贡献，创造了丰富多彩、底蕴丰厚的散杂居民族文化。

一、武陵地区地域范围界定探讨

武陵地区是一个地域概念而非一个行政区划概念。对于武陵地区的地域范围，众多学者进行了界定和讨论。张英提出，“湘鄂渝黔边指湘西、鄂西、渝东南、黔东北三省一市接壤区，约10万平方公里，具体包括湖南省湘西土家族苗族自治州和张家界市，湖北省鄂西土家族苗族自治州和长阳、五峰土家族自治县，重庆市的黔江市和贵州省的铜仁地区，共计35个县、市、

① 基金课题：教育部人文社科项目《散杂居民族的文化变迁与文化固守——重庆蒙古族的个案研究》（编号：09XJC850001）。

区，1500余万人”。[①]

高绪、李琼认为：“武陵山主体包括湖南省的湘西土家族苗族自治州、张家界市、怀化地区，湖北省的恩施土家族苗族自治州，重庆的黔江开发区和贵州的铜仁地区6个地市州。总面积11.9万平方公里……1998年末人口1909.9万余人。”[②]

王发坤认为：武陵山区应包括湖南省的湘西土家族苗族自治州、张家界市、怀化市，湖北省的恩施土家族苗族自治州，重庆的黔江区和贵州的铜仁地区和黔东南地区，广西的柳州和桂林的一部分，共62个县（市、区），总面积13.6万平方公里，人口2700万。[③]

邓必海指出：“武陵地区包括湖南的湘西土家族苗族自治州、张家界市，湖北的恩施土家族苗族自治州，重庆的黔江开发区和贵州的铜仁地区。”[④]

王丽华、吕学芳则认为，湘、鄂、渝、黔毗连的武陵山区，行政区划上主要包括湖北恩施土家族苗族自治州、贵州铜仁地区、重庆市黔江地区以及湖南的湘西土家族苗族自治州、怀化市、张家界市。[⑤]

刘冰清提出，武陵民族地区是指中国腹部以武陵山脉为核心的大山区，其东边是雪峰山，西边是大娄山，北边是大巴山，南

---

① 张英：《构建湘鄂渝黔边旅游协作区的探讨》，《江汉论坛》2004年第1期。

② 高绪、李琼：《跨世纪的战略选择：建立武陵山片区经济中心的分析》，《土家学刊》1999年第4期。

③ 王坤发：《武陵山区域旅游经济发展研究》，《贵州社会科学》2003年第4期。

④ 邓必海：《武陵山区经济发展战略研究》，贵州民族出版社2002年版，第1—2页。

⑤ 王丽华、吕学芳：《武陵山区基础教育机会状况及其政策优待取向》，《教育学报》2009年第6期。

边是苗岭，面积 10 多万平方公里，人口 2000 多万。① 而在刘自兵和高芳看来，长江以北的巫山山脉、汉中盆地也应属于武陵，即武陵地区应包括大巫山山脉和武陵山脉及其周边的地区。②

王世枚认为，武陵地区是一个以武陵山脉为主线的湘、鄂、渝、黔接壤地区构成的一个地域范围，主要包括现在的湖南省湘西土家族苗族自治州所辖的吉首市、泸溪县、凤凰县、花垣县、保靖县、古丈县、永顺县、龙山县，张家界市所辖的永定区、武陵源区、慈利县、桑植县；湖北省恩施土家族苗族自治州所辖的恩施市、利川市、建始县、巴东县、宣恩县、咸丰县、来凤县、鹤峰县，宜昌市所辖的长阳土家族自治县、五峰土家族自治县；重庆市所辖的黔江区、石柱土家族自治县、秀山土家族自治县、酉阳土家族苗族自治县、彭水苗族土家族自治县；贵州省铜仁地区所辖的铜仁市、江口县、玉屏县、石阡县、思南县、印江土家族苗族自治县、德江县、沿河土家族自治县、松桃苗族自治县、万山特区。一共 37 个县、市、区。国土面积近十万平方公里。③

在黄柏权看来，武陵地区不仅是一个地域概念，而且也是一个文化概念。他认为，今天的武陵地区包括湖南省的湘西自治州、怀化市、张家界市，湖北的恩施自治州和长阳、五峰两个自治县，重庆市的石柱、彭水、秀山、酉阳 4 个自治县及黔江区，贵州省铜仁地区，面积达 10 万多平方公里，人口 1900 多万，聚居着土家、苗、汉、侗、瑶、白、布依等 30 多个民族。④

由此可见，学术界对武陵地区的地域范围界定基本一致，即

① 刘冰清：《武陵民族地区民间信仰特点及社会功能》，《求索》2009 年第 10 期。

② 刘自兵、高芳：《简论古代武陵的地理范围》，《三峡大学学报》（人文社科版），2009 年第 1 期。

③ 王世枚：《武陵地区师资队伍的历史与现状研究》，民族出版社 2005 年版。

④ 黄柏权：《论武陵文化》，《广西民族研究》2002 年第 4 期。

武陵地区应包括今天湖北省恩施土家族苗族自治州以及宜昌市长阳土家族自治县和五峰土家族自治县、湖南省的湘西土家族苗族自治州和怀化市以及张家界市、重庆市石柱土家族自治县、彭水苗族土家族自治县、秀山土家族苗族土家族自治县、酉阳土家族苗族自治县及黔江区等一区四县以及贵州省铜仁地区。

从文化交流的角度来看，武陵地区不仅是我国西南少数民族文化与中原文化的交汇之地，而且也是历代中原进入西南的必经之地。因此，武陵地区不但文化富集，而且文化交流与融合也较为频繁。如今，蒙古族、土家族、苗族、侗族、白族、朝鲜族、回族等 30 多个少数民族在此交错杂居，形成了一个“你中有我、我中有你”的不可分割的多元文化带，创造了灿烂丰富的民族文化。

蒙古族是一个聚居在我国北方的草原民族。自蒙元以来，由于军事征调、政治等多种原因，蒙古族逐渐向南迁徙并进入武陵地区，转化为武陵地区人口较多、分布也较广的散杂居民族之一，并为开拓和建设武陵地区做出了重要历史贡献。

二、武陵地区散杂居蒙古族的分布与文化特点

在田野调查和翻检历史文献的基础上，笔者发现，武陵地区蒙古族分布的散杂居特点非常明显。由于特殊的自然环境和社会历史等多方面原因，武陵地区各地蒙古族往往是大分散，小聚居，并逐步形成了一些规模较小的聚落或村寨。

从人口分布来看，武陵地区蒙古族主要集中在三个区域，即贵州省铜仁地区思南县和石阡县，重庆市彭水苗族土家族自治县以及湖北省恩施土家族苗族自治州鹤峰县等地。同时，铜仁市、德江县、恩施市等县市也有少量分布，但人数不多。

贵州省蒙古族分布相对集中。据 1990 年第四次全国人口普

查统计，贵州省共有蒙古族 24025 人，主要分布在毕节地区的大方县、铜仁地区的思南县和石阡县。同时，毕节地区的毕节、黔西、金沙、纳雍等县，遵义市的遵义、仁怀、凤岗、湄潭等地，以及铜仁地区的印江土家族苗族自治县、黔东南苗族侗族自治州的施秉、镇远、岑巩等县市均有分布。贵州全省 87 个县市中有 68 个均有蒙古族分布。[①]

贵州省蒙古族分布情况统计表（单位：人）

地区	贵阳	六盘水	遵义	铜仁	黔西南州	毕节	安顺	黔东南州	黔南州
数量	495	1866	96	7861	461	12595	417	158	136

人口普查统计数据显示，2007 年思南县共有蒙古族 4617 人[②]，主要聚居在塘头白鱼沟。石阡有金、余和丁三姓蒙古族，主要居住在龙川区孙家坪乡余家寨、中余家寨、下余家寨及大岩山；龙洞乡丁家坝；坪地场乡雷首山；中魁乡河西姜坡、大坪等地。[③]

重庆蒙古族主要集中在彭水土家族苗族自治县。据 2000 年第五次全国人口普查统计，重庆市共有少数民族 55 个，总人口 30512763 人。其中，蒙古族共 7846 人，占少数民族人口的 0.02%，主要居住在重庆市彭水苗族土家族自治县、合川区、江津区、万州区、沙坪坝区、南岸区、巴南区、荣昌、綦江、开县

① 贵州省地方志编纂委员会编：《贵州省志·民族志》（下），贵州民族出版社 2002 年版，第 894—897 页。

② 具体参见《历史的思南》编辑委员会、贵州省思南县民族宗教事务局：《历史的思南》（内部出版）2009 年印刷，第 300 页。

③ 贵州省石阡县地方志编纂办公室：《石阡县志》，贵州人民出版社 1992 年版，第 137 页。

等区（县）。[①] 在所有少数民族当中，蒙古族人口居重庆市所有少数民族人口的第四位，是重庆市第四大少数民族。在分布有蒙古族的重庆市所有区（县）当中，彭水蒙古族人口最多、分布也最为集中。

新中国成立后，彭水县少数民族经济与社会发展取得巨大进步，包括蒙古族在内的少数民族人口数量也随之增加。同时，随着民族区域自治政策的逐步实施和民族关系的不断改善，彭水境内的蒙古族人口数量也逐渐增多。

1982—2005 年彭水苗族土家族自治县蒙古族人口统计表[②]（单位：人）

年份	1982	1983	1985	1989	1998	2005
人数	1895	1657	1657	1825	2453	1997

调查发现，彭水蒙古族主要聚居在鹿鸣乡向家村和太原乡香树坝。鹿鸣乡是彭水县下辖的 39 个乡镇之一，也是彭水境内蒙古族相对较为集中和人口最多的乡镇之一。鹿鸣乡位于彭水县西北部，距彭水县城 60 公里。面积 132.1 平方公里，总人口 17431 人，下辖万年、向家、马金、双枫、龙田、红岩、合理、焦家、英雄和柒园等 19 个村民委员会。

向家村是彭水县唯一的蒙古族聚居自然村。向家坝村又称坝庙，位于鹿鸣乡西北部，幅员面积 6 平方公里。2005 年统计数据显示，全村有 432 户，6 个村民小组，共 1750 人。其中，蒙古

① 重庆市民族宗教事务委员会：《重庆市民族志》，重庆出版社 2002 年版，第 3 页。

② 《彭水苗族土家族自治县民族宗教志》编纂委员会：《彭水苗族土家族自治县民族宗教志》，重庆出版社 2003 年版，第 132—133 页；《彭水苗族土家族自治县概况》编写组、《彭水苗族土家族自治县概况》修订本编写组：《彭水苗族土家族自治县概况》，民族出版社 2007 年版，第 10—13 页。

族人口1250人，约占全村总人口数的71.43%。除蒙古族外，村内还有汉族、苗族、土家族等多个民族混杂居住，形成了多民族混杂、蒙古族相对集中的民族分布格局。此外，太原乡香树坝蒙古族也相对集中。

湖北蒙古族主要聚居在恩施土家族苗族自治州、原荆州市以及武汉市。据全国人口普查统计数据显示，湖北省共有蒙古族3127人，占全国蒙古族总人口的0.09%，占湖北省人口总数的0.007%，占湖北少数民族人口的0.18%。其中，恩施土家族苗族自治州、荆州市和武汉市蒙古族人口为1604人、579人和319人，分别占到湖北省蒙古族人口的51.3%、18.5%和10.2%，三地蒙古族占到湖北省蒙古族人口总数的80%。[①] 可见，半数以上的湖北省蒙古族主要居住在恩施土家族苗族自治州境内。

据2000年第五次全国人口普查统计数据显示，蒙古族人口数是仅次于土家族、苗族、侗族和回族人口数的恩施州第五大少数民族。在恩施州境内，利川市、鹤峰县和建始县等地蒙古族人口相对集中。

2000年恩施土家族苗族自治州蒙古族人口分布情况统计表[②]（单位：人）

恩施市	利川市	建始县	巴东县	宣恩县	咸丰县	来凤县	鹤峰县	合计
148	1899	313	123	35	79	30	706	3333

利川市有蒙古族1899人，是恩施州境内蒙古族人口最多的县（市）。鹤峰县蒙古族人有706人，主要聚居在中营乡三家台

① 湖北省地方志编纂委员会：《湖北省志·民族》，湖北人民出版社1997年版，第195—197页。

② 恩施州民族宗教事务委员会：《恩施土家族苗族自治州民族志（重修本）》，民族出版社2003年版，第5页。

蒙古族村。三家台蒙古族村成立于2002年10月29日，主要由原三家台村、青龙村的三组、大路坪村的四组和五组、棕园村的四组以及白水沟一组组成。部先瑞为首任村委支部书记。2002年12月24日，鹤峰县委、县政府正式为三家台蒙古族村党委、村委授牌。这是湖北省乃至整个武陵山区唯一的蒙古族行政村。咸丰县蒙古族有79人，主要居住在高乐山镇、甲马池镇、黄金洞乡，以谭姓为主。迁入时间大约在清朝乾隆、嘉庆年间。[①] 恩施市有蒙古族148人，主要集中在石窑。现在已通用汉语，风俗习惯已与当地同。[②] 建始县蒙古族也较多，主要居住在龙坪申酉和茅田封竹。根据全国人口普查统计数据，申酉乡有237人，占蒙古族总人口的58.51%，封竹乡109人，占蒙古族人口的26.91%。[③]

由此可见，武陵地区蒙古族分布呈现出总体分散而又局部集中的格局，大散居、大杂居与小聚居并存。从地域角度来看，在武陵地区散杂居蒙古族中，重庆彭水自治县蒙古族分布最为集中，贵州铜仁地区其次，湖北恩施自治州分布相对分散。

---

① 周伟民、安治国：《咸丰县民族志》，湖北人民出版社2006年版，第27页。关于咸丰县蒙古族人口，周伟民和安治国编《咸丰县民族志》统计，全县仅有蒙古族66人。因此，一说79人，一说66人。本文取79之说法，特此说明。

② 《恩施市民族志》编写组：《恩施市民族志》，民族出版社1997年版，第9页。

③ 建始县地方志编纂委员会:《建始县志》，湖北辞书出版社1994年版，第106页。此处《建始县志》统计数据为蒙古族405人，与《恩施土家族苗族自治州民族志》（重修本）统计有出入。此处所使用数据为《建始县志》所核定数据，特此说明。

三、武陵地区散杂居蒙古族的来源

对于贵州蒙古族来源，学术界在分析地方志资料和族谱的基础上认为，贵州蒙古族基本上是明清之际由四川迁入而落籍的，姓氏以余姓为主。根据《余姓家谱》和墓碑资料推断，贵州蒙古族的迁入时间大约在明末清初时期。明末清初时期，四川地区动乱不止，居住于四川的蒙古族就辗转迁徙到贵州毕节地区的大方、黔西等地以及铜仁地区的思南、石阡等安家落户。①

根据史料记载和蒙古族民间传说，铜仁地区蒙古族一部分是元末明初逃散来的，另一部分是元代作为官吏与士兵而来的。当年，忽必烈大军南下，为了元朝的统治，委任了一些蒙古族人为地方官，并驻扎部分蒙古族军队。元朝灭亡时，一部分官吏和士兵先后落籍铜仁，成为铜仁境内的少数民族之一。明末清初，张献忠领军入川，随军又有部分余姓蒙古族辗转到思南县兴隆场、马河以及石阡县孙家坪等地居住下来。至此，蒙古族正式成为黔东北少数民族之一。②

据《余姓家谱》和宗祠碑刻记载："（思南蒙古族）余姓为铁木真后裔，至铁木健时受难。元顺帝夜梦九条枪插于金銮殿上，次日，顺帝召群臣议梦吉凶。宰相庞悲解枪乃铁也，九条枪即铁家九子十进士（一女婿是进士）造反。顺帝即颁旨，诛灭铁氏九族。铁氏扶一（秀一）、扶二（秀二）、秀三、秀四兄弟四人逃至泸阳凤锦桥，恰逢红巾军起义，官军追逼，急插柳分

---

① 贵州省地方志编纂委员会编：《贵州省志·民族志》（下），贵州民族出版社2002年版，第894—895页。

② 铜仁地区地方志编纂委员会：《铜仁地区志·民族志》，贵州民族出版社2008年版，第350—351页。

枝，改铁为金，后又恐金铁合源，遂以金的形近字‘佘’为姓。至今铁、金、佘三姓不通婚。扶一（秀一）在泸阳凤锦桥插柳分支后，到临江府清江县。后裔朝德、朝拔、朝三于明末清初来铜仁，朝德往乌罗，朝拔往印江，朝三住塘头白岩沟（现名白鱼沟）。现十六代了。"①

石阡县蒙古族认为，他们为元太祖铁木真的后裔。元朝末年，文帝驾崩，顺帝接位，偏听佞相庞悲之言，欲诛铁木真之9子1婿。因消息泄露，铁氏兄弟弃官奔走，至卢阳凤锦桥（现湖南常德）插柳分支，改铁姓为金姓，万代不易，分居各地。现在石阡蒙古族有金、佘和丁三姓，第四次全国人口普查统计共计有2535人，主要居住在龙川区孙家坪乡佘家寨、中佘家寨、下佘家寨及大岩山；龙洞乡丁家坝；坪地场乡雷首山；中魁乡河西姜坡、大坪等地。②

可见，思南蒙古族和石阡蒙古族族谱中均有元顺帝受谗言而欲诛铁木真9子1婿之故事，两地蒙古族也有铁氏兄弟弃官奔走，至卢阳凤锦桥插柳分支，改铁姓为金姓的说法，这是两地蒙古族关于民族迁徙历史记忆的最大相同点。同时，在两地蒙古族族谱中，还有铁氏兄弟约定：恐此分散，后世子孙不知源流，当天祝告，凡后世子孙不拘地域或贫富贵贱，能知凤锦桥插柳分散源流，即是佘氏子孙，即蒙古族后裔。弟兄还在凤锦桥头题诗，流泪话别：

佘本元朝宰相家，红巾赶散入西崖。绿杨岸上分携手，凤锦桥头插柳丫。否泰是天皆有命，悲伤思我又思他。十人誓愿归何

---

① 思南县志编纂委员会:《思南县志》，贵州人民出版社1992年版，第350——351页。

② 贵州省石阡县地方志编纂办公室：《石阡县志》，贵州人民出版社1992年版，第137页。

处？如梦云游浪卷沙。

重庆蒙古族多为元代蒙古族后裔，有的是因元代任官而来，有的是因屯军和避难而迁入重庆。中华人民共和国成立后，也有因经商、工作需要、学校结业分配工作等多种原因迁入重庆的。[①] 同时，也有的是逃避战乱和追捕而迁入重庆的。[②]

据口碑传说和族谱资料显示，彭水县蒙古族都是元朝时期征战的蒙古军队后裔。鹿鸣乡向家村谭姓和张姓蒙古族认为，他们的祖先是奇渥温家族的后人，后因红巾军起义而被赶到原四川地区。后为抗明复元，这一家族的五个兄弟相约：本是元朝帝王家，红巾追散入川涯。绿杨岸上各分手，凤柳桥头折柳桠。咬破指头书血书，挥开眼泪滴黄沙。后人记得诗八句，五百年前是一家。后其中一人改谭姓，迁往今奉节居住。1644 年明亡以后，谭姓蒙古人率领家属偷偷来到彭水下塘口，后攀亲张家，并顺其姓，改名张攀桂，生三子：张经、谭能和谭斗，后迁居鹿鸣乡向家坝。自此，张谭二姓不通婚。[③]

太原乡香树坝蒙古族人主要为谭姓。《族谱》记载，谭姓蒙古人祖先均为元廷心腹，应明朝军队的追捕而逃往湖北地区。后因明军追击太紧，谭姓蒙古族祖先便在四川万县龙王坝折柳作诗：本是元朝帝王家，洪（红）兵（巾）赶散入西涯。红杨岸上分携手，凤柳桥头插柳稏。一姓改为几样姓，几姓分居百千家。要想兄弟同相会，一梦云游海推沙。后人记得诗八句，五百年前是一家。兄弟七人各自分散。他们虽改为谭姓，当不改族，

① 重庆市民族宗教事务委员会：《重庆市民族志》，重庆出版社 2002 年版，第 264 页。

② 重庆市地方志编纂委员会：《重庆市志》，西南师范大学出版社 2004 年版，第 24 页。

③ 《彭水苗族土家族自治县民族宗教志》编纂委员会：《彭水苗族土家族自治县民族宗教志》，重庆出版社 2003 年版，第 16—17 页。

分别时所作诗却代代相传，并且只传子不传女，传内不传外。在这七兄弟中，其中一人落业忠州，后经巫山过石柱县沙子关，于明代永乐年间迁往彭水县龙射堡，现今该支蒙古族人口已经发展至数百人。①

此外，笔者分别于2009年暑期和2010年春节前，到向家坝蒙古族聚居地进行了调查。通过实地考察和访谈后发现，彭水当地张、谭二姓蒙古族的民族认同非常强烈，对北方蒙古族草原有着深深的怀恋和向往之情，对成吉思汗、忽必烈等蒙元时期的伟大历史人物仍充满景仰之情。当问及当地人"是什么民族"时，当地人往往不假思索地回答"蒙古族"、"我们是蒙古族"等。可见，当地蒙古族的民族意识和民族认同之强烈可见一斑。

可见，不管是从史志和文献来看，还是从《族谱》以及笔者的实地调查来说，重庆蒙古族为蒙元时期蒙古族之后裔，族源甚至还可能追溯到奇渥温家族，经过数百年的发展和演变而成今日之蒙古族。②

湖北省蒙古族主要是蒙元时期、明代、清代以及新中国成立后从内蒙古自治区、东北地区和全国其他地区迁徙而来的。鹤峰《部氏族谱》记载：考我部氏，肇自蒙古，世系官籍，官豫章之丰城。官荫公流寓荆郡，经二世祖政一、政二公、三世祖友缘公，卜居松邑，今苦主、马鞍两寺墓在焉。又载：初奇渥温氏产蒙古，有天下，元太祖铁木真发祥斡难，元世祖忽必烈践位中土。泮林之始祖为江右之宦裔似无疑也。数传而□迁于明，去高位，避寇难，隐［郡］荆郡之松滋。氏称部，不悉本也。《部氏

① 《彭水县志》编纂委员会：《彭水县志》，四川人民出版社1998年版，第735页。

② 王希辉：《重庆蒙古族的来源及其社会文化》，《西南民族大学学报》（人文社会科学版）2011年第3期。

族谱·序》也记载：……然则，予世祖系元世从龙，作官豫章，鼎革后，窜徙松滋。[①] 由此可见，湖北蒙古族为元皇室后裔，后因农民起义而在湖北松滋县隐藏并定居。据邓和平先生考证，湘鄂边部姓蒙古族则为元代镇南王后裔，此支部姓蒙古族人于1359年流寓治所荆州的中兴路，其后逃湖北松滋地区，明代中叶其中一部分迁澧州（县），1756年部氏第11世部锡侯迁湖北鹤峰（今日部氏在此总人口为250人）。[②]

明代，归附于明朝的元蒙古武将王哈剌，原籍辽东，后调任荆州镇守。明燕王靖难后，王哈剌去官为民，居住在荆州城西贝子桥。数代后，其子孙有迁往万城、枝江、建始县等地者。现建始后裔有400多人，居住在申酉、封竹等地。[③]

新中国成立后，迁来湖北的蒙古族主要有三部分，一为随军南下蒙古族干部和新中国成立初期随调的国家机关人员、科技工作者、教师以及文艺工作者等；二为1957年从河南镇平迁入的王氏蒙古族；三为因招工、求学、工作调动而来湖北定居的各行各业蒙古族人员，如蒙古族工人和技术人员等。[④]

关于鹤峰县三家台蒙古族来源，仅有地方史志和蒙古族族谱有少量记载。《鹤峰县民族志》载："鹤峰蒙古族以部姓为主，进山公公部锡候，于清乾隆二十一年（1757年）由澧州迁入县

---

① 主要参见乔吉、张岱玉翻译、点校、注释：《部氏族谱译文》（内部刊印），第19—31页，2007年7月16日，呼和浩特。感谢三家台蒙古族村村委主任部先瑞先生提供《部氏族谱》。

② 邓和平：《湘鄂边一支蒙古族人的来源与迁徙》，《内蒙古大学学报》（人文社会科学版）1999年第5期。

③ 湖北省地方志编纂委员会：《湖北省志·民族》，湖北人民出版社1997年版，第196页。

④ 湖北省地方志编纂委员会：《湖北省志·民族》，湖北人民出版社1997年版，第196—197页。

（现鹤峰）境，初居清水汆（现鹤峰县清水湖村），后迁到三家台神仙茶园（今中营乡三家台村）落业，现居住在北佳乡、中营乡的部分村组。”部锡候落户鹤峰中营乡后，披荆斩棘，日夜操劳，终于落家立业，先后生四子：部泮、部溥、部、部涵。部锡候被公认为鹤峰部姓进山始祖，在1980年鹤峰土家族自治县成立前的民族识别调查鉴别时，部姓正式被确认为蒙古族。[①] 这是史志中关于鹤峰蒙古族的唯一记载，也是迄今最早的关于鹤峰蒙古族的文献记载。

同时，部姓蒙古族《部氏族谱》[②] 也记载：

一世祖

旧有记云，吾家铁木真姓也。原籍蒙古，元太祖之后。元史顺帝时，信州镇南王子被陈友谅兵败，大圣奴不知所终。公之先远祖有讳斡离兀者，因居斡难河之源，因以为姓氏。其以部为姓始于公，故奉为一世祖。葬松滋苦竹寺，今称部家大坟者是也。

妣　不知某氏

生子儿政一　二

可以推断，鹤峰三家台蒙古族可能是成吉思汗后裔，后因农民起义而逃亡。部氏家族以部姓官荫公为一世祖，一世祖母生两子，不知姓氏。关于蒙古族“部”姓，《部氏族谱》载：

道光十五年，州主登钰手书曰：“博尔济吉特氏哈拉部者，

① 钟以耘、龚光美主编：《鹤峰县民族志》，国际文化出版公司2001年版，第38—39页。

② 主要参见乔吉、张岱玉翻译、点校、注释：《部氏族谱译文》（内部刊印），第1—4页，2007年7月16日，呼和浩特。

从部落中部字起也。今绎汉姓白，京中八旗此姓最多”云。①

从《族谱》可见，部氏蒙古族原本不姓部，后因部落名称中有“部”字，并因此而改姓部氏，从而延传至今。现今，鹤峰县三家台蒙古族村已成为重要的蒙古族聚居地。

由此，从口传材料、历史文献以及田野调查佐证可知，武陵地区蒙古族均为自元代逐步南迁之蒙古族后裔。但武陵地区各地蒙古族的渊源是否相同，还需要进一步的调查和研究，我们期待更多考古佐证材料的发掘和出土，以推动武陵地区散杂居民族文化研究。

① 主要参见乔吉、张岱玉翻译、点校、注释：《部氏族谱译文》（内部刊印），第5页，2007年7月16日，呼和浩特。

《华阳国志》中的非汉民族和民族官印[①]

日本东洋大学　谷口房男著
中央民族大学历史文化学院　李德龙、李云霄[②]译

在东晋常璩撰写的《华阳国志》中，有关中国南部以及西南地区诸民族的记载，虽说是片段的，但却随处可见[③]。桑田六郎先生曾发表题为《关于蜑族源流文献的考察》的论文，探讨了《华阳国志》中记载的民族[④]。最近，徐朝龙先生和饭塚胜重先生等人，根据《华阳国志》等探讨了长江文明和周边民族的关系[⑤]。可见《华阳国志》，对于了解西南中国民族来说，从很早的时候开始就是被人所注目的文献之一。

然而，以前研究中国民族史，最困难的事情之一是文献史料的有无以及文献的性质，也就是说非汉族自身所做的文献史料是完全没有的，仅留了汉族所做的汉文史料，这些汉文史料强烈地反映了汉民族的意识，尤其是表现了华夷思想。特别是只从一方

---

① 文章原载《东洋大学亚非文化研究所研究报告》第34号，2000年3月发行。

② 我在参观学习岩手县立博物馆收藏的太田孝太郎的藏品“中国古印”时，得到了该博物馆学术调查员阿部守雅先生给予的大力帮助，在此仅表感谢。

③ 参见拙稿《华阳国志民族关系语汇索引稿》（载《东洋大学亚非文化研究所研究年报》1971年，收入《华阳国志人名索引附华阳国志民族关系语汇索引》，国书刊行会，1981年6月出版）。

④ 桑田六郎：《蜑族源流相关文献的考察》，《南亚细亚学报》第一号，1942年12月。

⑤ 徐朝龙：《三星堆·中国古代文明之谜：以〈山海经〉为史实》，大修馆书店，1998年6月。饭塚胜重：《长江物语》，大修馆书店，1999年6月。

面记载了民族的称呼。[①]再有，这个问题，不只是民族称呼的问题，而且与当时的民族认识，进而与中国近代以前认为什么是民族这个问题也有着密切的关系。

不管怎样，为了克服这样的文献史料的局限和不足，从遗存资料里加以弥补，可以说是一项重要的工作。

一、太田孝太郎收集的民族官印

1999年7月下旬我到盛冈市，访问了岩手县立博物馆。在这个岩手县立博物馆中，收藏了曾经收集过很多中国古印章的太田孝太郎的藏品，我们得以对这些藏品进行观摩[②]。这里藏有太田孝太郎收藏的1093方中国古印章，其中包括如表1所示的18方六朝时期的民族官印[③]。另外，表中所列印钮的形状和尺寸等详细情况，是通过整理该博物馆收藏品的资料卡片得来的。

在太田孝太郎收集的18方民族官印中，有表1中第12号“魏率善倓仟长”这样的官印。

二、汉六朝民族官印

太田先生收集的中国古印中包含有“魏率善倓仟长”这样

---

① 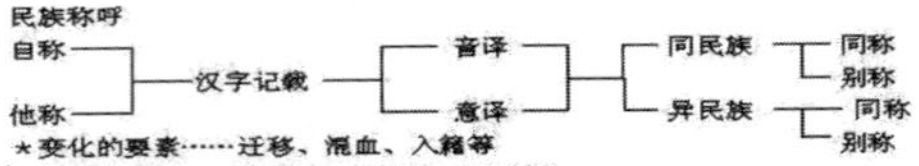

② 岩手县立博物馆编《太田孝太郎收集品中国古印》，财团法人岩手县文化振兴事业团，1990年7月10日。

③ 在太田孝太郎的收藏品中，不仅有汉六朝民族官印，还包括有很多金代、元代等时期的民族官印。

的民族官印，对于这样的官印，不仅中国学人很关心，日本学者也很关心，有很多的印谱和收藏印图录收录了其中的多方民族官印①。

表1　太田孝太郎氏收集汉六朝民族官印　（岩手县立博物馆所藏）

编号	民族官印	印面刻字	印材	纽型	规格
1	四角胡王	篆书白文	铜印	驼纽	高2.5、边长2.2×2.2
2	魏率善氐仟长	篆书白文	铜印	驼纽	高1.6、边长1.3×1.3?
3	魏率善羌佰长	篆书白文	铜印	驼纽	高2.5、边长2.3×2.3
4	魏率善羌佰长	篆书白文	铜印	驼纽	高2.3、边长2.3×2.3
5	魏率善叟佰长	篆书白文	铜印	驼纽	高2.5、边长2.3×2.3
6	亲晋胡王	篆书白文	铜印	驼纽	高3.0、边长2.2×2.2
7	晋归义胡侯	篆书白文	铜印	驼纽	高2.6、边长2.4×2.4
8	晋率善叟仟长	篆书白文	铜印	驼纽	高2.1、边长2.2×2.2
9	晋率善氐佰长	篆书白文	铜印	驼纽	高2.5、边长2.2×2.3
10	晋乌丸率善佰长	篆书白文	铜印	驼纽	高2.8、边长2.3×2.3
11	魏率善胡邑长	篆书白文	铜印	驼纽	高2.5、边长2.2×2.1
12	魏率善倓仟长	篆书白文	铜印	驼纽	高2.6、边长2.1×2.3
13	魏率善胡仟长	篆书白文	铜印	驼纽	高2.6、边长2.1×2.1
14	晋归义羌王	篆书白文	铜印	驼纽	高2.8、边长2.1×2.2
15	晋鲜卑率善邑长	篆书白文	鼻印	驼纽	高1.9、边长1.9×1.9
16	晋率善氐仟长	篆书白文	铜印	驼纽	高2.7、边长2.0×2.0
17	晋鲜卑率善佰长	篆书白文	铜印	驼纽	高2.8、边长2.1×2.0
18	晋鲜卑率善佰长	篆书白文	铜印	驼纽	高1.8、边长1.3×1.3?

（1999年7月28日访问调查）

注：太田孝太郎（明治十四年—昭和四十二年，1881—1967年），享年86岁，雅号：梦庵。早稻田大学毕业后进入横滨正金银行，后来到了中国天津支行工作，开始收集中国古印。特别是对“汉委奴国王”金印的国宝指定作出了贡献。去世后根据其家属的意愿，将1093颗中国古印章捐赠给了岩手县，现收藏在岩手县立博物馆。

不仅如此，利用非文物资料的秦汉六朝民族官印，还对日本

① 上海书画出版社编：《上海博物馆藏印选》，上海书画出版社1979年版。罗福颐等编：《故宫博物院藏古玺印选》，文物出版社1982年12月版。云南古籍整理规划办公室编《云南少数民族官印集》，云南民族出版社，1989年3月。湖南省博物馆编《湖南省博物馆藏古玺印集》，上海书店，1991年6月。陕西省古籍整理办公室编《陕西出土历代玺印续编》，三秦出版社，1993年3月。太田孝太郎编《汉魏六朝官印考》，盛冈市高崩印刷，1966年3月。

以及东亚的册封体制与“汉委奴国王”金印的关系等方面进行了研究①。从这些印谱和收藏印图录以及研究论文中选出的汉六

① 栗原朋信:《文献中所见秦汉玺印研究》(《秦汉史研究》收录，1960年5月初版，吉川弘文馆)。栗原朋信:《汉帝国印章》,《古代史讲座》第四卷，1962年7月。杉村勇三:《中国印章》,《博物馆》第149号，1963年8月。小林斗庵:《汉代官印己见》,《东洋学报》第50卷第3号，1967年12月。冈崎敬:《汉委奴金印的测定》,《史渊》第100号，1968年3月。小林斗庵:《汉—晋代官印、封泥出土遗迹地名表》,《汉委奴国王金印展图录》收录，福冈市立历史资料馆，1984年版。高桥学而:《关于汉、魏、晋代“蛮夷印”的钮型》,《福冈市立历史资料馆研究报告》第9集，1985年3月。横野秀昭:《中国古代颜色所示身份：特论汉代的印绶》,《史学》第55卷第4号，1986年5月。大谷光男:《关于中国古代册封的官印》,《朝鲜学报》第119、120号，1986年7月。盐谷胜利:《汉代蛮夷印和出土事例的相关记录》,《福冈市立历史资料馆研究报告》第11集，1987年3月。梶山胜:《金印和东亚世界:“广陵王玺”金印和“汉委奴国王”金印》(《南京博物馆名宝展》图录，1989年，名古屋市博物馆，大谷光男编著《金印研究论文集成》1994年，新人物往来社，再录)。梶山胜:《汉魏晋代的蛮夷印的用法：以西南夷的印为中心》(《古文化谈丛》第21集，1989年12月)、之后《汉魏晋时期蛮夷印章的使用法：以西南夷印章为主进行考察》(《南方民族考古》第3辑，1990年)。盐谷胜利:《鎏金铜印小考：围绕汉魏晋代官印的材质》,《福冈市立历史资料馆研究报告》第14集，1990年3月。小林聪:《关于六朝时代印绶冠服规定的基础考察：以〈宋书〉礼志所见规定为中心》,《史渊》第130册，1993年3月。高仓洋彰:《金印国家群的时代》，青木书店，1995年11月。小林斗庵:《中国玺印类编》，二玄社，1996年。陈波:《关于日本的中国古印研究》,《史泉》第87号，1998年1月。阿部幸信:《关于汉代印绶赐予的考察》,《史学杂志》第107编第10号，1998年10月。吉开将人:《印章所见南越世界：岭南古玺印考(前篇、中篇)》,《东大东洋文化研究所纪要》第136、7册，1998年12月、1999年3月。薛英群:《晋归义羌侯印与晋归义氐王印》,《文物》1964年第6期。肖之兴:《试释“汉归义羌长”印》,《文物》1976年第7期。罗福颐:《汉印文字徵》，文物出版社，1978年。罗福颐:《古玺印概论》，文物出版社，1981年12月。罗福颐:《秦汉南北朝官印徵存》，文物出版社，1987年10月。葉其峰:《我国古代叟族的印章》,《文物》1980年第9期。葉其峰:《古代越族与蛮族的官印》(《秦汉魏晋南北朝官印研究》所收，香港中文大学文物馆专刊之四，1990年1月)。陈直:《汉晋少数民族所用印文通考》,《秦汉史论著》一，1981年9月。顾峰:《云南的六颗古印》,《书法研究》七，1982年3月。吴万发等《河北尚义县出土西晋铜印》,《考古与文物》1987年第3期。

朝时期的民族官印来看，可以确认的民族官印如表2所示。

根据表2所列“汉六朝民族官印”，分别授与各民族的官印，限于和《华阳国志》的疆域相关联的民族，大体上可以确认如表3所示的民族官印。

关于这些民族官印，通过以前出土资料的介绍，逐步进行了研究。以賨民的民族官印研究为例，仅就日本的研究而言，就可以列举很多的论著。①

三、有关倓民族的官印

和太田先生收集的“魏率善倓仟长”有直接关联的民族官印，从表3“汉六朝民族别官印”的范围里来看“倓”的官印，可以确认有六方。

从这六方与“倓”相关的民族官印来看，魏晋时期的汉民族王朝对于叫作“倓”的这一集团部落，赐予了称作“邑长”、“仟长”、“佰长”职务的官印，这一事实是确凿的，据此，可以推测存在一个叫作“倓”的民族部落。关于这一点，在罗福颐编的《秦汉南北朝官印徵存》里说②：

晋率善倓邑长　驼纽　津艺

① 盐见浩：《汉归义賨邑侯金印》，《冈崎敬先生退官记念论集》收录，同朋舍，1987年11月。中野敬：《围绕西晋户调式的“夷人输賨布”条》，《东方学》第95号，1998年1月。梶山胜：《金印“汉归义賨邑侯”和賨族》，《久永春男先生颂寿记念：〈野帐会〉考古学论集》收录，久永春男先生颂寿记念论集刊行会，1998年。古贺登：《蜀的开国传说和氐羌族：共论賨人》，《东亚史上的国家和地域》收录，《唐代史研究会报告》第Ⅷ集，刀水书房，1999年7月。＊赵彤：《“賨侯之赙”印考》，《四川文物》总第63期，1995年5期。

② 罗福颐主编：《秦汉南北朝官印徵存》，文物出版社，1987年10月，第353页。

后汉书南蛮传，蜀之板楯蛮用倓钱赎罪，可证倓族居巴、蜀，释见魏率善倓邑长下。此及下为晋给倓族官印。

还有，在《陕西出土历代玺印续编》中记载：①

二三、巍率善倓邑长

巍率善倓邑长，铜印驼钮，正方形印面，边长2.3厘米，厚0.7厘米，通高2.5厘米，阴文篆书“巍率善倓邑长”六字（表2、表3）。此印中的“倓”，是我国古代西南夷中的一个少数民族，或称“倓人”。《后汉书·南蛮西南夷列传》记载，秦昭襄王时，有一白虎，常从众虎出没于秦、巴、汉境内，伤人千余，昭王以重赏募国中能杀虎者，有巴郡阆夷人，善作白竹弓，登城楼射杀之，昭王因为杀虎者为夷人，不欲加封，乃刻石为盟，免去一顷田的租税，虽有十妻，亦不出口算钱，杀人者以倓钱赎死。何承天注曰，“倓，蛮夷赎罪货也”。按，倓钱，应是倓人的钱币，犹如賨布乃巴郡賨人的货币一样，倓，即倓族，倓族归顺中原政权的官印过去曾有发现，如罗福颐著《古玺印概论》14节有“晋率善倓佰长”印一方。此印为归顺于巍的倓族邑长的官印。

两书共同指出了“倓族”这一民族部落的存在。另外，太田孝太郎编著的《汉魏六朝官印考》里有②：

板盾夷长　颐

板盾，东汉时，种族蟠居巴郡，或背或仗，后周明帝时，蛮帅冉令贤、向五子王等反，攻陷白帝，武帝天和初，诏开府陆腾讨之，斩首万余计，腾乃积其骸骨于水逻城侧为京观，后蛮蜒见者辄大号哭，自此狼戾之心辍矣，见《后汉书·南蛮传》，又云

① 陕西省古籍整理办公室编：《陕西出土历代玺印续编》，三秦出版社，1993年3月，第22页。

② 太田孝太郎：《汉魏六朝官印考》，盛冈市高崩印刷，1966年3月。

秦昭襄王时，有一白虎，于秦、巴、汉之境，伤害千余人，昭王募有能者杀虎者，赏邑万家，金百镒，时巴郡阆中夷人廖仲等射杀白虎，昭王以其夷人不欲加封，乃刻石盟要，复夷人顷田不租，十妻不算，伤人者论，杀人得以倓钱赎死，汉高帝为汉王，发夷人还伐三秦，秦地既定，乃遣还巴中复其渠帅罗、朴、督、鄂、度、夕、龚七姓，不输租赋，余户乃岁入賨钱四十，世人呼赋为賨，谓之賨人焉，代号为板盾蛮夷。

白虎邑长　恕　枕　铜

白虎，盖亦板楯之种族，《后汉书·南蛮传》，巴郡南郡蛮五姓之一也，巴氏之子生于赤穴，四姓之子皆生黑穴，四姓皆臣之，廪君死，魂魄世为白虎，巴氏以虎饮人血，遂以人祠焉，隶释张禅等题名，有白虎夷王谢节资倖。

汉归义賨邑侯　待

賨与板楯同，见《通鉴》，《日知录》曰，賨与倓皆蛮部落之号，征賨钱以代租赋，征倓钱以赎罪，其义一也，三巴记阆中有渝水賨民锐气喜舞，故高祖乐其猛锐，数观其舞，使乐人习之，故乐府中有巴渝舞。

魏率善倓邑长　二　鹤

魏率善倓仟长　梦

魏率善倓佰长　滨　竹　□凡二印

然而，虽然太田太孝郎列出了三方与“倓”有关的民族官印，却不知道什么原因没有附加解说。

表 2 汉六朝民族官印

编号	时代	印章名称	出土时间	出土地点	文字形式	材质	纽型	规格（高，边长，厚cm）（重 g）（边指边长）	收藏地点	文献依据
1		率善都尉			篆书阴文	铜质	龟纽	高 20、边 2.3	陕西省	1
		魏率善氐仟长		长武县	篆书阴文	铜印	驼纽		博物馆	
2	魏	魏率善氐仟长		兴平县	篆书阴文	铜印	驼纽	高 2.6、边 2.3		1
3	魏	魏率善氐仟长		扶风县	篆书阴文	铜印	驼纽	高 2.6、边 2.3		1
4	魏	魏率善羌仟长		绥德县	篆书阴文	铜质	羊纽	高 2.6、边 2.3		1
5	魏	晋蛮夷归义王			篆书阴文	铜质	驼纽	高 2.6、边 2.1		1
6	晋	晋归义羌王			篆书阴文	铜质	驼纽	高 2.1、边 2.4	陕西省	1
7	晋	晋归义羌王			篆书阴文	金印	驼纽	高 2.7、边 2.1、厚 0.9	博物馆	1
8	晋	晋率善羌邑长		汧阳县	篆书阴文	铜质	驼纽	高 2.9、边 2.4、重 62.8	长武县	1
9	晋	晋率善氐邑长		陇县曹家村	篆书阴文	铜质	羊纽	高 2.4、边 2.4	文管所	1
10	晋	晋率善胡佰长		汧阳县	篆书阴文	铜质	羊纽	高 2.4、边 2.1	陕西省	1
11	晋	晋屠各率善佰长		汧阳县	篆书阴文	铜质	羊纽	高 2.8、边 2.4	博物馆	1
12	晋	安夷护军司马	1976		篆书阴文	铜印	鼻纽	高 2.4、边 2.3		1
13		汉叟邑长			篆书阴文	铜印	兽纽	高 2.0、边 2.2、厚 1		2
14	后汉	魏率善倓邑长			篆书阴文	铜印	驼纽	高 3.1、边 2.3、厚 0.81		2
15	魏	晋率善氐仟长			篆书阴文	铜印	驼纽	高 2.5、边 2.3、厚 0.7		2
16	晋	晋率善氐佰长			篆书白文	铜印	驼纽	纽高 1.8、边 2.2、厚 0.8		2
17	晋	晋率善叟仟长			篆书阴文	铜印	驼纽	纽高 2.0、边 2.2、厚 6.5		2
18	晋							纽高 0.9、边 2.4、厚 0.5		2

续表

编号	时代	印章名称	出土时间	出土地点	文字形式	材质	纽型	规格（高，边长，厚cm）（重g）（边指边长）	收藏地点	文献依据
1	前汉	汉王之印		晋宁石寨山	篆书阴文	金印	蛇纽	高2.0、边2.4、厚0.7、重90		3
2		建伶道宰印								3
3		哀牢王章								3
4	后汉	汉叟邑长				铜印				3
5		南夷长史			篆书阴文		鼻纽	高2.2、边2.2		3
6		益州太守章（封泥）								3
7		俞元丞印								3
8		楪榆长印								3
9		楪榆右尉								3
10		存鷃左尉								3
11		朱提长印（封泥）								3
12		南广尉印（封泥）								3
13		遂久令印								3
14		遂久右尉								3
15		三绛尉印（封泥）								3
16		同并尉印（封泥）								3
17		牙门将印				铜质	龟纽			3
18	魏	魏率善氐邑侯			篆书阴文	铜印	驼纽	边2.3	甘肃省博物馆	9

续表

编号	时代	印章名称	出土时间	出土地点	文字形式	材质	纽型	规格(高,边长,厚cm)(重g)(边指边长)	收藏地点	文献依据
1	后汉	汉匈奴归义亲汉长	1977	青海省大通县		铜印	驼纽	高2.3、边2.3		4
2	后汉	汉匈奴归恶适尸逐王	1971	陕西省西安市		石印	鼻纽	高8.9、边8.6		4
3	后汉	汉匈奴栗借温禺鞮		内蒙古自治区		铜印	驼纽	高2.4、边2.4		4
4	后汉	汉匈奴为鞮台耆且渠		陕西省神木县		铜印		高2.3、边2.3		4
5	晋	晋匈奴归义王		不明		金印	驼纽	高2.2、边2.2		4
6	晋	晋匈奴率善佰长	1982	河北省尚义县		铜印	鸟?	高2.2、边2.2		4
7	魏	魏丁零率善佰长	1979	黑龙江省		铜印	马纽	高2.25、边2.25		4
8	晋	晋鲜卑率善中郎将	1956	内蒙古自治区		银印	驼纽	高2.1、边2.15		4
9	晋	晋鲜卑归义侯	1956	同上		金印	驼纽	高2.2、边2.2		4
10	晋	晋乌丸归义侯	1956	同上		金印	驼纽	高2.2、边2.3		4
11	前汉	夫租薉君	1958	朝鲜平城市		银印	驼纽	高2.2、边2.2		4
12	晋	晋率善穢佰长	1966	韩国庆尚北道		铜印	驼纽	高2.3、边2.3		4
13	魏	魏率善韩佰长		韩国		铜印	兽纽			4
14	晋	晋归义胡王		甘肃省一带		金印	驼纽	高2.2、边2.2(羊纽?)		4
15	晋	晋率善胡佰长	1973	陕西省麟游县		铜印	羊纽	高2.2、边2.2		4
16	晋	晋屠各率善佰长	1973	陕西省麟游县		铜印	羊纽	高2.2、边2.2		4
17	后汉	汉夷邑君		湖北省宜城县		铜印	羊纽			4
18	晋	晋蛮夷率善邑长	1957	湖北省宜城县		铜印		高2.1、边2.1		4
19	晋	晋蛮夷率善邑君	1978	湖南省桃源县		银印	驼纽	高2.2、边2.2(蛇纽?)		4
20	晋	晋蛮夷率善邑长	1978	湖南省桃源县		银印	驼纽	高2.2、边2.2(蛇纽?)		4
21	晋	晋蛮夷率善邑长	1978	湖南省桃源县		银印	驼纽	高2.1、边2.1(蛇纽?)		4
22	魏	魏率善氐仟长	1979	陕西省扶风县		铜印	驼纽	高2.3、边2.3		4
23	魏	魏率善氐仟长		陕西省长武县		铜印	驼纽	高2.2、边2.2		4
24	魏	魏率善氐佰长	1978	陕西省岐山县		铜印	驼纽	高2.2、边2.2(羊纽?)		4
25	晋	晋率善氐邑长		陕西省陇县		铜印	羊纽	高2.1、边2.1		4

续表

编号	时代	印章名称	出土时间	出土地点	文字形式	材质	纽型	规格(高,边长,厚cm)(重g)(边指边长)	收藏地点	文献依据
26	晋	晋归义氐王	1948?	甘肃省西和县		金印	羊纽	高 2.3、边 2.3	4	
27	后汉	汉归义羌长	1953	新疆维吾		铜印	羊纽		4	
28	后汉	汉归义羌长		尔族自治区					4	
29	后汉	汉归义羌长		四川省				高 2.4、边 2.4	4	
30	后汉	汉率善羌长	1965	四川省		铜印	驼纽	高 2.1、边 2.1	4	
31	晋	晋归义羌王		甘肃省泾川县		鎏金	驼纽		4	
32	晋	晋归义羌侯	1948?	甘肃省泾川县		金印	羊纽	高 2.3、边 2.4	4	
33	晋	晋率善羌邑长	1971	甘肃省西和县		铜印	羊纽	高 2.3、边 2.3(羊纽?)	4	
34	后汉	汉归义賨邑侯	清末	陕西省千阳县		金印	驼纽		4	
35	汉	归义賨邑侯		四川省万县市		铜印			4	
36	后汉	汉叟邑长	1936	四川省云阳县		铜印	驼纽	(羊纽?)	4	
37	后汉	汉叟仟长	1983	云南省昭通县		铜印	驼纽	高 2.4、边 2.4	4	
38	前汉	滇王之印	1957	四川省芦山县		金印	蛇纽		4	
39	新	越贸阳君		云南省晋宁县					4	
40	新	越青邑君		陕西省西安市					4	
41	新	新越三阳君		陕西省西安市				高 2.347(平均)	4	
42	后汉	汉委奴国王	1984	陕西省西安市		金印	蛇纽		4	
				日本国福冈市						

续表

编号	时代	印章名称	出土时间	出土地点	文字形式	材质	纽型	规格（高，边长，厚cm）（重 g）（边指边长）	收藏地点	文献依据
1	后汉	汉归义賨邑侯								5
2	后汉	汉归义蛮邑长								5
3	后汉	汉叟邑长								5
4	后汉	汉叟邑仟长								5
5	魏	魏蛮夷率善邑长								5
6	魏	魏蛮夷率善仟长								5
7	魏	魏率善叟邑长								5
8	魏	魏率善叟邑佰长								5
9	魏	魏率善倓邑佰长								5
10		蛮夷邑长								5
11	蜀	板盾夷长								5
12		蛮夷邑长								5
13		蛮夷里长								5
14	后汉	汉归义叟邑长								5
15	后汉	汉叟邑长								5
16	晋	晋归义叟王								5
17	晋	晋归义叟侯								5
18	晋	晋率善叟仟长								5
19	晋	晋蛮夷归义王								5
20	晋	晋蛮夷王								5
21	晋	晋蛮夷归义侯								5
22	晋	晋蛮夷率善邑长								5
23	晋	晋蛮夷率善仟长								5
24	晋	晋蛮夷率善佰长								5
25	晋	晋率善倓邑长								5

续表

编号	时代	印章名称	出土时间	出土地点	文字形式	材质	纽型	规格(高,边长,厚cm)(重g)(边指边长)	收藏地点	文献依据
26	晋	晋率善倓仟长								5
27	晋	晋率善倓佰长								5
1	蜀	板盾夷长								6.7
2		白虎邑长								6
3	后汉	汉归义賨邑侯								6
4		賨侯之Ꮳ								8

参考文献：
1. 陕西省古籍整理办公室编：《陕西出土历代玺印选编》（三秦出版社，1990 年 4 月）。
2. 陕西省古籍整理办公室编：《陕西出土历代玺印续编》（三秦出版社，1993 年 3 月）。
3. 云南古籍整理规划办公室编：《云南少数民族官印集》（云南民族出版社，1989 年 3 月）。
4. 梶山胜：《汉魏晋时期蛮夷印的用法：以西南夷印为中心》（《古文化谈丛》第 21 集，1989 年 12 月）。
5. 罗福颐主编《秦汉南北朝官印徵存》（文物出版社，1987 年 10 月）。
6. 太田孝太郎：《汉魏六朝官印考》（盛冈市高崩印刷，1966 年 3 月）。
7. 湖南省博物馆编：《湖南省博物馆藏古玺印集》（上海书店，1991 年 6 月）。
8. 赵彤：《“賨侯之Ꮳ”印考》（《四川文物》总第 63 期，1995 年第 5 期）。
9. 1993 年 8 月在甘肃省博物馆确认。

表 3　汉六朝各民族官印

蛮夷	氐	羌	叟（叜）	板楯	白虎	青羌	賨	倓
蛮夷王印 蛮夷邑君 蛮夷邑长 蛮夷里长 汉归义蛮邑长 魏蛮夷率善邑长 魏蛮夷率善仟长 晋蛮夷王 晋蛮夷率善邑君 晋蛮夷率善邑长 晋蛮夷率善佰长 晋归义夷王 晋蛮夷归义王 晋蛮夷归义侯 晋蛮夷归义佰长	魏率善氐邑侯 魏率善氐仟长 魏率善氐佰长 晋率善氐邑长 晋率善氐仟长 晋率善氐佰长 晋归义氐王	汉率善羌长 汉归义羌长 魏率善羌仟长 魏率善羌佰长 晋率善羌邑长 晋归义羌王 晋归义羌侯	汉叟邑长 汉叟仟长 汉叟邑仟长 汉归义叟邑长 魏率善叟邑长 魏率善叟邑佰长 魏率善叟仟长 晋归义叟王 晋归义叟侯 晋率善叟仟长	板盾 夷长	白虎 邑长	蛮青羌 邑长	汉归义 賨邑侯 归义賨 邑侯 賨侯之 贐	魏率善倓邑长 魏率善倓仟长 魏率善倓佰长 晋率善倓邑长 晋归义倓仟长 晋归义倓佰长

表 4 有关倓民族的官印

民族官印	民族	文献依据	资料来源	收藏机构
魏率善倓邑长	倓民	罗氏徵存	太田官印考	陕西省博物馆
魏率善倓仟长	倓民		太田官印考	岩手县博物馆
魏率善倓佰长	倓民		太田官印考	大谷大学
晋率善倓邑长	倓民	罗氏徵存		
晋率善倓仟长	倓民	罗氏徵存		
晋率善倓佰长	倓民	罗氏徵存		

注：表中的罗氏徵存是罗福颐所编的《秦汉南北朝官印徵存》的简称，太田官印考是太田孝太郎所编的《汉魏六朝官印考》的简称。

四、有关倓、賧的史料

在这里想换个角度看一下与倓或者賧相关的文献史料。首先，在《后汉书》卷116《南蛮传》中记载：

板楯蛮夷者，秦昭襄王时，有一白虎，常从群虎数游秦、蜀、巴、汉之境，伤害千余人。昭王乃重募国中有能杀虎者，赏邑万家，金百镒。时有巴郡阆中夷人，能作白竹之弩，乃登楼射杀白虎。（注一）昭王嘉之，而以其夷人，不欲加封，乃刻石盟要，复夷人顷田不租，十妻不算，（注二）伤人者论，杀人者得以倓钱赎死。（注三）盟曰，秦犯夷，输黄龙一双。夷犯秦，输清酒一钟。夷人安之。

（注1）《华阳国志》曰，巴夷廖仲等射杀之也。

（注2）优宠之，故一户免其一顷田之税，虽有十妻，不输口算之钱。复音福。

（注3）何承天纂文曰，倓，蛮夷赎死货也。音徒滥反。

至高祖为汉王，发夷人还伐三秦。秦地既定，乃遣还巴中，复其渠帅罗、朴、督、鄂、度、夕、龚质姓，不输租赋，余户乃岁入賨钱，口四十。世号为板楯蛮夷。

再有，在《华阳国志》卷 1《巴志》里同样记载了“倓钱”。如果是这样的话，就明白了所谓的“倓钱”是作为蛮夷（非汉民族）杀死汉民的惩罚，为了赎死罪而交纳的钱。

另一方面，在《晋书》卷 26《食货志》里记载：

元后渡江，军事草创，蛮陬赕布，不有恒准，中府所储，数四千匹。

在南北朝时期的正史里还有①没单人旁的“倓”，所有的全是贝字旁的“赕”。在这个时期出现很多贝字旁的“赕”，与其说是赎罪钱，不如说是“蛮夷之税”，也就是说蛮夷所纳的赋税的意思。

另外，与賨相关的材料，在六朝时期的正史等文献中可以看

---

① 有《宋书》卷 83《吴喜传》载：“……又遣人入蛮，矫诏慰劳，赕伐所得，一以入私。”《南齐书》卷 22《豫章文献王萧嶷传》载：“寻为安远护军、武陵内史。时沈攸之责赕，伐荆州界内诸蛮，遂及五溪，禁断鱼盐。群蛮怒，酉溪蛮王田头拟杀攸之使，攸之责赕千万，头拟输五百万，发气死。”《南齐书》卷 26《陈显达传》载：“益部山险，多不宾服。大度村獠，前后刺史不能制，显达遣使责其租赕，獠帅曰，两眼刺史尚不敢调我，遂杀其使。显达分部将吏，声将出猎，夜往袭之，男女无少长皆斩之。自此山夷震服。”《南齐书》卷 51《裴叔业传》载：“（建元）二年，叔业上疏曰……顷世以来，绥驭乖术，地惟形势，居之者異姓，国实武用，镇之者无武，致寇掠充斥，赕税不断。”《陈书》卷 21《萧引传》载：“时广州刺史马靖，甚得岭表人心，而兵甲精练，每年深入俚洞，又数有战功，朝野颇生异议……引奉密旨南行，外托收督赕物。”《南史》卷 25《垣护之传附垣闳传》载：“闳字叔通，荣祖从父也……凡蛮夷不受鞭罚，输财赎罪，谓之赕，时人谓闳被赕刺史。”《隋书》卷 24《食货志》载：“诸蛮陬俚洞，霑沐王化者，各随轻重，收其赕物，以裨国用。”

到很多，其中，也可以看到很多称作“賨民”的民族部落的记载①。

可是，至少从包括《华阳国志》在内的六朝时代的文献史料来看，却完全找不到被称作“倓”的民族部落的相关材料，最终确认“倓族”或者“倓（民）”的材料还是作为文物资料的民族官印②。

---

① 有《三国志》卷1《武帝纪》建安二十年九月条载：“巴七姓夷王朴胡、賨邑侯杜濩举巴夷、賨民来附，于是分巴郡，以胡为巴东太守，濩为巴西太守，皆封列侯。”《晋书》卷120《李特载记》载：“李特，字玄休，巴西宕渠人，其先廪君之苗裔也。昔武落钟离山崩，有石穴二所，其一赤如丹，一黑如漆。有人出于赤穴者，名曰务相，姓巴氏。有出于黑穴者，凡四姓。曰曎氏、樊氏、柏氏、郑氏。五姓俱出，皆争为神，于是相与以剑刺穴屋，能著者以为廪君。四姓莫著，而务相之剑悬焉。又以土为船，雕画之而浮水中，曰，若其船浮存者，以为廪君。务相船又独浮。于是遂称廪君，乘其土船，将其徒卒，当夷水而下，至于盐阳。盐阳水神女子止廪君曰，此鱼盐所有，地又广大，与君俱生，可止无行。廪君曰，我当为君求廪地，不能止也。盐神夜从廪君宿，旦辄去为飞虫，诸神皆从其飞；蔽日昼昏。廪君欲杀之不可，别又不知天地东西。如此者十日，廪君乃以青缕遗盐神曰，婴此，即宜之，与汝俱生。弗宜，将去汝。盐神受而婴之。廪君立砀石之上望膺有青缕者，跪而射之，中盐神。盐神死，群神与俱飞者皆去，天乃开朗。廪君复乘土船，下及夷城，夷城石岸曲，泉水亦曲。廪君望如穴状，叹曰，我新从穴中出，今又入此，奈何。岸即为崩，广三丈余，而阶陛相乘，廪君登之。岸上有平石方一丈，长五尺，廪君休其上，投策计算，皆著石焉，因立城其旁而居之。其后种类遂繁。秦并天下，以为黔中郡，薄赋敛之，口岁出钱四十。巴人呼赋为賨，因谓之賨人焉。及汉高祖为汉王，募賨人平定三秦，既而求还乡里。高祖以其功，复同丰沛，不供赋税，更名其地为巴郡。土有盐铁丹漆之饶，俗性剽勇，又善歌舞。高祖爱其舞，诏乐府习之，今巴渝舞是也。汉末，张鲁居汉中，以鬼道教百姓，賨人敬信巫觋，多往奉之。值天下大乱，自巴西之宕渠迁于汉中杨车坂，抄掠行旅，百姓患之，号为杨车巴。魏武帝克汉中，特祖将五百余家归之，魏武帝拜为将军，迁于略阳，北土复号之为巴氐。”《魏书》卷96《賨李雄传》载：“賨李雄，字仲俊，盖廪君之苗裔也，其先居于巴西宕渠。秦并天下，为黔中郡，薄赋其民，口出钱三十，巴人谓赋为賨，因为名焉。”

② 罗福颐主编：《秦汉南北朝官印徵存》，文物出版社，1987年10月，第353页。陕西省古籍整理办公室编：《陕西出土历代玺印续编》，三秦出版社，1993年3月，第22页。太田孝太郎：《汉魏六朝官印考》，盛冈市高崩印刷，1966年3月。

结　语

如前所述，与“倓”相关的民族官印，已经通过中国官印研究者们进行了介绍，指出了“倓族”的存在[①]，尽管如此，关于“倓”这个问题，不仅在日本，就是在中国的研究者中间也没有反躬自省，连一篇将“倓”作为一个民族部落提出的研究论文都找不到。在日本也只有一篇文章中提到了关于六朝时期正史里屡屡见到贝字旁的“赕”，并参照上述桑田六郎的《关于蜑族源流文献的考察》一文，指出了赕与蜑的关系[②]。

如前所说，限于所见民族官印中，“賨民”的官印，仅有3方可以确认。但是，关于“倓”的官印，至今为止可以确认的有6方，确认的依据是出土地点等，今后还有必要进一步对“倓”进行研究探讨。

还需要补充一句话，从《后汉书》卷116《南蛮传》等材料推测出，“倓”不就是被称作《华阳国志》里看到的巴郡板楯蛮或者白虎复夷、弜头白虎复夷、弜头虎子、巴人、巴氏和板楯蛮有密切接触的民族部落吗？而且和板楯蛮的一个支系賨民一样，“倓（民）”不也是板楯蛮的一支吗？尤其是作为民族官印的“板盾夷长”、“白虎邑长”、“汉归义賨邑侯”这样的官印，也已经得到确认，就“倓”和板楯蛮的关系，我想今后应该进行进

① 文献史料中见到的蛮夷记载：见附表1。

② 川本芳昭：《关于六朝时期蛮族的汉化》（《史渊》第118辑，1981年，之后收录《魏晋南北朝时代的民族问题》，汲古书院，1998年11月）。川本芳昭：《以蛮问题为中心看六朝时期各地域的状况》（《史渊》第123辑，1995年3月，《魏晋南北朝时代的民族问题》收录）。川本芳昭：《以蛮问题为中心看六朝时期各地域的状况（二）》（《九州大学东洋史论集》第23号，1995年1月，《魏晋南北朝时代的民族问题》收录）。

一步的考察①。

这个叫作“倓（民）”的民族，在当时的文献上是怎么出现的？另外，作为了解“倓（民）”的社会组织或者军事组织线索的“邑长”、“仟长”、“佰长”，在当时包括“倓”在内的非汉民族社会里是起到什么作用的职掌？关于这些问题，今后有必要进行具体的探讨研究。

附　表　1

《史记》、《汉书》	无蛮传	有西南夷
《后汉书》	南蛮传	有槃瓠、廩君、板楯蛮
《三国志》	无蛮传	有武陵蛮、賨民
《宋书》、《南史》	夷蛮传、貊夷传	有槃瓠、廩君
《魏书》、《周书》、《北史》	蛮传	有槃瓠、廩君、賨民
《通典》、《文献通考》		有板楯蛮
《华阳国志》		有武陵蛮、板楯蛮、賨民
《水经注》		有槃瓠、廩君、賨民

附　表　2

“板盾夷长”	板楯蛮	罗氏徵存	太田官印考	湖南省博物馆
“白虎邑长”	白虎夷王		太田官印考	不明
“汉归义賨邑侯”	賨民	罗氏徵存	太田官印考	中国历史博物馆
“賨侯之贖”			四川文物	（个人所有）

① 确认的板楯蛮官印：见附表2。

中原蒙古人的汉化[①]

亨利·赛瑞斯著
中央民族大学历史文化学院　王伏牛[②]译

一、汉化是明朝政府的公开目标

使在华异域人汉化是明朝政府的公开目标。当然，从长远看来，那些蒙古、突厥等少数民族的汉化是不可避免的。但中国君主们正式将此牢记于心，可从如下片段得以证实。1378 年 3 月 15 日（《明太祖实录》卷 117，4b，洪武十一年三月己未）甘肃凉州卫奏：所获故元官二十五人，甘肃降人一千九百六十口。上曰："人性皆可与为善，用夏变夷，古之道也。今所获故元官并降人宜内徙，使之服我中国圣人之教，渐摩礼义，以革其故俗。"

---

① 本文译自亨利·赛瑞斯（Herry Serruys）著《洪武时期在中国的蒙古人（THE MONGOLS IN CHINA DURING THE HUNG - WU PERIOD）》（1368—1398）之第八章，布鲁塞尔，1959 年，第 158—175 页。对于作者所引汉文史料尽量都予以核按，并移录原文。《明实录》外的汉文史料未标注本人核按所用版本。由于版本原因，作者所引的《明实录》与译者核按所用版本有差异。为便于读者核查，译者将中央研究院历史语言研究所校订版中不同处用［］标出，并加译者字样。另，实录中史料所有阴历日期为译者核对后所加。

② 真诚感谢达力扎布教授、高贤栋老师在翻译过程中提供的无私帮助！

于是，徙其众于平凉府①，给粮赡之。

这种想法产生于1367年11月15日的上谕（《明太祖实录》卷21，13b；见第三章，56—58页。）之后。该上谕曾提及，蒙古人采用汉文化后会成为顺从的臣民。其后，永乐帝用更明确的话语宣示了与此基本相同的意见。首先与此有联系的是，驻守宁夏地区的蒙古军人发动的一起小“骚乱”。哗变发生前，某蒙古官员曾奏报有蒙古人阴谋叛乱，但皇帝并未采取任何防范措施。不久，“骚乱”确实发生了，大批的“叛乱者”或被杀，或被捕。1412年1月4日（《明成祖实录》卷80，7b；羽田亨：《明代满蒙史料明实录抄·蒙古篇》，第411页），永乐帝指出：朕于远人来归者，皆推诚待之，不疑。早从尔言发兵擒叛何至多损物命？然初之不发兵者，犹欲怀之以恩，不谓豺狼不可驯。［卷123，永乐九年闰十二月庚申——译者］此处的“豺狼”当然是指蒙古人。尽管麻烦时有发生，永乐帝依然认为教化蒙古人，使之汉化，并非不可行。

---

① 在魏焕：《皇明九边考》（国立北平图书馆善本丛书本）卷9，14a，(1541)；《明宪宗实录》卷60，2b3a（TAMURA，MÔko hen4. pp126—128；又见《明宪宗实录》卷58—63）中，我们发现了关于定居在平凉府附近的蒙古人的有趣记载：元万户把丹处据凉，洪武初归附，授平凉卫正千户，部落散处开城等县，编为民，仍号土达。其壮者选为平凉卫军……平凉卫土达满四反据石城，都御史项忠讨平之（与其他史料略有出入）。又见《皇明九边考》卷1，35a；ch. 9 甘肃边图，9. 13b，10. 9a。

这些和其他甘肃的蒙古人成为了今天甘肃地区的土人。关于这些蒙古人的研究参见：L SCHRAM，Le Mariage chez les T’ou－jen；L SCHRAM，The Monguors of the Kansu－Tibetan Frontier，1954. 又见：D. SCHRDER. “Zur Religion der Turen des Sining Gebietes（Kukunor）.”有几位学者已研究过其中几个群体的语言，他们是：ANT·MOSTAERT（田清波），ALB. DE SMEDT，Le Dialecte Monguor（Phonétique，Grammaire，Dictionaire）. 关于甘肃西部说蒙古语的畏兀儿人的研究参见 C. G. F. MANNERHEIM，“A visit to the Sarö and Shera Yögurs，”和 WL. KOTWICZ，“La Langue mongole parlée par les Ouigours Jaunes près de Kan－tcheou，”esp. pp434—440。又见 POPPEl，“Remarks on the Salar Language”，in HFAS 16（1953），pp438—477。

在另一事例中，皇帝更加坚定地表达了同样的观点。1412年11月16日（《明成祖实录》卷86，4—5）永乐帝回应反对异族人充当禁卫时称：天之生才何地无之。为君用人但当明其贤否，何必分别彼此。其人果贤则信任之，非贤虽至亲亦不可用。汉武帝用金日磾，唐太宗用阿史那社尔，盖知其人之贤也。若玄宗宠任安禄山致播迁之祸政，是不明知人。［卷134，永乐十年十一月癸卯条——译者］由永乐帝之言可知，传统观念是相信那些居于中国的外夷终是会被汉化的。[①]

洪武时期试图教化蒙古人的努力在多大程度上取得了成功？整体而言，元代中国境内蒙古人的汉化并非一个持续渐进的过程。在此，我们需对之稍加阐释。在马可波罗时代，他就曾指出一些蒙古人已经放弃了自己的风俗习惯，“那些契丹在礼节、行为方式、习俗等方面采用了如此之多的当地偶像崇拜者的特征，并且遗弃了自己的法律”。中国的状况和中亚、远东地区并没什么区别，在那里蒙古人开始“保持萨拉森人的行为方式，接受穆罕默德的宗教信仰和法律体系”。[②]

陈垣在其名著《元西域人华化考》中，用大量的细节论述了定居内地的外国人仿效汉人和接受汉文化的情况。他列举了成为儒者、信仰佛教（中国佛教）及道教的人物和以诗歌、文学、书法、绘画闻名之人，也探讨了名氏、葬俗、祠祭等方面仿效汉人的状况，他的论文以令人赞叹的《元西域人华文著述表》结尾。然而，有一个明显的事实陈垣没有指出：几乎没有任何蒙古人被提及。他们大多都是汪古部民、维吾尔人、唐兀惕人及来自

① 此处表述意为“中国之”。然而，在唐宋时期也有强烈反对异族人存在的声音。见 YANG，LIEN－SHENG（杨联陞）“Hostages in Chinese Society，” HAAS15（1952），p. 520。

② 见 Marco Polo，The Description of the World，vol. 1，pp174—175。

花剌子模的穆斯林。根据《明太祖实录》，我的印象是，入元之后，大量的蒙古人已取用汉名，但在其他所有方面，他们的西方盟友都把他们远远甩在了身后。傅吾康（H. Frank）在《蒙古皇帝们能读写汉文吗?》一文中，首先对蒙古皇帝们读写汉文的知识逐渐提高的状况进行了描述，然后推论：尽管皇帝们的汉文化知识缓慢且稳固地进步着，但其所知仍相当肤浅。至于陈垣提到的那些较成功地吸收了汉文化的人，他们数量很少，在整个元代非汉人口中所占比例可谓是微不足道的。无论如何，有一点毋庸置疑，朝廷和上层社会的汉化比普通部落人民要快一些。确实有很多蒙古人及其同盟学习过汉语，但掌握一门第二外语这件事并不能称之为汉化。尽管成就灿烂的汉文化，最终多能博得异族人倾慕，但我们必须牢记一个始终存在着的冷酷事实：在一个非汉王朝中，是贵族和官僚（汉族以外的官僚），统治着该帝国。蒙古语仍是第一官方语言，非汉人远比汉人优越。因此，从实用的观点来看，保持非汉人身份是更好的选择，并由此出现了汉人假冒蒙古人的趋势。我们知道一些汉人为了获取更为显耀的职位而假冒蒙古人的事例。我们也知道朱元璋先后在1367年11月和1368年2月抱怨，很多汉人取蒙古名、衣蒙古服、说蒙古语，且“忘中国祖宗之姓，反就胡虏禽兽之名以为美称。假元号以济私”。①

在元代汉人模仿蒙古的真实性如何，也许从迟至1403年明

① 《明太祖实录》卷21，12a－b；卷26，11b—12b；又见卷209，（1391年7月）。禽兽之名可能指蒙古人将众多动物名用于人名中。如：“eljige 驴”；“buqa 牛”；“arslan 狮子”；“noqai 狗”；“qayinuγ 牦牛”。但胡虏则仅为一种蔑称。在《史记》卷110和《汉书》卷94中的犬戎之名；明代的“犬虏”，如《万历武功录》卷7，第54页等。与后来的满洲相比，蒙古人似乎根本不用，或更少地使用这些较为凶残的名字。参 L. C. GOODRICH，Literary Inquisition，pp44，142。关于蒙古名字又参见 ANT. MOSTAERT（田清波），“Sur quelques passages，” Introduction，pp. xvii－xx。

朝军中的一些汉人仍冒称蒙古的事实中可见一斑。在《明太宗实录》卷23，第6b—7a（羽田亨：《明代满蒙史料明实录抄·蒙古篇》，第281页）中，我们发现了记载：上谓兵部尚书刘俊曰："武臣中有韃靼人多不识字，难委以政。故只令食禄，遇有警急则用以征伐。今中国人亦有冒韃靼名以遐政事者。其晓谕改正，不改正者罪之。"①

我们在此提及的宫廷中"北虏"舞者服装的描述（《明太祖实录》卷56，11b，洪武三年九月乙卯）与汉人采用蒙古习俗有关。其着装看起来与《元史》（卷43，14b）中顺帝妥欢帖木儿龙船上舞者的装扮极为相似。如果元代汉人发现仿效蒙古有益于己，那么同时有大量异族转化为汉人的倾向似乎是不合适的。这一考虑的重要之处也许可从一旦明廷执掌政权，蒙古人就取用汉名来分享在汉族王朝下的益处的事实中窥见。

蒙古人真正的的汉化只能发生在明代，应该说，在此过程中，洪武时期的汉化没有后来几朝走得那么远。也许可以断言，强势的汉族王朝在全国的统治一旦确立，生活于此的蒙古人无法避免汉化成为汉人。他们数量太少，根本无法抵制周边不确定的汉族人口的影响。除了这种综合考虑外，还有一些或可加速，或减缓这一汉化过程的因素。

二、促进或减缓汉化的各种因素

查阅实录，首先发现的事实是，蒙古人被遣散到帝国的各个角落（见第九章）。当然，这意味着以相当小的群体居于各地的

---

① 相似的现象发生在"蒙古"世界末期，在15、16、17世纪，俄罗斯王子们从占领者那里习用韃靼（Tatar）语言，并且使用韃靼名字。见 G. VERNADSKY，The Mongols and Russia，p. 383。

蒙古人，周围都充斥着汉人，包括军人和百姓。如前面解释的那样，蒙古士兵似乎主要被有组织地编入独立的蒙古军队单位，尽管也有蒙古与汉人军队杂处（《明太祖实录》卷182，9b—10a①；羽田亨：《明代满蒙史料明实录抄·蒙古篇》第170页，洪武二十年六月甲戌）的例子，如纳哈出在北平地区和辽东的军队，及（《明太祖实录》卷203，1b，洪武二十三年七月甲午）甘肃西部沙州蒙古和汉人掺杂的军队。我们的确发现，中国境内至少是有一些人数众多的蒙古群体存在，如，从1389年3月13日（《明太祖实录》卷195，5b，洪武二十二年二月乙卯）的一个重要命令我们获知，皇帝敕令在今天湖北、湖南的七个镇上为近千名蒙古军士的家属建造大量营房居住。如果说像以往所说，把蒙古人分散安置到帝国各处之目的是为了加速其同化进程，那么像刚才我们提及的那些坚实的蒙古人群体，他们相互间可以讲蒙语，并且以他们原有的方式生活着，这种群体的存在对同化起的则是强而有力的抵制作用。② 在首都南京及其周边，相当于今天江苏、浙江、江西、安徽省一带，及稍远的山西、陕西、北平地区，都能找到很多关于蒙古人的记载，但提及每个群体数量的资料却很罕见。我们发现了一些包括家属、亲戚在内的数百甚至上千人的蒙古士兵群体。在多数案例中，我们对其战斗力一无所知，可能是因为这些大多都是规模相当小的群体。对每一家族或群体而言，不管他们的“蒙古意识”有多强，都难以避免与汉人群体发生各种联系，从而也就很难逃脱完全不受周围汉人的影响。

我们还必须牢记一点，各种类型的蒙古军队不断被并入明军，他们有的从元代就开始居住在中原，有的刚进入内地，对中

① 《明实录》南京版，写作“杂处”；但 HANEDA，loc，WADA SEI，“MinsÔ no MÔko keiryaku” p. 257，国立北平图书馆的《明实录》中都写作“离处”。

② 参第三章《曾秉正疏》，他想禁止都城地区的蒙古人说蒙语。

原尚一无所知。很多故元官兵可能已对中原有所了解，我们或许可以期望他们很快就能成为名副其实的明朝军队。但随着时间推移，一种新型的蒙古士兵进入了我们的视野：这些士兵是在1368 年后，或在边境，或在蒙古腹地投降或被俘的，他们对中原所知甚少，甚或是一无所知。这些士兵加入之后，通过与久处内地的蒙古人接触，他们自身也有意无意地踏上了汉化道路，同时也减缓了后者的汉化速度。当然，汉化是一个持续的过程，整个洪武时期（其后几个时期亦然）一直有新附蒙古士兵被安置到中原。在 1398 年 1 月（《明太祖实录》卷 182，1a）湖南省的一个案例中，一些不太被信赖的蒙古人被徙往他处，“与旧军参伍错居”［卷 256，洪武三十一年正月乙卯——译者］。这里的“旧军”显然也是蒙古军，但已久居内地，更受官府信任。

三、汉名

然而，以上只是我们对蒙古人汉化过程所做的一些推断。在明代史料中，能用以帮助我们理解蒙古人变化的确为数很少。我们掌握的唯一确实证据是蒙古改用汉名。

我们注意到，应该说是从 1368 年起，蒙古人开始出现取用汉名的趋势：或为汉姓汉名，或为汉姓与蒙古名之混合。然而，一直到洪武末，蒙古名字依然一再出现，这就表明蒙古名字还被使用着。但这大概与不断有新的蒙古士兵涌入这样一个事实有关，他们因时间短暂，尚未感受到更易蒙古名为汉名的益处。1370 年 5 月 1 日，洪武帝下令蒙古人和色目人禁止更易姓氏。（《明太祖实录》卷 51，6a—6b；羽田亨，第 35 页，洪武三年夏四月甲子）

诏曰：“天生斯民族属姓氏各有本源。古之圣王尤重之，所以别婚姻重本始以厚民俗也。朕……已尝诏告天下‘蒙古诸色人等皆吾赤子，果有才能一体擢用。比闻入仕之后或多更姓名，朕虑岁久其子孙相传昧其本源，诚非先王致谨氏族之道。中书省其告谕之，如已更易者听其改正’。”①

尽管更易汉名不能总被认为是汉化的标志，然而总的来说，我认为这是自身接受一种新文化认同过程中的一个要素。我们已经看到，在1378年皇帝明确宣布，他希望在中原的蒙古人能够在适当的时候开化，意思就是汉化。1370年禁止更易汉名，并不意味着皇帝没有推进异域人汉化的思想；禁止他们更易汉名之举，是为了在蒙汉之间设置一个永久的区分办法，形成分界线。朱元璋提倡蒙古人及其前同盟者保持本族姓名，并极力制止他们更易汉姓，是从其他角度考虑的，是为了保持对氏族和家族的忠诚。因为从中国人的观点出发，更易姓氏就是背叛自己的祖先和亲族。② 需要注意的是，蒙古人没有真正的姓氏，他们只有氏族名（Mo. omoγ -oboγ）。氏族概念尽管很难定义，与汉人的姓相较而言，它总是一个更为宽泛松散的群体。③ 虽然氏族也被认为是联结同一祖源后代的群体，但也时常包含无血缘关系而因各种理由加入进来的个体。

不管皇帝用意如何，他的道德说教没有能够阻止蒙古人更易

---

① 该诏书又见《日知录》卷23，14a、16a—17a；《日知录集释》卷23，17a、18a—19a。

② 与随处可见的这种宣誓相似：某人指称某事不真的话，则其人不姓王（或者张等）。

③ 关于古代蒙古的“omoγ -oboγ”组织，参B. YA. VLADIMIRTSVOV Obšĉ stroi Mongolou pp. 46ff. （Fr. trsl，pp. 56ff.），etc。更近的研究见ANT. MOSTAERT（田清波），Ordosica，pp. 21ff。蒙古人取用汉名的情形更像是再取一个名字，而非代替原名。

汉名。我们知道没有人放弃自己的汉名，但是几乎不能指望从实录及类似的史料中找到如此琐碎的细节记载。然而，我们有曾秉正激烈反对蒙古人存在的奏疏，尤其是在国都附近（《明太祖实录》卷109，5a—5b；羽田亨，第131—132页，洪武九年闰九月丙午）。事实上这是他对更多蒙古、色目人更易汉名的极端焦虑。此事发生在皇帝禁止蒙古色目人更易汉姓的命令六年之后。

曾（秉正）告诉我们并非所有蒙古人及其前同盟者们都在明朝军队之中，有些在政府部门据有要职，有些从商，其中的相当一部分人似乎已很成功。曾（秉正）指出，一方面他们改易了汉名，另一方面他们仍操蒙古语，虽然这并不意味着他们只懂蒙古语。他们在经商和政府工作场合，当然需用汉语，而在家中，他们相互之间明显地仍说蒙语。他们的汉名极可能也主要是在和汉人交际时使用。如果他们在家中仍说蒙古语，则其蒙古名自然也不会立即消失。也许可以如下方式来总结这种情形：在官方场合及与汉人交际中，他们通常会试图掩盖身为蒙古人的事实，至少是弱化这种影响①。无论如何，我们虽然能看到一些较纯粹或深受其他方面影响的群体并没有立即放弃蒙古人认同的事例，但不顾帝国禁令，取用汉名的风习依然在继续着。

甚至有证据表明，皇帝亲自给蒙古人取汉名。我们在《明太祖实录》（卷105，4a，洪武九年三月癸未）中找到这样例子：

① 在曾（秉正）的建议中，蒙语应被禁止，已取用汉名者应改回原来名字。他的说法似乎自相矛盾：一方面，随着蒙古语的消失，蒙汉间特有的标志也必将随之消亡；另一方面，他又担心如果蒙古人放弃本族名字，汉人很快就会忘记他们是异族人。或者，曾的确想知道蒙古人之间一直在谈论什么，以此来防止阴谋和背叛，降低危险性。这可能是曾的用意。然而，从官方材料看来，我们能看到蒙古人被看作没有危险的。见拙著“Remains of Mongol customs……” Mon. Serica 16，pp171—199。

1376年4月18日，“以火你赤为翰林蒙古编修，更其姓名曰霍庄”①。更重要的是，至少在军中赐蒙古人汉名已成为一项常规政策。《明太宗实录》卷22，7ab［卷23，永乐元年九月庚子——译者］中记载，1403年10月11日：上谓兵部尚书刘俊曰‘各卫鞑靼人多同名，无姓以别之，并宜赐姓如是’。兵部请如洪武中故事，编置勘合，给赐姓名。从之。② 我搞不清楚洪武皇帝采用该措施的确切时间，但至少我们由此可知，他并非像1370年诏书中所看到的那样，完全反对蒙古人取用汉名（至少是汉姓）。③

然而，就像汉语知识不能作为蒙古人已放弃母语的证据一样，无论是蒙古名前缀以汉姓，还是完全的汉姓汉名，虽然都有其重要性，但绝不能以之作为汉化的确证。尽管如此，这些就是我们在汉文史籍中发现的仅有的直接标示。

四、平民的汉化

至此，我们的讨论仅适用于定居在中国的蒙古军队职员。然而，像曾秉正疏（见第三章）中提及的，外国人有做官的，有经商的。遗憾的是，曾没有告诉我们，这些商人究竟是真正的蒙

① 当然，霍代表着他蒙古名中的第一个字母。关于火你赤，见PELLOT（伯希和），TP38（1948），p. 231。又见《日知录》卷23，14a；16a—17a，《日知录集释》卷23，17a、18a—19a。

② 这段文字羽田亨书中没有收录，但《明史》中有记载。据《明史》卷156，刘俊的请求发生在1405年处理甘肃蒙古降人时，但这并不正确。

③ 这种《明太宗实录》中提到的常规明显主要是用于军中，但由于大部分蒙古人是士兵，其中很多已在1400年前具有了汉名。如果说《明太祖实录》中出现的大量蒙古名字并没有汉姓，这可能是由于大量被提及名字者都是刚从边界地区被俘的。但即使如此，我们发现某些一直居住在内地的蒙古人被提到时仍没有汉姓。

古人，还是像中亚畏兀儿那样的商人。在元代，畏兀儿繁盛的商业组织——斡脱[①]，曾遍布国内外。《高丽史》[②] 中的这段记载表明在南京也有蒙古商人存在："不知怎的是正意来打细。前者一只船七日到来我这龙江……姓李的火者并达达、回回、诸色人都来推做买卖打细。李火者来了两三番，也见达达说达达话，见一般火者说高丽话，见汉儿说汉儿话。"朝鲜使者的间谍活动是在与蒙古、回回、汉人的商业交易掩盖下进行的，这证明南京也有蒙古商人的存在，也印证了曾的记载。蒙古人成为汉人及中亚人那样的商人表明：他们已在适应异国先进文化的道路上经历了很长时间。[③] 然而，我们无从得知这些商人是怎么生活的，是组建一个个高度集中的群体，还是以个体状态居于汉人中间？毋庸置疑，他们代表了一小群在中原的蒙古人，但很难看出他们的汉化与军队中的那些蒙古人到底有什么差异。

① 关于斡脱，参翁独健《斡脱杂考》，《燕京学报》，第二十九期，1941 年，第 201—218 页。PELLIOT（伯希和），TP1930，P. 33，n. 1；1936，pp231—232，n. 4。SCHURMAN in HFAS 15，p. 250。

② 郑麟趾：《高丽史》卷 44，第三册，东京：日本国书刊行会，1908—1909。这段记载来自 1374 年朝鲜使者刺探南京后的报告。在其观察中，中国对朝鲜使者具有强烈的戒备心理，朝鲜对于中国同样如此。

③ 徐霆（彭大雅：《黑鞑事略》国学文库本，1936，vol. 25，p. 79）在 1237 年写道：蒙古人只知道撒花和勒索，无人懂得如何做贸易。成吉思汗的命令下达之后，他们都把钱借给回回做贸易以获取利息。但从成吉思汗给穆斯林国家（RAID AN DIN，Sbornik letopisei，vol. 1，part2，pp187—188）下达的命令中，我们看到：在很早的时候，蒙古战士已懂得了贸易的好处。又见 G. VERNADSKY，The Mongols and Russia，p. 107。

五、缓慢汉化的标志

《明太祖实录》和《明太宗实录》(不涉及稍后时期的记载)① 中有很多涉及蒙古及其同盟者的记载，但没有任何资料能

---

① 引述一些与蒙古人有关的15世纪、16世纪的中国官方记载，也很有趣。《明实录》1449年11月10日(《明英宗实录》卷184，正统十四年冬十月壬申。此年与也先台吉作战)有如下记载：降虏之编置京畿者因虏入寇，遂编发胡服，肆抄掠人，目为家达子……杨洪等军至霸州境，与残虏遇，破之，生擒引路劫掠家达子五人。“家达子”这种称呼相当有趣，它似乎指养育在家的“达子”。“家达子”这种表述可能和家丁、家仆、家奴有关，所有字典中都是将之理解为仆人或奴隶。

关于加入也先入寇军队的蒙古人，《明史纪事本末》(《国学基本丛书简编》版，第四辑，卷33，第33页)的记载如下：先是，永乐间，塞北部落来降者，多安置河间、东昌等处，生养蕃息，强悍不可制。方也先入寇，乘机骚动。1550年末，朝廷高兴地把这些蒙古人安置于远征西南部落的军队中。(《明史》卷170，6b)

在《皇明北虏考》p. 30—31 (1449) 中有“谕回、鞑、番、汉能擒也先来献者，赏万金，封国公”的记载。在《万历武功录》(卷7，p11) 中有同样的谕旨，但只提及番汉军。这里“番”指“蒙古”，与“达”同意。同时我们从《皇明北虏考》p. 30 (1449) 中看到一封商议交换被俘英宗的“番书”达于也先处。

在《万历武功录》p. 33，(1539) 我们发现有“保定汉虏军”(这些军队被用来防备可能的蒙古侵袭)这样的称呼。

并非只有汉文史料能证实蒙古军人的存在。Fermand Mendes Pinto 在讲述1544年他在中国的“冒险”时告诉我们：“at least two hundred men ……which for the most part to strike the greeter terror are of divers nations, Mogors (i e Mongols), Persians, Corazones (Khwarezmians?), Moems (Mohammedans?), Calaminhans (?), Tatars, Cauchins and Braamas and Chaleu (?) and Tangou (Tangyud?) .”(Portuguese Voyages, p. 177) 该旅行家继续谈到在俺答汗袭扰时，有两千汉人和蒙古人在京城保卫战中死于非命。我们又在第198页读到在“Caixiloo”城有五万人的强大防卫部队，“whereof ten thousand were Mongors, Cauchins and champaas, resolute soliders, and much more warlike Chinese”.

还应注意的是，这一时期的汉语文献从未提及蒙古(和西北地区诸民族)以外的外国士兵，但 Pinto 所写并非个人想象。事实上，虽然 Pinto 并非1550年入侵和北京防卫战的亲眼目击者。但他运用了有关1550年的防卫战材料，他甚至会晤过一些事件亲历者(参 SCHURHAMMER, Asia Major3, 1926)。虽然我们并不确知其资料所自，但毫无疑问，他的确获得过有关这些外国军队信息的资料。

给我们提供某些特定个人或群体在中原生活的确切年数，以及他们在多大程度上接受了汉人的生活方式和文化。因此，我们无法确知普通蒙古家庭需要耗费多长时间才能完全融入汉人社会。

1397 年颁布的《大明律》中的一条律法似乎暗示了汉化进程相当缓慢。这条关于蒙古和色目人婚姻的法条记载如下：凡蒙古色目人听与中国人为婚姻。务要两相情愿。不许本类自相嫁娶。违者杖八十。男女入官为奴。其中国人不愿与回回钦察为婚姻者，听从本类自相嫁娶，不在禁限。① 这个重要律条表明，直

---

① 《大明律》卷6.11a。又见《昭代王章》（《玄览堂丛书》本），除末句缺一“不”字外，其他内容与《大明律》完全相同。《昭代王章》所附句解如下：“蒙古”是“达子”，“色目”是“回子”。“回回”卷毛大鼻，“钦察”青眼黄发。此二者最丑陋之人也。不愿者耻与为婚也。有趣的是，注意到这显然不适用于蒙古人。再者，其中“色目”被限制为“回子”，并非指人数众多的穆斯林整体，而是特指花剌子模人的后裔。我们知道，最初“色目”被定义为除蒙古和一些其他民族外的所有外国人。

这些青眼黄发的民族，会让人想起很多具有很强“印欧人种”特征的中亚民族，这点近来已被证实。参 W BARTHOLD, Histoire des Turcs d' Asie Centrale, pp. 24, 26—28, and K. H. MENGES, “The South Siberian Turkic Languages Ⅱ,” in Central Asiatic Journal2, 1956, p. 173。

乍一看，似乎本类意为“同一民族”，明朝政府的法律禁止蒙古人和蒙古人及色目人与色目人本族结婚，强迫他们与汉人通婚以期加快同化少数民族的步伐。（见 W. Frank “Der gegenwärtige Stand der Forschung zur Geschichte Chinas im15. und16 Jahrhundert” in Saeculum 7 (1956), p. 246）。这种解读似乎不太可能，因为这实际上很残酷，在执行中理所当然要打折扣。这样的法律也和洪武一朝对在华外国人的宽大政策背道而驰。《昭代王章》页上的简短注释把该律条视为道德和文化的体现，而非汉人和外国人的民族差异。它并非要禁止蒙古人之间的婚姻，而只是禁止那些有悖中国道德的同“姓”婚。然而本类并不同于同姓。在中国，同姓通常被认为有亲缘关系，在明法典（《大明律》卷6，“同姓为婚”）中同样禁止同姓婚姻：凡同姓为婚者，各杖六十，离异。可见，这种惩处轻于蒙古及色目人本类自相嫁娶。

在元代，同姓为婚也是被禁止的，这始于1271 年初的一道圣旨。圣旨似乎旨在反对汉人中开始出现同姓为婚的习俗：（1271 年）正月二十五（陈高华、张帆、刘晓、党宝海点校，《元典章》卷18，中华书局、天津古籍出版社，第626 页。）以前为夫妻的没根底，依旧着。正月以后为夫妻的没根底，依着圣旨体例里，合听离。

直到洪武末[②]，以蒙古人、各种色目人及源自国外的其他异族人为一方，汉人为另一方，双方间的界限依旧分明。这界限的实际存在，在1397年的法律制定者那里得到了确认。

再者，法律禁止一种典型的蒙古和中亚的习俗，即收继婚。显然这种习俗仍然存在，但有违中国伦理。尽管迟至1394年4月24日（《明太祖实录》卷232，5a，洪武二十七年三月癸亥），皇帝承认受蒙古人主的影响，汉人在一定程度上接受了这种习俗。

（续）“本类”含义与《元典章》中的“同类”相当。首先要牢记，蒙古人没有真正的姓，但依其旧俗应于氏族外娶亲。但另一蒙古法律条文（《元典章》）指出：同类自相犯者，各从本俗法。这一条文又被两个可追溯至1270年的相关案件所引用。在这两个案例中，有一点很明确，亲属关系是根据以前的婚姻来确定的。一些汉人已经或试图像蒙古人和中亚人那样缔结收继婚约时，援引了这一律条。然而官府宣判因他们是汉人，其所依据的法条并不适用。这些汉人并未试图冒称非汉人，但却援引了对汉人无效的法条。如果元代法律中的本类和同类都意为“本民族”的话，那么当时的法律应为本民族内的婚姻应该遵从本民族的习俗。在此情形下，汉人为何会援引这一法条便不可理解。但是如果元代法令针对的是收继婚及其类似情形的话，至少可以汉人试图给法条以更宽泛的意义，从而使自身亦能适用来解释。

在1340年（. eg. 《元史》卷40. 8a9b；see R. LWENTHAL，Monum. Serica1947，p. 112），这种收继婚曾在外国人中被禁止，但毫无疑问，并未完全消失。此外，这种习俗在中原外的蒙古及其他地方继续存在，就像我们从Saγang－seĉen（萨冈·彻辰）的编年史中见到的那样。即便推测在中原这种习俗已近于绝迹，但1368年之从蒙古地区新来的蒙古人又再次强化了这种习俗。在写下这些文字很久后，我从1511年版的《大明会典》（卷22，8b。经译者核按原文应为卷20）中发现，这条婚姻法的律条颁布于1372年。其记载如下：（洪武）五年令：蒙古、色目人氏既居中国，许与中国人家结婚姻，不许与本类自相嫁娶。违者，男女两家抄没入官为奴婢。其色目、钦察自为婚姻，不在此限。（申时行等修：《明会典》万历重修本，卷20，中华书局，1989年10月，第135页。）

② 然而，也有一点点可能性，1397年5月29日颁布的法典（《明太祖实录》，卷253，1a）反应的是更早历史时期的情形。尽管在1367年11月3日（《明太祖实录》，卷21，4b；《明史》，卷1；《明纪》，19ab）已经发布了关于编写法典的命令，但1397年成编的法典是否就是其结果，并不能确定。《明史》和《明纪》没有提及1397年的法典。我倾向于认为，在1367年和1397年，居于中原的异族人群大不相同，1397年的法令是根据新状况改编的。

但若到 1397 年，外国人还在坚持这一习俗，这足以证明他们尚远未汉化。更重要的是，回回和钦察人规避了不许本类自相嫁娶的法条，似乎说明汉人对和他们结婚存在强烈的厌恶情绪。①

在第五、第六、第七章中，我们讨论了蒙古士兵、官员和公众。我们发现蒙古士兵在军中形成了单独的编制，其家属也极可能居住在军队所在城市的某特定区域。这至少在一定程度上能够解释汉化为何相当缓慢。

这是否意味着洪武皇帝宣称的将异族人迁往内地进行教化的政策失败了呢？未必，因为皇帝可能把它设计为一个长期的计划。在计划中，蒙古人即使不太频繁或立即与汉人士兵及百姓接触，也必将最终适应汉人的生活方式。我们已经提到过一些蒙古军与汉军混合的例子。那些仍孤立于汉人之外者不会永远如此，以致不习任何东西。在第三章中我们引用过一段记载（1370 年 4 月），皇帝声称他无意违背蒙古人本有习俗。也许这可解释为：为避免伤害为其效劳的蒙古及其他外族人的感情，他更愿意选择一种缓慢渐进式的汉化道路。

曩加思（《华夷译语》，《涵芬楼秘笈》第四册，2B. 19b—24a；Haenisch，pp16—17，25—26；Lewichi，pp145—146）关于 1388 年发生于湖南的蒙古人和女真人的反叛的信件更说明了这一点。满心寻求整合热潮而并不关心臣民福利和感情的政府，是不会允许卑微的蒙古官员呈递自己用蒙古语书写的如此沉重的报告的。一个心胸稍微狭窄的政府只会醉心于汉族要员的报告，

① HSU，Americans and Chinese，p247，探讨今日中国穆斯林时说，非穆斯林女子很容易嫁给穆斯林教徒，并皈依其信仰，但没有穆斯林女子嫁入非穆斯林家庭。然而，在 14 世纪，障碍似乎并非出于宗教考虑。犹太教徒可以娶中国女子为妻，但没有犹太教女子嫁给中国男子。参 WHITE，Chinese Fews，part3，12。

而完全忽视一个蒙古千户的意见。

然而，显而易见，彻底汉化即将来临。事实上，所有这些洪武时期的蒙古人和色目人都最终融入汉人海洋之中。

明清时期壮族土官对汉文化的接受

日本大阪国立民族学博物馆先端人类
科学研究部　塚田诚之著
洛阳师范学院历史文化学院　陈巍译

以前对壮族土官的研究主要以中原王朝和土官的政治关系，以及土官治下的社会经济关系为主要分析对象，有强调土官与属民的政治经济统治和从属关系，特别是土官用种种手段对属民的巧取豪夺的倾向。其在史实的展示上虽对学界有益，但并未明确把握土官统治体系的整体形象。关于从相邻流官地区接受汉文化等融合中的文化作用问题，以村落之长为中心的村落内社会关系的情况，既是中间领主又是土官属官的土目阶层的作用，汉族移民的位置等土官治下社会融合问题依然是研究的课题。

本文讨论土官接受汉文化的问题，土官以何种目的、如何接受汉文化，这在对属民的统治上起到何种效果？本文以这些问题为中心，以文化诸侧面中的服饰、住宅、食文化、婚姻习俗、节日等为对象进行讨论。

一、服饰

首先，徐弘祖《徐霞客游记》粤西游日记三崇祯十年（1637）十二月五日条有关于土官地区生活形式的记载。这是徐弘祖在左右江流域土官地区旅行结束时所整理的见闻。据此可知，住宅分上下两层，即下层饲养家畜、上层住人的形式（这就是众所周知的称之为干栏的高床式住宅）。其以直径一尺余的竹子组合而成，一层约高五六尺（墙壁、地板皆用竹），地板铺有三四尺见方的木板，其上在自然石之上置围炉，此即做饭之处。围炉的上方吊有竹制的火棚（供谷米干燥之用）。竹子不仅用作建房的建材，而且也用作在河边打水的容器等生活用具。男子蹑木屐，女子跣足，以白布卷头结于额端（亦有用黑色或带花纹的布者），女性外出头戴竹笠。所谓“酋目”，即土官及其族和土目等统治阶级（以下称土官阶层）。土官阶层的妇女胸前有两条披肩而垂的红带。女性的短裙多襞褶（亦有外出时以裙脚束于臀部者）。普通民众以头巾包头，而土官阶层多戴毡帽。外来寓居者（汉族）多束发，而土官阶层多披发，和汉族不一样。①

根据这条记载，可知当时土官地区壮族的住宅和服装样式之大概。就土官阶层而言，男性的帽子和女性的披肩（此虽俭朴，然其状类中原统治阶层妇女礼服所用之披臂“霞帔”）与普通民众不同，此即土官阶层与其属民区别之标识也，可以推测有维持治下土官地位之目的。土官阶层的服装有不具体之处，关于这点，高熊徵《郢雪斋全集》后集一《请正风俗条陈》云：②

一、禁士子之妻穿蛮服。夫衣者，身之章也，妻者，身之配也。士既侧身儒林，必当仪型妻子。思明虽系土司，立学已多年，所辄见土司妇人椎髻、黑齿、跣足、撒鞋，袖大可以摇风，衣则仅蔽乳上，裙虽系于乳下，长至拖地，俯仰之间，肌肉尽露，在彼土人，固无足怪……今纵不能尽变其蛮俗，亦宜首严士人，倘有生员之妻，仍然蛮服，责令学官申报，戒饬示敬。秀才之家既变，则头目客民相观而化不难矣。

① 徐弘祖：《徐霞客游记》，团结出版社1996年版，第327页。

② 高熊徵：《郢雪斋全集》后集一《请正风俗条陈》。

这是康熙二十六年（1687）思明土府教授高熊徵为变当地土官阶层之风俗而上广西提督学政陆祚蕃呈文的一部分，具体记载了当时土官阶层的女性服饰。因其乃当时壮族女性的普通服装，土官阶层并未有疑问。这种服装，在创设府学之后，土官阶层的子弟成为儒林的成员——生员、秀才之后而没有变化。因此，高熊徵从民族中心主义的观点出发，提倡变革。值得注意的是，变革不是由土官阶层首倡，而是由流官方面提出。另外，此文并未将土官（男性）的服装列为变革的对象，因此，可推知其与汉族统治阶层的服装相去不远。关于这点，道光《白山司志》九·风俗·服饰条云：①

土人衣尚青……妇人则纯青，行路以青布一幅卷于发上，短衫长裙。裙其宽而折，极细……未嫁女项挂银圈，耳悬灯笼……银簪长尺许，横贯于髻，出入林木，频侧其头，恐挂碍也。平日皆跣足，遇年节及喜庆宴会，男着袜履，女蹑花鞋，悉以布为之。绫锦绸缎，富绅家或间用之。若僻远村民，则有终其身未一睹者。官族（土官）服饰，悉如汉制，男冠女冕，颇称华美。然纨绮之服，金珠之饰，唯有大庆贺事始用之。常日则青纱裹髻，大衣裁衣，仍敦素云。

在清末之白山巡检司，土官阶层几乎与中原统治者着同样的衣服，与保持壮族传统的属民成鲜明的对比。土官阶层始用“纨绮”、“绫锦绸缎”，此风亦及富绅之家，但平时卷黑色的包头，部分保持壮族的习惯。

更之，关于属民专用黑蓝之衣，根据覃桂清的报告，在忻城土县有属民禁着白衣的规定，连用白纸扇也不行。② 还有，在安平、太平、万承、全茗、茗盈、下雷等多个土州，土官禁止土民

① 道光《白山司志》卷九·风俗·服饰条。

② 覃桂清：《广西忻城土司史话》，广西民族出版社 1990 年版，第 39—40 页。

着白衣，下雷土州的理由是因为白色是高贵等级的标识。

关于与社会地位对应的颜色的观念是明确存在的，但是，应注意到与中原皇帝专有黄色的常识不同。基于宋代的事例和《徐霞客游记》的记载，以及1950年进行的实地调查等相关上述记载，[①] 上述土民禁用白色似在清末时期，白色为土官阶层所专有是清代以降的事情。还有，在各土州，红色和带花纹的衣服、绢绸和洋布做的衣服，加上长衫棉袍、马褂大概也为土官阶层所专有，[②] 土官专有的范围有扩大的趋势。

由上可知，明末时帽子和妇人的披肩在某种程度上是土官阶层的专有之物，清代以降，土官专有之物扩大到颜色和材料、样式。明末清初，土官的妇人的衣服尚有浓厚的壮族气息。清中叶以降，能见到很强的汉族元素（但是部分保留壮族元素）。这起到维持土官地位的作用。此外，接受汉族服装的过程中，土官阶层不仅吸取了汉族服装中区分社会阶层的要素（长袍、绸衣），而且还保留了与汉族观念不同的要素（如与中原皇帝专用黄色不同，壮族尚白）。

二、住宅

关于住宅，上述《徐霞客游记》提到是干栏式住宅。这种形式的住宅在广西是壮族地区的特征，在宋代的相关记载里就能看到，在明末清初也能广泛见到（自荔浦县至平南县流官地区），是区别交错而居的壮族与汉族的指标之一。关于土官地区的具体事例，《徐霞客游记》中隆安县的例子，流官地区（隆安

① 广西壮族自治区编辑组：《广西壮族社会历史调查（四）》，广西民族出版社1987年版。

② 广西壮族自治区编辑组：《广西壮族社会历史调查（四）》。

县）的农村住宅是有基础的平房，房顶砌瓦，炊事用灶，与土官地区住干栏式住宅、炊事用围炉截然不同。由此可知，当时在土官地区和流官地区的住宅和其内部的厨房在形式上是不同的。

关于土官阶层与属民的住宅的区别，虽曰土官，却也是中原王朝所任命之地方官，就其任务而言，可以推测其住宅备有与衙门相应的威容。关于这一点，康熙《思明府志》三·秩官·公署条所引（嘉靖）《旧志》记载，元代黄克顺创设衙门以来，是苫顶的建筑，明代中期宣德年间，土知府黄堈之时改为瓦房顶。[①] 另外，据同书二·疆域·城池条，成化年间黄堈之孙黄道在任之时，对衙门进行大规模改造，建成了周长 894 丈、高 9 尺、厚 6 尺的府城。[②] 还有，太平土州的衙门“旧以苫覆之”，宣德年间“始易陶泥”，正德年间，衙门迁址。[③] 另据《徐霞客游记》十月十九日·太平土州条，衙门为瓦顶，另有数千家民宅鳞次，悉为“茅盖土墙”。[④] 据万历《太平府志》三·各土州县条，治下多数土官至万历年间，有正堂 3 间、东西厢各 5 间、仪门 3 间、鼓楼 3 间、土官廨舍 2 至 5 间，以备威容。[⑤] 不仅建材发生了变化，建筑的配置也发生了变化。由上可知，明初创建土官衙门之际，与民居相差不大，后至明中叶以降开始改建，至明末已威容备至，与民宅有明显的不同。到了清代，道光《白山司志》风俗·居处条云：[⑥]

近圩市人家房屋，富者架木覆瓦，四壁或装木板，或砌土砖火砖，另作鸡榯牛圈于宅旁：贫者架木盖茆，四壁以牛粪和泥涂

① 康熙《思明府志》三·秩官·公署条。
② 康熙《思明府志》二·疆域·城池条。
③ 嘉靖《广西通志》五一·外夷·土官属流沿革条。
④ 徐弘祖：《徐霞客游记》，第 294 页。
⑤ 万历《太平府志》三·各土州县条。
⑥ 道光《白山司志》风俗·居处条。

垩，鸡豕与人杂处。其居乡村者，无论瓦盖草苫，皆作上下两层，人处其上，牛、羊、鸡、豕处其下，名曰栏房。客至亦宿于上，人畜只隔一板……官族则瓦层鳞次，墙宇修整焕然，有中州富官之气象矣。

对于属民来说，都市近郊的富者居瓦顶、人畜分居之房，贫者为茅顶的干栏式建筑；乡村无论是瓦顶还是茅顶都是干栏式“栏房”。官族与中州之富官有形制相同的住宅。属民中因其经济条件而产生差别，还有贫家以泥土涂壁。此外，在乡村还有瓦房顶，与徐霞客时代相比已有变化。总之，土官阶层的住宅已和汉族统治者的住宅形制相同。现在著名的土官衙门要数忻城县壮观的四合院建筑。①

此类土官衙门在明代特别是明中叶以降导入了汉族元素，这有必要从土官对治下统治方面分析其目的。土官原则上是嫡子继承的世袭制，在明代常发生族内继承之争，有时其他土官也卷入以武力相争。前述思明土府黄道建设府城的动机，即是其祖黄堈和其父黄钧因其叔祖叛乱而被杀。从军事上看，常有将衙门迁往地势较好的地方，或进行扩建改造的必要，这对于加固土官不稳定的地位有重要意义。此外，关于土官的民宅政策，民国《雷平县志》三・社会・风俗・居住饮食条云：

在土制时期，所有民房皆在限，檐矮泥壁，到处皆然。唯墟市屋类皆平房，农村多属高栏。

城镇居民的住宅很低的土壁平房（农村的干栏式住宅却没有房高的限制）。此外，各土州普通民众的建材用火砖，禁止有比

① 覃桂清：《广西忻城土司史话》，第 40 页；谷口房男：《広西における土司制度の一齣——とくに城県土司衙門を通じて——》，东洋大学《アジア・アフリカ文化研究所研究年報》（1991）26 号，第 23 页。

土官阶层住宅高的建筑。① 县城的民宅以高 7 尺、8 尺的居多，也高 5 尺、6 尺出入不得不低头的民宅。② 据此可知土官对民宅有限制，但限制的对象是城镇建筑的高度和建材等，农村的干栏式住宅完全没有改变。

综上所述，自明代以降，土官的衙门和住宅的建筑导入汉族的元素，至清代时已看不到与汉族的不同，其背景不仅是土州变成了中原王朝的地方行政单位，并且也是为了维护未必稳定的土官统治的必要。此外，土官对城镇民宅进行限制，对农村传统的干栏式住宅却不加以限制。这项政策实行的结果是，在土官治下中原的宫殿式建筑唯衙门而已。可以推知，土官住宅的汉化有维持、强化其权威的作用。

三、食文化

关于壮族的食文化，首先《徐霞客游记》崇祯十年十一月二十九日 · 都结州 · 相村条记有：将鱼切细盛以大碗，葱姜切丝，拌以盐、醋，即为鱼脍。徐弘祖终未食之，而只食肉饮酒。③ 这虽是农村的饭菜，从与都结州知州同行来看，这根据土官的指令，由当地的壮族献上的最好的菜肴。此外，据《广东新语》一四 · 食语 · 脍条，粤东（广东）人切生鱼浸于蜜酒，喜好入药味的鱼脍；粤西（广西）人好吃用甕久腌的鱼。女子出嫁之际，要陪嫁数十甕鱼，能做酸甜且香的上等鱼脍的新娘是好媳妇（这种鱼在广东罗定州也深受喜爱）。与上述《徐霞客游记》的记载相印证，鱼脍在两广地区是共同的食品。此处关于鱼

① 广西壮族自治区编辑组：《广西壮族社会历史调查（四）》。

② 覃桂清：《广西忻城土司史话》，第 40 页。

③ 徐弘祖：《徐霞客游记》，第 324 页。

的记载并不详细，可能是加入盐、麹一起放入甕中，密封腌制的一种鱼生。

道光《白山司志》风俗·饮食条有如下记载：①

土人晓起，即嚼槟榔。客至不事，茗荈以为敬……（苦笋）去壳置瓦坛中，以清水浸之，久之味变酸……又有酸糟，乃以米汁浸熟饭为之。二者价廉工省，无论贫富比户皆有，而辣椒则尤，每饭不离者。年节宴客，唯用鸡鸭鱼肉，而不知海味为何物，富绅官族间用之。然珍馐罗列中，亦必佐以辣椒……酒有单熬、双熬、三熬、四熬之分……富厚家恒双熬，待客则用三四熬。贫人第饮，知单熬，名曰烧酒，又名水鬼冲，言其味如水也，淡若南酒，北烧则唯司官（土官）有之。

清末白山土司的土官阶层（及富绅），吃包括海产品的珍味，饮北方式的高度烧酒，与属民不同，而调料好用辣椒与属民相同。同志还记载了属民保持了好吃槟榔的习惯，同志冠婚条还表明，土官重视槟榔作为聘礼的作用，在这点上可以说土官与属民有相同的习好。民国《思乐县志》九·杂志·土官威权条记载，土官夫人爱食槟榔与扶留，特定的属民每年纳贡扶留，可为其傍证（但槟榔未必是壮族所独有，而是两广地区都喜好的食品）。②

还有，关于安平土州的田地分类和农民负担内容，民田的农民，在年节之际去土官衙门做粽子，是为“煮粽田”。安平市街近郊的百沙屯是官田，每年农历 8 月 15 日，村民采集蜂巢，把幼虫进贡给衙门（土官将蜂和糯米一起炒食）。另外，官田下利屯，正月 29 日，采集艾草等（和糯米一起做糍粑的材料）送到土官衙门。5 月 3—4 日（端午节）进贡做“凉粽”的材料。正

① 道光《白山司志》风俗·饮食条。
② 民国《思乐县志》九·杂志·土官威权条。

月向土官进贡糯米食品在各地可见。① 上述资料应该是以清末为对象的，喜爱糯米食品壮族的先民即有，而现在依旧保持。虽然汉族在端午节时也吃粽子，但对糯米的爱好，壮族明显更胜一筹，并且作为节日食品而受到重视。土官常以大碗食鱼肉山海珍味，接待客人之际用40种菜肴，但年节之际和普通壮族人一样，用传统的节日食品。②

综上可知，特别自清代以降，土官享用中原式的食品，这点是统治阶层与属民的区别，同时，在年节之际土官用壮族喜欢的传统糯米食品，还保持着对两广地区共有的对槟榔和鱼生的嗜好。

四、婚姻习俗

关于婚姻习俗，首先《白山司志》风俗·冠婚·司册条有如下记载：③

土人婚姻不用庚帖，但槟榔一榼、戒指一对送，谓之吃准口。行聘亦以槟榔为重，富厚家以千计……其次送酒肉糕饼，捻以多为贵。首饰甚简，惟银簪、手钏、戒指数事而已。聘金不论每寡，称家有无。迎娶之日，有力家与近圩市者，用四人或二人肩舆，结彩紬于四角，鼓乐导引，爆竹声不绝于道。其贫而居深山乡僻者率步行，新妇手张雨盖，群妇女围而送之。交拜之后，亲朋围坐饮酒，唱土歌达旦乃散。官族则行六礼如汉族，惟纳采亦尚槟榔，盖相沿土俗。

汉族的婚姻六礼，即纳采、问名、纳吉、纳征、请期、亲

① 广西壮族自治区编辑组：《广西壮族社会历史调查（四）》，33—46页。
② 广西壮族自治区编辑组：《广西壮族社会历史调查（四）》，80页。
③ 道光《白山司志》风俗·冠婚·司册条。

迎。上述记载中，土人（属民）只赠与槟榔和戒指，不用庚帖。婚资以槟榔为主，此外，赠与银制的首饰，现金的数额不一定，视其家之财力支付相应的数额。婚礼当日，有力之家和近墟市而居者，新妇乘肩舆，乐队先导，放着爆竹出嫁，与汉族的习俗相仿。贫困山地居民结婚时，新妇撑着伞，诸妇人簇拥着步行出嫁。夫妇在夫家行交拜之礼后，亲友唱着土歌、坐饮至天明。另一方面，土官阶层沿用汉族六礼，而结纳用槟榔。

由上述记载来看，属民结婚时，出嫁之时与男方行交拜之礼等部分显现汉族婚姻的元素；同时，出嫁之时和新娘同行的妇女（即伴娘）的存在，结婚当天进行对歌等显现壮族婚姻的独特性。另一方面，有力之家的出嫁队伍强烈显示出汉族要素，再到土官阶层，几乎完全是汉族的方式。

此处尚未言及通过对歌选定配偶、同姓婚、结婚后新娘回娘家至怀孕后正式住进男方的习俗，以及嫁妆在新娘怀孕后住进男方时支付、入赘婚与嫁娶婚并行等壮族传统的婚姻习俗。关于这一点，上述《郢雪斋全集》前揭条云：①

一、禁同姓为婚。夫娶妻不娶同姓，礼所文昭昭。买娶妆不知其姓，尚卜之何可艸艸。土官地方婚娶，唯身家年貌是问，不论同姓以至侄妻，具姊妹归其弟，渎伦莫大焉，已往虽不可救，将来亦当禁止。

清初，在土官阶层间，婚姻不避同姓，仅问身家年貌，属于同一父系宗族的近亲者的婚姻受到批判。“不以同姓为嫌，土官族亦然。”② 土官阶层不避同姓婚的同时，婚姻在同一阶层内进行。关于这一点，各土州都有这样的事例。土官的正妻必娶自其他土官家，官族和土目的婚姻也在同一阶层内进行，禁与属民结

① 高熊徵：《郢雪斋全集》后集一《请正风俗条陈》。
② 民国《思乐县志》土官威权条。

婚。根据“门当户对”的原则，就不难想象是保持对属民的统治力。因这方面的因素较强，可以推测土官阶层不实行选择配偶的对歌和不落夫家。在高熊徵指出的情况中，没有对同姓婚以外的壮族传统婚姻习俗进行批判，可以证实这个推测。关于对歌，在安平土州土官每年于二、七月举行歌会，与当地的女子进行对歌，这不是为了选择配偶，而是土官的娱乐行为。① 另外，忻城土县中的属民中有“仔大出家、女大招郎”的说法，可见女子留家招赘的习俗。土官与汉族一样，入赘婿没有继承权，在没有继承者时，从侄、弟等父系近亲中过继认养。清代土官在婚姻习俗上汉化程度相当高了。②

此外，土官从其他土官家娶正妻时，土官亲自带着官印去迎嫁，新娘乘花轿时，官印就挂在她的脖子上（一称“印妻”）。③这对于娘家、对于是强敌的其他土官是一种政治行为。同时，土官的正妻参与政务，这是当时壮族土官可能的政治体制的反映，流官地区没有“印妻”的习俗。

土官不仅将属民的通婚范围固定化，而且给婚礼加以种种限制。万承土州嫁娶之时禁用乐器（铜锣、喇叭），新娘禁乘轿（但汉族例外）。④ 上中等家在土官时代得张全红官伞（或红顶蓝边）、敲大锣一对，燃三响地炮，吹首筒喇叭，开龙凤鼓旗。三等家为土官及上等家禁制，不准援用。男家备一新花轿，附各红封，分别予加乳金、开门、点礼、梳装、打扮、入轿等礼金，均由二毛至一毛。⑤ 备猪羊鸡鸭鹅各一对、白银三百两等礼，动员

---

① 广西壮族自治区编辑组：《广西壮族社会历史调查（四）》，第 44 页。

② 覃桂清：《广西忻城土司史话》，第 161 页。

③ 广西壮族自治区编辑组：《广西壮族社会历史调查（四）》，第 79、第 144 页。

④ 广西壮族自治区编辑组：《广西壮族社会历史调查（四）》，第 120 页。

⑤ 民国《凤山县志》三·社会·风俗条。

三班六房人马，亲兵、练勇为护卫，有长号、鼓手，打着三六之旗（龙凤虎、金鼓令旗、三角旗、蝴公旗等），民夫一二百人从之，乘带玻璃窗的花轿，① 如此豪华的迎亲队伍是土官的特权。

土官阶层在婚姻习俗上导入汉文化元素，并对属民进行限制，以实现对汉族婚姻习俗的专有。但土官也并未完全袭用汉族的习俗，土官进行同姓婚之外，还参加对歌，即使不过是娱乐，彼时也在当地的村庄征发人夫、酒食还有对歌的女性，对壮族传统文化的追求是土官进行此类活动的根本动机。并且在流官地区渐渐禁止对歌，而并未见土官积极地推进禁止政策，对于不落夫家也是如此。这是抑制属民的汉化，通过土官阶层对汉文化的专有，以保持对属民的有力统治。

综上可知，土官在婚姻习俗上积极地导入汉文化，在清代汉化程度相当高。另一方面，通过对属民的各种限制，并固定通婚范围（这也起到维持土官地位的作用），土官阶层专有汉族婚姻习俗。土官还有参加对歌、“印妻”、同姓婚等习俗，显示他们未必全面否定壮族文化而完全代之以汉文化。

五、年节

最后讨论年节。道光《白山司志》风俗·节令条有云：②

土人元旦戴冠蹑履，赴邻里亲作贺，谓之拜年。亲友具糕粽鸡黍留饮。亲友来亦挽留酒饭。其余上元、上巳、端阳、中秋、重阳各节，皆不知也。所重者，清明、中元二节。清明日，备纸钱、酒肉、羹饭，男携筐、女挈榼，齐赴祖先坟前拜祭。祭罢席地轰饮尽醉而归。凡祭之坟，皆插青竹一支，挂长白纸

① 广西壮族自治区编辑组：《广西壮族社会历史调查（四）》，第144页。

② 道光《白山司志》风俗·节令条。

钱……谓之挂青。中元，名为鬼节。祭先之余，墟头山角，偏焚纸钱，云给野鬼。不焚者，辄有鬼作祟，须召巫禳解。故土人于此节，尤兢兢焉。官族亦于此二节之时祭扫先墓。中元司官具酒馔、纸钱、纸锭赴郊外祭孤，族人好善者购冥件附而燃之，盖即州县祭厉坛之意，其他节令悉与中州同。

当时白山土官地区，过元旦（春节）、清明节、中元节，不过上元（元宵）、三月上巳节、端午节、中秋节、重阳节。属民在春节与亲戚友人相往来，行拜年之礼，以酒食祝新年的到来。清明节带着纸钱、酒饭等供品去扫墓，祭拜之后，一家于墓前聚而饮食，在墓上插上吊着长长的白纸钱的青竹（挂青）。中元节在自家祭祖，此外，在墟市的入口或山隘之地燃纸钱给野鬼。民间在春节之外重视清明、中秋二节，土官阶层也一样，他们清明扫墓，中元节准备供品和纸钱去郊外，将纸钱和纸锭烧与孤魂。这与流官地区在厉坛祭孤魂的行为相仿。

春节贺年和清明扫墓明显是接受了汉族的风俗，上述记载中清明节扫墓的方式与汉族相同。中元节的时期和祭拜方式也是从汉族学过来的，可能害怕孤魂的观念在受汉族影响之前就存在，因此属民对孤魂才会非常战战兢兢，所以才会在因某种原因而错过烧纸钱时，通过巫师来行祓除之仪。另外，作为节日的食品，春节是粽子、糍粑等糯米食品，这些是汉族元素和壮族元素并存。

清末的白山土官在清明节扫墓上汉化程度很高。看一下其他土官的事例，在万承土州，土官衙门于12月29日、30日进行年末大扫除，至正月2日由属民提供劳役。在此之前，土官巡村，属民进贡春节用的鸡（去势）、糯米、水果（柑）。春节时土官接受各村的乡老的拜年之礼，乡老此时不得不各进贡鸡一只、白米十斤。住在农村的土目“四姓目家”，与近郊的村民去衙门舞龙，为土官贺年。[①] 安平土州年末征属民在衙门贴春联，春节各村“吏目”和属民叩拜土官贺年。往往强调土官的征发，活动里不仅有贴春联、大扫除、贺年、舞龙等汉族元素，也有吃糯米食品的壮族元素。[②]

此外，万承土州土官在五节（立春、端午、中秋、冬至、岁末）从各村征钱，在壮族民间地区不普及的立春和冬至也活动。[③] 万承土州仪式的内容不清，有关于思明土府和南丹土州立春仪式的记载如下：

（A）康熙《思明府志》一·分野·时令·（嘉靖）旧志条云：[④]

立春礼仪是本府向未行，嘉靖二年（1523）督备方公震，始教塑土牛、作芒神。至期集耆民喧鼓乐迎春于东门。人执麻豆洒牛，云消豆疮之疾，仍扮寿仙之舞，设演春戏，同僚属为宜春之饮。翌日鞭牛。

（B）民国《河池县志》二·舆地上·风俗·南丹土州条云：[⑤]

土官于二月间择吉日出行传谕，各哨目、各团首暨土制所设总头目，先前一日齐集州厢。次日各执其官、盛仪卫列队出于东郊。各头目以次称贺，随放三排头火枪，旋即回署。土官即设宴、款各头目。其前夕，使人于土署后山上发号放炮，立白旗一面，以白鸡、白犬祭之。

---

① 广西壮族自治区编辑组：《广西壮族社会历史调查（四）》，第108—112、120页。

② 广西壮族自治区编辑组：《广西壮族社会历史调查（四）》，第22、35—36页。

③ 广西壮族自治区编辑组：《广西壮族社会历史调查（四）》，第109页。

④ 康熙《思明府志》一·分野·时令条。

⑤ 民国《河池县志》二·舆地上·风俗·南丹土州条云。

中国以立春为农事之始，有鞭打土牛的活动（春牛，原为土制，清代以降以纸糊）。（A）是中原王朝方面开始主导的经过，与中国的“打牛”完全一样。这是土知府黄泽之时，思明府在黄泽的下任黄朝之时引入了元宵节燃灯活动等，明末时期积极地引入汉文化，这不仅是土官对汉文化的憧憬，对于“往往因其势力弱化而为土民所驱逐、弑逆”的左江流域的土官来说（如前所述思明府因继承权之争而有土官被害），是“籍中国之威令以保地位”。[①] 对汉族节日活动的忠实的模仿表现出土官这样的政治目的。另一方面，（B）与汉族的节日活动有非常大的不同。首先，时间不是立春而是二月，再之，土官与治下属官、仪仗赴州城东郊，并没有打土牛。但是，土官率属官去东郊，属官庆贺土官，打完号炮之后，土官在衙门慰劳属官等一系列的行动与中原的立春仪式相仿。在这个环节，土官接受了中原的活动，但本来是立春活动核心的有劝农之用的部分（鞭打土牛以告农事之始）被省略，只引进对土官的治下统治有重要作用的部分（属官拜贺土官，土官慰劳属官）。右江流域的土官颇称强势，明末时常常违背朝廷的命令，南丹土州也坐拥精兵，为其他土司所惮，只广西屈指可数的有力土官。在接受汉族的节日活动以保持治下统治的政治目的上与思明土官是一样的，但土官的情况不同，在接受时有所差别。

像这样，土官部分接受汉族的节日活动或者在接受时进行变化的事例，还有下雷土州的开耕节和霜降节。前者，五月于州城郊外的某村里，首先由土官杀猪牛以祭神农，其次在装满水的盆中将朝廷赐的官印浸数次，以其水注入田中。在其他村庄，土官阶层举行开耕节仪式，村民开始耕田，[②] 但其时间不是立春，也

① 王士性：《广志绎》五 · 西南诸省 · 广西条。

② 广西壮族自治区编辑组：《广西壮族社会历史调查（四）》，第185页。

不用锄，但在首长奉牺牲以祭神农，先于属民进行农耕仪式这点上与中原的“藉田”类似。此外，从以官印为道具这点来看，土官的正统性是以依靠朝廷的权威而树立的，从其正统性的再确认这点来看，仪式有政治目的。在后者的霜降节，为记念明朝镇压倭寇而立下战功的雷州土官许文英、岑玉音夫妇，而参诣其庙，进行三天三夜的对歌。[①]和中原的霜降节祭“军牙、六纛神”的活动相比，祭祀与战争有关的神是共性，从祭祀对象是实实在在的土官这一点能看到活动的变形，同时，进行对歌是壮族的要素。前述（B）的事例，所立之旗非中原的青色（东方之色），而是壮族所尚的白色（汉族观念中为西方之色）。

其他含壮族元素的节日活动有，正月末的节日活动、三月三扫墓、对歌等。安平土州的下利屯于正月29日采集“样爱”（艾草的一种）进贡到土官衙门，这是作糍粑的材料，正月末做加入野草的糍粑，以庆祝正月结束，是壮族的风俗。另外三月三去土官的墓地承担杂役，[②]此处扫墓并非在清明节而在三月三进行（在壮族地区三月三扫墓是更古老的方式）。还有如前所述，土官在四月去村庄对歌（太平土州的土官二月和七月也参加对歌）。土官过立春、端午、中秋、冬至等中原的节日，另一方面，也进行壮族传统的节日活动。

由上可知，土官接受汉族的节日习惯，但另一方面，同时保持糯米食品和正月末的节日活动、三月三扫墓、对歌等壮族元素。土官中在扫墓的时间上有地区差别（有清明节去的），土官接受汉族的节日习惯（思明土府在明末积极地接受）之际，有全盘接受和部分接受（乃至加以变更的）二种情况，这有土官为加强统治的政治目的，因此，各土官以与实际情况相适应的方

① 广西壮族自治区编辑组：《广西壮族社会历史调查（四）》，第165页。

② 广西壮族自治区编辑组：《广西壮族社会历史调查（四）》，第41、第88页。

式接受汉族的节日习惯。

六、结 语

本文所讨论的内容是：首先，土官阶层很早就接受汉文化，却通过对属民进行限制而以对汉文化实行专有。土官专有的内容：服饰方面，除帽子、妇女的披肩（明代）之外，还涉及衣服的颜色、材料、样式（清代）等；住宅方面，在明初很简单，明中叶以降渐用中原的形式，但却对城镇民宅加以限制，因此在土官治下，壮观的四合院式宫殿建筑只为土官衙门所独有；食文化方面，特别是清代以降，土官开始享用中原式的食物；此外，在婚姻和年节活动（特别是明代以降）中引入汉文化。

土官接受汉文化有其政治意图。土官地位的树立要以朝廷的权威为后盾。明中叶以降，继承权之争和土官之间的纷争频发，土官在地位动摇的情况下，为巩固其统治，对属民进行各种形式的限制，以使自己与属民区分开来，以汉文化作为主张自己权威和权力的标识。在年节活动方面，不仅有对汉文化的全面接受，也有部分接受（乃至加以变更）。这有加强其治下统治的政治目的，但接受方式因土官的情况不同而不同。

这样，土官接受汉文化，但也保持壮族的传统文化，诸如：衣服的颜色（尚白），清代中叶以前妇女的服装，作为节日食品的糯米食品，鱼生、槟榔等两广地区共同的食品乃至嗜好之物，同姓婚，参加对歌，正月末的活动，三月三扫墓等。

土官对属民加以种种限制，但是这大体是限制属民接受汉族的元素，他们并没有实行否定壮族文化传统的政策。今天，广西西部的壮族地区保持比较浓厚的传统文化，上述土官的政策在其中起到一定的作用。过去的研究中动辄强调土官对属民榨取的一面，而这是土官的另一面。

读《成吉思汗与今日世界之形成》

中央民族大学历史文化学院　潘瑞国

〈Genghis Khan and the Making of the Modern World〉[①] 书名汉文可译为《成吉思汗与今日世界之形成》[②]，2004 年出版于美国纽约皇冠出版社。作者 Jack McIver Weatherford，中文有人译为杰克·魏泽福（本文用此译名），是美国明尼苏达州（Minnesota）圣保罗（St. Paul）马卡莱斯特学院（Macalester）人类学（anthropology）教授。他在加利福尼亚大学圣迭戈分校获得博士学位，又在蒙古成吉思汗大学被授予人文荣誉博士学位。〈Genghis Khan and the Making of the Modern World〉是杰克·魏泽福的得意之作，此作品使他于 2006 年被蒙古授予北极星勋章（Order of the Polar Star），这是蒙古授予外国人的最高荣誉。

杰克·魏泽福出生在南卡罗来纳州哥伦比亚，他是七个兄妹中的老大，他的父亲阿尔弗雷德·魏泽福是美国陆军中士，所以家庭经常搬迁。他们家另外六个弟妹出生在美国东南各州和德国南部等不同的地方。现在，杰克·魏泽福生活主要往返于蒙古和

---

① Jack McIver Weatherford：*Genghis Khan and the Making of the Modern World*, New York：Crown Publishers, 2004，ISBN0－609－80964－4.

② ［美］杰克·魏泽福著，温海清、姚建根译：《成吉思汗与今日世界之形成》，重庆出版社，2006 年。

南卡罗来纳州查尔斯顿之间，查尔斯顿也是他的孩子们住的地方。魏泽福 1967 年从南卡罗来纳州大学本科毕业获政治学学士学位，1972 年，他被南卡罗来纳州大学授予社会学硕士学位，1973 年他很快又被授予人类学硕士学位，1977 年他在加利福尼亚大学圣迭戈分校获得人类学荣誉博士（哲学博士）学位。他后来又去杜克大学政策科学研究所进行博士后研究。他在电视和广播节目中也表现出色。包括"今日秀"（"The Today Show"）、ABC 夜新闻（ABC Evening News）、美国之音等和从玻利维亚到蒙古等国际节目。除了〈Genghis Khan and the Making of the Modern World〉，他的其他著作如《印第安给予者：美洲印第安人怎样改变了世界》（〈Indian Givers：How the Indians of the Americas Transformed the World〉[①]）写于 1988 年，叙述了美洲原住民从不同方面对当今世界文化、制造业、制药业、市场和生活的其他方面作的贡献，该书还有意大利、法国、德国、西班牙、日本版本；《土生土长：印第安人怎样富裕了美国》（〈Native Roots：How the Indians Enriched America〉）写于 1991 年；1995 年出版的《野蛮人和文明：谁将生存?》（〈Savages and Civilization：Who Will Survive?〉[②]），探讨当今世界各种文化之间的冲突；1997 年的《货币的历史》（〈The History of Money〉[③]），该书入选读者从美国本月图书俱乐部公司邮购的保留图书。美国最大的金融服务公司之一嘉信理财集团（Charles Schwab）评价说这是一本值得读的书。写于 2010 年的《蒙古皇后秘史：成吉思汗的女儿们怎

① Jack McIver Weatherford：*Indian Givers：How the Indians of the Americas Transformed the World*. New York：Grown Books. Paperback edition，1989.

② Jack McIver Weatherford：*Savages and Civilization：Who Will Survive*? New York：Crown Publishers. Paperback edition：New York：Ballantine（1995）.

③ Jack McIver Weatherford：*The History of Money*. New York：Crown Publishers. 1997.

样拯救他的帝国》(〈The Secret History of the Mongol Queens: How the Daughters of Genghis Khan Rescued His Empire〉[1]),该书是对成吉思汗的女儿们、女性后代们、不同的蒙古皇后们的影响和遗产的记叙,魏泽福使用了蒙古、中亚、波斯、欧洲和中国的资料和一些英文德文的二手资料,分析了蒙古帝国中蒙古女人的角色。这些女人的历史并不很为人所知,这本书描述了不同的蒙古皇后和公主,她们中有摔跤者、武士、外交家、学者、双胞胎的母亲,讨论了她们对蒙古国家命运的影响,对现代蒙古人的影响,乃至对世界的影响。该书被译成蒙文、中文、汉文、马来西亚文、泰文和俄文。杰克·魏泽福的书在1989年和1992年获得了明尼苏达州图书奖,他在1992年也被美国人类学学会授予人类学媒体奖。1994年,美国基督徒和犹太人委员会授予他大众媒体奖。2006年除了北极星奖章,他还被蒙古国授予外交部荣誉奖章。2010年蒙古国授予他总统勋章。魏泽福研究过玻利维亚、亚马逊等地的群体,他也从事历史分析如美洲印第安人对世界历史的影响。最近几年,他致力于蒙古研究,主要是研究1206年成吉思汗统一蒙古诸部后蒙古的影响。

英文版〈Genghis Khan and the Making of the Modern World〉共分为以下几部分:The Mongol Dynasties, Introduction The Missing Conqueror, Part One The Reign of Terror on the Steppe 1162—1206 1. The Blood Clot2. Tale of Three Rivers3. War of the Khans, Part Two The Mongol World War 1211—1261 4. Spitting on the Golden Khan5. Sultan Versus Khan6. The Discovery and Conquest of Europe7. Warring Queens, Part Three The Global Awakening 1262—1962 8. Khubilai Khan and the New Mongol Empire9. Their Golden

---

① Jack McIver Weatherford: *The Secret History of the Mongol Queens: How the Daughters of Genghis Khan Rescued His Empire*, Crown, 2010.

Light10. The Empire of Illusion, Epilogue The Eternal Spirit of Genghis Khan, Notes, A Note on Transliteration, Glossary, Selected Bibliography, Acknowledgments, Index.

魏泽福的〈Genghis Khan and the Making of the Modern World〉的中译本《成吉思汗与今日世界之形成》，由温海清、姚建根翻译，重庆出版社出版。[①] 中译本的结构为：作者，家族，汉译本代序，导言，消逝的征服者，目录，第一部分 统一蒙古 1162—1206 1. 一块凝血 2. 三河传说 3. 可汗之战，第二部分 蒙古人的世界征战 1211—1261 4. 唾弃黄金可汗 5. 算端与可汗的较量 6. 发现欧洲、征服欧洲 7. 权力场上的皇后们，第三部分 全球的觉醒 1262—1962 8. 忽必烈汗和新蒙古帝国 9. 他们的"金光" 10. 帝国的影子，结束语 不朽的成吉思汗精神。

《成吉思汗与今日世界之形成》叙述了成吉思汗和他的继承人的崛起及对世界的影响。除了各种英文记载，魏泽福还参考了三种不同的非西方材料：《蒙古秘史》[②]（The Secret History of the Mongols），伊朗志费尼的《世界征服者史》[③]（the Ta´rīkh – i jahān – gushā of Juvayni）和拉施德丁《史集》[④]（the Jami al –

① ［美］杰克·魏泽福著，温海清、姚建根译：《成吉思汗与今日世界之形成》。

② 参见余大钧译注：《蒙古秘史》，河北人民出版社，2007 年。《蒙古秘史》记载了大量成吉思汗一生的经历，大部分都是第一手史料，甚至是唯一的记载。尤其是成吉思汗年幼时杀死异母弟别克帖儿、成吉思汗年幼曾被泰赤乌人俘虏但得到赤老温一家私放、成吉思汗的妻子孛儿帖曾被蔑儿乞人掳走、成吉思汗曾投靠札木合、成吉思汗在十三翼之战被札木合打败并退守深山、成吉思汗四位妻子的史事、长子术赤及次子察合台的争拗、窝阔台重病时弟弟拖雷饮下有咒语的酒而死，等等，大量史实在其他史书绝口不提或轻轻带过，却详细地记载于《蒙古秘史》。

③ 参见［伊朗］志费尼著，何高济译：《世界征服者史》，江苏教育出版社，2005 年。

④ 参见［伊朗］拉施德丁著，余大钧译：《史集》，商务印书馆，1986 年。

Tawarikh of Rashid – al – Din Hamadani)。该书开始是介绍成吉思汗黄金家族简单世系，然后是引用了英国中世纪作家乔叟（Geoffrey Chaucer，1340—1400 年）的《坎特伯雷故事集》（The Canterbury Tales）中的四句诗："这位高贵的国王叫成吉思汗，在他的那个时代威名远扬，任何地方，任何地域，都不曾出现这样一位杰出的万物之主。"①

《成吉思汗与今日世界之形成》的第一部分，讲述的是有关成吉思汗出生后在草原上发展壮大的历史，并讲述了从他的生年1162 年，到他统一所有部落并建立蒙古部落联盟的 1206 年间，影响他的人生和性格特征的各种外力因素，他与几个部落的征战，他在统一过程中对客观世界认识的改变和在他行为中的体现。第二部分讲述了蒙古人征服世界的过程，这个过程大约持续五十年（从 1211 年至 1261 年），蒙古人通过消灭金国、西夏、南宋等国家和三次大规模西征，将亚欧大部分领土纳入自己统治之下。这段历史直到成吉思汗的孙子们之间产生矛盾发生战争为止。在第二部分，魏泽福探讨了很多方面的问题，如牧民的饮食和农民饮食的区别和导致他们身体的差异，如草原体制形成的战法，以及对于战争胜负的影响。第三部分讨论了后来的几个世纪世界的演变和人类在成吉思汗大汗国影响下，在政治、商业、军事制度等各方面的变化发展，这些变化发展奠定了今日世界的基础。

魏泽福分析成吉思汗，跟以前西方人认为他是一个杀人如麻的暴君不同，他认为成吉思汗打通了东西交通，对东西方政治经济和文化交流产生了巨大推动作用。东方的先进科技进入西方，促进了西方文明的发展，欧洲开始了空前的技术、贸易、思想等

---

① 杰弗雷·乔叟著，方重译：《坎特伯雷故事》，上海译文出版社，1983 年，第 202 页。英文是："This noble king was called Genghis Khan, Who in his time was of so great renown that there was nowhere in no region so ex – Celllent a lord in all things."

的大进步。成吉思汗在一步步战胜其竞争对手的过程中，发展成了高超的斗争艺术，在扫平世界的过程中，形成了各种战无不胜的战略战术，他是一个优秀的军事家，他以少胜多，采用闪电战等灵活的战略战术，扫平了中国北方游牧民族、南方农业地区的有先进文化的汉民族、中亚信仰佛教和伊斯兰教的民族、欧洲的信仰基督教的民族，同时他尊重宗教信仰自由，将各种民族、各种宗教的人们纳入他的统治之下。他的帝国，东到太平洋，西到地中海、黑海沿岸，南到南海、印度、阿富汗，北到北冰洋。成吉思汗的蒙古大汗国重组了世界版图，统一了原来相互隔绝的国家，为世界组织了新的秩序。魏泽福认为，成吉思汗统一各国后，他的很多政策具有创造性，对世界产生了深远影响。至今，我们生活的各个方面，政治、经济、文化、社会生活的方方面面，都留有成吉思汗和他的蒙古大汗国的痕迹。

魏泽福通过实地考察，对许多仅靠文献无法解决的疑问做出了较为合理的解释："虽然成吉思汗出现在古老的部落时间，但他却塑造出现代世界的商业、交通和大量长期存在的国家，仅这一点就超过其他任何人。在动员专业化战争、促进全球商业和制定持久的国际法准则方面，成吉思汗完完全全是一个现代人。历史以游牧人与农夫之间的残酷战争为开端，以蒙古人融合各种文化为结局。随着年龄的增长，在认识到不同生活方式后，成吉思汗变得更有远见，他努力为他的人民创造出一些全新的、更美好的东西。通过拆除那些使一个个文明隔绝开来的城墙，并将各种文化结合在一起蒙古军队破坏了周边文明的单一性。""成吉思汗离开历史场景已经很长时间了，但他的影响将持续地萦绕在我们这个时代。"①

① ［美］杰克·魏泽福著，温海清、姚建根译：《成吉思汗与今日世界之形成》，第281页。

魏泽福讲述成吉思汗，重点阐述和讨论了成吉思汗建立的广袤大帝国，能够长期存在，而不是像世界历史上一些用武力建立的庞大国家很快解体。魏泽福详细而有条理地梳理了蒙古汗国兴起的过程，在梳理过程中，他认为，在蒙古汗国建立的过程中，制度的设计和实施非常重要，这使整个大汗国能长期运转，保持存在，他的国家的政府官员，来自各个地域，各个种族，各个群体，各个宗教，具有广泛的包容性，同时也选出了世界各地的优秀分子，这种博大包容的选人方式和制度，保证了政府中的工作人员具有广泛的代表性和较强的工作能力。同时，蒙古汗国实行宗教包容的政策，这个政策也具有民主性和进步性。通过军事政府、制度建立和普及，成吉思汗建立了一个庞大的前所未有的跨越亚欧的大国家，这个国家统一了很多民族，政治的统一保证了经济的交流，实现了东西人员、科技、文化的大交通，各地学习到比自己先进的远方的技术、科学，对本地和世界的发展产生了深远的影响。蒙古大汗国后来在成吉思汗的子孙时代分成长子术赤系在俄罗斯建立的钦察汗国，次子察合台系在中亚的察合台汗国，后来合并了三子窝阔台系在中亚的窝阔台汗国，后演变为印度的莫卧儿帝国，四子托雷系的忽必烈在中国的元朝帝国、旭烈兀在伊朗建立的伊利汗国，这四个大国家后来各自传承发展，又演变了几百年。①

《成吉思汗与今日世界之形成》在中国影响较大，喜欢蒙元史的人们读它。姚大力在中译本前言中评价此书为“对蒙古帝国

① Jack McIver Weatherford: *Genghis Khan and the Making of the Modern World*, New York: Crown Publishers, 2004.

史的文化人类学解读”[①]。他论述说：“这本由人类学家撰写的蒙古史著作又一次生动地提醒我们，历史学研究固然应当充分发挥其人文取向的原有传统优势，但是与此同时，它也必须同各种相关的社会科学领域保持全方位的沟通和相互渗透。当代中国的各种社会科学，大都在1980年才重新建立起来。中国的历史研究者和高等院校的历史专业教学，在对于如何吸纳社会科学的理论、观念和方法的问题上，至今仍缺乏最基本的意识。就如同一位文学评论家说过的‘我们都被创新的狗追得连撒尿的时间都没有’。诸如大部头、多卷本、系列著作和各种名目的量化指标，把本来就先天不足的一代专业工作者逼得根本没有再学习的时间和精力，又给下一代树立了很坏的榜样，造成写书人比读书人还多的怪现象。正因为如此，当我读到本书作者叙述一个计划中的收尾式旅行如何变作‘另一个五年的研究’时，我心中充满了一种难以言状的凄凉的感动！这不是一本毫无缺点的书。但是凭着作者在当年心甘情愿地开始‘另一个五年的研究’的精神，我就知道，这是一本值得我们认真去读的书。”[②]

葛剑雄评论这本书说：“作者并不因为他只是想‘讲述’成吉思汗的‘故事’而满足于现有的史料，而是首先进行了广泛的实地考察。作者穿越了俄罗斯、中国、蒙古、乌兹别克斯坦、塔吉克斯坦、吉尔吉斯斯坦和土库曼斯坦，他用一个夏天的时间沿着突厥部落在古代迁移的路线行走，从蒙古远至地中海的波斯尼亚，然后大致遵循马可·波罗的海上航线，从华南到越南，穿

---

① ［美］杰克·魏泽福著，温海清、姚建根译：《成吉思汗与今日世界之形成》，第2页，姚大力代序：《另一种角度的蒙古史》。姚大力也提及了魏泽福作为人类学家，在叙述某些成吉思汗的历史时候，从历史学方面看，他还存在一些不准确之处。

② ［美］杰克·魏泽福著，温海清、姚建根译：《成吉思汗与今日世界之形成》，第9页，姚大力代序：《另一种角度的蒙古史》。

越马六甲海峡到印度、波斯湾的阿拉伯国家，最后到达威尼斯。当他于 1998 年到达蒙古时，本以为这是一个收尾和短暂的旅程，结果却长达 5 年！在此期间，他与蒙古的考古、军事、语言、地理学者紧密合作，将来自 12 种语言的最重要的第一手和第二手文本，跟《蒙古秘史》中的记载进行比较。然后他们对照《秘史》，尽可能复原出历史场景，将断续的故事联系起来。通过大量具体而微的考察，作者比其他学者更深刻地理解了仅有的史料。例如他指出：尽管我们对成吉思汗出生地——斡难河边的小山丘——的准确特征存在争议，例如，显然，有很多沼泽而又长着繁茂树木的河流地带，与宽阔空旷的草原相比是很不一样的，草原是大多数游牧民生活的地方，也是大部分历史学家认同的成吉思汗的成长地。这种区别使得他与其他的游牧民之间的差异变得相当明显。我们随即就可明白，为什么《秘史》在成吉思汗的童年时期经常提及的是狩猎而非放牧。地理条件本身将成吉思汗的早年生涯与西伯利亚文化更为紧密地联系起来，《秘史》所言蒙古人即发源于这种文化，而不是与空旷平原的突厥部族联系在一起。反过来，这些信息大大地影响了我们对成吉思汗战争方式的理解，并影响了我们去认识他是如何将敌对平民视作被驱赶的牲畜，而又如何将敌方士兵视如被追捕的猎物的。”①

《成吉思汗与今日世界之形成》是魏泽福带给好知的人们的礼物，他这部心血之作是继《元史》、《蒙古秘史》、多桑的《蒙古史》、霍渥斯《蒙古人史》、法国人格鲁塞的《蒙古帝国史》之后，又一种了解这段故事的途径。

---

① 葛剑雄：谈《成吉思汗与今日世界之形成》，文汇读书周报。

路康乐著作《满与汉：清末民初的族群关系与政治权力（1861—1928）》评介兼论晚清满汉关系史研究

中央民族大学学校办公室　王　宇

满汉关系贯穿于有清一代，不仅影响社会的各个层面，而且直接影响到清朝统治的稳定大局。可以说，调适满汉关系成为清朝统治者“统治中国的重要课题之一”①。近代以来，随着清朝的声威在帝国主义列强的坚船利炮面前逐渐丧失，满族“二百年控制汉族之雄风”，亦“扫地以尽”，② 而且也处于“革命排满”的漩涡之中。清政府为应付日益严重的统治危机，不得不陆续采取一系列措施，对原来的统治体系进行调整与变革，并且重新审视满汉关系。

1911年10月10日武昌起义爆发，各地纷纷响应，宣布起义或“光复”。辛亥革命一方面结束了在中国绵延两千多年的封建君主专制制度，开创了民主共和制度的新时代；另一方面也结束了以王朝为核心的传统民族关系与国家认同，赋予“中国”这

---

① ［美］欧立德：《清代满洲人的民族主体意识与满洲人的中国统治》，《清史研究》，2002年第4期。

② 孟森：《清代史》，正中书局，1983年，第340页。

个历时性政治共同体以现代意义。然而，由于军阀混战，中国又进入了政治上和军事上的无序状态，新政权在民族关系和政治权力等方面更是显得力不从心，应接不暇。总的来说，满汉关系不仅是中国近代民族关系的重要层面，而且也影响着中国近代历史政治权力的分配。美国学者路康乐（Edward J. M. Rhoad）所著《满与汉：清末民初的族群关系与政治权力（1861—1928）》一书，对于深化满汉关系研究路径以及推进中国近代民族关系史研究无疑具有重要学术价值与启示。

一

《满与汉：清末民初的族群关系与政治权力（1861—1928）》（以下简称《满与汉》）是美国学者路康乐教授（Edward J. M. Rhoad）历经多年潜心研究，于2000年由华盛顿大学出版社出版[①]。一经问世，该书便获得了美国中国史研究的高度关注，于2002年获得“列文森20世纪中国研究著作奖”，并被称之为“今后可能成为满人研究的四书之一”。2010年，中国人民大学出版社出版了由王琴、刘润堂翻译，李恭忠审校的中文版。

这部中文版的《满与汉》全书39万字，共分七个部分，即

① Edward J. M. Rhoads, *Manchus and Han: Ethnic Relations and Political Power in Late Qing and Early Republican China*, 1861 -*1928*, Seattle and London: University of Washington Press, 2000. 参见王笛：《路康乐著〈满与汉：清末民初的族群关系与政治权力（1861—1928）〉》，《历史研究》，2002年第4期；张瑞威：《谁是满洲人？——西方近年满洲史研究评述》，《历史人类学学刊》，第4卷，第1期，第93—112页；盖博坚：《何为满洲人》，载于朱诚如主编：《清史论集——庆贺王锺翰教授九十华诞》，紫禁城出版社，2003年，第499—509页；徐永志、吴磊：《开辟满族史研究的新视野——读（美）路康乐著〈满与汉：晚清到民国初期的族群关系与政治权力（1861—1928）〉》，《满族研究》，2011年第1期。

导言、五个专章与结语。导言，主要以梁启超在《清议报》所发表关于满汉问题的评论为引子，对本书的主旨进行了介绍，并且回应了芮玛丽所持“满汉融合在19世纪中期已经达到了非常成熟的程度”、“民族问题与革命不相关”等观点，指出“满汉融合在世纪之交或者辛亥革命时根本没有完成，民族问题就不会与革命无关”。第一章“隔离与不平等”，针对革命党人反满的缘由，论述了清廷族群隔离政策以及由此带来的政治、经济、司法等各方面的不平等。第二章“慈禧和‘特权制度’”，随着革命排满运动形势的严峻，探讨了慈禧太后被迫实施清末新政，并在满汉关系的处理上进行了调整。第三章“载沣和‘满人权势’”，虽然摄政王载沣继续坚持慈禧太后的改革政策，但是调适满汉关系方面却显得优柔寡断，少有建树。第四章“辛亥革命”，探讨了辛亥革命时期的满汉关系与政治权力斗争。满族统治者最终宣布逊位，而广大驻防地区的满人有的则成为了暴烈民族主义的牺牲品。第五章“辛亥之后的皇室和满人”，论述了在民国前期（1912—1928）和随后的政权下，皇室和旗人在新的时代的生活经历。1949年后，旗人最终从清朝统治下的世袭军事阶层转变为一个民族，即“旗人”转化成了“满族”。结语，朝廷加强集权和强化帝制以及消除“满汉差异”的失败最终导致了知识精英疏远朝廷和革命成功。

通读全书后，笔者认为这是一部值得重视与赞许的学术专著，它在许多方面都有着自己独特的创见与特点，列举数端于下：

第一，研究的开创性。近年来，在国内外学术界，关于中国民族关系的研究已经相当丰富，取得了不少丰富的成果，然学术界“多偏重古代民族关系史而对于近代民族关系史研究较少。一些全国性或区域性的民族关系史，也是或者就写到清代或者是关于近代部分的篇幅较小。这种状况，与民族关系史研究的整体要求相距甚远”。[①] 纵观满汉关系的研究现状，虽亦有不少论著问世，而相对于对清中前期满汉关系的研究，晚清满汉关系研究则十分薄弱，缺乏较为系统与深入的研究。[②] 并且，“满洲”、“旗人”、“满人”、“满族”等概念混淆，运用不当。《满与汉》作为一部系统论述清朝末年至民国初年中国族群关系（满汉关系）与政治权力发展、演变、更替的专著，是关于中国近代满汉关系的前沿研究。作者独辟蹊径，不从革命者入手，更未把重点集中在满族的定义上以及满族对中国民族主义的影响，而是对清朝统治者及其统治集团内部给予了更多的关注与研究。

同时，作者对以下问题也进行了关注与阐释：谁是满、谁是汉？有清一代268年的历史中，满汉在多大程度上、在哪些方面有着显著差别？关于满汉关系，清廷是有所作为还是无所作为，最终因何导致社会精英与之分道扬镳从而放弃了清廷并激发了辛亥革命？辛亥革命时期，清廷统治集团和广大满人的境遇如何？总的来说，辛亥革命后的十余年间，满汉问题依旧没有得到完全解决。直到20世纪20年代中后期，随着1924年皇帝被驱逐出紫禁城和1928年清皇陵被破坏，满汉之间的界限才完全被打破。

第二，史料的广泛性与论述的翔实性。在全面掌握前人研究的基础上，作者进行了艰苦细致的资料收集工作，广泛利用各种中外文档案、图书、期刊资料，对所论问题均有多类史料支撑，为本书的撰写奠定了坚实的基础。同时，对于这些资料作者并未盲目地加以利用，而是本着严谨的态度和科学的精神进行鉴别与考证，纠正了以往研究中出现的一些错误，最终得出了具有创新

① 彭武麟：《回溯与当下——兼论中国近代民族关系史研究的基本对象与路径》，《中央民族大学学报》（哲学社会科学版），2008年第3期。

② 参见拙文：《近三十年来晚清满汉关系研究述要》，《中央民族大学学报》（哲学社会科学版），2011年第4期。

的观点和可靠的结论。比如，作者对“那些把满汉差异最小化的学者们一般认为革命者的反满言辞是纯粹的宣传，指出这些宣传内容空洞，没有实质”的这种观点，进行了细致的论述与回应，认为“满汉融合在世纪之交或者辛亥革命时根本没有完成，满汉依然是在很多方面都互相隔离的两个族群。而大量满人在革命中被抓和被杀也证明革命者的反满也并未只是停留在语言上”。[①]

第三，该书以族群（ethnic）、社会建构（social construction）为主线。本书所指的族群不是自然形成的，而是在不同时期，各种复杂的社会力量造成的一种社会构建，也可以说是在社会交往互动中生成的一种社会关系。从最广泛意义上说，“‘满’就是旗人，尤其是当其与汉人相提并论时”。旗人是由多族群构成，由满洲八旗、蒙古八旗和汉军八旗三个不同族群构成。[②] 而在传统帝国向现代民族国家转型的过程中，满汉两个族群是不断流变，二者之间的关系也是不断流变的，“满人经历了一个长期的‘汉化’的过程，而汉人也经历了反向的‘满化’过程”。[③]族群问题实质上是一种社会问题，而满汉关系在本质上是一种社会差别，反映在他们的地位、生计、职业等方面。

二

纵观全书，路康乐的这部《满与汉》在翔实史料的基础上，论述了清末民初的满汉关系及其对政治权力的影响，具有非常高

① ［美］路康乐著：《满与汉：清末民初的族群关系与政治权力（1861—1928）》，王琴、刘润堂译，中国人民大学出版社，2010 年，第 8 页。

② 路康乐：《满与汉：清末民初的族群关系与政治权力（1861—1928）》，第 359 页。

③ 路康乐：《满与汉：清末民初的族群关系与政治权力（1861—1928）》，第 48 页。

的学术价值，堪称晚清满汉关系研究的一部力作。但同时，也给史学研究者留下了进一步探讨与之对话的空间。其一，台北故宫博物院所藏《军机处档·月折包》、《国书》、《电寄档》、《宪政考察档》、《于式枚传稿》、《大理院统计表》、《收发电档》、《寄信档》以及台北中央研究院所藏《明清档案》等重要档案资料，可资利用。其二，以清末新政时期满汉关系发展演变为研究的中心，系统分析研究清末满汉关系对晚清社会、政治变革、革命进程与民族国家近代转型的影响。原则上“九年立宪”的时间并不算长，那些都是很有建设性的意见，十分不容易。革命党人或许已经知道了“立宪在各省开展起来”，又或许担心“万一清廷立宪改革成功，革命党人就没有了借口”。包括李剑农在内的多数学者，都将清廷的“预备立宪”或当成是遮羞的变法，或是“转移革命党人的视线”。实际上，则不然。对清廷对预备立宪的诚意以及对其相关举措（特别是在调适满汉关系方面）是不应该忽视的，需要重新加以研究。其三，辛亥鼎革，民国肇建，中国社会政治环境发生剧烈变化，满族从清帝国的政治民族转换为民国时期的文化民族，民国政府是如何进行中华民族的构建与国家认同的调适。其四，清朝是一个大一统的国家，亦是一个大一统的政府，并没有所谓很明显的种族意识。清末，排满呼声高涨，反满运动迭起，以孙中山为代表的革命党人标签满汉，一时之间满汉畛域被革命党人夸大渲染以动员汉人社会支持革命。民国建立，革命党人的“驱除鞑虏”随即被“五族共和”的国策所取代。故“排满运动”只是革命动员的工具，并没有坚实的社会基础与观念共识。

同时，该书的中文版存在较多的纰漏，译者没有尽可能细致认真地核实原文与史料，漏译、误译、语法错误及错别字现象比较严重。例如，晚清皇族成员溥伦的生卒年（1974—1926）应为

(1874—1926)；[①] 英文版中第一次鸦片战争的时间为（1839—1842）在中文版中却翻译为（1840—1842）[②]；中文版中的“铁帽子王之一‘善琦’”应为“善耆”[③]；中文版中多次使用的“内务部尚书善耆”，应为“民政部”[④]；中文版中提及“辛亥革命结束了满人对中国长达 286 年的统治”应为“268 年”[⑤]，中文版中提及“他们对清皇的亵渎”应为“对清皇陵的亵渎”[⑥]。这些问题在一定程度上了影响了该书中文版的学术价值，读者在阅读、参考、借鉴时应该加以注意。

三

《满与汉》在清史、满族史、中国近代民族关系史以及中国近代史研究中均有重要的学术价值与借鉴、启示。关于如何深入系统地研究晚清满汉关系，笔者有几点粗浅的认识，不揣浅陋，求教于方家。

首先，何为满汉关系？由于满族的形成与八旗之间的关系，

---

① 路康乐：《满与汉：清末民初的族群关系与政治权力（1861—1928）》，第 21 页，英文版第 22 页。

② 路康乐：《满与汉：清末民初的族群关系与政治权力（1861—1928）》，第 22 页，英文版第 23 页。

③ 路康乐：《满与汉：清末民初的族群关系与政治权力（1861—1928）》，第 91 页，英文版第 71 页。

④ 路康乐：《满与汉：清末民初的族群关系与政治权力（1861—1928）》，第 180、186 页，英文版第 149、156 页。the minnister of civil affairs 应翻译为民政部尚书，而 Interior Ministry 才翻译成内务部，且南京临时政府于 1912 年始设内务部，归大总统管辖。

⑤ 路康乐：《满与汉：清末民初的族群关系与政治权力（1861—1928）》，第 218 页，英文版 173 页。

⑥ 路康乐：《满与汉：清末民初的族群关系与政治权力（1861—1928）》，第 308 页，英文版 251 页“imperial mausoleums”。

以及"满洲"、"旗"、"民"、"满"、"汉"等概念的界定，对此问题，尚需深入探讨研究。

刘小萌指出，"有清一代，'不分满、汉，但问旗、民'。旗人与民人是社会成员的基本分野"，而"民人以人数众多的汉人为主体，旗人则是被编入八旗组织之人，起核心作用的始终是满洲人"，所以，"旗、民差别在很大程度上又是与满汉差别相对应的"。[①] 高中华认为，"满汉关系指的是满和汉两个民族之间的关系。与满汉关系有所不同，旗民关系则是旗内旗人与旗外民人之间的关系，旗人之间的关系指的是满洲旗人、蒙古旗人及汉军旗人之间的关系。满汉之间的关系则兼容了以上两个方面，既有旗内之间的关系，又有旗外之间的关系"。另，高中华还指出"清代既有旗、民之分，又有满、汉之分"。[②]柯娇燕也认为，"整个清代'旗人'与'满人'的含义始终纠缠不清地混在一起"。[③] 定宜庄也指出，"满族的形成与发展，与八旗制度之间，存在着无法分离的关系，八旗中不仅包括满洲，还有大量的其他民族和部落成分。在几百年的旗内共同生活中，使他们形成了大体相同的文化、观念和心理素质"。[④] 欧立德也认为，"八旗的历史和满洲的历史互为表里不可分割"。[⑤] 王锺翰则认为，"旗人在清代就是满族的代号，但八旗蒙古一贯保持了自己的民族特点，

① 刘小萌：《清代北京旗人社会》，中国社会科学出版社，2008年，第10页。

② 高中华：《社会分野与秩序变动：以清朝旗人和民人的关系为分析视角》，中共中央党校出版社，2009年，第2页。

③ Pamela Kvle Crossley, *Orphan Warriors: Three Manchu Generations and the End of the Qing World*, Princeton University Press, 1990, p. 16.

④ 定宜庄：《满族的妇女生活与婚姻制度研究》，北京大学出版社，1999年，第4页。

⑤ 欧立德：《清代满洲人的主体意识与满洲人的中国统治》，《清史研究》，2002年第4期。

而汉军八旗中一些人已经‘满化’，与满族成员融为一体，但还有一部分始终保持了汉人的身份，不能被视为满族”。①

路康乐指出，“‘满’的概念随着时间的流逝而发生变化，其含义在一定的社会或者历史背景下或多或少存在差异”。他也认可“有清一代，满人身份问题不可避免与八旗的历史和组织交织在一起”，这就导致了“满”的含义呈现三个递进层次，即“一是满洲，分布在东北各地的女真人的后代；二是八旗满洲；三是旗人，包括了满洲八旗、蒙古八旗和汉军八旗以及包衣”。并由此得出，“满人就等于那些二十四旗的后代，被官方称为旗人，而主要由汉人组成的非旗人则被归为民”。② 19 世纪末至 20 世纪，旗人开始正式从一个职业身份向一个民族转变，最终完成了其身份的转变，从清朝时期的世袭军事阶层，到清末民初共和革命党人和其他人称呼为“满人”这一更加宽泛和模糊的群体，最终在共产党治理下被官方界定为“满族”。

李伟敏在对满族以及清朝国家性质、阶级关系等相关问题的基础上，提出了对满汉关系的认识，“满汉关系主要是指满汉之间的联系统一和矛盾的斗争，可概括为三类：一是清朝统治阶级内部，满族贵族、官僚、地主与汉族官僚、地主之间的关系；二是清朝统治阶级中的满族统治阶层与普通汉族民众之间的关系；三是满汉两个民族的普通民众在发展过程中的相互交往、相互联系、相互作用和相互影响的关系”。并由此得出，“满汉关系问题的核心是处于统治地位的满族统治者如何协调与广大汉族臣民之间的关系”。同时，还指出，“满汉关系与满汉民族关系既有联系，又有区别。而满汉民族关系是指满汉两个民族在发展过程

① 王锺翰：《清史满族史讲义稿》，鹭江出版社，2006 年，第 88 页。

② 路康乐：《满与汉：清末民初的族群关系与政治权力（1861—1928）》，第 357—358 页。

中的交往、联系和作用、影响的关系，它是双向的、动态的，是以民族出身或族籍为依据而发生的一种社会关系”。①

总之，满族、汉族均是现代意义上的族称。我们在研究满汉关系之时，特别是在运用“旗”、“民”、“满”、“汉”、“满族”等概念时，一定要将其置于特定的社会历史环境中，准确把握其真正内涵。笔者也认为，有清一代，不仅有旗、民之分，而且也有满、汉之分。清代的旗民关系与满汉关系在概念上既有交叉，也各有所指，是探讨清代满汉关系不可或缺的重要部分。清末民初，人们的普遍看法都遵循了梁启超依据达尔文社会主义对满和汉的概念界定。满汉关系可以说是中国近代民族关系基本格局的主干层次，直接关系到清朝统治的稳定与否。从这个层面来讲，满汉关系主要是指从传统国家向现代民族国家转型的过程中，满、汉两个族群在政治、经济、文化与社会生活交往中形成的一种互动的社会关系，这期间既有矛盾冲突又有融合发展。

其次，晚清满汉关系研究的核心因素与影响因子。

满汉矛盾是影响满汉关系的核心，而满汉权力之间的不平衡（满汉权力格局的变动）是影响晚清满汉关系的核心因素。王锺翰先生曾经指出，“有清一代，满汉矛盾始终是最高统治者最为关切和头痛的问题。纵观有清一代，所有的政治斗争和社会冲突差不多都带有民族矛盾与民族斗争的色彩”。②

满汉之间的民族隔阂是长时段存在的，但是在内忧外患的双重危机之下显得格外突出。现代民族意识（民族主义观念）在中国的传播以及清廷无力抵御外辱而日益深重的民族危机意识是

---

① 李伟敏：《乾隆时期的满汉关系研究》，中国人民大学博士学位论文，2008年。

② 王锺翰：《四库禁毁书与清代思想文化》，《清史余考》，辽宁大学出版社，2001年，第205页。

影响满汉关系的又一因素，即“当羸弱的清廷遭受西方国家的蹂躏，社会不满的宣泄对象必然是统治者，而当这个统治群体插着民族标签的时候，这个民族就会渐渐成为社会的公敌，也直接导致了中国主流社会对拥有皇权的民族仇恨”。[①] 尤其在最后十年的革命热潮之中，“排满”口号影响之大、流传之广、史无前例。革命派将一切反满的力量集合于民族斗争的旗帜之下，大力进行排满宣传。至此，满汉问题再度突显出来，并严重影响清廷政局变动乃至清王朝的命运。

然而，满汉关系既有冲突、矛盾的一方面，又有缓和的一方面。我们不能简单地把晚清满汉关系简单化为直线发展的满汉矛盾与冲突。因此，我们也应看到清廷为了缓和紧张的满汉关系，所作出的相关努力。[②]

国家政治制度及其民族政策的制定与实施，是影响满汉关系的重要因子。清末，在外敌侵略日益加深、革命排满思想大肆宣传、满汉矛盾愈来愈激化的形势下，清廷不得不顺应时代的潮流，变革过去的陈规旧法，适时调整民族政策，通过实行“平满

① 关凯：《满族民族性：帝国时代的政治化结构与后帝国时代的去政治化结构》，《社会科学战线》，2011 年第 8 期。

② 参见迟云飞：《清末最后十年的平满汉畛域问题》，《近代史研究》2001 年第 5 期；苏钦：《清末预备立宪活动中“化除满汉畛域”初探》，《法律文化研究》第 2 辑，2006 年；林吉玲：《立宪时期清政府的融汉倾向》，《山东社会科学》1995 年第 2 期；张继格、刘大武：《试析清末化除满汉畛域原因》，《江苏科技大学学报》（社会科学版），2007 年第 2 期；李学智：《清末政治改革中的满汉民族因素》，《天津师范大学学报》2007 年第 5 期；朱东安：《晚清满汉关系与辛亥革命》，《历史档案》2007 年第 1 期；常书红：《清末满汉关系的变化与中华民族认同的诞生》，《陕西师范大学学报》（哲学社会科学版），2010 年第 4 期；吴志铿：《晚清有关消除满汉畛域的讨论：以光绪三十三年七月谕令建言为中心》，载李国祈八秩寿庆论文集编辑小组：《近代国家的应变与图新》，台北：唐山出版社，2006 年；李细珠：《预备立宪时期的平满汉畛域思想与满汉政策的新变化：以光绪三十三年之满汉问题奏议为中心的探讨》，《民族研究》，2011 年第 3 期。

汉畛域”等措施来缓和满汉关系，如准许满汉通婚；任官不分满汉，中央各部废除满汉复职制，东三省裁撤副都统等旗官，大量任用汉官；司法同一。这些改革措施正是清政府以官方的角色调整民族主义情绪，试图在满汉民族之间开展民族融合。

而清廷对汉族官员以及汉族官员对清廷的政治认同程度，也是影响满汉关系的重要因子。正如厄内斯特·盖尔纳在其《民族和民族主义》一书所言，“群体的构成和维持两方面的动因或者催化剂显然是至关重要的：一方面是意愿，主动地依附和认同、忠诚、团结；另一方面是畏惧、胁迫、强制”。在不同时期，满汉官员对清廷的政治认同程度表现出十分不平衡。譬如，太平天国运动在如火如荼地发展之时，也打出了反满的旗号，将满族人称之为“胡虏”，号召人民起来推翻清政府，“务期肃清胡氛，同享太平之乐”。[①] 而太平天国直接军事镇压者且曾经久握重兵的汉族大臣如曾国藩、左宗棠、李鸿章等，则表现出对清廷强烈的政治认同，完全忠于清廷，对后来出现的“同治中兴”做出了重大贡献。

最后，晚清满汉关系研究的具体路径与对象还需要深入探讨，构建更加宽广的学术研究领域。例如：第一，可以将晚清满汉关系问题研究置于近代中国国家转型的大背景之中，进一步揭示晚清满汉关系嬗变的轨迹及其对晚清社会和政治变革、革命进程与民族国家近代转型的影响；第二，从历史活动的主体看，研究近代历史人物（包括统治集团、精英分子、中下层社会群体）处理满汉关系的思想及其影响，包括他们的实践活动与思想认识；第三，对于近代以来晚清满汉关系所发生的重大变化进行总体性、阶段性的研究。第四，可以从政治、经济、思想、文化、

① 中国史学会主编：《颁行诏书》，《太平天国》第1册，上海人民出版社，2000年，第162—164页。

军事、民族、学术等方面，对晚清满汉关系进行系统的多维度的深入探讨与研究。第五，可将研究的视角下移，重点考察分散在全国各地的八旗驻防与所在驻防地方之间的满汉关系。第六，做任何研究，甚至做任何事情，都需要有方法的支撑。史学研究者应以“开放的心态利用一切可资利用的方式方法研究历史”。[①]众所周知，史料是史学研究的基础，也是史学研究的前提。这就更要求“治史者尽量广泛地占有与研究对象相关的史料，史料的扩充仍值得进一步提倡”，[②] 这是在研究方法上必须保证的前提。因此要加强史料的多元性，深入发掘中外史料，并认真加以利用研究。

总体而言，晚清满汉关系研究是非常有价值的学术领域，不仅是中国近代民族关系史的重要组成部分，而且也是中国近代史研究不容忽视的重要课题。与西方国家民主政治上的内容不同，满汉关系只是中国民族关系内部的一个重要的层次，更不能上升到西方国家的现代话语下。近年来，“新清史”成为西方中国史研究的重要趋势，对中国学术界带来了不少的冲击。但它终究是一种西方理论对中国历史的解读，也存在能否符合中国历史实际与融入中国文化等诸多问题。因此，期待学术界结合中国历史实际的前提下，既借鉴西方，又超越西方，建立起中国学术界自己的满汉关系研究理论与话语系统。

① 罗志田：《见之于行事：中国近代史研究的可能走向 ———兼及史料、理论与表述》，《历史研究》，2002 年第 1 期。

② 罗志田：《史料的尽量扩充与不看二十四史———民国新史学的一个诡论现象》，《历史研究》，2000 年第 4 期。